S

Ausstellung

Gestaltung:	Werner Engelmann
Redaktion:	Bruno J. Richtsfeld, Mehr-Ali Newid, Kazuko Ono
Plakat:	Ron Imelauer
Restaurierung:	Günter Bauer, Ernst Gartner, Brigitte Dorsch, Irmgard Obermaier, Regina Stumbaum
Zeichnungen:	Petra Thalmeier
Technische Ausführung:	Rudolf Girnghuber, Wolfgang Bauer, Rudolf Engl, Florian Erber, Manfred Fuß, Jürgen Geißler, Klaus Hehn, Walter Inhofer, Walter Scheidig, Friedrich Spuling

KUNST DES BUDDHISMUS ENTLANG DER SEIDENSTRASSE

Eine Ausstellung der
Stadt Rosenheim
und des Staatlichen
Museums für
Völkerkunde, München,
in Zusammenarbeit mit
der Dresdner Bank

Staatliches Museum
für Völkerkunde,
München

Impressum

Herausgeber: Staatliches Museum für Völkerkunde München

Redaktion: Bruno J. Richtsfeld, Mehr-Ali Newid, Kazuko Ono

Autoren: Dr. Günter Grönbold, Orientabteilung der Bayerischen Staatsbibliothek München
Prof. Dr. Hans-Joachim Klimkeit, Religionswissenschaftliches Seminar der Universität Bonn
Dr. Mehr-Ali Newid, Staatliches Museum für Völkerkunde München
Kazuko Ono, M. A., Staatliches Museum für Völkerkunde München
Prof. Dr. Helwig Schmidt-Glintzer, Institut für Ostasienkunde (Sinologie) der Ludwig-Maximilians-Universtität München

Katalogbearbeitung: Dr. Mehr-Ali Newid (Indien, Zentralasien); Dr. Bruno J. Richtsfeld (Tibet, China); Kazuko Ono, M. A. (Japan)
Die Texte der Katalognummern 26 bis 40 wurden in umgearbeiteter Form dem Katalog „Oxus, 2000 Jahre Kunst am Oxus-Fluß in Mittelasien", Museum Rietberg, Zürich 1989, entnommen, die der Nummern 41 bis 53 stammen aus „Die Seidenstraße, Malereien und Plastiken aus buddhistischen Höhlentempeln" von H. Härtel und M. Yaldiz, Staatliche Museen zu Berlin – Preußischer Kulturbesitz, Museum für Indische Kunst, Berlin 1987. Die Nummern 58 und 59 sind nach B. C. Olschak, Geshé Thupten Wangyal, „Mystik und Kunst Alttibets", Bern, Stuttgart 1972 zitiert.

Aufnahmen: Katalognummer 26 bis 40 Daniel Gerber, Christine Sträubli, Museum Rietberg Zürich
Katalognummer 41 bis 54 I. Papadopoulos, J. Liepe, Archiv Museum für Indische Kunst, Staatliche Museen zu Berlin – Preußischer Kulturbesitz, Museum für Indische Kunst
Katalognummer 1 bis 25, 54 bis 135 sowie Fig. 1 bis 7 Swantje Autrum-Mulzer

Fototechnik: Hermine Pascu

Gestaltung: Ron Imelauer, München

Verlag: Alois Knürr Verlag GmbH, München

Koordination: Hugo Gleißner, Dresdner Bank, München

Herstellung: Druckkommunikation GmbH, München

ISBN 3-92-8432-12-5

Inhalt

Grußwort

Gern habe ich die Schirmherrschaft für die Ausstellung „Kunst des Buddhismus entlang der Seidenstraße“ übernommen.

Das Wort „Seidenstraße“ ruft Bilder in uns wach von reich beladenen Karawanen, die über endlose staubige Ebenen ziehen. Gebirge, Flüsse und wahre Meere von Gras, über die der Wind streicht, durchqueren die Händler auf schwankenden Kamelen, eingehüllt in ihre Mäntel, Zügel locker in der Hand, Waffen griffbereit. Entfernungen werden zurückgelegt, die auch nach unseren heutigen Vorstellungen gewaltig sind, Gefahren in Kauf genommen und Strapazen ertragen – um einiger Ballen Seide willen, wegen einigen Säcken voll Gewürzen.

So fremd uns die Gesichter der Kaufleute erscheinen mögen, ihre Sprache, ihre Bräuche, so vertrat ist uns ihr Denken. Immer weiter zu wollen, dem Weg so weit zu folgen wie nur möglich – das ist eine Idee, die uns Europäern nur allzu bekannt ist. Halten wir nicht gerade heuer Rückschau auf unsere „Seidenstraße“ über den Atlantik?

Die nüchteren Spekulation auf neue Schätze verbindet sich mit seltsamen Gefühlen: Unbehagen am Gewohnten, Langeweile am heimischen Herd und vielleicht die Erinnerung an jene graue Vorzeit, als der Mensch rastlos über die Savannen zog. Ich erinnere mich an einen englischen Film über den Polarforscher Scott, der auf so tragische Weise ums Leben kommt. Die bewegendste Szene ist, wie das Schiff zur letzten Expedition ausläuft: Die Frauen bleiben zurück, die Kinder, die Heimat. Alle sind gerührt, nur die Männer nicht, die ins ewige Eis aufbrechen – sie lachen wie die Schulbuben.

„Die Sehnsucht aller Menschen ist gleich“, sagt der türkische Dichter Nazim Hikmet. Mögen die Völker sich ihre Paradiese unterschiedlich ausmalen – im Grunde ähneln sich die Bilder. Davon spricht die Rosenheimer Ausstellung. Die Kunst, die längs der Seidenstraße wächst, wirft ein Netz über die Welt des Fernen Ostens. Lehren und Legenden des Buddhismus bestimmen seine Farben. Für uns ist es faszinierend, ihnen nachzuspüren. Lassen wir sie auf uns wirken!

Max Streibl

Dr. h. c. Max Streibl
Bayerischer Ministerpräsident

Die Ausstellung „Kunst des Buddhismus entlang der Seidenstraße“ setzt einen neuen Akzent in der Reihe der großen Sonderausstellungen, die seit 1988 im Ausstellungszentrum Lokschuppen stattfinden. Erstmals steht ein außereuropäisches Thema im Mittelpunkt. Angesichts der steigenden Reisefreudigkeit und dem heute immer dichter werdenden Verkehrsnetz, das nahezu alle Winkel der Erde erschließt, bietet diese völkerübergreifende Präsentation fernöstlicher Kunst und Kunstgeschichte eine hervorragende Möglichkeit, Zugang zu einer für uns fremden Kultur und Weltanschauung zu finden. Das Besondere an dieser Ausstellung ist, daß sie Geschichte, Religionsgeschichte und Kunstgeschichte länderübergreifend miteinander verbindet und dabei die Bedeutung der Seidenstraßen, die durch Jahrhunderte die wichtigsten Handelswege zwischen Abendland und dem Fernen Osten waren, hervorhebt.

Unser besonderer Dank gilt dem Staatlichen Museum für Völkerkunde in München für die wissenschaftliche Arbeit, für die zahlreichen wertvollen Exponate und die Präsentation dieser Sonderausstellung und der Dresdner Bank für die großzügige finanzielle Förderung. Zu danken haben wir auch den Leihgebern im In- und Ausland, dem Bayerischen Nationalmuseum München, dem Museum für Indische Kunst der Staatlichen Museen Preußischer Kulturbesitz in Berlin, dem Völkerkundemuseum in Dresden, dem Institut für Geschichte, Archäologie und Ethnographie der Akademie der Wissenschaften in Tadschikistan und der Staatlichen Eremitage in St. Petersburg.

Für die Übernahme der Schirmherrschaft dankt die Stadt Rosenheim dem Bayerischen Ministerpräsidenten Dr. h. c. Max Streibl.

Rosenheim, im Mai 1992

Dr. Michael Stöcker
Oberbürgermeister
Stadt Rosenheim

Die Dresdner Bank sieht es seit jeher als selbstverständliche Aufgabe und Verpflichtung an, über die unmittelbare Geschäftstätigkeit hinaus gesellschaftliches Engagement zu zeigen. Neben einer Vielzahl von Aktivitäten, zum Beispiel im sozialen oder sportlichen Umfeld, ist mit der Förderung im kulturellen Bereich ein besonderer Schwerpunkt gewählt.

Exemplarisch sei hier die von der Bank mitgetragene Jürgen-Ponto-Stiftung erwähnt, die sich in besonderer Weise junger, noch unbekannter Künstler in den Bereichen Musik, Literatur, bildende Kunst und Architektur annimmt und sie unterstützt.

Die Dresdner Bank in München wirkt seit vielen Jahren in dieser Tradition; dazu gehören auch, neben Veranstaltungen in eigenen Räumen, die Förderung und tätige Unterstützung von Ausstellungen in und mit Museen. So verbinden uns mit dem Staatlichen Museum für Völkerkunde und seinem Direktor langjährige gute Beziehungen, die sich schon bei einigen gemeinsamen, erfolgreichen Projekten bewährt haben.

Es ist uns daher eine besondere Freude, in diesem Jahr die Ausstellung „Kunst des Buddhismus entlang der Seidenstraße" im Ausstellungszentrum Lokschuppen in Rosenheim zu fördern. Wir haben dabei auch sehr begrüßt, daß mit der Wahl der Ausstellungsstadt Rosenheim bewußt ein Zeichen kultureller Dezentralisierung gesetzt wurde.
Wir wünschen der Ausstellung den großartigen Erfolg, den sie verdient!

Bernd Kriegeskorte
Mitglied der Niederlassungsleitung
der Dresdner Bank AG in München

Einführung

Wege und Straßen sind mehr als nur Transportlinien für Menschen, Tiere, Waren und Produkte; Wege und Straßen schaffen die Möglichkeit für einen regelmäßigen und raschen Austausch von geistigen und kulturellen Kenntnissen, Einsichten, Werten, Errungenschaften und Empfindungen. Technisches Wissen, philosophisch-weltanschauliche Haltungen und religiöse Vorstellungen können sich bekannten und gebahnten Wegen und Straßen entlang leichter verbreiten als „diffus" über nur gelegentlich begangenes Terrain. Intensiv und regelmäßig vom Menschen benutzte und zum Teil auch künstlich befestigte Verbindungslinien reichen zeitlich bis in die frühe Menschheitsgeschichte zurück; sie sind aus der kulturellen Entwicklung nicht wegzudenken; sie sind Träger von Kultur, ja, sie bilden vielfach sogar einen eigenen menschlichen Lebensraum.

In der im Jahre 1992 in Rosenheim gezeigten großen Ausstellung und in diesem hier dazugehörenden Katalog des Staatlichen Museums für Völkerkunde München kommen zum Thema „Weg und Straße" geographisch der asiatische Raum von Indien über Zentralasien bis China, Japan und kultur- bzw. religionsgeschichtlich der Buddhismus zur Behandlung. Dabei wird die Ausbreitung dieser Weltreligion entlang der nördlichen Route in Raum und Zeit gezeigt – und der Weg, den diese Ausbreitung nahm, verlief entlang einer alten, im Prinzip von der Levante bis zum Chinesischen Meer reichenden Wander-, Handels- und Kulturstraße. Es war dies die längste Verbindungsstrecke der Erde, die mit all ihren Abzweigungen und Verästelungen durch den später ihr entlang erfolgten Handel eines speziellen Produktes aus Ostasien als „Seidenstraße" Berühmtheit erlangte. Die südliche Route der Ausbreitung des Buddhismus nach Hinterindien und der südostasiatischen Inselwelt wird in Rosenheim hingegen nur mit einem Hinweis erwähnt.

Am Zustandekommen der Ausstellung und des vorliegenden Katalogs sind eine Reihe von Einzelpersonen und Institutionen beteiligt. Ihnen allen sei an dieser Stelle – auch im Namen aller Mitarbeiter unseres Hauses – aufrichtiger Dank gesagt. An erster Stelle möchte ich dabei das Bayerische Staatsministerium für Unterricht, Kultus, Wissenschaft und Kunst sowie die Stadtgemeinde Rosenheim mit ihrem Ausstellungsdienst nennen, die durch die Bereitstellung eines großen Teiles der erforderlichen Mittel die Durchführung der Ausstellung ermöglichten. Gleich an zweiter Stelle ist die Dresdner Bank AG zu erwähnen, ohne deren Hilfe Ausstellung und Katalog nicht in erwünschter Großzügigkeit hätten realisiert werden können. Den Leihgebern gilt mein Dank, die durch die Bereitstellung von wertvollen Stücken aus ihren Sammlungen die Exponate des Staatlichen Museums für

Völkerkunde, München, ideal ergänzen. Es sind dies die Russische Akademie der Wissenschaften, Moskau, die Akademie der Wissenschaften der Republik Tadschikistan, Duschanbe, das Museum für Abgüsse klassischer Bildwerke, München, das Bayerische Nationalmuseum München, die Bayerische Staatsbibliothek, München, die Staatlichen Museen Preußischer Kulturbesitz – Museum für Indische Kunst, Berlin, das Museum für Völkerkunde, Dresden, die Sammlung für Völkerkunde, St. Gallen, die Technische Universität – Institut für Angewandte Geodäsie und Photogrammetrie, Graz, sowie die privaten Leihgeber Georg L. Hartl, Schloß Egg/Deggendorf (Bayern), Fritz Mamier, Bad Camberg (Hessen), und Dr. Eberhard Krüger, München. Mein Dank gilt aber auch dem Knürr-Verlag, München, und dem Grafik-Büro Imelauer, München, in deren Händen die Herausgabe des Katalogs, der Prospekte und anderer Publikationen lag.

In ganz besonderer Weise hervorgehoben sei mein Dank an den Ministerpräsidenten des Freistaates Bayern, Herrn Dr. h. c. Max Streibl, der sich bereit erklärt hat, die Schirmherrschaft über die Ausstellung zu übernehmen, womit ihr ein besonderes Gewicht verliehen wird.

So ist zu wünschen, daß die „Kunst des Buddhismus entlang der Seidenstraße“ sehr breites Echo finden und damit zum besseren Verständnis einer bedeutenden Kulturerscheinung und ihrer Vertreter beitragen wird.

Prof. Dr. Walter Raunig
Leitender Museumsdirektor

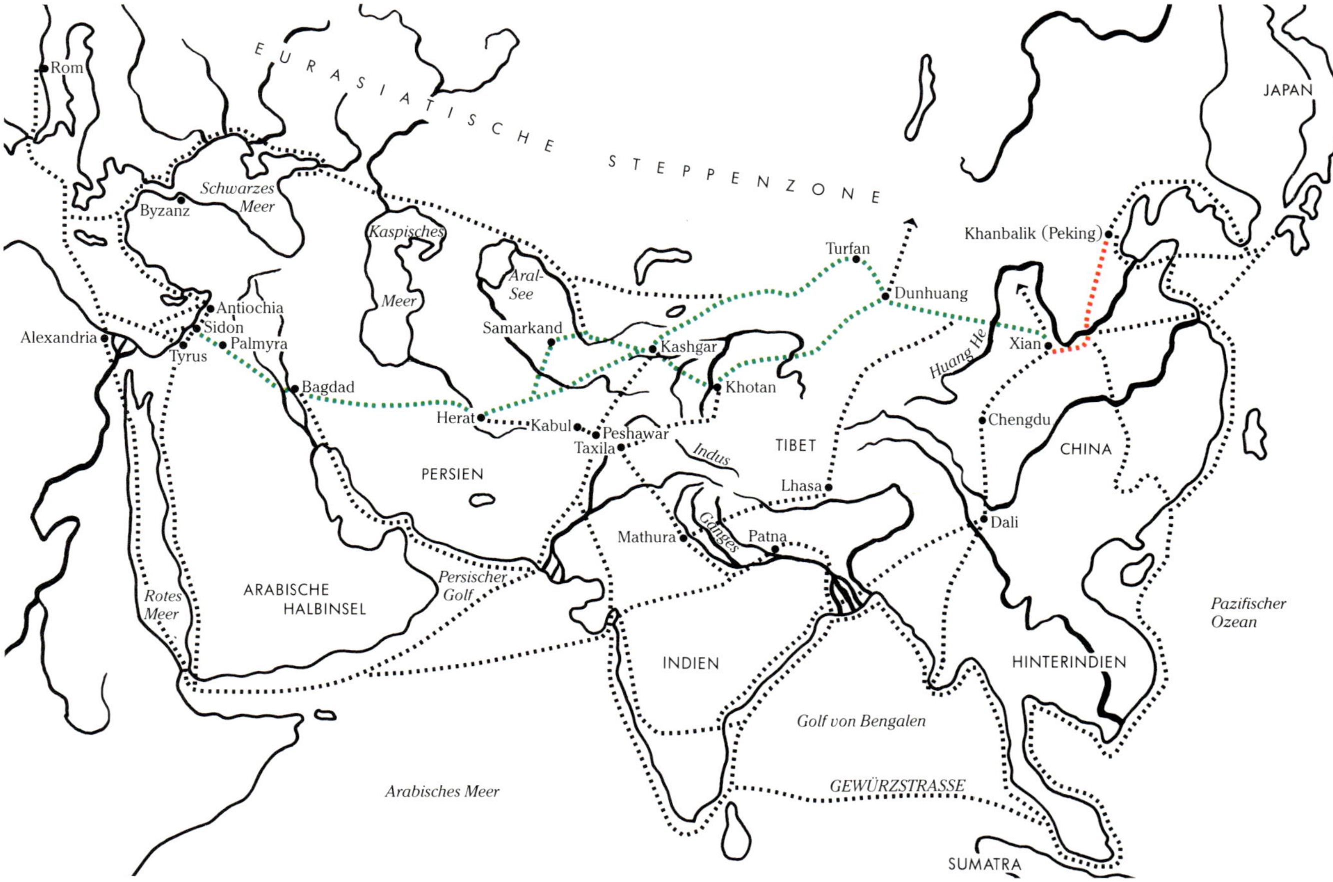

EURASIATISCHE STEPPENZONE
Rom
Byzanz
Schwarzes Meer
Kaspisches Meer
Aral-See
Antiochia
Sidon
Tyrus
Palmyra
Alexandria
Bagdad
Samarkand
Kashgar
Khotan
Turfan
Dunhuang
Khanbalik (Peking)
JAPAN
Xian
Huang He
Herat
Kabul
Peshawar
Taxila
Indus
TIBET
Lhasa
Chengdu
CHINA
Dali
PERSIEN
Mathura
Ganges
Patna
Persischer Golf
Rotes Meer
ARABISCHE HALBINSEL
INDIEN
Pazifischer Ozean
HINTERINDIEN
Golf von Bengalen
Arabisches Meer
GEWÜRZSTRASSE
SUMATRA

Die Seidenstraße

Hans-Joachim Klimkeit

I. Allgemeine Charakterisierung

Die sogenannte Seidenstraße besteht aus einem System von Verbindungen – häufig sind es nicht mehr als bloße Trampelpfade –, die im Altertum Städte und Oasen im weiten Raum zwischen China und dem Vorderen Orient verbanden und die im Westen bis zum Mittelmeer, speziell zu den Hafenstädten Antiochien, Tyros und Alexandrien führten. Von hier wurden die vom Osten angelangten Waren per Schiff bis nach Rom transportiert. In China führte der transkontinentale Handelsweg bis zu den Reichshauptstädten Chang'an (Ch'ang-an) und Luoyang (Lo-yang). Von dort konnten westliche Waren bis nach Japan vermittelt werden. Heute noch rühmt sich die japanische Stadt Nara, östlicher Endpunkt der alten Seidenstraße gewesen zu sein.

Freilich gab es kaum Waren, die von Rom bis Nara gelangten, aber Produkte der Länder, durch die der lange Verbindungsweg führte, sind doch nach Ost und West bis in die entferntesten Gegenden transportiert worden. So sind im Iran verarbeitete Seidenstoffe bis nach Japan gelangt; syrische Glasware hat ihren Weg bis ins alte Kushan-Reich (1.–4. Jh.), das etwa das heutige Afghanistan umfaßte, gefunden; römische Münzen sind in der nordwestindischen Landschaft Gandhara, in Südindien und in Zentralasien entdeckt worden; chinesische Seide hat Käufer in Rom gefunden. Diese vielbegehrte Ware war es, die der Seidenstraße ihren Namen gegeben hat. In den ersten Jahrhunderten n. Chr. war chinesische Seide in Rom so kostbar, daß sie gegen Gold aufgewogen wurde.[1] Der Seidenhandel, der in dieser Zeit mächtig aufblühte, war ein so lukratives Geschäft, daß Kaufleute und Händler die größten Strapazen und Mühen auf sich nahmen, um dieses kostbare Gut durch glühend heiße Wüsten und über tief verschneite Gebirgspässe ein Stück weit nach Westen zu transportieren. Denn es gab so gut wie keine Händler, die die Ware von China bis zum Römischen Reich transportierten. Die Ware wurde auf der Seidenstraße abschnittsweise befördert. Am Ende eines jeden Abschnitts übernahmen jeweils andere Kaufleute das kostbare Gut und vermittelten es ihrerseits weiter.

Am Fernhandel, der freilich verschiedene Güter umfaßte, waren zunächst chinesische Händler beteiligt, die allerdings schon in vorchristlicher Zeit auch die Seeroute nach Indien benutzten, ferner Inder und ostiranische Sogdier, deren Stammgebiet im Bereich der heutigen Städte Samarkand und Buchara lag. Briefe sogdischer Kaufleute, die der englische Forscher Sir Aurel Stein an der chinesischen Mauer bei Dunhuang (Tun-huang) fand und die auf den Anfang des 4. Jhs. datiert werden können, vermitteln einen Eindruck von den großen Schwierigkeiten, denen die fremden Händler zumal bei politischen Unruhen in China ausgesetzt waren. Ein Kaufmann schreibt an seinen Auftraggeber in Samarkand:

> „Herr, wenn ich Dir detailliert mitteilte, wie es China [z. Zt. des Hunneneinfalls 311] erging, wäre es eine Geschichte von Hunger und Not… Und, Herr, es sind acht Jahre her, seitdem ich Sāgarak und Farnā ins Landesinnere (nach China) geschickt habe, und es sind drei Jahre her, seitdem ich von ihnen eine Antwort erhal-

[1] A. Hermann, „China", in: *Reallexikon für Antike und Christentum II*. Stuttgart 1954 (Sp. 1078–1100), 1086. Weitere Lit. zur Seidenstraße dort.

ten habe... Aber jetzt, nachdem das letzte Debakel [der Hunneneinfall] stattgefunden hat, erhalte ich keine Antwort (auf die Frage), wie es ihnen ergeht... Ferner sandte ich vor vier Jahren einen anderen Mann... [nach China]... Als die Karawane ... Sarag (Luoyang) erreichte, waren ... die Inder und Sogder [d.h. die fremden Kaufleute] alle des Hungers gestorben."[2]

Zu den politischen Unberechenbarkeiten und den ständigen Gefahren durch Räuber und Banditen kamen andere Schwierigkeiten hinzu. Die Oasen, durch die die verschiedenen Zweige der Seidenstraße führten, taten zwar alles, um den gewinnbringenden Handel durch ihr Gebiet zu leiten, da sie einträgliche Durchgangszölle erheben konnten, dennoch war die Situation dieser Oasenstädte vielfach politisch instabil und unberechenbar. Hinzu kamen die großen Mühen der Reise, die durch endlose Wüsten und über hohe, vereiste Gebirge führte. All das hielt aber fremde, zunächst sogdische und indische Kaufleute nicht ab, ihren Weg bis in die reichen Städte Chinas zu finden.

Vom 9. Jahrhundert an nahmen auch die aus der mongolischen Steppe kommenden türkischen Uiguren, die zunächst Nomaden gewesen waren, am Handel teil, vor allem nach Zerschlagung ihres großen Steppenimperiums 840 durch die ebenfalls türkischen Kirgizen. Der größte Teil der Uiguren ließ sich in den Oasen des nördlichen Tarimbekkens und des westchinesischen Gansu (Kansu) nieder. Sie waren als Landarbeiter, Handwerker und Beamte tätig, aber etliche lernten von den Sogdiern den Handel kennen. Für sie, die Oasenbewohner, wird die Steppe, aus der sie selbst stammen, zur feindlichen Fremde, wo nomadische Verhältnisse herrschen und Räuber und Dämonen hausen: ein Reich des Chaos, das der Ordnung der städtischen Siedlung gegenübersteht. Doch der Kaufmann wagt es, diesen Bereich im Schutze der Karawane zu durchqueren, um fremde Güter herbeizuschaffen. Ein alttürkischer Text aus der Turfan-Oase rühmt das segensreiche Wirken der Kaufleute, die den Bürger mit allem Notwendigen versorgten. Da heißt es in einer für die gesamte Seidenstraße kennzeichnenden Beschreibung:

„Ferner gibt es Kaufleute, sie ruhen nicht mit dem Handel und sind Nutzbringer... Von Ost nach West ziehen sie umher, deine Wünsche bringen sie dir. Zehntausend Schätze, die Wunder der Welt, sind bei ihnen... Gäbe es keine Kaufleute, durchstreifend die Welt, wann könntest du anziehen den schwarzen Zobelpelz?... Woher sollten dann die zehntausend Kostbarkeiten kommen? ... Solcherlei sind die Kaufleute alle, schließe dich ihnen an, halte offen das Tor [für sie]!"[3]

Waren es in Zentralasien chinesische, indische, sogdische und türkische, in islamischer Zeit auch arabische Kaufleute, die den Handel besorgten, so waren es im Iran und im Vorderen Orient parthische, persische, mesopotamische und syrische Händler. Vor allem die letzteren dürften eine ganz erhebliche Rolle im Warenaustausch zwischen Ost und West gespielt haben. Dies zeigt sich u.a. in einem syrisch-christlichen apokryphen Text aus dem 3. Jh., den sog. „Thomasakten". Eingebettet in dieses Werk ist das berühmte „Perlenlied", das von der Aussendung eines Prinzen von seiner parthischen Heimat nach Ägypten berichtet. Dort soll er

[2] W. B. Henning, „The Date of the Sogdian Ancient Letters", in: *BSOAS* 12 (1948), (601–615), 607.

[3] P. Zieme, „Zum Handel im uigurischen Reich von Qočo", in: *AoF* IV (1976), 235.

eine Perle besorgen, die sich in der Gewalt eines zischenden Drachen befindet. Das Motiv ist ein religiöses, denn die Perle ist Symbol des eigenen Selbst, das es zu gewinnen gilt. Aber der Ausgangspunkt dieses religiösen Bildes ist doch ein merkantiler Sachverhalt: die Bergung der kostbaren Ware in einem entfernten Land und ihre sichere Heimführung. Dem entspricht es, wenn im alten Hymnus auch andere kostbare Handelsgüter erwähnt werden: „Silber vom großen Ganzak, Chalcedone aus Indien und Opale des Kushanreiches", ferner Gold und Beryllen, Opale und verschiedenartige Sardonen, Diamanten und Saphire.[4] Wenn in diesem Zusammenhang die mesopotamische Hafenstadt Mesene als „Sammelpunkt der Kaufleute des Ostens" genannt wird, so werden wir auf den nach Indien führenden Seeweg aufmerksam, der neben der Seidenstraße als Handelsroute seine Bedeutung hatte. Dieser Seeweg führte u.a. zur Mündung des Indus, wo die vorderorientalischen Waren dann auf dem Landweg ins nordwestliche Indien und ins Kushan-Reich transportiert wurden, auf deren Boden zahlreiche Zeugnisse eines lebhaften Ost-West-Handels (römische Münzen, syrische Glaswaren, griechische Kunstwerke, chinesische Seiden usw.) gefunden wurden. Die Tatsache schließlich, daß in dem „Perlenlied" von der „scharlachfarbenen (d.h. purpurnen) Toga" des Königssohnes gesprochen wird, macht uns auf einen weiteren Umstand aufmerksam, der mit dem Warenaustausch auf der Seidenstraße verbunden war: Es war ein Handel, der selbstverständlich in beiden Richtungen floß, und es konnte geschehen, daß Waren nach dem Westen gebracht, dort veredelt und dann zurück nach dem Osten transportiert wurden. So hat man chinesische Seiden in Mittelmeerländern mit Hilfe eines nur dort erhältlichen Farbstoffes purpur eingefärbt, um sie dann wieder zum Verkauf nach Osten, ja bis nach China zu bringen. Die „Serer", die „Seidenleute" („Chinesen"), womit vermutlich Händler aus Ostturkestan gemeint waren, sind schon den antiken Schriftstellern wie Strabo (15, 693; er lebte ca. 63 v.Chr. – 19. n.Chr.) bekannt, auch wenn man die phantastischsten Vorstellungen mit ihrem Land verband und das Land der „Serer" nicht selten romantisch verklärte.[5] Umgekehrt haben die Chinesen das ferne römische Reich Da-Qin (Ta-Ch'in), das sie nur vom Hörensagen kannten, als ein Land verklärt, in dem die edelsten konfuzianischen Tugenden verwirklicht wären.[6]

Freilich wurde das jeweilige Bild der Länder am anderen Ende der Seidenstraße in dem Maße korrigiert, in dem Diplomaten und Mönche, Pilger und Missionare sich auf den Weg machten, um ihre jeweilige Botschaft in ferne Länder zu tragen oder diese nur zu besuchen. Gehen diplomatische Kontakte des Reiches der Mitte zu Baktrien schon in die frühe Han-Zeit (202 v.Chr. – 9 n.Chr.) zurück, als der Gesandte Zhang Qian (Chang Ch'ien) um 130 v.Chr. Kontakte zu den jenseits der Hunnen (Hsiung-nu) lebenden Yuezhi (Yüeh-chih) knüpfen sollte[7] – er kehrte zwar diplomatisch erfolglos, aber mit wichtigen Nachrichten über die Westlande zurück –, so waren es neben Kaufleuten, Diplomaten und Militärs vor allem Geistliche, die sich der Seidenstraße bedienten, um ihre religiöse Botschaft zu propagieren. In erster Linie sind die buddhistischen Geistlichen zu nennen. Schon in den ersten Jahrhunderten n.Chr. kamen Scharen von

[4] W. Schneemelcher (Hrsg.), *Neutestamentliche Apokryphen* II. Tübingen 1989?, 344 und 347.

[5] Hermann, „China", Sp. 1079 ff.

[6] Vgl. W. Bauer, *China und die Hoffnung auf Glück*. München 1974, 163 ff.; ders. (Hrsg.), *China und die Fremden*. München 1980, 7 ff.

[7] Vgl. J. M. Rosenfield, *The Dynastic Arts of the Kushans*. Berkeley – Los Angeles 1967, 10 und 43 f.

gelehrten Indern, Baktriern, Parthern und Sogdiern ins Reich der Mitte, um die Lehre des Buddha zu verbreiten und buddhistische Schriften ins Chinesische zu übersetzen. Zu den prominentesten unter den frühen Übersetzern gehörte ein parthischer, also ostiranischer Prinz aus Buchara, An Shigao (An Shi-kao), der im 2. Jh. im chinesischen Luoyang (Lo-yang) eine Reihe buddhistischer Schriften ins Chinesische übertrug. Ein weiterer herausragender Übersetzer war der aus der Oase Kucha stammende Kumārajiva (gest. 413), dessen Vater Inder und dessen Mutter kuchäische Prinzessin war. Wie viele herausragende Übersetzer aus Zentralasien war er mehrsprachig aufgewachsen und hatte in Indien, speziell in Kashmir, studiert. Ihm wurde von Kaiser Yaoxing (Yao-hsing: reg. 396–418) von der östlichen Chin-Dynastie in Chang'an zahlreiche Übersetzer unterstellt, und er entfaltete mit ihrer Hilfe eine rege Übersetzertätigkeit, die den höchsten literarischen Ansprüchen der Chinesen genügte. Seine Übersetzungen, so des berühmten „Goldglanz-Sutra", sollten kanonische Bedeutung nicht nur in China, sondern auch in Korea und Japan gewinnen.

Zur Zeit Kumārajivas hatte aber schon der Strom chinesischer Pilger nach Indien eingesetzt. Sie folgten der Landroute über die Seidenstraße oder der über Inselindien führenden Seeroute nach Ceylon und Indien. Viele müssen es gewesen sein, die die unendlichen Strapazen der Landreise auf sich nahmen, um ins heilige Land des Buddha zu gelangen, wo sie Schriften, Bildwerke und Statuen sammelten, mit denen sie nach vielen Jahren wieder heimkehrten. Wählten sie den Landweg, so führte sie ihre Reise zunächst zum westlichen Außenposten Chinas, nach Dunhuang, wo im Laufe von 1000 Jahren (4.–14. Jh.) eine bedeutende Stätte der Gelehrsamkeit am Ort der „Tausend-Buddha-Grotten" entstand, die den Mönchen als Wohnhöhlen, vornehmlich aber als reich ausgestaltete Kulthöhlen dienten. (Die erste Höhle ist nach einer inschriftlichen Notiz aus dem Jahre 698 n. Chr. von einem Mönch namens Lezan 366 n. Chr. aus dem Felsen geschlagen worden.) Von Dunhuang aus standen dem Reisenden zwei Wege zur Verfügung. Er konnte entweder die „Südroute" benutzen, die ihn über Miran und die Städte des südlichen Tarim-Beckens (Niya, Khotan, Yarkand) nach Kashgar führte. Diese am Rande der Wüste liegenden Oasen wurden von dem von der tibetischen Hochebene kommenden Schmelzwasser bewässert. Jedoch muß es im 4./5. Jh. einen Klimaumschwung gegeben haben, der zur völligen Austrocknung weiter Landesteile führte. Von dieser Zeit an wurde die „Nordroute" immer beliebter. Sie führte von Dunhuang über Hami nach Turfan und von dort über die Oasen südlich des Tianshan (T'ien-Shan, „Himmelsgebirge"), also über Kucha und Aqsu nach Kashgar. Schließlich war es auch möglich, eine mittlere Route zu wählen, die von Dunhuang über Loulan am großen Salzsee Lob Nor unter Umgehung von Turfan zur nördlichen Route hin leitete. Erwähnt sei nur, daß es eine Ost-West-Verbindung auch nördlich des Tianshan gab, die von der mongolischen Steppe über Hami bis nach Samarkand führte. Diese war an vielen Punkten mit der sog. „Nordroute" südlich des „Himmelsgebirges" verbunden.

Von Kashgar aus mußte der Indien- oder Westreisende – falls er nicht schon zuvor von Yarkand oder Khotan über das Karakorum-Gebirge ins indische Kashmir gereist war – hohe Gebirgspässe überqueren, um ins Fergana-Tal zu gelangen. Von hier, wo die Chinesen bereits im Altertum die berühmten „blutschwitzenden Pferde" bezogen, führte der Weg durch das Tal des Yaxartes (heute Syr Darya) zu den alten sogdischen Städten Tashkent („Steinstadt"), Samarkand und Buchara, wo eine ostiranische Bevölkerung zarathustrischen Glaubens beheimatet war. Das Gebiet wurde allerdings im 8. Jh. völlig islamisiert und zugleich durch nach Westen wandernde Türkstämme turkisiert.

Für den Indienreisenden führte der weitere Weg von den sogdischen Städten zu den alten Zentren am Oberlauf des Oxus (heute Amu Darya). Diese Gegend gehörte bereits zum alten baktrischen Stammgebiet. In der Zeit nach Alexanders Indienfeldzug hatte sich in Baktrien, das etwa das heutige Afghanistan umfaßte, ein unabhängiges gräkobaktrisches Reich etabliert, das also gut 200 Jahre (256–75 v. Chr.) bestand und sich zeitweilig bis zur Indusmündung ausdehnte. Hier wurde eine orientalisch-hellenistische Kultur gepflegt, und man unterhielt ständig Verbindungen mit dem fernen griechischen Mutterland. In den Kulturerzeugnissen dieses Reichs treten uns folglich neben einheimischen baktrischen Elementen auch indische, iranische und rein griechische Formen entgegen. Die griechische Schrift wurde sogar noch von den Nachfolgern der Gräkobaktrier, den Kushans, verwendet, die vom 1.–4. Jh. ein mächtiges Reich etablierten, das sich zur Zeit der größten Ausdehnung vom Gangestal bis zum Oberlauf des Oxus erstreckte.

Das Kushan-Reich, das sich vom benachbarten parthischen und dann (ab 224 n. Chr.) vom sassanidischen Iran stets bedroht fühlen mußte, unterhielt besonders enge Verbindungen zum Römischen Reich, das als natürlicher Verbündeter gegen den gemeinsamen iranischen Feind erschien. Von den Beziehungen zur römisch-hellenistischen Welt zeugen zahlreiche archäologische Gegebenheiten: Münzen, Kleinfunde, aber auch hellenistische Formen in der Architektur. Nicht zuletzt der stark hellenistische Einfluß auf die buddhistische Kunst in diesem Raum zeugt von der Ausstrahlung des hellenistischen Rom in den ersten Jahrhunderten n. Chr. Daß diese Ausstrahlung auf intensiven Handelsbeziehungen beruht, versteht sich von selbst. Hat doch das Kushan-Reich dank seiner geographischen Lage im Herzen Asiens seinen Wohlstand vornehmlich dem Handel zu verdanken gehabt. Von hier liefen zwar Handelsrouten über die iranische Hochebene ins Römische Reich, doch wußte man auch den iranischen Zwischenhandel zu umgehen. So führte von Baktrien eine nördliche Route über das sogdische Gebiet und das heutige Südrußland zu den Hafenstädten am Schwarzen Meer, und eine südliche von den baktrischen Städten zum Mündungsgebiet des Indus, das auf dem Seeweg mit dem Persischen Golf (Mesopotamien) und dem Roten Meer (Ägypten) verbunden war. Wenn zahlreiche kuschanische Münzfunde sogar in Abessinien (Äthiopien) gemacht wurden, so zeugt das von den weitreichenden Handelsbeziehungen des Kushan-Reiches, das im Osten natürlich Verbindungen bis nach China hatte. Die Verbindungen zu Syrien werden wieder literarisch greifbar in dem schon erwähnten syrischen „Perlenlied", wo ja von „Opalen des Kushanreiches" die Rede ist.

Der aus China kommende Indienreisende, der Baktrien bzw. das Kushan-Reich zu durchqueren hatte, mußte die Gebirgspässe des Hindukush überwinden, der das Land in westöstlicher Richtung durchzieht. Von der alten Reichshauptstadt Baktra/Balkh nördlich dieses Gebirges führten Pfade über Surkh Khotal, wo in der Zeit des großen Kushan-Herrschers Kanishka (1. Jh. n. Chr.) ein zoroastrisches Dynastenheiligtum errichtet wurde, ins liebliche Hochtal von Bamiyan, einen wichtigen wirtschaftlichen und kulturellen Knotenpunkt auf dem Weg nach Süden. Hier hat sich bis ins 7. Jh. ein buddhistisches Königtum gehalten, das eine große, viele tausend Mönche umfassende Gemeinde unterstützte, die uns bemerkenswerte Zeugnisse religiöser Kunst hinterlassen hat. Die reiche königliche Förderung der buddhistischen Gemeinde war wie auch in benachbarten Orten wie Fondukistan nur möglich aufgrund des Wohlstandes, den die Karawanen dem Königreich brachten. Der Weg von Bamiyan ins Industal führte über Begram (Kapisha), dessen reiche archäologische Funde kulturelle Kontakte mit Rom, Syrien, Iran, Indien und Zentralasien bezeugen, und den Khaiber-Paß, das Einfallstor nach Indien, nach Peshawar, das bereits in der indischen Tiefebene liegt. Von hier führten Wege in den ganzen Subkontinent. Sowohl vom Oxus wie auch vom Indus konnte man auf verschiedenen Wegen nach Westen bis ins Römische Reich reisen. Zwar erfreute sich der Seeweg von der Indusmündung nach Mesopotamien, Arabien und Ägypten besonderer Beliebtheit – die syrischen „Thomasakten“ (3. Jh.) lassen schon den Apostel Thomas auf dem Seeweg nach Indien gelangen –, der kürzeste Weg aber führte über die iranische Hochebene nach Mesopotamien und Syrien. Von der Gegend südlich des Hindukush führte ein Weg südlich der Ausläufer dieses Gebirges nach Seistan (Sistan), dem alten sakischen Kulturzentrum in der Gegend der heutigen iranisch-afghanischen Südgrenze. Von dort konnte man die iranische Hochebene erreichen. Vom Industal aus mußte man Beluchistan durchqueren, um zum Hilmend-Fluß zu gelangen, der in den Hilmend-See in Seistan mündet. Da die Gebirgszüge auf der iranischen Hochebene von West nach Ost verlaufen, konnte man hier, ohne allzu große Hindernisse überwinden zu müssen, nach Westen reisen, um schließlich das Zagros-Gebirge zu überqueren und in die mesopotamische Tiefebene zu gelangen, wo relativ ebene Straßen nach Syrien und zum Mittelmeer führten. Kam der Westreisende von Sogdien oder vom Oberlauf des Oxus, so mußte er sich durch die Wüste Karakum („Schwarzer Sand“) nach Merw oder gar nach Nisa, den nordöstlichen Außenposten des Iran, begeben, um von hier zur iranischen Hochebene in die Provinz Abarshar („das obere Land“) bzw. Khorasan aufzusteigen. Der Weg führte dann zur alten Stadt Nishapur (westlich des heutigen Meshed) und von dort in einem nördlichen Bogen um die große Salzwüste nach Hamadan, das durch den alten „Königsweg“ mit dem Zweistromland verbunden war. Hier war die sassanidische Hauptstadt Seleukia-Ctesiphon ein wichtiger Knotenpunkt. Von hier gab es einen Weg über das syrische Palmyra nach Antiochien. Es führte von Seleukia auch eine Straße über das nordsyrische Haleb nach Kleinasien und Griechenland. Selbstverständlich hatte der Reisende auch die Möglichkeit, von Palmyra aus auf verschiedenen Landwegen bis nach Ägypten zu gelangen.

II. Die Reise entlang der Seidenstraße

Die schwierigsten Etappen auf der chinesischen Seidenstraße führten von China durch die Wüsten und über die Hochgebirge Zentralasiens. Verschiedene chinesische Berichte über Reisen in die fernen „Westlande" liegen vor. Der erste Gesandte, der nach historischen Berichten in diese Regionen vordrang und damit, wie es in der Historiographie heißt, „die Leere durchdrang", war der schon genannte Zhang Qian (Chang Ch'ien), ein Minister und Feldherr des Han-Kaisers Wudi (Wu-ti: reg. 140–86 v. Chr.). Durch ihn wurde um 115 v. Chr. ein regelrechter Verkehr zwischen China und den „sechsunddreißig Königreichen" im Westen, d. h. in Zentralasien, eröffnet. Er hatte bereits 125 v. Chr. einen genauen Bericht über die „Westlande" geliefert, der Voraussetzungen für die handelsmäßige und diplomatische Kontaktaufnahme bot.[8] Freilich hat er dadurch die Phantasien jener Daoisten beflügelt, die das Glück in einem fernen Anderswo weit im Osten oder im Westen, jedenfalls am Ende der Welt, suchten. „Hinter der bewegten Unendlichkeit des Ozeans [im Osten], der das Auge in die Ferne zog, hinter dem geheimnisvollen Labyrinth der Berge und Schluchten [im Westen] mit ihrem verwirrenden Echo vermeinte man, das Flüstern einer anderen ewigen Welt zu spüren, die sich lautlos dem gewaltigen Zugriff der Zivilisation entzog", schreibt Wolfgang Bauer in seinem ansprechenden Buch über chinesische Paradiesvorstellungen.[9] „Schon ehe sich der Kulturraum zu vergrößern begann", fährt er fort, „raunte man von Stätten des Glücks und der Unsterblichkeit, die sich im äußersten Westen und im äußersten Osten des Reiches befinden sollten ... Erst seit der Han-Zeit [202 v. Chr. – 200 n. Chr.] aber kamen diese Vorstellungen zu vollem Leben, am stärksten wohl zuerst unter dem ebenso mächtigen wie zaubergläubigen Wu-ti [Wudi] ... An allen Ecken und Enden der Welt sprossen gleichsam die Länder empor, die mit ihren märchenhaften Schätzen geeignet schienen, zum Glanze Chinas und zum Wohle seines Herrschers beizutragen, so daß manche Forscher ... die Vermutung geäußert haben, daß viele hanzeitliche Eroberungsfeldzüge auf diese Entdeckerfreude zurückgingen ..."[10]

Vielleicht war es auch diese Entdeckerfreude, die dazu geführt hat, daß ein gewisser Gan Ying (Kan Ying) im Jahre 88 n. Chr. als Gesandter zum Römischen Reich geschickt wurde, von dem man nun bereits Kunde hatte. Er kam jedoch nur bis zum Kaspischen Meer und kehrte dann nach China zurück, als er erfuhr, daß er nochmals so weit reisen müßte, wie er schon gekommen war. Dennoch war seine Reise insofern erfolgreich, als er fruchtbare Kenntnisse von den „westlichen Gegenden" mitbrachte.[11]

In den ersten Jahrhunderten n. Chr. waren es nicht zuletzt die buddhistischen Missionare aus dem Westen, aus Zentralasien und Indien, die ohne romantische Intentionen von den „Westlanden" und dem dahin führenden Weg berichten. Dann aber reisten chinesische Pilger nach Zentralasien und Indien und legten anschließend genauere und

[8] Sein Bericht ist übersetzt von W. Wylie, in: *Journal of the Anthropological Institute*, August 1880 (non vidi). Vgl. Bauer, *China und die Hoffnung auf Glück*, 136 f.

[9] Bauer, a.a.O., 136 f.

[10] Bauer, a.a.O., 137.

[11] Vgl. J. Legge, *A Record of Buddhistic Kingdoms* (1886). Repr. New York 1965, 27.

detailliertere Beschreibungen vor. Ihre Berichte, in denen wir von den großen Mühen der Reise hören, haben z.T. klassische Bedeutung erhalten.

Der erste bedeutende Pilger, der uns einen solchen Bericht hinterlassen hat, ist Faxian (Fahsien), der von 399 bis 414 unterwegs war. Er reiste über die zentralasiatische Seidenstraße nach Indien, wo er verschiedene buddhistische Stätten aufsuchte und heilige Schriften des Buddhismus sammelte. Er ist über Ceylon auf dem Seeweg nach China zurückgekehrt. Faxians Reise führte ihn von der alten chinesischen Hauptstadt Chang'an (Xi'an) über Lanzhou am Gelben Fluß (Huanghe) nach Dunhuang. Hier schickte er sich an, wie er selbst schreibt,

> „die Wüste zu durchqueren, in der es so viele Dämonen und heiße Winde gibt. [Reisende], die ihnen begegnen, kommen alle bis auf den letzten Mann um. Kein Vogel ist in der Luft oben sichtbar und kein Tier auf der Erde unten. Auch wenn man sich angestrengt nach allen Richtungen umschaut, um zu sehen, wo man hinübergelangen kann, weiß man nicht, welche Richtung man wählen soll. Die einzigen Zeichen und Hinweise [für den Weg] sind die trockenen Knochen der Toten, [die auf dem Sande liegengeblieben sind]."[12]

Faxian mußte zunächst jene große Sandwüste durchqueren, die die Chinesen den großen „Sandfluß" nannten. Nach zwölf Tagen mühevoller Wüstenwanderung erreichte er das Königreich Shan-Shan (Loulan) am großen Salzsee Lob Nor. Es ist, so schreibt er, „ein rauhes, hügeliges Land mit einer dünnen, fruchtlosen Erde".[13] Die Menschen, rauh gekleidet, sprechen wie in anderen Gegenden Zentralasiens ihre eigene „barbarische Sprache", wiewohl die Mönche „indische Bücher in der indischen Sprache" studieren.[14]

Offenbar war die östliche Südroute zur Zeit Faxians schon unpassierbar, denn er wendet sich nun mit seinen Begleitern in nordwestliche Richtung und gelangt nach 15 Tagen über Turfan nach Wuyi, das wahrscheinlich mit dem Karashar der nördlichen Route gleichzusetzen ist. Von hier aus durchquert er die gefährliche Taklamakan-Wüste in südwestlicher Richtung, um schließlich die Oase Khotan zu erreichen. Wieso er nicht die bequemere nördliche Route nach dem Westen wählt, sagt er uns nicht; vielleicht hängt es mit politischen Unruhen in den dortigen Oasen zusammen. Jedenfalls zieht er es vor, durch die unwegsame Wüste zu ziehen, deren Name Taklamakan soviel heißt wie: „Wer hinein geht, kommt nicht heraus." Faxian schreibt über sich und seine Begleiter: „Die Schwierigkeiten, die sie beim Überqueren der Flüsse [d.h. des Tarim und seiner Nebenströme] hatten, und die Qualen, die sie ertragen haben, haben keine Parallele in menschlicher Erfahrung."[15] Nach einem Monat und fünf Tagen gelang es ihnen schließlich, Khotan, eine bedeutsame buddhistische Stadt am Rande der Wüste, zu erreichen.

Von Khotan aus, wo Faxian drei Monate verbrachte, überquerte er das Karakorum-Gebirge, um ins nördliche Industal zu gelangen. Dies war der kürzeste, aber ein durchaus gefährlicher Weg. Die meisten Indienreisenden zogen es vor, den längeren, aber weniger beschwerlichen Weg zu wählen, der im Westen um das Altai- und Pamirgebirge herumführte. Dieser Pfad nötigte sie zwar, den Tianshan und den Hindukush zu überqueren, aber er

[12] Legge, a.a.O., 12.

[13] Legge, a.a.O., 13.

[14] Legge, a.a.O., 14.

[15] Legge, a.a.O., 15 f.

war doch gebräuchlicher und für Lasttiere passierbarer. Wir können zwar die Reiseroute des Faxian über den Karakorum wegen der Schwierigkeiten in der Identifizierung der von ihm angegebenen Ortsnamen nicht genau verfolgen, klar ist aber, daß er eine Reihe von einzelnen Gebirgszügen durchqueren mußte. In den entlegenen Hochtälern fand er vielfach buddhistische Mönchsgemeinden vor, die ihm gastliche Aufnahme gewährten. Aber zwischen diesen lagen die Gefahren des Hochgebirgspfades. Unter anderem mußte er das „Zwiebelgebirge" überschreiten, von dem es heißt: „Der Schnee ruht auf ihnen [den Bergen] sowohl im Winter wie im Sommer. Dort gibt es auch giftige Drachen, die giftige Winde hervorstoßen und Schneestürme ebenso wie Sand- und Kiesstürme verursachen, wenn sie provoziert werden. Nicht einer von zehntausend, die diesen Gefahren ausgesetzt sind, kommt mit dem Leben davon."[16]

Auch nach Überquerung des beschneiten „Zwiebelgebirges" hat Faxian mit seinen Begleitern noch viele weitere Schwierigkeiten zu bestehen, bis er in die indische Tiefebene gelangt. Besonders gefährlich ist die Wanderung auf jenen Pfaden, die in die Steilhänge oberhalb der reißenden Gebirgsflüsse hineingeschlagen sind. Über einen dieser Abschnitte schreibt er:

> „Der Weg war schwierig und rauh; er führte entlang einer sehr steilen (Fels-)Wand, die sich wie eine gebirgshohe Steinmauer 1000 Fuß von der Sohle des Tales erhob. Wenn man an die Kante herantrat, wurde einem schwindelig vor Augen. Wenn man in derselben Richtung vorangehen wollte, war (häufig) kein Platz, wo man den Fuß hinsetzen konnte. Unten waren die Gewässer des Flusses, der Indus heißt. In früherer Zeit hatte man Pfade aus dem Felsen herausgeschlagen und Leitern an den Felsen angebracht, zusammen an die 700; unten gab es eine Hängebrücke, die aus Seilen gefertigt war, mit deren Hilfe man den Fluß überquerte. Die Ufer des Flusses waren dort 80 Schritt auseinander. (Der Ort mit seinen Einrichtungen) wird im ‚Bericht der neun Dolmetscher' genannt, aber weder Zhang Xian (Chang Ch'ien) noch Gan Ying (Kan Ying) haben den Ort jemals erreicht."[17]

Nach Überquerung des Indus erreichte Faxian die nordwestindische Landschaft Udayana (Swat), von wo aus er nach Gandhara weiterreiste. Nachdem er viele Jahre an den heiligen Stätten des Buddhismus in Indien verbracht hatte, kehrte er 414 auf dem Seeweg über Ceylon nach Indien zurück.

Der bedeutsamste unter den chinesischen Indienpilgern war zweifellos Xuanzang (Hsüentsang), der 16 Jahre (629–45) unterwegs war. Sein lebendig gehaltener Bericht ist von großem kulturgeschichtlichen Wert, da er die von ihm besuchten Gegenden an der Seidenstraße und in Indien ausführlich beschreibt. Auf ihn geht auch eine enzyklopädische Beschreibung der „Westlande" zurück, die unter dem Namen *Xiyuji (Si-yu-ki)*[18] veröffentlicht wurde. Seine Beschreibungen förderten zwar einerseits die Kenntnis der westlichen Gegenden, sie regten aber auch die Phantasie der Chinesen an. So erschien im 16. Jh. ein Roman, „Die Reise nach dem Westen", in dem seine Westreise phantasievoll ausgestaltet und märchenhaft ausgeschmückt wurde. Dieses Werk sollte sich in China bis in die Gegenwart großer Beliebtheit erfreuen.

16 Legge, a.a.O., 24.

17 Legge, a.a.O., 26 f. Der genannte Bericht ist jener der offiziellen Dolmetscher, die eine chinesische Armee in der Han-Zeit nach Westen begleiteten. Legge, a.a.O., 27.

18 Übers. in S. Beal, *Si-yu-ki. Buddhist Records of the Western World* (1884). Repr. San Francisco 1976.

Auch Xuanzang reiste zunächst von Chang'an nach Dunhuang, das nun bereits ein bedeutendes Zentrum buddhistischer Gelehrsamkeit und buddhistischen Kunstschaffens geworden war. Hier schickt er sich an, mutterseelenallein, nur mit seinem Pferd und etwas Proviant und Wasser ausgerüstet, den großen „Sandfluß" der Gobi, deren Weite nach seinen Angaben 800 chinesische Meilen *(li)* beträgt, zu durchqueren. Von dieser Wüste sagt er: „Es gibt (hier) keinen Vogel oben und kein Tier unten; weder Wasser noch Kraut sind dort zu finden."[19] Bei der Durchquerung der Wüste, so hebt der Bericht hervor, habe er ständig die buddhistische Nothelferin Guanyin (Avalokiteshvara) angerufen und das ihm von einem kranken Mönch mit auf den Weg gegebene „Herz-Sutra" aufgesagt. Auf dem Weg durch die Wüste, so heißt es da,

> „begegnete er allen möglichen Dämonengestalten und fremdartigen Kobolden, die ihn von hinten und vorne zu umgeben schienen. Obwohl er den Namen der Guanyin anrief, konnte er sie nicht vertreiben. Als er aber dieses [von dem kranken Mönch geschenkte] Sutra rezitierte, verschwanden sie in einem Moment, sobald die Worte [des Textes] erklangen. Wenn immer er sich in Gefahr befand, vertraute er allein darauf für seine Sicherheit und seine Rettung."[20]

Mitten in der Wüste verliert Xuanzang den Weg. Vergeblich sucht er nach der Quelle Yema, von der er in Dunhuang erfahren hatte. Und da geschieht das Unglück, daß der Schlauch seines Wasserbehälters seinen Händen entgleitet und sein Wasservorrat im Sande versickert. Desorientiert irrt er umher. Er möchte schon zurückkehren, da entsinnt er sich seines Gelübdes, nicht eher heimzukommen, bis er die erwünschten heiligen Schriften zur Ordenszucht in Indien gesammelt hat. Ständig Guanyin anrufend, setzt er seine Reise in westlicher Richtung fort. Im Bericht heißt es:

> „Als er zu jener Zeit in die vier Richtungen schaute, war der Anblick (der Wüste) ganz endlos. Es gab keine Spur von Mensch oder Pferd, und in der Nacht errichteten die Dämonen und Elfen Feuerlichter, so viele wie Sterne. Am Tage wehte der treibende Wind den Sand vor sich her [wie Regen] in der Regenzeit. Nichtsdestotrotz blieb sein Herz unerschrocken. Er litt jedoch an Wassermangel, und er war so ausgedurstet, daß er nicht weiter vorangehen konnte. Vier Nächte und fünf Tage lang hatte er nicht einen Tropfen Wasser, um seinen Hals und seinen Mund zu benetzen. Sein Magen war von einer brennenden Hitze gequält, und er war fast gänzlich erschöpft. Ohne weitergehen zu können, legte er sich zur Rast auf den Sand, indem er ununterbrochen Guanyin anrief, obwohl von Qualen völlig verhärmt. Und indem er den Bodhisatva anrief, sagte er: Xuanzang erstrebt nicht Reichtümer oder weltlichen Profit, indem er diese Reise unternimmt, er begehrt auch nicht, berühmt zu werden; nur um der höchsten religiösen Wahrheit willen sehnt sich sein Herz danach, das wahre Gesetz zu finden. Ich weiß, daß der Bodhisatva alle Lebewesen liebevoll betrachtet, um sie aus der Not zu erlösen. Wird nicht meine Not, so bitter sie auch ist, ihm zur Kenntnis kommen?"[21]

Schließlich kommt in der fünften Nacht ein kühlender Wind, der Regen mit sich bringt. Xuanzang und

[19] S. Beal, *The Life of Hiuen-Tsiang.* Delhi 1972, 21.

[20] Beal, a.a.O., 21 f.

[21] Beal, a.a.O., 23.

sein Pferd kommen zu sich, und sie können die Reise nach erholsamem Schlaf fortsetzen. Da führt ihn das Pferd zu einer grünen Aue, in deren Mitte sich ein Teich mit kristallklarem Wasser befindet. „Wir können schließen", heißt es in dem Bericht, „daß dieses Wasser und dieses Gras nicht natürliche Vorräte waren, sondern daß sie zweifellos durch das liebende Erbarmen des Bodhisatva hervorgebracht waren."[22]

Nachdem Xuanzang und sein Pferd sich gestärkt haben, können sie in zwei Tagesreisen den restlichen Teil der Wüste durchqueren. Bald gelangen sie nach Gauchang (Kocho) in der Turfan-Oase, wo der Mönch vom Herrscher freundlich aufgenommen und zum Verweilen eingeladen wird.

Xuangzangs weitere Reise, für die er sich – wie es üblich und nötig war – verschiedenen Karawanen anschließt, führt ihn in die Gegend nördlich des Tianshan, wo der tief verschneite „Eisige Berg" (Muzart) zu überqueren ist. Er reist dann nach Westen, wobei sein Weg ihn wieder durch gottverlassene Wüsten führt. „Wir gingen voran", schreibt er, „indem wir nur geleitet wurden von dem Anblick der Knochen, die auf dem Wege liegengeblieben waren."[23] Schließlich gelangt Xuanzang nach Tashkent. Von hier reitet er nach Samarkand, dann durch die Karakum-Wüste bis nach Balkh, der Hauptstadt des alten Baktrien. Sein Weg führt ihn nun zu den Hochtälern des Hindukush. Aber die Reise erfordert fast übermenschlichen Heroismus. Er schreibt:

> „Die Gefahren der Pässe und Pfade sind doppelt so groß wie in der Eiswüste. Ununterbrochen gibt es prasselnde Hagel- und Schneestürme, die miteinander vermengt sind. Dann gibt es gewundene und krumme [Pfade] zu den Pässen: In den ebenen Teilen sodann erstreckt sich der Sumpf einige *zhang* [ein Längenmaß von zehn Fuß] weit... Wehe! Wenn ich nicht entschlossen gewesen wäre, das unvergleichliche (religiöse) Gesetz um aller Lebewesen willen zu suchen, hätte ich hier darum gefleht, daß dieser mein von den Eltern stammende Körper auf seine letzte Reise ginge."[24]

Im Hochtal von Bamiyan, dessen monumentale Buddha-Figuren Xuanzang beschreibt, wird er vom buddhistischen König freundlich aufgenommen. Die große Priesterschaft des Tales zeigt sich wie vielerorts von seinem Wissen tief beeindruckt, sorgt für sein Wohlergehen und rüstet ihn für die Weiterreise mit Proviant aus. Nach vielen abenteuerlichen Begegnungen, u. a. auch mit Räubern, erreicht er schließlich den Khaiber-Paß, von wo aus der Weg in die nordwestindische Landschaft Gandhara führt, wo der Pilger freundliche Aufnahme bei buddhistischen Glaubensbrüdern findet.

Ein Jahr lang war Xuanzang unterwegs, um Indien zu erreichen. Er sollte noch 15 Jahre im Lande verbringen, ehe er 645 mit vielen heiligen Schriften und Kultgegenständen auf dem Landweg nach China heimkehrte.

Bei seiner Rückkehr wurde der nun berühmte Pilger vom Kaiser Taizong (T'ai Tsung, reg.: 626–649) persönlich empfangen. Es wurde ihm ein Kloster zur Verfügung gestellt, wo er die mitgebrachten heiligen Texte übersetzen konnte. Zahlreiche ehrenamtliche Aufgaben, u. a. die geistliche Betreuung der kaiserlichen Familie, nahmen ihn in Anspruch. Dennoch hat er sich mit unermüdlichem

[22] Ebd.

[23] Beal, a.a.O., 45.

[24] Beal, a.a.O., 52.

Eifer dem Übersetzungswerk gewidmet.[25] Aus vielen Briefen und Sendschreiben, die er verfaßte, geht hervor, daß offenbar zeitweise ein regelrechter Postverkehr zwischen den buddhistischen Zentren in Indien und China bestand, auch wenn der Verkehr wiederholt unterbrochen wurde. So schreibt er zehn Jahre nach seiner Rückkehr an den „Meister Jñānaputra von Magadha im Reich Mittelindien“:

> „Seitdem wir uns voneinander getrennt haben, sind 10 Jahre vergangen. Wegen der Entfernung der Länder war es uns nicht möglich, gute Nachricht zu vernehmen ... (Nun) kam der Mönch Dirghadharma und gelangte wohlbehalten an ... Übrigens, als wir von Indien kamen, ist beim Überqueren des Indus-Flusses eine Last Bücher im Wasser geblieben. Deren Namen haben wir notiert und hingesandt, damit ein später kommender Bote [sie uns bringen könnte]. Dann haben wir ein ganz geringes Verehrungsgeschenk geschickt. Wir wünschen, er möge es gütigst annehmen! Der Weg ist lang, man konnte nicht viel senden.“[26]

Der dritte große Indienpilger war Yijing (I-Ching), der 671–695 auf dem Seeweg über Sumatra nach Indien reiste. Seine Beschreibung Inselindiens (Indonesiens) und Hinterindiens enthält wertvolle Informationen über die Seeroute, die die Landroute ergänzte.[27] Über die zentralasiatische Seidenstraße erfahren wir aber naturgemäß nichts von ihm.

Der letzte bekannte Reisende in der Kette der chinesischen Indienpilger war Jiye (Chi-yeh), der 964–74 ins heilige Land des Buddha zog. Danach war es zwecklos, nach Indien zu reisen, da der Buddhismus in seinem Ursprungsland einer hinduistischen Renaissance weichen mußte und seine letzten Bastionen um 1000 n. Chr. vom Islam zerschlagen wurden. Dennoch machten sich noch in der Song-Zeit (960–1127) Mönche auf, um die buddhistischen Länder Ceylon und Nepal zu besuchen.[28]

Für die Seidenstraße bedeuteten die hinduistische Renaissance und der Einbruch des Islam in Indien, daß die buddhistischen Zentren ihre Beziehungen zum geistigen Mutterland verloren. Sofern sie nicht vom Islam überrannt wurden, orientierten sie sich zunehmend an China und seinen buddhistischen Schulen. Nachdem der Islam sich im 7. und 8. Jh. in Westturkestan (etwa das Gebiet des heutigen sowjetischen Mittelasien), allerdings nicht ohne Rückschläge, ausgebreitet hatte, setzte er seinen Siegeszug immer langsamer, aber auch friedlicher nach dem Osten fort. Um 1000 waren ihm die Oasen Kashgar, Yarkand und Khotan an der südlichen Route zugefallen. Um 1300 gewann er Kucha für sich, und um 1500 wandten sich die Herrscher von Turfan und Hami ihm zu. Dunhuang blieb aber ein buddhistisches Zentrum, das schon seit der Tang-Zeit (618–907) auch Mönchen anderer Religionen (Christen, Manichäern, Daoisten) Zuflucht gewährte. Sie haben uns ebenso wie die Buddhisten in der berühmten „vermauerten Bibliothek“ (heute Höhle 17), die Anfang des 11. Jhs. – aus welchen Gründen auch immer – zugemauert und bis zu Anfang unseres Jahrhunderts vergessen wurde, Schriften ihrer Glaubensrichtungen hinterlassen.

War die Zeit der Tang die große Periode der östlichen Seidenstraße, als Verkehr und Handel – bis auf gewisse Zwischenperioden – blühten, wie es auch die zahlreichen Briefe und Handelsdoku-

[25] Vgl. Geng Shimin/H.-J. Kleimkeit, „Die uigurische Xuan-Zang-Biographie. Ein Beitrag zum 7. Kapitel“, in: *ZAS* 19 (1986), 253–277; Li Yong Hsi, *The Life of Hiuen-Tsiang, by the Shaman Hui Li.* Peking 1959.

[26] A. von Gabain, „Briefe der uigurischen Hüen-Tsang-Biographie“, in: *SPAW* 1938 (371–415), 377, 383.

[27] Yijings Reisebericht ist übersetzt in: J. Takakusu (transl.), *A Record of the Buddhist Religion as Practised in India and the Malay Archipelago, by I-tsing.* Oxford 1896.

[28] S. dazu Jan Yün-hua, „Buddhist Relations between India and Sung China“, I, II, in: *History of Religions 6* (1966/67), 24–42 und 135–168.

mente aus der genannten Bibliothek bezeugen[29], so schottete China sich in den folgenden Perioden, vor allem in der Song-Zeit, zunehmend vom Ausland ab und besann sich auf seine eigenen Traditionen. Die vielen Fremdeinflüsse, die sich in der Tang-Zeit über die Seidenstraße und über See geltend machten, mußten geistig bewältigt werden. Erst mit dem Auftreten der fremden Mongolen im 13. Jh., die mit Khubilai Khan die Yüan-Dynastie gründeten (1279–1368), wurde das Land gezwungen, sich wieder zu öffnen. Nun gewann die Seidenstraße für ein Jahrhundert wieder ihre frühere Bedeutung, da die Mongolen durch Schaffung eines in diesen Ausmaßen nie dagewesenen Riesenreiches, das von China bis Rußland und bis zum Vorderen Orient reichte, politische Voraussetzungen für den sicheren Verkehr von Personen und Gütern schufen.

Schon durch die Eroberungen des Jinghis Khan (1206–1227), des Gründers des Mongolenreiches, war das Gebiet von der chinesischen Westgrenze bis Persien seinem Reich einverleibt worden. Jinghis Khans Sohn Hülegü hatte Persien und das Zweistromland unterworfen und damit der islamischen Abbasidendynastie ein Ende gemacht. Als nach dem Tod des Reichsgründers das mongolische Weltreich unter seinen Söhnen in verschiedene Khanate aufgeteilt wurde, fiel ihm das Il-Khanat Persien zu, wo er 1256–1265 regierte. Der etwa gleichzeitig regierende Khubilai Khan (reg.: in China 1260–1294), der selbst das Khanat China für die Mongolen gewonnen hatte, zeigte sich für verschiedene Glaubensformen aufgeschlossen und interessierte sich insbesondere für die Verhältnisse in Europa. Zu seiner Zeit war es, daß Marco Polo zusammen mit seinem Vater Nikolo und seinem Onkel Maffeo, italienische Kaufleute, an seinen Hof gelangte.[30] Schon zuvor hatten sein Vater und sein Onkel Handelsbeziehungen nach Konstantinopel geknüpft. Sie waren ins mongolische Persien und nach Westturkestan vorgedrungen. Als sie 1256 in Buchara auf einen Gesandten des Hülegü an Khubilai Khan trafen, entschlossen sie sich, mit diesem nach Khanbaliq an den Hof des Großkhans zu reisen. Sie wurden von Khubilai freundlich empfangen und erlangten eine Ehrenstellung an seinem Hof. In vielen Gesprächen mit ihnen suchte der Mongolenherrscher, mehr über das Abendland zu erfahren. Nach dem Bericht Marco Polos ließ er den Papst durch sie bitten, „daß er ihm hundert gelehrte Männer schicken möge, die durchaus vertraut seien sowohl mit den Grundsätzen der christlichen Religion wie auch mit den sieben Wissenschaften“.[31] Auch bat er sie, Öl vom heiligen Grab in Jerusalem mitzubringen.

Als die italienischen Kaufleute 1269 nach Hause zurückkehrten, fand Nicolo seinen 15jährigen Sohn Marco verwaist vor. Papst Klemens IV., dem sie eine Nachricht vom Großkhan überbringen wollten, war gerade verstorben. Nachdem sie zwei Jahre vergeblich auf die Nachwahl des Papstes gewartet hatten, brachen sie mit dem jungen Marco nach Palästina auf. Versehen mit dem Öl vom Heiligen Grab verabschiedeten sie sich vom päpstlichen Legaten Theobald Visconti in Akkon (Palästina) und machten sich auf den Weg nach China. Kurz darauf jedoch wurde eben dieser Theobald zum neuen Papst gewählt. Er ließ sie zurückrufen und gab ihnen päpstliche Briefe, reiche Geschenke und zwei Dominikaner mit auf den Weg. Sie reisten über Bagdad und Basra zum persischen Hafen Hormuz

[29] Vgl. L. Giles, *Descriptive Catalogue of the Chinese Manuscripts from Tunhuang in the British Museum.* London 1958, 234, 247 ff.

[30] Zu den Reisen des Marco Polo s. H. Lehmke (Hrsg.), Die Reisen des Venezianers Marco Polo im 13. Jh. Hamburg 1908, ferner: T. A. Knust (Hrsg.), *Marco Polo, Von Venedig nach China.* Tübingen 1982.

[31] Lehmke, a.a.O., 51.

und dann auf der alten Seidenstraße über Balkh/Baktra, Khotan und Turfan zur Sommerresidenz des Khubilai in Shang-tu, das sie erst nach dreieinhalb Jahren, nämlich 1275, erreichten.

Die Polos verbrachten nun 17 Jahre als Vertraute Khubilais an seinem Hof. Marco, der es verstand, die besondere Gunst des Herrschers zu gewinnen, wurde zu seinem „Ehrenbegleiter" ernannt.[32] Er erlernte bald „die verschiedenen Sprachen der Tartaren", wohl das Uigurische wie das Mongolische, vermutlich auch das Chinesische. Er hat in vertraulicher Mission verschiedene Teile des Reiches bereist, wobei er bis zum Indischen Ozean gelangte. Die Polos kehrten schließlich auf dem Seeweg über Südindien und Persien heim und erreichten 1293 ihre Vaterstadt. Der Reisebericht des Marco Polo löste in Europa ungläubiges Staunen aus. Doch haben die zunehmenden Kontakte mit dem mongolischen Persien wie auch mit den Mongolen in Rußland, der Mongolei und China vieles von seinem Bericht bestätigt.

Die vornehmlich durch die Seidenstraßen vermittelten Kontakte mit den Mongolen gingen aber keineswegs nur von Europa aus. Auf dem zweiten Konzil von Lyon (1274) traf eine sechzehnköpfige Gesandtschaft des mongolischen Herrschers von Persien, des Abaqa (1265–1282), in der französischen Stadt ein. Hauptziel der Gesandtschaft war es, ein Bündnis zwischen dem Il-Khan und den europäischen Mächten gegen die islamischen Mamluken in Ägypten herbeizuführen.[33]

Nun gab es in Europa schon seit langem Gerüchte um einen sagenhaften christlichen Priesterkönig Johannes, der jenseits der islamischen Lande wohne; man hoffte, sich mit ihm zu verbünden. Konkrete Gestalt nahmen solche Versuche der Kontaktaufnahme mit zentralasiatischen Mächten an, als man päpstlicherseits an die Mongolen herantrat. Schon 1278 schrieb Papst Nikolaus III. einen Brief an Khubilai, der veranlaßt war durch die Mitteilung eben jener Gesandtschaft des Abaqa, der Großkhan bitte um Missionare. Der Papst zeigte die Sendung von fünf Franziskanern unter Führung des Gerarado von Prato an. Die Gesandtschaft ist aber niemals in China angekommen.

In der nachfolgenden Zeit ist eine ganze Reihe von Gesandten und Missionaren ausgeschickt worden.[34] Zu den bekanntesten unter ihnen zählen Johannes von Plano Carpini, Wilhelm von Rubruk und Johannes von Montecorvino. Johannes von Plano Carpini wurde bereits von Papst Innozenz IV. 1245 mit einer Gesandtschaft und einem päpstlichen Schreiben („Cum non solum homines") ausgeschickt, in dem der Oberhirte auf die göttlich sanktionierte Ordnung in der Welt verweist, den Mongolen die Störung dieser Ordnung vorwirft und sie zur Buße auffordert. Johannes ist über Polen und Südrußland an den Hof des Großkhans Güyük (1246–1248) in Karakorum in der Mongolei gereist, wobei er der Regel seines Ordens getreu die ganze Strecke zu Fuß zurücklegte, obwohl er schon hochbetagt war. Nach seiner Rückkehr 1247 verfaßte er seine *Ystoria Mongalorum*, in der er ausführlich über seine Reise, seine Erlebnisse am Hof und über Land und Volk der „Tartaren" berichtet.[35]

Verstand sich Johannes tatsächlich als Gesandter, so sah sich Wilhelm von Rubruk, der mit einem Empfehlungsschreiben Ludwig IX. zum Hof des mongolischen Großkhans Möngke (reg.: 1251–1259) reiste, wo er von Dezember 1253 bis Juli 1254

[32] Lehmke, a.a.O., 57.

[33] C.W. Troll, „Die Chinamission im Mittelalter" I, in: *Franziskanische Studien* 48 (1966), (109–150), 133.

[34] Troll, a.a.O., 135 ff.

[35] Deutsche Übers. in F. Risch, *Johann de Piano Carpini, Geschichte der Mongolen und Reisebericht 1245–1247.* Leipzig 1934.

weilte, tatsächlich als Mongolenmissionar. Sein Bericht *(Itinerarium)* macht deutlich, wie viele Europäer zu seiner Zeit bis in die ferne Mongolei gelangt waren.[36]

Zu den bekanntesten in der Reihe der franziskanischen Boten und Missionare zählt zweifellos Johannes von Montecorvino. Er wurde 1289 von Papst Nikolaus IV. ausgesandt und mit Briefen an die Regenten des Nahen Ostens und den Großkhan Khubilai betraut. Von mehreren Mitbrüdern begleitet, schiffte er sich wahrscheinlich in Venedig nach Antiochien ein. Er reiste über Armenien nach Täbriz, wo er die Papstbriefe an den mongolischen Il-Khan Argun (reg.: 1284–1291) und den nestorianischen Bischof Dionysius übergeben konnte. Über Hormuz, den persischen Ausgangshafen nach Indien, reiste er dann zunächst nach Südindien, wo er einige Zeit verbrachte, ehe er auf dem Seeweg nach China gelangte. Er wurde vom Großkhan in Khanbaliq wie ein Gesandter feierlich empfangen. Das Begleitschreiben Nikolaus' IV., „Gaudeamus in Domini" („Wir freuen uns in dem Herrn"), brachte die Freude des Papstes über die Bitte Khubilais um Kontakte mit dem Heiligen Stuhl zum Ausdruck.[37] Aus einem uns erhaltenen Brief vom 8. Januar 1305 geht hervor, daß sein Plan, das ganze Reich zu missionieren, zwar fehlschlug, daß er aber das besondere Wohlwollen des Herrschers erlangte. Ihm gelang es jedoch, den mächtigen König Georg vom turkomongolischen Volk der Öngüt, das sich unter mongolischer Herrschaft befand, für den katholischen Glauben zu gewinnen. Er baute in seiner Regierungsstadt eine mächtige Kirche und nannte sie „ecclesia romana."[38] Aus vielen Briefen, die Johannes ins Abendland und an die franziskanischen Mitbrüder in Persien schrieb, geht ebenso wie aus den Berichten anderer China-Reisender hervor, daß er zwar eine bescheidene Missionstätigkeit in Khanbaliq nicht zuletzt mit finanzieller Unterstützung westlicher Kaufleute aufbaute, ansonsten aber großes Ansehen am Hof wie auch unter der chinesischen Bevölkerung genoß.

Khanbaliq sollte ein Zentrum franziskanischer Mission bis zum Ende der Mongolenzeit (1368) bleiben, als die westliche Mission zusammen mit der mongolischen Herrschaft der chinesischen Ming-Dynastie weichen mußte. Daneben wurde eine katholische Mission in der südlichen Hafenstadt Zaitun gegründet, die als Ausgangspunkt des Seehandels nach Indien und dem Vorderen Orient von besonderer Bedeutung war.[39]

Johannes von Montecorvino hat lange alleine gearbeitet, bis zunächst der Bruder Arnold O. Min. aus der Kölner Ordensprovinz ihm zur Seite trat. Wenn im Laufe der Zeit geradezu Scharen von weiteren Ordensbrüdern auf dem Seeweg wie auch auf dem Landweg ins mongolische China gelangten, so ging das nicht zuletzt auf sein Drängen zurück und auf seinen Verweis darauf, daß der Großkhan „schon viel von der römischen Kurie und vom Abendland erfahren habe und sehr darauf aus sei, durch weitere Gesandte Neues aus diesen Gebieten zu erfahren."[40] Freilich waren nicht alle Mongolenherrscher in China westlichen Missionaren und Gesandten gegenüber so aufgeschlossen wie Khubilai, aber bis zur Zeit des letzten Mongolen-Khans, nämlich Togan Temür (Shun-ti, reg.: 1333–1368), hat doch der Handel mit den „Westlanden" eine bedeutende Rolle gespielt, und blieb das bemer-

[36] Deutsche Übers. in F. Risch, *Wilhelm von Rubruk, Reise zu den Mongolen 1253–1255*. Leipzig 1939.

[37] Lateinischer Text in Troll, a.a.O. (I), 137.

[38] Siehe Troll, a.a.O., 138.

[39] Vgl. zur weiteren katholischen China-Mission Troll a.a.O., 140 ff. und Teil II, 22–79.

[40] Troll, a.a.O. (Teil I), 140.

kenswerte mongolische Postsystem mit seinen das ganze Reich überziehenden Postreiterstationen erhalten.[41]

Zwei ostasiatische Reisende, die gleichsam das Gegenstück zu den Polos darstellten und die uns wesentliche Nachrichten über die Seidenstraße in der Mongolenzeit hinterlassen haben, sind die nestorianischen Geistlichen Rabban Sauma und Markus. Ob sie wirklich von Khubilai ausgesandt wurden, wie es eine syrische Tradition will, erscheint fraglich. Jedenfalls ist der Bericht über ihre Reise auf syrisch erhalten; er trägt in der englischen Übersetzung von Sir E. A. Wallis Budge den Titel „The Monks of Kūblai Khān, Emperor of China".[42] Rabban Sauma war ein angesehener nestorianischer Einsiedler, der eine Tagesreise westlich von Peking residierte. Ihm vertraute sich der Diakon Markus vom Volk der Öngüt als Schüler an. Die beiden entschlossen sich im Jahre 1268, ihre gesamte Habe zu verkaufen und eine Pilgerreise zum Heiligen Grab in Jerusalem und zu den Gräbern der anderen Apostel im Westen zu unternehmen. Kriegsunruhen in Palästina hinderten sie aber daran, zur heiligen Stadt der Christen zu gelangen. Nach einem Aufenthalt in Prag reisten sie über Armenien nach Bagdad, dem Sitz des nestorianischen Patriarchen. Der damalige Patriarch Mar Denha machte Markus zum Metropoliten und Rabban Sauma zu seinem „Generalvikar". Als der Patriarch starb, wurde Markus zum Patriarchen gewählt und 1281 konsekriert.[43] Er erhielt den geistlichen Namen Mar Yabballaha III. Angeregt durch die politischen Pläne des Il-Khans Argun sandte er Rabban Sauma zum Papst nach Rom und zu verschiedenen Regenten in Europa.[44]

III. Der Handel an der Seidenstraße

Bei der Betrachtung des Handels auf der Seidenstraße gehen wir wieder von China aus, um dann sukzessive nach Westen fortzuschreiten. Wie aus dem Dargelegten hervorgeht, hingen Verkehr, diplomatische Kontakte und Handel vielfach eng zusammen, und selbst die Pilger, Mönche und Missionare, die nach Ost oder West reisten, schlossen sich vielfach einer Handelskarawane an. Die Händler gehörten neben den Militärs wohl auch zu den ersten, die die Ost-West-Verbindung erkundeten und benutzten und auf diesen Straßen ihre Handelsniederlassungen gründeten. So wissen wir von den Sogdiern, daß sie schon in den ersten Jahrhunderten n. Chr. Handelskolonien entlang der zentralasiatischen Seidenstraße bis hin nach China, bis in die Mongolei und vielleicht bis nach Sibirien hatten. Davon zeugen nicht zuletzt die schon zitierten sogdischen Briefe von der Großen Mauer. Auch die indischen und chinesischen Händler hatten ihre Handelsniederlassungen; gab es doch vor allem in der Tang-Zeit allenthalben chinesische Siedlungen in Zentralasien wie die „Chinesenstadt" (Činančkand) in Turfan.

Von den vielen Dokumenten, die an der Seidenstraße gefunden wurden – es sind Texte in 17 verschiedenen Sprachen –, sind allerdings relativ wenige dem Handel selbst gewidmet. Es ist dies zum größten Teil eine religiöse Literatur. Daneben finden sich aber auch säkulare Dokumente: Briefe, Kauf- und Verkaufsverträge und juristische Schriftstücke, die dem Thema Handel im weiteren Sinne zuzuordnen sind. Zu nennen sind auch topographische Werke und Wegbeschreibungen. Zu den Brie-

[41] Vgl. P. Olbricht, *Das Postwesen in China unter der Mongolenherrschaft im 13. und 14. Jh.*, Wiesbaden 1954.

[42] E. A.W. Budge, *The Monks of Kūblai Khān, Emperor of China*. London 1928. Der Untertitel lautet: „The History of the Life and Travels of Rabban Ṣāwmā, Envoy and Plenipotentiary of the Mongol Khāns to the Kings of Europe, and Mārkōs who as Mār Yahbhallāhā III became Patriarch of the Nestorian Church in Asia.

[43] Der Grund für die Wahl war wohl, wie Moule annimmt, daß er als turkomongolischer Öngüt die Sprache und Sitten der herrschenden Mongolen kannte. A. C. Moule, *Nestorians in China before the Year 1550*. London 1930, 107.

[44] S. dazu Troll, a.a.O., 133 f.

fen, die wir besitzen, gehört ein in hebräischer Schrift geschriebenes persisches Dokument, das Aurel Stein in Dandan Uilik bei Khotan fand und das offenbar von einem jüdischen Händler aus dem 8. Jh. stammt. In dem sehr fragmentarischen Text ist vom Kauf und Verkauf verschiedener Waren, u.a. Kleidung und Baumwolltuch, die Rede.[45] Daß jüdische Händler am Transithandel beteiligt waren, geht nicht zuletzt aus einer jener zahlreichen hebräisch-persischen Inschriften hervor, die im westlichen Afghanistan gefunden wurden. In diesen finden sich neben Bitten um göttlichen Beistand für die Reise auch Grabinschriften.[46] Eine solche Grabinschrift aus dem Jahre 1202 ist „dem Kaufmann Joseph, Sohn des Isaak", gewidmet.[47]

Was nun den chinesischen Überlandhandel anbelangt, so war dies vornehmlich ein staatlicher Transithandel, der im Rahmen von Tributgesandtschaften abgewickelt wurde. Dieser Handel war zunächst ein Tausch von zentralasiatischen Pferden gegen chinesische Seide. Für die Zeit der türkischen Uiguren ist dieser Handel gut belegt.[48] Dazu sagt P. Zieme: „Die Uiguren waren bestrebt, durch die Lieferung von großen Mengen Pferden möglichst viel Seide zu erlangen. Über diese für China unvorteilhafte Sachlage ... wird in chinesischen Quellen wiederholt Klage geführt, wenn auch meist mit dem Hinweis, daß die Qualität gelieferter Pferde zu wünschen übrig lasse."[49] Dies dürfte auch für jene zentralasiatischen Völker gegolten haben, die das politische und wirtschaftliche Geschick in der Steppe vor dem Auftreten der Türken im 6. Jh. bestimmt haben, und mit denen China Handel trieb. Die eingetauschte Seide wurde nur zum geringsten Teil für den eigenen Bedarf benötigt. Sie war Tauschobjekt für den Handel mit weiter westlich liegenden Völkern, und so gelangte sie etappenweise nach Persien und in den Vorderen Orient.[50]

Selten war in China privater Handel mit westlichen Nachbarn gestattet. „Jedoch kann man annehmen", betont Zieme, „daß in den Grenzgebieten fast immer ein Tauschhandel von geringem Umfang möglich war. Auf den Märkten in den Großstädten wurden ab und zu kaiserliche Genehmigungen für ausländische Kaufleute erteilt."[51] Wir wissen, daß die türkischen Uiguren solche Genehmigungen im 8., 9. und 10. Jh. erwarben[52], und das gleiche wird in der Tang-Zeit auch von persischen und anderen Händlern gegolten haben. In der chinesischen Literatur taucht ein Motiv mehrfach auf: der persische Kaufmann, der nach Perlen sucht.[53] Daß auch Perser ihre Handelsniederlassungen in den Großstädten Chinas hatten, davon zeugen die persischen „Tempel", die offenbar nur von Iranern besucht wurden.[54]

Wachten die Chinesen eifersüchtig über ihr Seidenmonopol, so wurde es doch von den Khotanesen, Persern und sogar Byzantinern durchbrochen, die es im Laufe der Zeit verstanden, selbst Seide zu produzieren. In Byzanz sollen die ersten Seidenkokons um 550 n. Chr. eingeführt worden sein.[55] Dennoch blieb die hochwertige chinesische Seide ein begehrter Artikel.[56]

Zwar waren Handel und Krieg vielfach miteinander verbunden, wie H. Ecsedy betont, da kriegerische Aktionen nicht selten von wirtschaftlichen Interessen geleitet waren.[57] Dennoch ist klar, daß der Handel vor allem in Zeiten des Friedens gedieh. Die Bewohner Zentralasiens wie auch Chinas muß-

[45] B. Utas, „The Jewish-Persian Fragment from Dandan-Uiliq", in: *Orientalia Suecana* 17 (1968), 123–136.

[46] E. L. Rapp, „Die persisch-hebräischen Inschriften Afghanistans aus dem 11. bis 13. Jahrhundert", in: *Jahrbuch der Vereinigung „Freude der Universität Mainz"* 20 (1971), 74–115.

[47] Rapp, a.a.O., 102 f.

[48] P. Zieme, „Die Uiguren und ihre Beziehungen zu China", in: CAJ 17 (1973), 282–293; C. MacKerras, „Sino-Uighur Diplomatic and Trade Contracts (744–840)", in: CAJ 13 (1969), 216–217.

[49] Zieme, a.a.O., 286.

[50] Hermann, a.a.O., 1080 ff.

[51] Zieme, ebd.

[52] Zieme, ebd.; H. Ecsedy, „Foreign Trade in Ancient China (First Millenium AD)", in: *Papers Presented to the XXI Int. Congress of Chinese Studies. Senigallia 7.–13. Sept. 1969.* Rom-Neapel 1971, 37–59.

[53] Th. Thilo, „Ausländer und Kostbarkeiten. Zu einem Motiv der Erzählungsliteratur der Tang-Zeit", in: AoF 11 (1982), 149–173 vor allem 149 ff.

[54] W. Eberhard, „Notizen zum Manichäismus und Mazdaismus in China", in: ders., *China und seine westlichen Nachbarn.* Darmstadt 1978, 29–36.

[55] Siehe Hermann, a.a.O., 1090.

[56] H. Franke und R. Trauzettel (Hrsg.), *Das chinesische Kaiserreich* (Fischer Weltgeschichte Bd. 19). Frankfurt 1968, 175.

[57] H. Ecsedy, „Trade-and-War Relations Between the Turks and China in the Second Half of the 6th Century", in: AOH 21 (1968), 131–180.

ten alle Arten von Unruhe fürchten, die zur Schließung der Handelswege führten. So finden wir in den Schreiber- und Stifternachworten zu den heiligen Texten von Dunhuang mehrfach Gebete um Öffnung oder Sicherung der Landwege. Da bittet z. B. ein Militärsuperintendent in Dunhuang in einem Kolophon aus dem Jahre 583 u. a., „daß die Straße des Königs frei und offen bleiben möge, und daß die Räuber und Diebe fortgetrieben werden mögen“[58]. Und in einem anderen Kolophon aus dem Jahre 700 hören wir, daß ein gewisser Grenzbeamter das Gelübde getan hat, zwei Sutra-Rollen monatlich abzuschreiben, wenn er zum sechsten Beamtengrad befördert wird. Er schreibt:

> „Wegen kriegerischer Ereignisse waren Papier und Tinte lange nicht erhältlich, so daß er sein Gelübde nicht erfüllen konnte. Jetzt endlich sind diese Materialien beschafft, und er konnte diese Kopie [des Sutra] anfertigen lassen.“[59]

Daß gerade die chinesische Papierherstellung für die zahlreichen Klöster in Zentralasien von höchster Wichtigkeit war, versteht sich aus dem religiösen Usus, heilige Schriften abzuschreiben oder abschreiben zu lassen, um religiöses Verdienst zu erwerben. Und dies war eine Frage der Quantität. Im Laufe der Zeit verstanden es die Sogdier, das chinesische Papiermonopol durch eigene Produktion und Lieferung der kostbaren Ware zu durchbrechen.

[58] Giles, a.a.O., 39.

[59] Giles, a.a.O., 24.

In der Zeit nach der Zerschlagung des uigurisch-türkischen Steppenreiches (840), als die Türken nach Gansu und in die Oasenstädte des nördlichen Tarimbeckens abwanderten, um nicht mehr als Nomaden, sondern als Landarbeiter, Handwerker und auch Kaufleute tätig zu sein, änderte sich naturgemäß die Qualität des Handels mit den Chinesen. Der zwischenstaatliche Handel konzentrierte sich nicht mehr auf den Austausch von Pferden und Seide, sondern umfaßte ein breites Spektrum von Handelsgütern. E. Pinks zählt in einer Untersuchung der Wirtschaft zwischen China und den Gansu-Uiguren 55 Posten auf. Dazu gehörten neben den verschiedenen Arten von Pferden Baumwolle, Duftstoffe, Weihrauch, Erze, Edelsteine, Metallgeräte, verschiedene Arten von Textilien und diverse Handwerksprodukte.[60] Chinesische Quellen verzeichnen genau, welche Güter im Land dieser „Gelben Uiguren“ erhältlich waren.

Relativ gut informiert sind wir über den Handel in der zentralasiatischen Oase von Turfan, wo die Uiguren vom 9.–12. Jh. den Kleinstaat von Kocho beherrschten. Sein Wohlstand – der zweifellos der Wohlstand der oberen Schicht war – beruhte nicht zuletzt auf dem Handel.[61] In der Oase selbst waren die grundlegenden Wirtschaftsformen das Handwerk und die Landwirtschaft mit ihrem Getreide-, Baumwoll- und Weinanbau. Wir haben es hier mit einer typischen „Stadt- und Oasenkultur“ zu tun[62], wie sie vielfach in ähnlicher Weise an der Seidenstraße anzutreffen war.

Zum Handel gehörte der Außen- und Transithandel.[63] Es ist anzunehmen, daß Durchgangszölle erhoben wurden, aber dies ist nicht belegbar. Die Wichtigkeit des Handels geht daraus hervor, daß in den einheimischen Texten und in den Nachworten zu Übersetzungen viel von Kaufleuten und vom Handel gesprochen wird. Nicht selten wird Glück und Segen im Handel für die Rezitation oder Abschrift eines heiligen Textes in Aussicht gestellt. So verheißt ein Text: „Wenn er in die Ferne zu gehen

[60] E. Pinks, *Die Uiguren von Kan-Chou in der frühen Sung-Zeit (960–1028)*. Wiesbaden 1973, 89 ff.

[61] A. von Gabain, *Das Leben im uigurischen Reich von Qočo (850–1250)*. Wiesbaden 1973; P. Zieme, „Zum Handel im uigurischen Reich von Qočo“, in: AoF IV (1976), 235–249.

[62] Zieme, a.a.O., 236.

[63] Zieme, a.a.O., 237 f.

gedenkt, oder wenn er einen Feldzug unternehmen will, oder wenn er guten Ruhm und Glück wünscht, oder wenn er auf Handel auszieht, so wird sein Erwerb sich mehren, [wenn er diesen Text rezitiert].“[64] „In keinem der uns bekannten buddhistischen Werke werden Kaufleute negativ dargestellt“, betont P. Zieme.[65] Das gleiche gilt auch für die manichäischen und christlichen Werke.

Die Skala der Handelsgüter in Turfan war groß. Gehandelt wurde mit verschiedenen Arten von Stoffen, Kosmetika, Produkten der Landwirtschaft wie auch der Viehzucht und mit Gütern aus fernen Ländern. Freilich spielte auch die Seide eine wichtige Rolle. Aber auch mit weiblichen und männlichen Sklaven wurde gehandelt, wie zahlreiche Kaufkontrakte erkennen lassen.[66] Zahlungsmittel waren zunächst normierte Leinenstoff-Rollen *(quanpo)*. Daneben wurde Metallgeld und nach 1260 (Mongolenzeit) auch Papiergeld verwendet. Von den normierten Stoffrollen erfahren wir, daß sie auch westlich von Koch gültig waren. Wie weit dieses Zahlungsmittel nach Westen hin Verwendung fand, ist allerdings nicht bekannt.

Die Verhältnisse in der Turfan-Oase dürften typisch gewesen sein auch für die sogdischen und iranischen Oasen. Leider sind uns kaum Dokumente zur Wirtschaft und zum Handel in diesen Gebieten erhalten geblieben, auch wenn archäologische Grabungen in Sogdien ein anschauliches Bild vom Anwesen reicher sogdischer Kaufleute vermitteln.[67]

Was den Überlandhandel mit Indien im 7. Jh. anbelangt, so gibt uns der chinesische Pilger Xuanzang in seiner systematischen Beschreibung der „Westlande“ eine Charakterisierung. Er schreibt:

> „Gold und Silber, (einheimisches) Kupfer, weiße Jade (und) Feuerperlen sind die natürlichen Produkte des Landes. Darüber hinaus gibt es eine Fülle von seltenen Edelsteinen und verschiedene Arten von kostbaren Steinen mit verschiedenen Namen, die auf den Inseln im Meer gesammelt werden. Diese tauschen sie (die Inder) gegen andere Güter ein. Und in ihren Handelsaktionen betreiben sie tatsächlich immer Tausch, denn sie haben weder Gold- noch Silbermünzen, noch Perlenmuscheln oder kleine Perlen.“[68]

Diese Beobachtungen sind sicherlich vornehmlich am nordwestlichen Indien orientiert, als die noch im Kushan-Reich (1.–4./5. Jh.) verwendeten Münzen nicht mehr im Gebrauch waren.

Xuanzang gibt uns in dem genannten Werk auch einen Einblick in die wirtschaftlichen Verhältnisse in den Landschaften, die er durchwandert hat. Leider erfahren wir nichts über den Handel in und mit dem Iran, wiewohl er einiges von Sogdien und Baktrien zu sagen weiß.[69]

Besonders aufschlußreich für unser Thema ist aber der Bericht des koreanischen Indienpilgers Huichao (Hui-ch'ao).[70] Er wurde um 700 in Korea geboren, ging noch nicht zwanzigjährig nach China, um den Buddhismus zu studieren, und trat bald danach – das genaue Datum ist uns nicht bekannt – seine Pilgerreise an. Er reiste zu Schiff um Südostasien nach Indien. Die Heimreise führte ihn auf dem Landweg von Nordwestindien über Zentralasien nach China. Der erhaltene Teil seines Berichtes umfaßt die Route von Magadha (Mittelindien) in die tocharischen Oasen Kucha und Karashar, wo er im Winter 727/728 eintraf. Der

64 W. Bang/A. von Gabian/G. R. Rachmati, „Türkische Turfantexte VI“, SPAW 1931, 113.

65 Zieme, a.a.O., 239.

66 Über den Preis von Sklaven s. Zieme, a.a.O., 243.

67 Vgl. A. M. Belenitzki/D.W. Belous, *Mittelasien. Kunst der Sogden*. Leipzig 1980.

68 Beal, *Xi-Yu-ki*, 89 f.

69 Beal, a.a.O., 30 ff.

70 Übers. in: W. Fuchs, „Huei-Ch'ao's Pilgerreise durch Nordwest-Indien nach Zentralasien um 726“, in: SPAW 1938 (Nr. XXX). Berlin, 1–45 [426–468].

Bericht gibt auch Auskunft über Länder, die der Pilger zwar nicht durchreiste, von denen er aber gehört hatte. Hierbei widmet er den wirtschaftlichen Verhältnissen besondere Aufmerksamkeit. Über Persien schreibt er u.a.:

> „Man ißt dort nur Brotkuchen und Fleisch. Zwar gibt es auch Reis, doch mahlt man ihn und macht daraus Kuchen zum Essen. Das Land erzeugt Kamele, Maultiere, Schafe und Pferde; ferner bringt es sehr große Esel, Baumwollstoff und Kostbarkeiten hervor... Es ist die Natur der Einwohner, daß sie den Handel lieben. Beständig fahren ihre Schiffe vom Westlichen Meer zum Südmeer nach Ceylon und nehmen dort Kostbarkeiten ein. Deshalb sagt man von jenem Reiche, es bringe Kostbarkeiten hervor. Sie nehmen ihren Weg sowohl nach Insulinde, um Gold einzunehmen; auch segeln sie mit ihren Schiffen nach chinesischem Gebiet und kommen direkt bis nach Kanton, um dort gröbere und feine Seide sowie Seidenwatte einzunehmen. Das Land (selbst) erzeugt gute, feine Baumwolle."[71]

Ferner heißt es über das Land der Araber zur Zeit der Omayyaden-Dynastie (661–750), die von Damaskus aus regierte:

> „Geht man von Persien nordwärts (sic!) zehn Tage, so gelangt man ... nach dem Land der Araber. Der König dort wohnt nicht im eigenen Land; gegenwärtig hat er sich nach dem Land Klein Fu-lin [Syrien] gewandt und hält sich dort auf.[72] Da (die Araber) jenes Land erobert haben, haben sich die Einwohner auf Inseln und in die Berge zurückgezogen... Das Land bringt Kamele, Maultiere, Schafe, Pferde, Baumwollstoffe und wollene Teppiche hervor; auch gibt es Perlen."[73]

Schließlich weiß unser Pilger auch über das oströmische Reich zu berichten: Er schreibt:

> „Nordwestlich des dem Lande Klein Fu-lin benachbarten Meeres liegt das Reich Groß Fu-lin [d.h. Byzanz, das Oströmische Reich]. Die Truppen dieses Königs sind stark und zahlreich, und er ist in keinem anderen Land untertänig. Die Araber haben ihn mehrmals bekriegt, ohne ihn zu besiegen;[74] auch die T'u-küeh [Türken][75] konnten ihn nicht besiegen. Im Lande gibt es reichlich Kostbarkeiten; auch gibt es reichlich Kamele, Schafe, Pferde und Baumwollstoffe. Die Kleidung ist mit der in Persien und Arabien gleich, die Sprache jedoch verschieden..."[76]

Byzanz und Rom als westliche Endpunkte der Seidenstraße haben bis in die Spätantike viel vom Handel auf diesem Weg profitiert. Auch wenn die Gabe Chinas an das Römische Reich weitgehend auf die Seide beschränkt blieb, hat doch der Handel mit den zwischen Rom und China liegenden Ländern zu einer enormen Ausweitung der bekannten Ökumene geführt.[77] Dies zeigt sich nicht zuletzt in den verschiedenen Weltkarten, die in den über 1000 Jahren zwischen Eratosthenes (um 200) und Wilhelm von Rubruk (13. Jh.) angefertigt wurden.[78]

Daß der Verkehr auf der Seidenstraße auch weitreichende kulturelle Bedeutung gehabt hat, versteht sich von selbst. Die Kulturen in den Gebieten, durch die sie führte, lernten es, einheimische Formen mit fremden zu verbinden, die sie bereicherten und ergänzten. Auf dieses faszinierende Kapitel der Seidenstraße, das in der Literatur und

[71] Fuchs, a.a.O., 27.

[72] Hiermit ist offenbar die Verlegung der arabischen Hauptstadt von Mekka nach Damaskus bei Gründung der Omayyaden-Dynastie durch Mu'āwija, Statthalter in Syrien, gemeint.

[73] Fuchs, a.a.O., 27 f.

[74] Gemeint ist die mehrmalige vergebliche Belagerung von Byzanz durch Jazid, den Sohn des Mu'āwija, um das Jahr 670.

[75] Im 8. Jh. pflegten die Byzantiner diplomatische Beziehungen mit den Türken Zentralasiens. T. Tekin, A Grammar of Orkhon Turkie. The Hague 1968, 264.

[76] Fuchs, a.a.O., 28.

[77] S. dazu Hermann, a.a.O., 108 ff.

[78] Vgl. J. O. Thomas, *History of Ancient Geography*. Cambridge 1948.

Kunst greifbar wird, können wir hier aber nicht mehr eingehen.[79]

Die Seidenstraße verband also Menschen, die sich nicht kannten, wie auch solche, die miteinander vertraut waren. Im Hinblick auf die letztere Situation sind die Briefe kennzeichnend, die wir von der Seidenstraße besitzen. In einem Brief aus Turfan fragt der Verfasser einen Bekannten in der Ferne nach seinem Wohlergehen, indem er „von fernem Ort (aber) mit nahem Herzen schreibt".[80] Das dürfte für die Situation an der Seidenstraße oft genug kennzeichnend gewesen sein.

79 S. dazu Klimkeit, *Die Seidenstraße*. Köln 1988.

80 P. Zieme, „Uigurische Brieffragmente", in: *Studia Turcica*. Budapest 1971, 457.

Abkürzungen:

AoF	Altorientalische Forschungen
AOH	Acta Orientalia Academiae Scientiarum Hungaricae
BSOAS	Bulletin of the School of Oriental and African Studies
CAJ	Central Asiatic Journal
SPAW	Sitzungsberichte der Preußischen Akademie der Wissenschaft, Phil.-hist. Kl.
ZAS	Zentralasiatische Studien

Zeittafel

Vor Christi Geburt

um 2500	Induskulturen
nach 1400	Invasion der vedischen Arier
563?-483?	Gautama Buddha
nach 518	Der westliche Teil des Subkontinents wird persische Satrapie
ca. 350-320	Nanda-Dynastie
327-325	Alexanders Feldzug nach Indien
ca. 320-185	Maurya-Dynastie
ca. 273-232	Kaiser Aśoka
um 253 oder 250	Das Konzil in Pāṭaliputra
ca. 185-73	Śuṅga-Dynastie (Bhārhut, Sānci, Stūpa I, Ajantā IX/X)
ca. 180-75	Die Griechen im Nordwesten des Subkontinents
57	Jahr 1 der Azes-Ära
1. Jh.	Sātavāhana-Dynastie (bis Anfang des 3. Jhs. n. Chr.)

Nach Christi Geburt

78	Jahr 1 der Saka-Zeitrechnung
1.-4. Jh.	Kuṣāṇa-Dynastie (die Mathurā- und Gandhāraschule, Ausbreitung des Mahāyāna-Buddhismus)
ca. 143/44 oder 232	Jahr 1 des Kaniska I
320-500	Gupta-Dynastie (klass. Periode der indischen Kunst); Mathurā, Sarnath und Bodhgayā als wichtige Kunstzentren)
um 428	Einfall der „weißen Hunnen" in Indien ab 6. Jh. Entwicklung des Vajrayāna-Buddhismus (tantr. Buddhismus)
606-647	Harsavardhana von Kanauj
ca. 640	Xuaṅzang in Nālandā
712	Einfall der Araber in Sind
8.-12. Jh.	Pāla-Dynastie
9. Jh.	Nālandā wird Zentrum des Vajrayāna-Buddhismus
998-1030	Mahmūd von Ghazni; 17 Einfälle in Indien
1200	Islamische Eroberung Indiens wird abgeschlossen, Untergang des Buddhismus

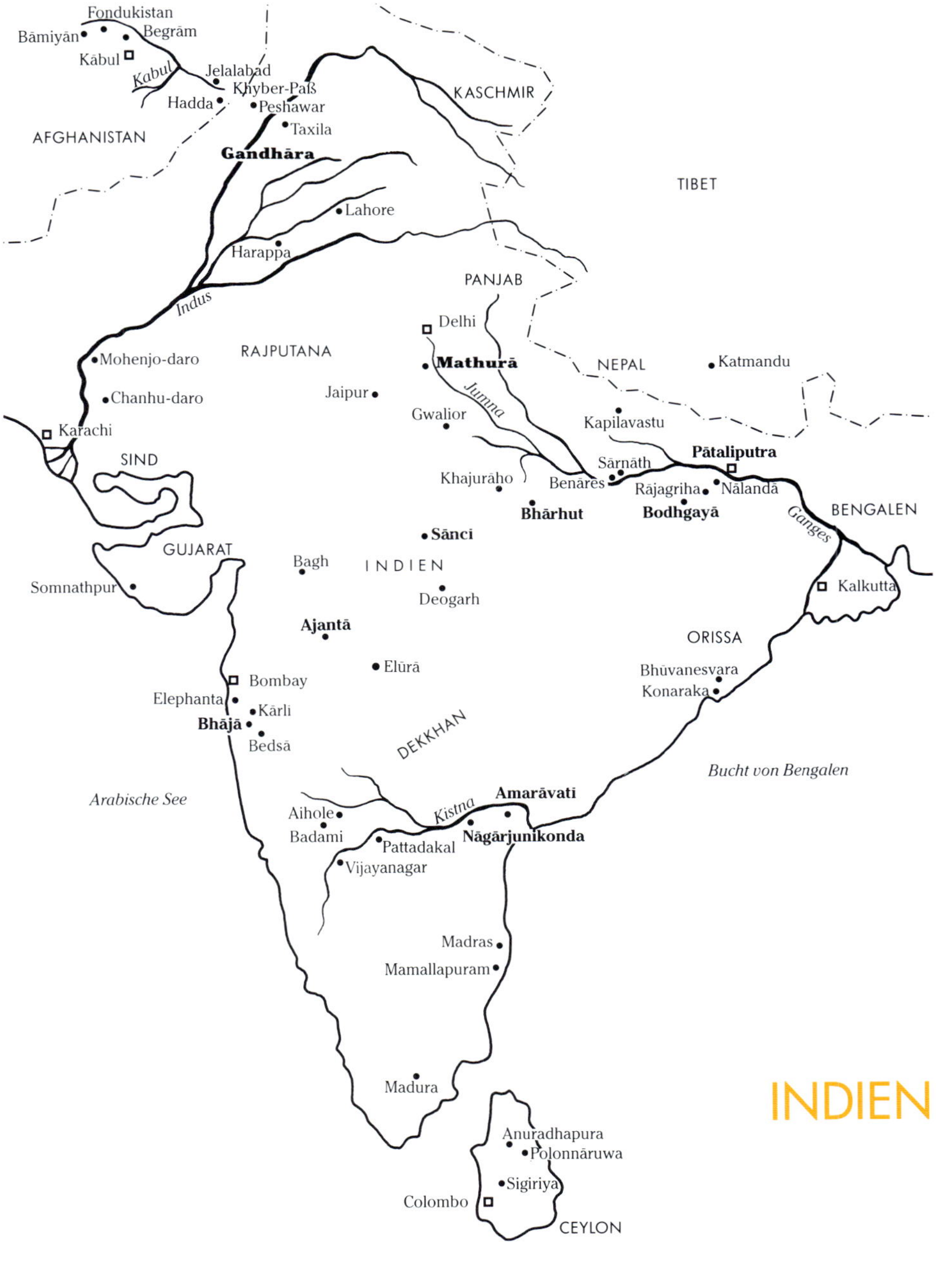

Fondukistan
Bāmiyān
Begrām
Kābul
Kabul
Jelalabad
Khyber-Paß
Hadda
Peshawar
Taxila
AFGHANISTAN
Gandhāra
KASCHMIR
TIBET
Lahore
Harappa
Indus
PANJAB
Delhi
RAJPUTANA
Mohenjo-daro
Mathurā
NEPAL
Katmandu
Chanhu-daro
Jaipur
Jumna
Gwalior
Kapilavastu
Karachi
SIND
Pātaliputra
Sārnāth
Khajurāho
Benārēs
Rājagriha
Nālandā
Bhārhut
Bodhgayā
Ganges
BENGALEN
Sānci
GUJARAT
Bagh
INDIEN
Somnathpur
Deogarh
Kalkutta
Ajantā
ORISSA
Elūrā
Bhūvanesvara
Bombay
Konarakā
Elephanta
Kārli
Bhājā
Bedsā
DEKKHAN
Bucht von Bengalen
Arabische See
Amarāvati
Aihole
Kistna
Badami
Nāgārjunikonda
Pattadakal
Vijayanagar
Madras
Mamallapuram
Madura
Anuradhapura
Polonnāruwa
Sigiriya
Colombo
CEYLON

INDIEN

Der Buddhismus in Indien

Mehr-Ali Newid

Als in Indien im 6. Jh. v. Chr. die Lehre des Buddha als neue geistige Herausforderung auftrat[1], bestand die soziale und religiöse Ordnung der indoeuropäischen Stämme, die um die Mitte des 2. Jahrtausends v. Chr. von Norden her eingedrungen waren. Die Bevölkerung des indischen Subkontinents war in vier „Stände" bzw. „Kasten" gegliedert, Priester (brāhmaṇa), Krieger (kṣatriya) sowie Bauern und Händler (vaiśya), während die vorindoeuropäische Bevölkerung als vierter Stand (śūdra[2]) galt.

Die Herrscher der Kleinstaaten gehörten dem Kriegerstand an und waren für die Kriegsführung zuständig. Die Brahmanen, nach Grünwedel „Götter in Menschengestalt", sicherten ihre Macht durch theologische Spekulationen und insbesondere durch die Durchführung der Opferriten, an denen das einfache Volk nicht teilnehmen durfte (Grünwedel 1900:10).

Inwieweit die Entstehung neuer philosophischer und religiöser Richtungen im 6. Jh. v. Chr. mit einer etwaigen Unzufriedenheit der unteren Schichten mit den sozialen Gegebenheiten und dem Opferritualismus oder mit der gleichzeitigen Entstehung der Hochkulturen in Persien, China und Griechenland in Verbindung steht, ist umstritten.

Bisher war die Lehre von der Wiedergeburt (saṃsāra) das zentrale Thema religiöser Spekulationen gewesen. Die Art der Wiedergeburt im zukünftigen Leben galt als abhängig von den Taten (karma) im vorherigen Leben. Gute Taten förderten eine günstige Wiedergeburt.

Nunmehr befriedigte jedoch die Antwort auf die Frage nach der Wiedergeburt die Denker immer weniger, sie stellten vielmehr die Frage nach dem endgültigen Entkommen aus dem Kreislauf der Wiedergeburten. Neben den Brahmanen traten neue philosophische Richtungen auf, deren Anhänger unabhängig von ihrer Kastenordnung nach einer Lösung dieses Problems suchten. Doch weder der Opferritualismus der Brahmanen noch die Lehre dieser Asketen, die durch strenge Selbstkasteiung eine Antwort suchten, boten den Suchern eine überzeugende Lösung.

Um die Mitte des 6. Jh. v. Chr. entstanden im Gebiet des heutigen südöstlichen Nepal und des heutigen indischen Bundesstaates Bihar zwei philosophische Schulen, später als Jainismus und Buddhismus bezeichnet, deren Gründer, eine „Jina" (Sieger) oder „Mahāvīra"[3] (großer Held) genannte Persönlichkeit und der als „Buddha" (der Erwachte) betitelte Prinz Siddhārtha Gautama, für sich beanspruchten, den Erlösungsweg gefunden zu haben.

Hermann Jacobi sieht den Ursprung des Buddhismus im Sāṃkhya-Yoga, mit dem er zahlreiche Gemeinsamkeiten aufweist, u. a. in der Lehre von der vierfachen heiligen Wahrheit (vom Leiden, von der Entstehung des Leidens, von der Aufhebung des Leidens, von dem Weg zur Aufhebung des Leidens; Jacobi 1896:1 ff.). Das Leben und Wirken des Buddha ist uns nur aus den Legenden bekannt, die sich um seine Gestalt ranken. Danach wurde er um 563 v. Chr. in einem Hain bei dem Dorf Lumbini nahe der Stadt Kapilavastu im südlichen Grenzgebiet des heutigen Nepal geboren.

Er gehörte der Familie Gautama an und hieß Siddhārtha („der, der das Ziel erreicht hat). Sein Vater war der Śākya-Fürst Śuddhodana, Herrscher von Kapilavastu (vgl. Lefmann 1902; Waldschmidt

1929; Johnston 1936; Schneider 1980: 23-50). Bald nach seiner Geburt (s. Fig. 1) starb seine Mutter Māyādevī, seine Erziehung übernahm nun seine Tante Mahāprajāpatī Gautamī. Der Wahrsager (Asita) am Hofe seines Vaters bemerkte an dem Knaben die 32 Zeichen (lakṣana) eines „großen Mannes" (mahāpuruṣa) und prophezeite ihm eine Zukunft entweder als „Weltenherrscher" (cakravartin) oder aber als „Buddha" (vgl. Schlingloff 1962, I: 88-89; II: 55 ff.; Percheron 1958: 20 ff.). König Suddhodana wollte verhindern, daß sein Sohn der Welt entsagte und „Buddha" wurde, weshalb er von nun an versuchte, seinem Sohn das Hofleben so anziehend wie nur möglich zu gestalten, um ihn an das weltliche Leben zu binden. Er verheiratete ihn mit der schönen Yaśodharā (auch Gopā genannt), Tochter eines Sākyafürsten, die ihm den Sohn Rāhula gebar. Während seiner Fahrten zu einem

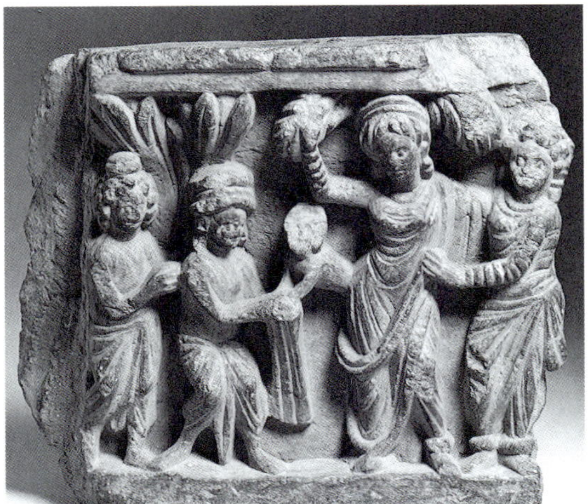

Fig. 1
Geburt des Buddha, Gandhāra, 4. Jh. n. Chr., grauer Schiefer, Höhe 13,5 cm
SMV, Mus.-Nr. PE 95 (Slg. Scherman, ehemals Slg. Roose-Keppel)

[1] Die Chronologie des frühen Buddhismus steht nicht fest, siehe unten.

[2] Die Ethymologie des Wortes śūdra ist noch nicht überzeugend geklärt. Zur „Vier-Varṇa-Theorie" vgl. a. Schneider 1989: 51 ff.; Wilhelm 1990: 147 ff.

[3] Namentlich heißt er Vardhamāna und wurde als Sohn des adligen Siddhārtha und dessen Gemahlin Triśalā im Ort Kuṇḍnagrāma nördlich von Vaiśāli geboren. Mahāvira ist der letzte der 24 Tīrthamkaras (wörtl.: „einer, der eine Furt bereitet"). Wie im Buddhismus so auch hier steht im Mittelpunkt der Lehre die Erlösung aus dem Kreislauf der Wiedergeburten durch die Heilslehre. Mahāvira war eigentlich der Reformator, der von seinem Vorgänger (Pārśva) begründeten Lehrtradition (Deleu 1984: 207 ff.; Schubring 1964: 219 ff.).

[4] Der Mönch soll ihm auf Weisung der Götter begegnet sein, um ihn zur Weltentsagung zu bewegen und damit zum Erlöser der in das samsāra verstrickten Menschheit werden zu lassen.

[5] Eine Vorstufe zu dieser Weltentsagung erreichte der Prinz bereits in seiner Kindheit: Er durfte seinen Vater auf einen Bauernhof begleiten, wo dieser die Zeremonie der ersten Furche vollzog. Unter einem Jambu-Baum (Rosenapfelbaum) sitzend versank der kleine Siddhārtha aus Mitleid mit den schwer arbeitenden Tieren in Meditation und erreichte die erste der vier Versenkungsstufen (Waldschmidt 1929: 91; vgl. a. Stache-Weiske 1990: 108 ff. u. Anm. 3).

[6] ficus religiosa, Sanskrit: aśvattaḥ

[7] Diese vier Versenkungsstufen werden folgendermaßen erklärt: „Die Buddhisten haben, abgesehen von den nichtssagenden Exkursen späterer Kommentatoren, durch zwei Interpretationsformen zum Verständnis der im stereotypen Wortlaut überlieferten Formel beigetragen. Sie haben einmal zu jeder der vier Stufen Vergleiche gegeben: Zu der ersten Stufe wird gesagt, daß der Meditierende seinen Körper in derselben Weise mit dem freud- und lustvollen Gefühl durchdringt wie ein Badender in einem Metallgefäß Badepulver so lange anfeuchtet und knetet, bis die entstandene Badecreme mit Feuchtigkeit ganz durchdrungen, gesättigt und vollgesogen ist. Auf der zweiten Stufe tränkt der Meditierende seinen Körper mit dem freud- und lustvollen Gefühl so wie ein Teich, der von außen keinen Zufluß hat, sondern von einer inneren Quelle gespeist wird, von dieser Quelle durchströmt, erfüllt und umflutet wird. Auf der dritten Stufe tränkt der Meditierende seinen Körper mit der freudfreien Lust so, wie eine Gruppe blauer, weißer oder roter Lotosblumen, die ganz unter der Wasseroberfläche wächst, von der Wurzel bis zur Spitze vom Wasser getränkt, umspült und benetzt wird. Auf der vierten Stufe schließlich verweilt der Meditierende wie jemand, der vom Kopf bis zu den Füßen weiß gekleidet dasitzt, so daß keine einzige Stelle seines ganzen Körpers nicht von dem wei-

Park begegnete er einem Greis, einem Kranken, einer Leiche und einem Mönch, die in ihm bohrende Zweifel am Sinn seines bisherigen Lebens wachriefen[4] (s. de Silva-Vigir 1956, Abb. S. 15). Schließlich floh er nachts auf seinem Pferd, begleitet von seinem Diener Chandaka, aus dem Palast, schor sich das Haar, legte ein aus Lumpen zusammengenähtes Asketengewand an und schickte den Diener mit dem Pferd und seinem Schmuck zurück.[5]

Auf seinen anschließenden Wanderungen nahm er Unterricht bei verschiedenen Lehrern, darunter auch bei den Asketen Āraḍa Kālāma und Udraka Rāmaputra, kam jedoch seinem Ziel, der Überwindung des Kreislaufs der Wiedergeburten, dadurch nicht näher. Unbefriedigt von den strengen Kasteiungen, denen er sich sechs Jahre lang in Urubilvā unterzogen hatte, ließ er sich schließlich unter einem Pippal-Baum[6] in Bodhgayā am Ufer des Flusses Nairañjanā nieder (s. Fig. 2). Er war fest entschlossen, sich nicht zu erheben, ehe er nicht den Weg zur Aufhebung des Leidens und damit die Erleuchtung erreicht hätte. Nachdem er die vier Stufen der Versenkung[7] durchlaufen und auf diese Weise die Ursachen und den Kreislauf seiner früheren Geburten durchschaut hatte, erkannte er die „vier edlen Wahrheiten vom Leiden", d. h. die Wahrheit vom Leiden, von der Entstehung des Leidens, von der Aufhebung des Leidens und vom Weg zur Aufhebung des Leidens[8] (vgl. Klimkeit 1990: 90 ff.). Damit hatte der Prinz den Zustand des Erwachens (boddhi) erreicht (vgl. Bareau 1964: 13 f.).

Während er in der Versenkung saß, soll Māra, die Verkörperung des Bösen, versucht haben, ihn mit seinem Heer von der Erlangung der Erleuch-

ßen Kleid umhüllt ist. – Sicher klingen in diesen Vergleichen Gefühlswerte an, die uns nicht mehr recht verständlich sind, dem Mediterenden aber die seelischen Stimmungen der einzelnen Stufen offenbarten.
Wichtiger ist für uns die zweite Interpretation, die sich aus den kanonischen Schriften entnehmen läßt. Die vier Stufen werden mit einer Reihe von vier Bereichen verbunden und den kosmischen Sphären gleichgesetzt. Die vier Bereiche waren eine Meditationsreihe, die die Buddhisten von anderen Sekten übernommen hatten; sie sollte das Bewußtsein zu immer weitergehender Abstraktion und schließlich zur völligen Ausschaltung führen. Die Stufen tragen folgende Bezeichnungen:

1. Bereich der Unendlichkeit des Raumes.
2. Bereich der Unendlichkeit des Bewußtseins.
3. Bereich des Nichts.
4. Bereich der Weder-Wahrnehmung-noch-Nichtwahrnehmung.

Durchläuft der Meditierende diese Reihe, erreicht er den Zustand, der dann mit den Worten gekennzeichnet ist:

5. „Vernichtung von Wahrnehmung und Empfindung (Schlingloff 1962, I: 60-61; vgl. a. Klimkeit 1990: 221, 4.2).

[8] Diese Sätze vom Leiden wurden in den Predigten von Buddha den Mönchen wie folgt erklärt:
„Dies, ihr Mönche, ist die heilige Wahrheit vom Leiden: Geburt ist Leiden, Alter ist Leiden, Krankheit ist Leiden, Tod ist Leiden, mit Unliebem vereint sein ist Leiden, von Liebem getrennt sein ist Leiden, nicht erlangen, was man begehrt, ist Leiden, kurz, die fünferlei Objekte des Ergreifens sind Leiden.
Dies, ihr Mönche, ist die heilige Wahrheit von der Entstehung des Leidens: es ist der Durst, der von Wiedergeburt zu Wiedergeburt führt, samt Freude und Begier, die hier und dort seine Freude findet: der Lüstedurst, der Werdedurst, der Vergänglichkeitsdurst.
Dies, ihr Mönche, ist die heilige Wahrheit von der Aufhebung des Leidens: die Aufhebung dieses Durstes durch gänzliche Vernichtung des Begehrenlassens, ihn fahrenlassen, sich seiner entäußern, sich von ihm lösen, ihm keine Stätte gewähren.
Dies, ihr Mönche, ist die heilige Wahrheit von dem Wege zur Aufhebung des Leidens: es ist dieser heilige, achtteilige Pfad, der da heißt: rechtes Glauben, rechtes Entschließen, rechtes Wort, rechte Tat, rechtes Leben, rechtes Streben, rechtes Gedenken, rechtes Sichversenken" (Oldenburg 1961: 199-200).

[9] Diese in der Ikonographie häufig dargestellte Episode soll ein späterer Einschub in die Buddhalegende sein, da sie in dem autobiographischen Bericht (dem Ich-Bericht) den Buddha von seinem Leben gegeben haben soll, nicht erwähnt wird (vgl. Schlingloff 1962, I: 94). Māra, ursprünglich der Totengott, symbolisiert das weltliche Leben (s. Fig. 2).

[10] Diese Kausalreihe (Skt.: pratityasamutpāda; Pāli: paticcasamuppāda) stellt den Kern der philosophischen Lehre des Buddhismus dar und beschreibt in positiver und negativer Reihenfolge folgende Glieder:

tung abzuhalten.[9] Einige Wochen nach der Erleuchtung entdeckte der Buddha, unter dem Bodhi-Baum meditierend, den Kausalnexus bzw. das „Entstehen in Abhängigkeit" von der Wiedergeburt zur Wiedergeburt[10] (vgl. Oldenburg 1961: 211 ff.; Schlingloff 1962, I: 96; Klimkeit 1990: 90-91 u. 230).

Buddha begab sich daraufhin in den Gazellenhain von Mṛgadāva bzw. Isipatana (Sanskrit: Ṛṣivadāna) bei Benares, wo er seine fünf ehemaligen Schüler traf, die sich von ihm abgewendet hatten, als er seine asketischen Übungen aufgab. Er verkündete ihnen seine Erleuchtung und predigte ihnen.[11] Dieses Ereignis ist in der buddhistischen Geschichte als „Erste Predigt" tradiert. Auf diese Weise wurde die erste buddhistische Gemeinde (saṃgha) gegründet. Während seiner nun folgenden Wanderungen durch die Städte der Gangesebene bekehrte Buddha zahlreiche Asketen und Brahmanen sowie deren Schüler. Auch Laien wie die Könige Bimbisāra von Magadha und Prasenajit von Kośala nahmen seine Lehre an.[12]

Ein reicher Kaufmann aus Śrāvastī, Anāthapindada, stiftete der Gemeinschaft des „Erhabenen" den Garten Jetavana,[13] auf dessen Gelände später ein Kloster (vihāra) entstehen sollte. Begegnete der Buddha ihm feindlich gesinnten Asketen und ihren Anhängern, so bekehrte er sie häufig durch die Vollbringung von Wundertaten als Beweis für seine Vollendung.[14]

Zum Erfolg der Lehre des Buddha trugen neben seiner Ablehnung der Opferriten und der Kastenordnung auch die Sprache bei, der sich der Buddha bei seinen Predigten bediente: er verwendete wahrscheinlich nicht Sanskrit, die Ritual- und Literatursprache der Brahmanen, sondern das

„Wenn dieses ist, wird jenes; durch die Entstehung von diesem entsteht jenes, und zwar:

1. auf dem Nichtwissen
2. beruhen die Gestaltungen;
3. auf den Gestaltungen beruht das Bewußtsein;
4. auf dem Bewußtsein beruht Name-Form (die Individualität);
5. auf Name-Form beruhen die sechs Bereiche;
6. auf den sechs Bereichen beruht die Berührung;
7. auf der Berührung beruht die Empfindung;
8. auf der Empfindung beruht der Durst;
9. auf dem Durst beruht das Ergreifen;
10. auf dem Ergreifen beruhen das Werden;
11. auf dem Werden beruht die Geburt;
12. auf der Geburt beruht Alter und Tod; es ergeben sich Kummer, Klage, Leid, Trübsinn und Unruhe.

So kommt die Entstehung dieser ganzen Leidensmasse zustande.
Wenn dies nicht ist, wird jenes nicht; durch die Aufhebung von diesem wird jenes aufgehoben, und zwar:
Durch die Aufhebung des Nichtwissens Aufhebung der Gestaltungen – des Bewußtseins – Name-Form – der sechs Bereiche – der Berührung – der Empfindung – des Durstes – des Ergreifens – des Werdens – der Geburt; durch die Aufhebung der Geburt die Aufhebung von Alter und Tod; Kummer, Klage, Leid, Trübsinn und Unruhe werden aufgehoben. So kommt die Aufhebung dieser ganzen Leidensmasse zustande" (Schlingloff 1962, I: 96).
Die Lehre des Buddha sollte auch bildlich anschaulich gemacht werden. Ein Sanskrittext beschreibt das Rad der Existenzen, das am Eingang des Klosters dargestellt werden soll. Demnach entsprechen die fünf Felder des Rades den fünf Existenzformen als Götter, Menschen, Gespenster, Tiere und Höllenwesen, wie sie in Ajaṇṭā, Höhle XVII, dargestellt sind (vgl. Schlingloff 1963, II: 33-34; ders. 1987a: 383-/84). In den späteren Darstellungen des Rades finden sich sechs Felder, ein neu dazugekommenes Wesen sind die Dämonen (vgl. Percheron 1958: 42; Essen/Thingo 1989; I-28). Die zwölf Felder im äußeren Ring des Rades stellen die zwölf Glieder der Kausalreihe dar (Sanskrit: 1. avidyā, 2. saṃskārah, 3. vijñānaṃ, 4. nāmarūpaṃ, 5. saḍāyatanaṃ, 6. sparśaḥ, 7. vedanā, 8. tṛṣṇā, 9. upādānaṃ, 10. bhavaḥ, 11. jātiḥ, 12. jarāmaraṇaṃ.

[11] In der buddhistischen Kunst wird auf dieses, „das Inbewegungsetzen des Rades der Lehre" (dharma-cakra-pravartana) genannte Ereignis durch die Darstellung eines von Jüngern und Gazellen umgebenen Rades hingewiesen. Dabei kann die Gestalt des Buddha und dessen Handhaltung (mudrā) – regional und zeitlich bedingt – Unterschiede aufweisen. Bei diesem Ereignis, das in Sārnāth stattgefunden haben soll, zeigt die rechte Hand des Erleuchteten z. B. die Schutzgeste (abhayamudrā; vgl. Naudou o. J.: 136; Marshall 1960 u. 1973, Fig. 117; Parimoo 1982, Fig. 38) oder sie berührt das Rad (vgl. Parimoo 1982, Fig. 37) bzw. die beiden Hände sind in der Geste des Inbewegung-

Māgadhī bzw. Ardhamāgadhī (eine Volks- und Umgangssprache im Magadha-Reich, in dessen Gebiet die meisten Wirkungsstätten des Buddha liegen). Mit 29 Jahren verließ der Prinz Siddhārtha das väterliche Haus. Sieben Jahre danach erlangte er die höchste Erkenntnis (die Erleuchtung). Einige Jahrzehnte wanderte er durch die Gangesebene und predigte dort seine Lehre. Als er im Alter von 80 Jahren in das Nirvāṇa[15] einging, hinterließ er eine buddhistische Gemeinde mit Mönchen und Laienanhängern.

Über das Todesjahr des Buddha sind sich die Gelehrten uneins, wie auch insgesamt die Chronologie des frühen Buddhismus nicht feststeht. Als mögliches Todesjahr wird von den Buddhologen sowohl das Jahr 480 v. Chr. (Bareau 1964: 19) als auch das Jahr 483 v. Chr. (vgl. Dutoit 1906: IX; Embree/Wilhelm 1967: 314; Grönbold 1974: 293) angegeben, während Heinz Bechert der Auffassung ist, daß die Wirkungszeit des Buddha später als bisher angenommen anzusetzen ist.[16]

Gemäß der Überlieferung brach unter den damals führenden acht Stämmen Streit über die Verteilung der Reliquien aus.[17] Der Brahmane Droṇa verteilte die Reliquien gleichmäßig unter den acht Stämmen. Er selbst erhielt die Urne und die spät eingeschalteten Mauryas die Asche. Auf diese Weise wurden zehn Gedenkmonumente über den Reliquien der Urne und der Asche des „Erhabenen" errichtet.

Die Anhänger versammelten sich nach dem Tod des „Erhabenen" (ca. ein Jahr nach dem Nirvāṇa des Buddha) in Rājagṛha („erstes Konzil"), um die richtige Auffassung der Lehren des Buddha festzulegen. Aus den Diskussionen zwischen den

setzens desRades der Lehre (dharmacakra-mudrā; vgl. Uhlig 1979, Abb. 36; Parimoo 1982, Fig. 39-40).

12 Die Begegnung des letzteren mit dem Erhabenen ist auf dem Steinzaun des Stūpa in Bhārhut verewigt (vgl. Cunningham 1879, Pl. 13; Coomaraswamy 1956, Fig. 28; Schlingloff 1962, I: Abb. 5; Seckel 1976, Fig. 28).

13 In der Annahme, daß kein Mensch soviel Geld dafür aufbringen konnte, die ganze Waldfläche mit (Gold-)Münzen zu bedekken, stellte Prinz Jeta für den Verkauf diese Bedingung (vgl. Naudou o. J.: 164; Sivaramamurti 1975, Fig. 246; Parimoo 1982, Fig. 61), die von Anāthapindada erfüllt wurde.

14 Zu diesen Taten gehört die in der Kunst häufig dargestellte Wundertat von Śrāvasti, bei der sich der Erhabene in die Luft erhob und aus seinen Fußsohlen Wasserströme und aus den Schultern Flammen hervortreten ließ und sich selbst vervielfältigte (vgl. Noudon o. J.: 144; Foucher 1918: 151 ff.; Marshall 1960, Fig. 122-125; Ingholt 1971, XX 2. u. XXI 2.; Parimoo 1982, Fig. 64-67 u. 69-71; Gandhāra Art 1984, I-9 u. I-10).

15 Wie es in der nachstehenden Ausführung geschildert wird, bedeutet Nirvāṇa „verwehen" oder „verlöschen". „Dann durchlief der Erhabene die vier Stufen der Versenkung. Von der vierten Stufe aus trat er in die Sphäre der Raumunendlichkeit ein, von hier aus in die Sphäre der Bewußtseinsunendlichkeit, dann in die Sphäre des Nichts, in die Sphäre jenseits von Bewußtsein und Nichtbewußtsein, und von hier aus erreichte er das Auslöschen von Bewußtsein und Empfindung" (Waldschmidt 1929: 238).

16 Becherts Angaben zufolge datiert die Überlieferung des Theravāda-Buddhismus das Nirvāṇa des Buddha 218 Jahre vor Aśokas Königsweihe (273 oder 268 v. Chr.), die kurze Chronologie dagegen 100 Jahre davor (vgl. Bechert 1988: 24-34; ders. 1989: 93-120).

17 Vgl. dazu die Darstellung an der Rückseite des unteren Architravs des Südtores des großen Stūpa in Sāñci (v. Glasenapp 1928: 253; Marshall/Foucher 1940, II, Pl. 15; Zimmer 1955, Pl. 23; Fergusson 1868, Pl. 38, Fig. 1; Bachhofer 1972, Pl. 47).

18 Der Pālikanon ist die einzig vollständig überlieferte buddhistische Schrift der frühen Zeit und gehört der Schule der Vibhajyavādin oder Sthaviravāda (Pāli: Theravāda, Lehre der Älteren) an.

19 Eine vollständige Sanskrit-Version des buddhistischen Kanons existiert nicht. Handschriften mit Bruchstücken von kanonischen Werken hat man in Nepal und Ostturkistan gefunden.

Der reich geschmückte Bodhisatva sitzt auf einem Doppellotos unter dem Bodhibaum. Seine rechte Hand zeigt die Erdberührungsgeste (bhūmisparśamudrā), bei der die Erdgöttin (unten Mitte) als Zeugin seiner Erleuchtung aufgerufen wird. Māras Angriff (unten links) auf den Bodhisatva ist durch die skelettartigen und bewaffneten Gestalten angedeutet.

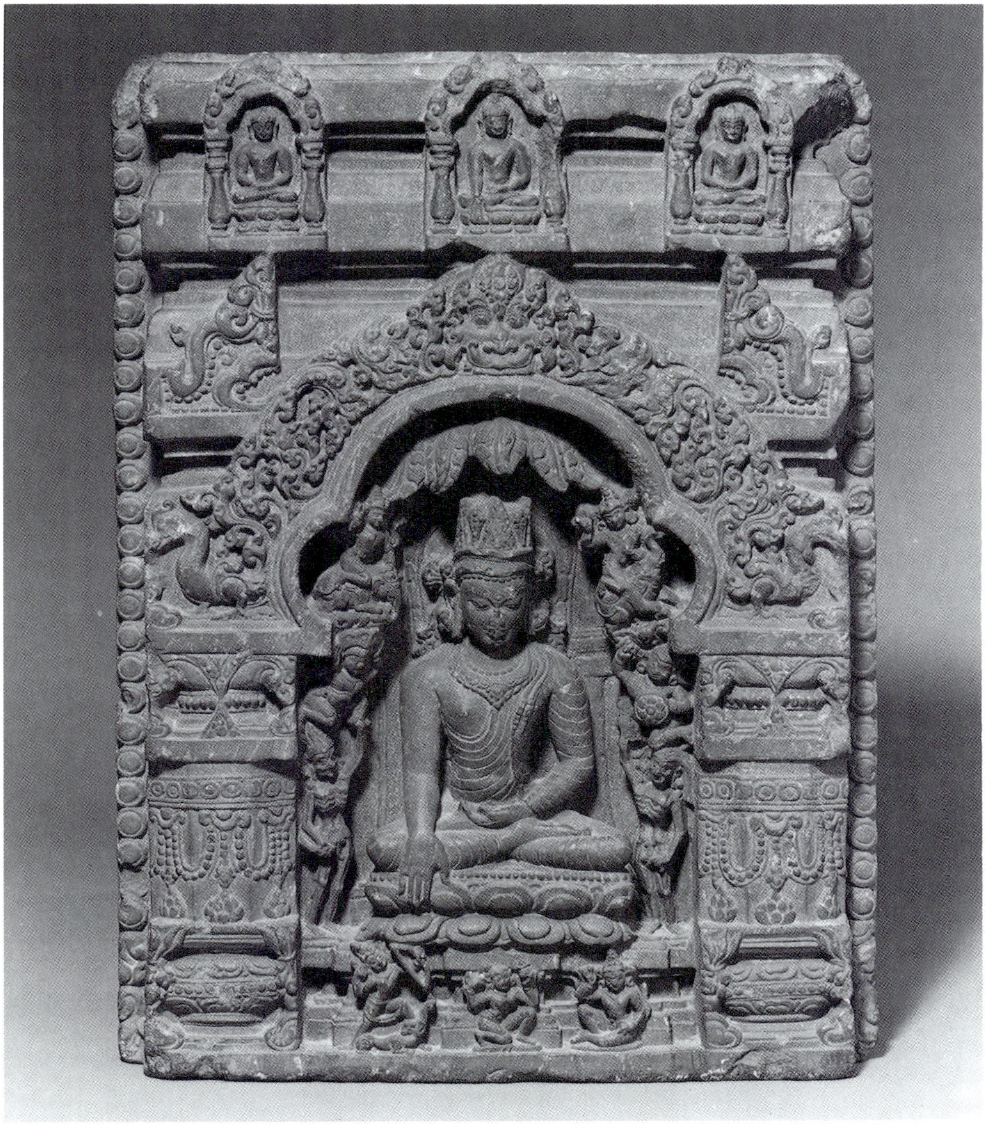

Fig. 2
Sitzender Bodhisatva
Pāla-Periode, 11. Jh.
Glimmerhaltiger Chlorith-Quarzit,
Höhe 52,5 cm,
Breite 39 cm
SMV, Mus.-Nr. L 114 (Slg. Lamare-Picquot)

ehemaligen Schülern Mahākāśyapa und Upāli sowie Mahākāśyapa und Ānanda sollen die Lehren des Vinayapiṭaka („Korb der Lehrreden") hervorgegangen sein (Frauwallner 1952: 242 ff.; Bareau 1955: 1 ff. und 1964: 20; Misra 1972: 5 ff.). Das Abhidharmapiṭaka („Korb der Lehrbegriffe bzw. Scholastik") soll später entstanden sein. Der Zeitpunkt der endgültigen Abfassung des Tripiṭaka („die drei Körbe"), des in dem Pāli-Dialekt überlieferten buddhistischen Kanons, kann nicht mit Sicherheit festgelegt werden, man nimmt jedoch an, daß dies etwa im zweiten oder im ersten Jahrhundert v. Chr. geschah[18] (v. Glasenapp 1961: 158 ff.; Embree/Wilhelm 1967: 88-89; Schneider 1980: 160). Sowohl der Pālikanon der Sthaviras wie auch die Sanskrit-Fassung der Sarvastivādins,[19] von der nur Bruchstücke bisher bekannt sind, sollen auf einen „Urkanon" zurückgehen. Es ist ungewiß, ob dieser „Urkanon" schriftlich fixiert oder aber mündlich tradiert war. Aus entsprechenden Angaben in einzelnen buddhistischen Quellen, vor allem im Vinayapiṭaka, geht hervor, daß 100 oder 110 Jahre nach dem Nirvāṇa des Buddha in Vaiśālī ein zweites Konzil abgehalten wurde (Bareau 1955: 31 ff.; 1964: 21-22; Grönbold 1974: 293; Schneider 1980: 132 ff.). Das dritte Konzil in Pāṭaliputra (um 253 oder 250 v. Chr.) fiel in die Zeit des großen Förderers des Buddhismus, des Kaisers Aśoka (273-232 v. Chr.). Es führte zur Spaltung der buddhistischen Gemeinde in die Lehrrichtungen Mahāsāṃghika und Sthavira, da man sich nicht über das Wesen des Arhat, des Heiligen, einigen konnte.[20]

Der Kaiser Aśoka verkörpert in der buddhistischen Tradition die Ideale des „Weltenherrschers" (cakravartin). Seine zahlreichen Edikte, die er auf Felsen und Säulen in allen Landesteilen eingravieren ließ, enthalten moralische Vorschriften, die auf den Lehren des Buddhismus basieren, sich jedoch nicht direkt auf sie berufen (vgl. Senart 1881; Hultzsch 1925; Eggermont/Hoftijzer 1962; Alsdorf 1974; Schneider 1978). Diese Edikte waren im alten Indien in Brāhmī-Schrift, im Gebiet von Gandhāra, das Teile des heutigen Afghanistan und Pakistan umfaßte, dagegen auch in Kharoṣṭhī- und griechisch-aramäischer Schrift abgefaßt. Man nimmt daher an, daß der Buddhismus in weiten Teilen des Herrschaftsgebiets des Aśoka, das große Teile des heutigen Indien, Pakistan und Afghanistan umfaßte, bereits zu dieser Zeit allgemein verbreitet war (vgl. Embree/Wilhelm 1967: 84). Aśoka förderte die Missionstätigkeit buddhistischer Mönche: So soll z. B. Mahinda, von dem nicht feststeht, ob er der Sohn oder Bruder des Königs war, die buddhistische Lehre und den Kanon der Schriften nach Ceylon gebracht haben, wo er im Pāli-Dialekt abgefaßt wurde (vgl. Conze 1986: 47-48). Aśoka besuchte manche Orte, die im Leben des Buddha eine wichtige Rolle gespielt hatten, und ließ dort Stūpa-Bauten, die zur Aufnahme von Reliquien bestimmt waren, errichten (Embree/Wilhelm 1967: 88; Grönbold 1974: 289; Seckel 1980: 20, 100).

[20] Ein Arhat ist „jemand also, der alle Bindungen an die Welt aufgegeben hat, in dem alle Begierde erloschen ist und der in dieser Welt nicht mehr wiedergeboren werden will" (Conze 1986: 10). Während die Sthaviras an dem Wesen des Arhat als die einzige Möglichkeit zum Heil festhielten, wurden von der Mahāsāṃghika-Sekte auch andere Möglichkeiten nicht ausgeschlossen (vgl. Bareau 1955: 31 ff.; Schneider 1980: 136 ff.).

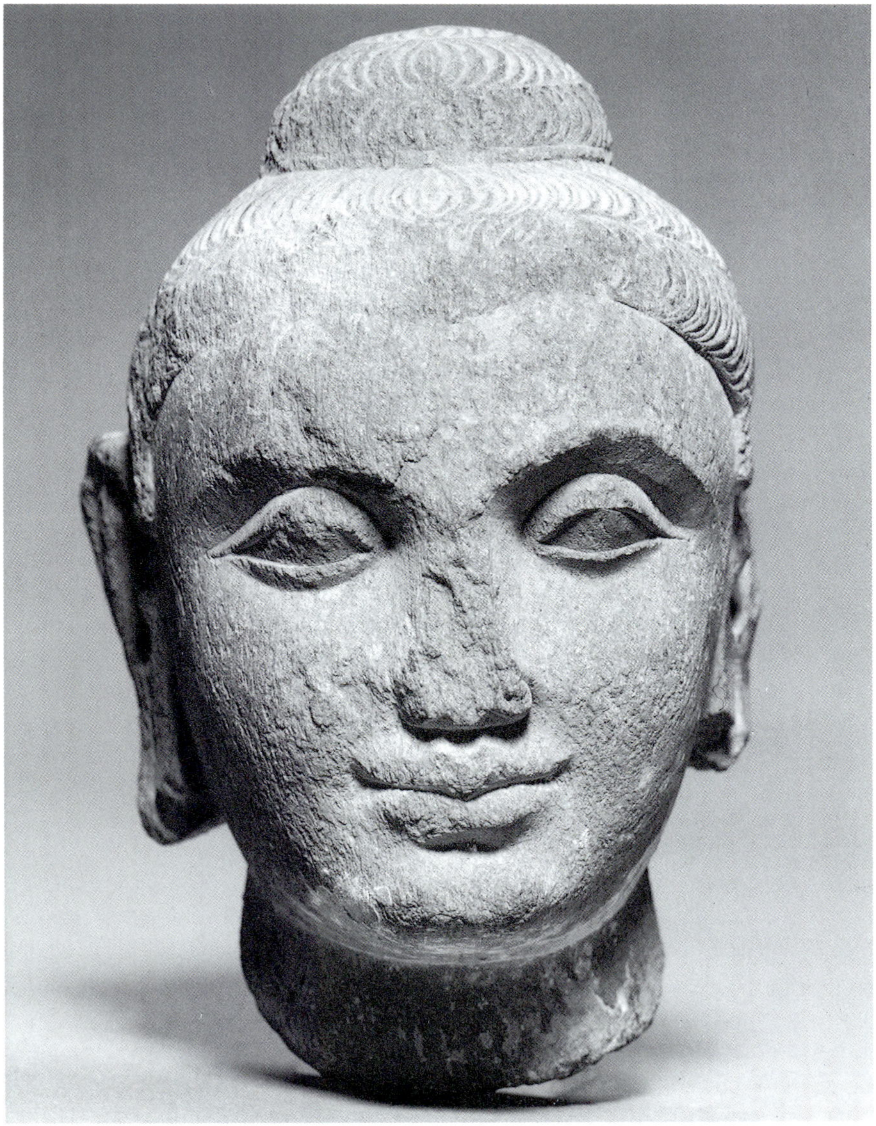

Fig. 3
Kopf eines
Buddha
Gandhāra, 3. Jh.
grauer Schiefer
Höhe 16 cm
SMV
Mus.-Nr. 27-5-1

Die Spaltung der buddhistischen Gemeinde und die Entstehung des Mahāyāna

Der Buddha hatte vor seinem Hinscheiden (nirvāṇa) keinen Nachfolger für die Gemeinde (saṃgha) bestimmt, so daß sie bald in viele Sekten zerfiel[21]. Wie schon oben erwähnt, entstand das erste Schisma im Konzil von Pāṭaliputra zwischen Mahāsāṃghikas und Sthaviras über das Wesen des Arhats. Die Sthaviras hielten daran fest, daß man schon als Arhat geboren werden muß, um sich von den „bedingten Dingen" lösen zu können und dadurch das Nirvāṇa zu erreichen. Die Mahāsāṃghikas dagegen glaubten, daß der Weg zum Nirvāṇa nicht nur auf einige wenige Arhats (Heilige) beschränkt bleibt, sondern daß auch andere Menschen die Möglichkeit hätten, durch das Mitleid und durch die Hilfe des Bodhisatva[22] das Nirvāna zu erreichen.

Die Lehre der Mahāsāṃghikas bewirkte einerseits eine Gleichberechtigung zwischen Mitgliedern des Ordens (Mönche und Nonnen) und dem einfachen Volk (Laienanhänger und Laienanhängerinnen), andererseits erreichte der Buddhismus einen neuen Aufschwung und eine Erneuerung der Lehre, die den Vorstellungen der Massen besser entsprach als die alte Lehre, die das Erreichen des Nirvāṇa nur wenigen „Auserwählten" (arhat) vorbehielt.

Dieses Gedankengut der Mahāsāṃghikas wurde nun im ersten Jahrhundert der christlichen Zeitrechnung von einer neu entstandenen Schule, die sich Mahāyāna nannte, übernommen, modifiziert und erweitert. Der ältere Buddhismus wurde von den Anhängern des Mahāyāna als Hīnayāna, das „kleine Fahrzeug"[23], bezeichnet, während Mahāyāna das „große Fahrzeug" bedeutet. Der Unterschied zwischen diesen beiden Richtungen besteht in der Hauptsache darin, daß erstere die Überwindung der Welt, der scheinbaren Realität, durch Weltentsagung und durch individuelle Erlösung sucht (Ideal des Arhat), während das Mahāyāna die Vorstellung vom Bodhisatva entwickelte: Der Bodhisatva sucht nicht die individuelle Erlösung, sondern verzichtet, gebunden durch das Gelübde des Erwachungsgedankens (bodhicittotpāda), auf das Eingehen ins Nirvāna, bis alle Wesen erlöst sind.[24]

Das Mahāyāna bildete sich aus der Hīnayāna-Lehre heraus, so daß die Literatur[25] des Hīnayāna auch in dieser Schule gültig blieb. Auch die Selbstaufopferung des Bodhisatva für andere Lebewesen in den Vorgeburtsgeschichten (jātaka) gehört zu dem Gedankengut des Hīnayāna, die nun in der Māhayāna-Lehre eine zentrale Stellung einnimmt. Da die Lebewesen dem Kreislauf der Wiedergeburten aus eigener Kraft nicht entfliehen können, sind sie auf Hilfe des Bodhisatva angewiesen, der sie aus dem ewigen Leid der Wiedergeburten befreit.

Das Māhayāna legte seine Vorstellungen vom Heilsweg in umfangreichen Lehrtexten (sūtra) nieder,[26] die das wahre Wort des Buddha wiedergeben sollen, obwohl sie erst Jahrhunderte nach dem Nirvāṇa des Buddha entstanden sein sollen (vgl. Conze 1986: 50).

Das Mahāyāna kennt eine Vielzahl von Buddhas und Bodhisatvas, unter denen der historische Buddha nur einer von vielen ist.[27] Diese Vorstellung wurde durch die Lehren der Yogacārin-Schule, neben der Mādhyamika-Schule des Nāgār-

[21] Man schätzt, daß es zwischen 18 und 30 verschiedene Sekten gegeben hat (vgl. Conze 1986: 33 ff.; 1990: 165 ff.).

[22] Ein Wesen, das zur Buddhaschaft bestimmt ist und das in seiner vorausgehenden Zeit vor der letzten Geburt in verschiedenen Daseinsformen als Mensch, Tier usw. wiedergeboren wird, um die Lebewesen zum Heil zu führen. Die Mahāsāṃghikas waren der Meinung, daß der Buddha auch nach seinem Nirvāṇa durch seine transzendentale Kraft das Schicksal der Menschen auf der Erde (durch seine Anwesenheit) als Bodhisatva bestimmen kann.

[23] Auch mit „die kleine Karriere", „die kleine Laufbahn" übersetzt. Vgl. dazu: Schlingloff 1963, II: 10-11; Bareau 1964: 69 ff. und 120 ff.; Waldschmidt 1967: 33; v. Glasenapp 1988[2]: 7 und 10.

[24] Vgl. Bareau 1964: 144 ff.; Embree/Wilhelm 1967: 111 ff.; Schumann 1978[2]: 125-128; Lamotte 1984: 90 ff.; Conze 1990: 277 ff. Der Erlösungsweg im Mahāyāna wird geebnet durch den Bodhisatva, der erfüllt ist von der Weisheit und dem Mitleid. Außerdem übt er sich auf dem Weg zur Buddhaschaft in den sechs „Vollkommenheiten" (pāramitā), die er graduell erlangt. Die sechs Vollkommenheiten sind folgende: Gabe, Sittlichkeit, Geduld, Willenskraft, Meditation und Weisheit (vgl. Conze 1986: 53-54; ders. 1990: 302; Klimkeit 1990: 226).

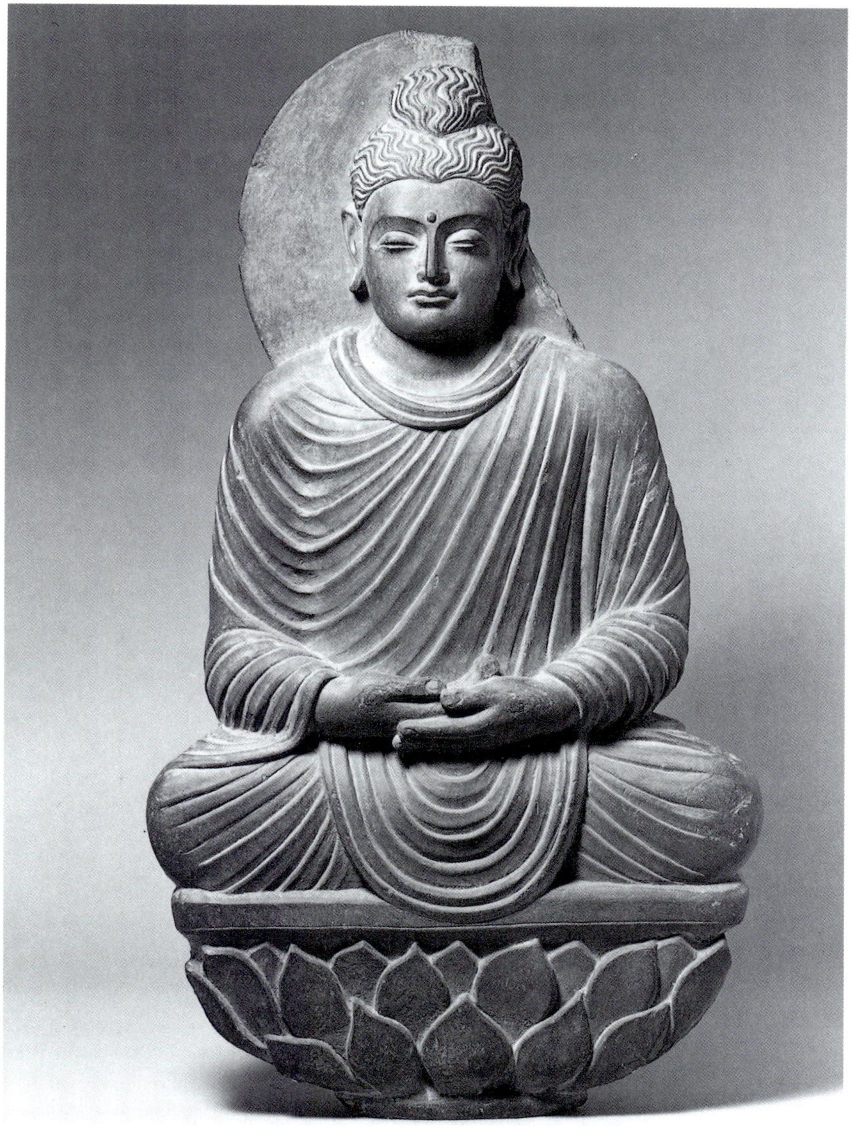

Fig. 4
Sitzender Buddha
Gandhāra, 6. Jh.
grauschwarzer
Schiefer
Höhe 62 cm
SMV
Mus.-Nr. 12-57-2
(Slg. Cassirer, vormals A. Beckett, Wimbledon)

juna (ca. 150 oder 200 n. Chr.) die zweite grundlegende philosophische Schule des Māhāyana, von den drei Körpern (trikāya) weiter ausgebaut, die den drei Ebenen eines spekulativen Universums entsprechen.[28]

Der philosophische Höhepunkt des Māhāyana findet sich in der „Mittleren Lehre" (mādhyamikavāda) des Nāgārjuna.[29]

Das Hauptmerkmal der „Mittleren Lehre" besteht in der Erkenntnis der „Leere" (śūnyatā) oder „Soheit", d. h. alle Lebewesen und Daseinsformen sind nur Erscheinungen des Absoluten. Mit anderen Worten, die Welt existiert in Wirklichkeit nicht, es gibt nur eine scheinbare Welt als ein Werk unserer Einbildung.[30]

Wann sich die neue Lehre des Mahāyāna aus dem alten Buddhismus (d. h. dem Hīnayāna) herausgebildet hat, kann nicht mit Sicherheit festgestellt werden. E. Lamotte ist der Meinung, daß dies kurz vor Beginn der christlichen Zeitrechnung stattgefunden haben muß (Lamotte 1984: 90). H. v. Glasenapp sieht die „ersten Ansätze des Übergangs vom Hīnayāna zum Mahāyāna" im Mahāvastu („Buch der großen Begebenheiten") und der Buddha-Biographie Lalitavistara („Ausführliche Erzählung vom Spiel des Buddha"; v. Glasenapp 1988²: 10).

Für E. Conze hat sich das Mahāyāna um den Beginn der christlichen Ära herausgebildet (Conze 1986: 79). Während das Hīnāyana zunächst auf Ceylon begrenzt blieb und im weiteren Verlauf in Burma und Thailand Fuß faßte, breitete sich das Mahāyāna im Verlauf der Jahrhunderte über Gandhāra im Nordwesten des indischen Subkontinents ins Innere Asiens bis nach China aus. Der Tantris-

[25] Der Pāli-Kanon der „drei Körbe" (tripiṭaka) ist, wie oben erwähnt, die umfangreichste Literatur des frühen Buddhismus. Dieser Kanon war wahrscheinlich auch in einer Sanskrit-Version überliefert. Der Hinayāna-Literatur gehören auch eine Anzahl der nichtkanonischen Werke an, die in verschiedenen mittelindischen Dialekten tradiert sind. Ausführlich dazu Winternitz 1920: 1-230; v. Glasenapp 1961: 158-177; Nakamura 1989: 149 ff.

[26] Vgl. Winternitz 1920: 230-250; v. Glasenapp 1961: 177 ff.; Schumann 1978²: 129 ff. Neben den Lehrtexten sind auch zahlreiche Werke wichtiger Dichter und Denker des Mahāyāna wie Nāgārjuna (ca. 150 oder 200 n. Chr.), Vasubandhu, Asaṅga u. a. überliefert (vgl. Winternitz 1920: 250-266; v. Glasenapp 1961: 180 ff.).

[27] Mit dem Aufkommen der mythischen Buddhas (z. B. Akṣobhya, Amitābha bzw. Amitāyus, Vairocana, Ratnasambhava, Amoghasiddhi), auch Tathāgatas genannt, und der mythischen Bodhisatvas (u. a. Avalokiteśvara, Mañjuśri, Maitreya, Kṣitigarbha, Samantabhadra) als Gegenstand religiöser Verehrung formierte sich ein Mahāyāna-Pantheon, dessen Mitgliederzahl im Tantrismus eine enorme Dimension erreichte.

[28] „Der Buddha existiert ihr zufolge auf drei verschiedenen Ebenen. Als der dharma-Körper ist er das Absolute, Wahrheit und Wirklichkeit selbst. In seinem „einfachen" oder „Genußkörper" (sambhoga-kāya) zeigt sich der Buddha selbst den himmlischen Bodhisatvas sowie anderen übermenschlichen Wesen und predigt ihnen in überirdischen Gefilden den dharma, indem er Freude, Glückseligkeit und Liebe zu ihm hervorruft. Schließlich gibt es den erdachten oder heraufbeschworenen Körper (nirmāṇa-kāya, wörtlich: „Verwandlungskörper"). Er ist es, den die Menschen zu bestimmten Zeiten auf Erden erscheinen sehen. Er ist ein Phantomkörper, vom wahren Buddha ausgeschickt, um sein Werk auf der Welt zu tun. Aus scholastischer Klügelei fügten viele Yogācarins noch einen vierten Körper hinzu, den substantiellen Körper (svābhāvika-kāya), der die Grundlage der drei anderen ist" (Conze 1986: 59-60; vgl. a. Schumann 1978²: 135 ff.).

[29] Laut Conze 1986: 58 f. begründete Nāgārjuna die Mādhyamika-Schule um ca. 150 n. Chr.; vgl. auch Embree/Wilhelm 1967: 112, die dieses Ereignis eher um ca. 200 n. Chr. ansetzen. Vgl. dazu auch Bareau 1964: 122 und Anm. 4 a.

[30] Diese metaphysisch-ontologische Weltanschauung des Mahāyāna wird von Bareau (1964: 153) folgendermaßen beschrieben: „Der ursprüngliche Buddhismus hatte erkannt, daß alle zusammengesetzten Dinge (saṃskṛta) leer (śūnya), unbeständig (anitya), unpersönlich (anātman) und voller Leiden (duḥkha) sind, aber diese Leere war nur eine solche vom „Selbst" (ātman) oder von der Person (pudgala). Beim Mahāyāna sind die Dinge nicht nur leer vom Selbst und von der Person, sondern außerdem leer von ‚Dingen' (dharma), d. h. leer von eigener Natur (svabhāva). Um ein klassisches Bild des

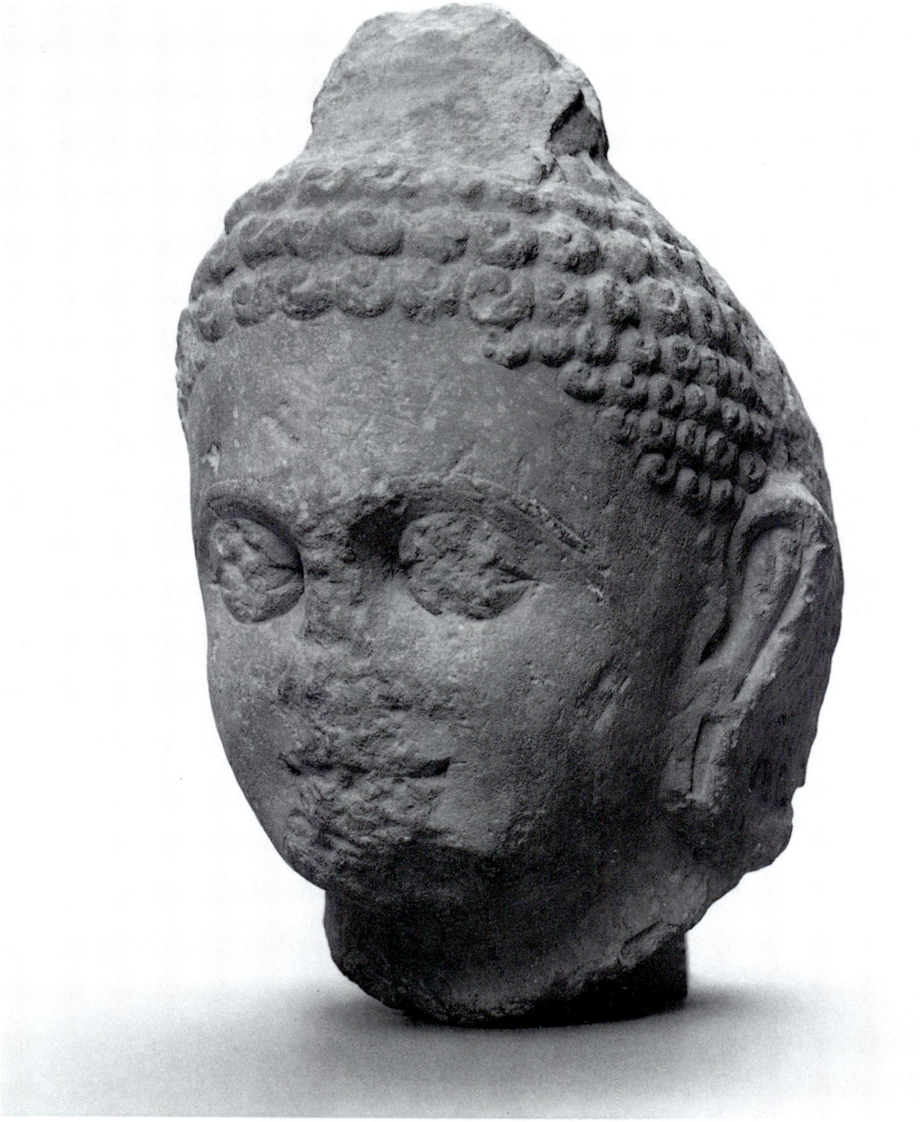

Fig. 5
Kopf eines
Buddha
rötlicher Sand-
stein, Gegend um
Mathurā,
2. Hälfte 3. Jh.
Höhe 34 cm
SMV,
Mus.-Nr. MU 189
(Slg. Scherman)

mus[31] ist neben Hīnayāna und Mahāyāna die dritte große Schule und wohl die letzte schöpferische Leistung des indischen Buddhismus, der im Süden und Nordwesten Indiens entstand. Die Legende führt die Entstehung des Tantra auf Nāgārjuna zurück, der um 150 oder 200 n. Chr. die Mādhyamika-Schule gründete (s. oben). In Wirklichkeit begann das Tantra im 4. Jh. n. Chr. und formierte sich nach dem Beginn des 6. Jhs. n. Chr. (vgl. Bareau 1964: 173 ff.; Conze 1986: 86 ff.).

Im Mittelpunkt des Tantrismus steht ein esoterisches System, das die Mittel der magischen Tradition (z. B. mantra, mudrā und maṇḍala[32]) mit der buddhistischen Lehre in Einklang brachte, um die Erlösung nicht in der fernen Zukunft, sondern jetzt und in diesem Leben zu erreichen. Das bereits vorhandene Mahāyāna-Pantheon wurde nun mit zahlreichen neuen Göttern überflutet. In diesem Pantheon wurden auch Geister, Dämonen, Feen, Gespenster und dergleichen in untergeordneter Stellung integriert. Der Tantrismus brachte gleich dem Mahāyāna kanonische Tantra-Schriften hervor, die jedoch als Geheimdokumente nur wenigen Auserwählten zugänglich waren. Diese Schriften, deren Verfasser nicht bekannt sind, werden nicht als Worte Buddhas betrachtet, sondern mit Bodhisatvas (z. B. Maitreya) in Verbindung gebracht.

Die Yogācāra-Schule des Mahāyāna mit ihren introvertierten Meditationspraktiken legte den Grundstein für die Entstehung des Tantrismus. Denn sie förderte die Bildung einzelner Gruppen (bestehend aus dem Guru und den Jüngern), die sich an die monastischen Regeln nicht gebunden fühlten und damit zum Zerfall der Gemeinde (saṃgha) beitrugen.

Mahāyāna zu gebrauchen: Der alte Buddhismus verglich die Dinge mit leeren Gefäßen, während das Mahāyāna selbst die Existenz dieser Gefäße leugnet und auf diese Weise zu einer totalen Substantialitätslosigkeit gelangt: alles ist leer, alles löst sich in der universalen Leere auf."
Für weitere Ähnlichkeiten und Unterschiede zwischen Hinayāna und Mahāyāna s. Schumann 1978[2]: 125 ff.

[31] Der indische Tantrismus entwickelte sich in verschiedenen Phasen, die als Mantrayāna, Vajrayāna und Sahajayāna bezeichnet werden: Gegen Ende des 10. Jhs. entstand das Kālacakra, das „Zeitrad" (vgl. Bareau 1964: 173 ff.; Conze 1986: 86 ff.).

[32] Bei mantra („Ratspruch") handelt es sich um magische Zauberformeln, die vom Zauberer (siddha) bei den rituellen Handlungen rezitiert werden; mudrās sind bestimmte Handhaltungen, aber auch das den Göttern jeweils zugeordnete weibliche Prinzip (prajñā = „Weisheit"). Das maṇḍala („Kreis") war ursprünglich eine (bunte) Scheibe, die im Yoga als Konzentrationspunkt diente; im Vajrayāna jedoch umfaßt ein maṇḍala im wesentlichen die Darstellung einer bestimmten Gottheit und deren Gefolge (ausführlicher dazu bei Grönbold 1974: 424, 431 und 419).

[33] Ein tumulusartiges Bauwerk, umgeben von einem Zaun mit vier Toren in den vier Himmelsrichtungen (s. a. Grönbold 1974: 462-63; Dallapiccola 1980; Goepper 1989: 43-45).

[34] Eine Inschrift in Bhārhut besagt, daß der Stūpa unter der Śuṅga-Dynastie (ca. 184/85-72 v. Chr.) errichtet wurde (vgl. Lüders 1963: A1 [687], Pl. I). Sowohl Bhārhut wie auch buddhistische Monumente dürften jedoch nicht vor 100 v. Chr. errichtet worden sein. Die Datierungsfragen der indischen Kunst und Geschichte der Frühzeit sind – mit Ausnahme der Maurya- und Gupta-Dynastie – noch nicht befriedigend beantwortet (vgl. dazu Mitterwallner 1984: 9-15; Plaeschke 1988: 11 ff.).

[35] Sprich Sandtschi. Zu buddhistischen Monumenten und der Architektur vgl. a. Brown 1959; Mitra 1971.

[36] Zur Bedeutung dieser Symbolik s. Seckel 1976: 1-30; Schlingloff 1987 b: 309 ff.

[37] Dazu ausführlich: Foucher 1905, I: 45 ff.; Pant 1976; Dallapiccola (Hrsg.) 1980; Snodgrass 1985.

[38] Zu den wichtigsten Bauwerken dieser Art zählen Bhājā, Nāsik, Karlā, Beḍsā, Ajaṇṭā, Pitalkhorā, Kaṇheri usw. (vgl. Burgess 1883; Dehejia 1972; Kail 1975). Zu Anlagen im Gandhāra-Gebiet s. Foucher 1905 und 1951; Marshall 1951; ders. 1960.

[39] Die Datierung der Kuṣāṇa-Dynastie gehört zu den umstrittenen Fragen der indisch-asiatischen Chronologie; die Frage wurde auf Symposien in London, Tashkent und Kabul erörtert.

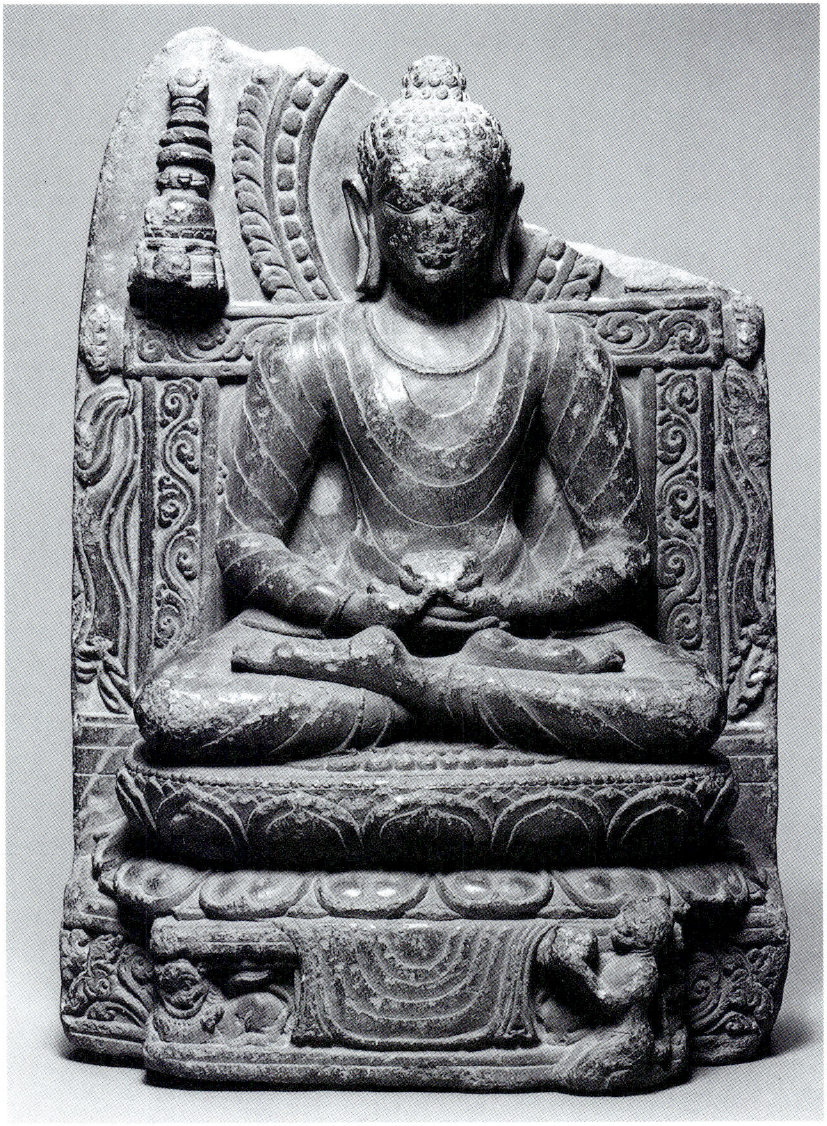

Fig. 6
Sitzender Buddha
Nordostindien,
Schule von
Nālandā; ca. 9. Jh.
Muskovit-
Chlorith-Schiefer
Höhe 42 cm
SMV,
Mus.-Nr. 31-25-8
(Slg. Kramrisch)

Es ist anzunehmen, daß der buddhistische Tantrismus mit dem Hauptzentrum Vikramaśila unweit von Nālandā Anfang des 8. Jhs. n. Chr. viele Gebiete Indiens erfaßte und dann von Padmasambhava in Tibet und von Vajrabodhi in China eingeführt wurde (vgl. Bareau 1964: 173 ff.; Waldschmidt 1967: 32 ff.; v. Glasenapp 1988 [2]: 12 ff.).

Die buddhistische Kunst Indiens

Über die Anfänge der buddhistischen Kunst in Indien sind noch keine allgemein gültigen Aussagen möglich, zumal sich die Buddhologen über die Datierung des historischen Buddha (wie oben erwähnt) noch nicht ganz einig sind, geschweige denn über die Entstehung der Kunst des Buddhismus. Außerdem kannte der alte Buddhismus keinen Kult, der rituell mit Bildwerken verbunden gewesen wäre.

Im Mittelpunkt der Kunst des alten Buddhismus steht der Stūpa [33], der als Gedenkstätte über den Reliquien des Buddha, ehrwürdiger Personen (arhat) oder eines Weltenherrschers (cakravartin) errichtet wurde. Dieses Bauwerk wurde von Gläubigen in verehrungsvoller Andacht von links nach rechts, im Sinne des Uhrzeigers (pradakṣiṇa) umschritten (s. Fig. 7).

Obwohl die Steinarchitektur in Indien unter der Maurya-Dynastie (320–185 v. Chr.) schon mit der Errichtung der Hauptstadt Pāṭaliputra (das heutige Patna) tradiert ist – einigen Indologen zufolge von Persien beeinflußt (Grünwedel 1900: 15 ff.; Schlingloff 1962, I: 4 ff.; Härtel/Auboyer 1971: 41-42) –, dauerte es fast ein Jahrhundert, bis die ersten buddhistischen Sakralbauten aus Stein auf dem indischen Subkontinent errichtet wurden. [34] Kaiser Aśoka der Maurya (273–232 v. Chr.) soll, wie oben erwähnt, selbst die Wirkungsstätten des Buddha besucht haben. Auf seine Anweisung sollen dort Stūpas gebaut worden sein, von denen jedoch kaum Überreste erhalten geblieben sind.

Zu den wichtigsten Stūpas der frühindischen Kunst und Architektur zählen Bhārhut (vgl. Cunningham 1879; Lüders 1941 und 1963; Coomaraswamy 1956), Sāñcī [35] (vgl. Foucher 1918: 61 ff.; Marshall/Foucher 1940), Amarāvatī (vgl. Burgess 1887; Sivaramamurti 1942; Barrett 1954), Nāgārjunakoṇḍā (vgl. Longhurst 1938; Murthy 1977) und Bodhgayā (Cunningham o. J.; Coomaraswamy 1935).

Die architektonischen Komponenten dieser Sakralmonumente (z. B. Zaun und Tore) tragen hochwertige Reliefdarstellungen, die buddhistische Themen zum Inhalt haben. In der frühen, anikonischen Phase der buddhistischen Kunst, in der der Buddha noch nicht anthropomorph, sondern durch Symbole wie z. B. Bodhibaum, Thron, Fußspuren, abgeschnittenes Haar usw. angedeutet wird [36], steht der Stūpa für das Hinscheiden (parinirvāṇa) des Buddha, oder aber er soll den Buddha selbst ersetzen (vgl. Snellgrove 1978: 20 ff.; Ebert 1980: 219 ff.). Außerdem soll der Stūpa eine komplizierte Symbolik darstellen, darunter die des Universums und des kosmischen Baumes [37] (s. Fig. 7).

Neben dem Stūpa zählen die Kulthalle (caityagṛha) und das Kloster (saṃghārāma, vihāra) zu den wichtigsten buddhistischen Bauwerken. [38]

Wann und wo die frühesten anthropomorphen Buddhadarstellungen entstanden, kann noch nicht

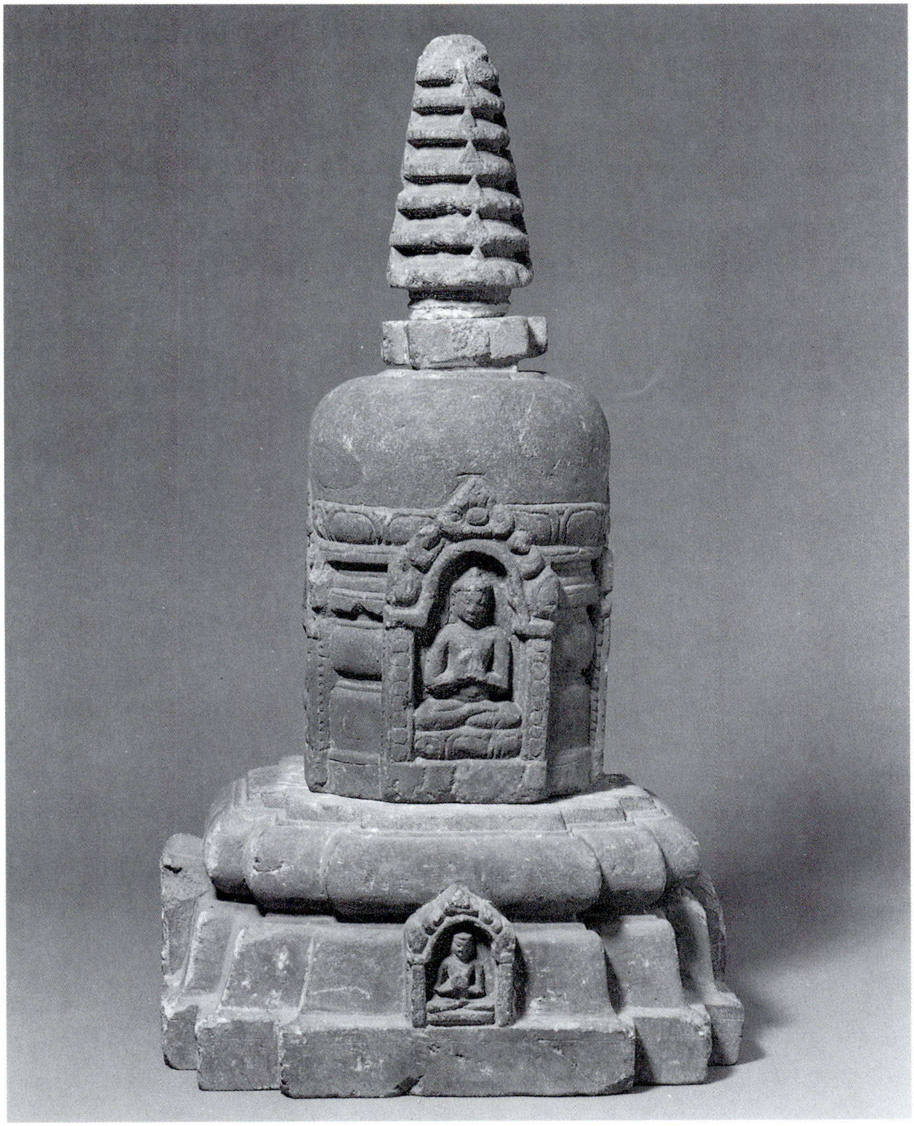

Fig. 7
Votivstūpa
Bodh-Gaya; 10. Jh.
Glimmerreicher
Sandstein (Grauwacke)
Höhe 59 cm,
Breite 33 cm
SMV,
Mus.-Nr. C 73
(Slg. Scherman)

mit Sicherheit bestimmt werden. Indische Gelehrte, z. B. A. Coomaraswamy, verweisen auf die Priorität der Mathurā-Schule (1970: 5 ff.; vgl. a. Härtel/Auboyer 1971: 57-58; Sharma 1984: 149 ff.), während mehrere westliche Forscher, vor allem A. Foucher, die Meinung vertreten, daß die Schule von Gandhāra die maßgeblichen Akzente gesetzt hat (1918: 111 f.). Die bisher älteste Münzendarstellung findet sich auf einer Goldmünze aus der Herrschaftszeit des Kuṣāṇa-Königs Kaniṣka I.[39] Die Rückseite der Münze zeigt ein Bild des stehenden Buddha in Frontalansicht, die Inschrift in griechischer Schrift nennt den Titel „Buddha" (BOΔΔO) (Coomaraswamy 1927: Pl. XXX, Nr. 123; Mukherjee 1978: Pl. XIX, 1; Shrava 1985: Fig. 85).

Der Höhepunkt der Gandhāra- und Mathurā-Schule fällt in die Zeit der Kuṣāṇa-Dynastie. Die Gandhāra-Schule nimmt – neben der Mathurā-Schule – eine besondere Stellung in der Kulturgeschichte des indischen Subkontinents ein. Hauptmerkmal der Gandhāra-Erzeugnisse ist die stilistische Beeinflussung durch die griechisch-römische bzw. parthische Kunst in der Ausführung der Werke mit überwiegend indisch-buddhistischem Inhalt.[40] Das bevorzugte Material der Gandhāra-Kunst ist der graue bzw. grüne Schiefer. Auch Stuck und Lehm fehlen nicht (s. Fig. 3–4 und Kat.-Nr. 7–25).

Die Ausbreitung des Buddhismus nach Zentralasien einerseits und der Höhepunkt der Gandhāra- und Mathurā-Schule andererseits sind mit der Kuṣāṇa-Dynastie (ca. 1.–4. Jh. n. Chr.) verbunden, deren Reich sich vom Ganges in Indien bis jenseits des Oxus in Mittelasien erstreckte und die die wichtigsten Handelswege zwischen den mächtigen Nachbarn China und Persien kontrollierte.[41]

Die Kunstschule von Mathurā[42] ist berühmt für ihre Werke aus rötlichem, mit hellen Einschüssen durchsetzten Gestein (s. Kat.-Nr. 1 und 3–6 und Fig. 5), die alle drei Religionen Indiens (Buddhismus, Jainismus und Hinduismus) darstellen. Die Mathurā-Schule leitet ihre Bildwerke aus der altindischen Tradition her, bleibt jedoch in der Darstellung der erzählenden Kunst im Gegensatz zu Bhārhut und Sāñcī zurückhaltend. Die Anfänge der Mathurā-Kunst dürften auf die Śuṅgazeit (184/5–72 v. Chr.) zurückgehen und können als eine Fortsetzung von Bhārhut betrachtet werden. Unter den skythischen Stämmen[43] (Kṣatrapas oder Satrapen) erreichte die Mathurā-Kunst einen Höhepunkt, für den schmiegsame Darstellungen charakteristisch sind. Die Mathurā-Künstler schufen unter den Kuṣāṇa-Herrschern neben der religiösen auch eine profane Kunst. Bekannt sind u. a. die Porträts der Kuṣāṇa-Könige aus dem Ort Māṭ in der Nähe von Mathurā (Härtel/Auboyer 1971, Pl. 39) und aus Surkh Kotal in Afghanistan (Auboyer 1968: Pl. 41).

In der indischen Tradition ebenso tief verwurzelt ist die Kunst von Āndhra, die unter der Herrschaft der Śātavāhana-Dynastie (ca. Ende des 1. Jhs. v. Chr. – 1. Viertel des 3. Jhs. n. Chr.) ihre Blütezeit erreichte. Diese Kunstschule gipfelt in den Flachreliefdarstellungen mit beschwingten schlanken Körpern von den Stūpas in Amarāvatī und Nāgārjunakoṇḍā (s. oben). Diese Region unterhielt einen regen Seehandel mit dem römischen Reich, der den Aufschwung der Kunst zur Folge hatte.

Die „klassische Periode" der indischen Kunst zeichnet sich durch die reifen Personendarstellungen mit wie transparent wirkenden Körpern und in sich gekehrten weichen Antlitzen der Guptazeit (319/20 – ca. 500 n. Chr.) aus. Die Künstler dieser Epoche setzten alle schöpferischen Ideen ihrer Vorgänger in einen neuen, ausgereiften Stil um, der weit über die Grenzen des indischen Subkontinents hinausstrahlte.[44] Während Mathurā sich weiterhin als ein großes Kunstzentrum behauptete (s. Fig. 4–6), erlebte die Guptakunst in Sārnāth bei Benares einen Höhepunkt. Auch die Universitätsstätte Nālandā bei Pāṭaliputra gewann nun an Gewicht als Zentrum der buddhistischen Studien. Hier hielt sich z. B. der bekannte chinesische Pilger Xuanzang (Hsüan-tsang) zwei Jahre lang auf (ca. 638–640; s. Embree/Wilhelem 1967: 145; Seckel 1980: 33).

Auf die Guptazeit folgte die nachklassige Epoche[45] der indischen Kunst, die in Nordindien unter dem Harṣavardhana (606–646/7) von Kanauj gefördert wurde. In vielen Teilen Indiens wie im Dekkhan trat der Hinduismus mit dem Buddhismus in einen Konkurrenzkampf und gewann allmählich die Oberhand. Einen letzten Aufschwung erfuhr die buddhistische Kunst unter der Pāla-Dynastie (8.-12. Jh. n. Chr.) in Bengalen und Bihār (s. Fig. 6). Dieser mittelalterlichen Kunst fehlte es jedoch an neuen schöpferischen Ideen, Aussagekraft und Plastizität.[46] Diese letzte Phase der buddhistischen Kunst entwickelte sich aus der Lehre des Vajrayāna („Diamantfahrzeug") oder Mantrayāna („Fahrzeug der Zaubersprüche"), die unter dem Einfluß der Magie, Esoterik und Erotik (ent)-stand und für Tibet und Nepal von entscheidender Bedeutung war.

Zur Ausbreitung des Buddhismus nach Zentralasien, Tibet und China trugen einerseits mächtige

Als besonders schwierig hat sich die Frage nach dem Jahr 1 des Kaniṣka I erwiesen (nach Ghirshman 1957: 698 ff., das Jahr 144 n. Chr.; Göbel 1984: 9, das Jahr 323 n. Chr.; nach Mitterwallner 1984: 16, das Jahr 143 + x n. Chr.); vgl. dazu Rosenfield 1967: 253-258; Mitterwallner 1983: 9 ff.

[40] Vgl. dazu Foucher 1905–1951; Bachhofer 1925; Waldschmidt 1925: 9 ff.; Deydir 1950; Marshall 1951, ders. 1960; Ahrens 1960; Rowland 1960; Hallade 1968; Ingholt 1971; Gandhāra Art 1984; Tissot 1985; Nehru 1989.

[41] Vgl. Härtel 1964 [2]: 3 ff.; Conze 1986: 70 ff.; v. Hinüber 1989: 108 ff.

[42] Mathurā (das heutige Muttra) liegt am heiligen Fluß Jamunā nahe Āgra, als Geburtsort Kṛṣṇas den Hindus eine besonders verehrungsvolle Stadt (vgl. dazu: Agrawala 1965; Joshi 1966; Sharma 1984).

[43] Rājuvula und Śoḍāsa waren die mächtigsten Fürsten der nördlichen Kṣatrapas (ca. 4. Viertel des 1. Jhs. n. Chr. – Mitte des 2. Jhs. n. Chr.) von Mathurā (vgl. Lohuizen-de Leeuw 1949: 324; Härtel/Auboyer 1971: 56-61; Mitterwallner 1984: 16).

[44] Die Guptakunst beeinflußte fast alle buddhistischen Länder. Am deutlichsten ist die Wirkung der Ajaṇṭā-Malereien in der Malerei Zentralasiens, aber auch in der Plastik dieser Region bis nach China zu beobachten (vgl. Rowland/Coomaraswamy 1938; Härtel 1959: 7 ff.; Rowland 1963: 5 ff.; ders. 1970: 77, 106, 108, 142, 152; Coomaraswamy 1965: 91; Schlingloff 1991: 163 ff.).

[45] Im einzelnen werden die Epochen der indischen Kunst wie folgt aufgegliedert:
„1. Frühindische Kunst
   a) Archaische Periode (3.–1. Jh. v. Chr.)
   b) Vorklassische Periode (1.–3. Jh. n. Chr.)
2. Klassische Kunst
   a) Gupta-Periode (4.–6. Jh. n. Chr.)
   b) Nachklassische Periode (7.–8. Jh. n. Chr.)
3. Mittelalterliche Kunst
   a) Frühmittelalterliche Periode (4.–6. Jh. n. Chr.)
   b) Mittelalterliche Periode (9.–13. Jh. n. Chr.)
4. Indoislamische Kunst (12.–18. Jh. n. Chr.)
5. Späthinduistische (14.–19. Jh. n. Chr.)"

[46] Neben den Werken aus Stein wurden nun leicht transportable Statuetten aus Bronze hergestellt, die als Kultobjekte nicht nur nach Südostasien, sondern auch in Richtung Norden (z. B. nach Kaschmir und Nepal) gelangten (vgl. dazu Bhattacharyya 1958).

[47] Einer der wichtigsten Wege führte von Taxila (vgl. Marshall 1951, 3 Bde.) über das Gandhāragebiet (s. oben) nach Haḍḍa (vgl. Barthoux 1933) und Kāpiśa (offensichtlich eine Residenz der Kuṣāṇa-Könige; ausgegraben wurden hier u. a. indische Elfenbeinschnitzereien, alexandrinische Glasgegenstände und

Dynastien wie die der Kuṣāṇa und die der Gupta bei, unter deren Herrschaftszeit zwischen dem indischen Subkontinent und den Nachbarländern bedeutende Karawanen- und Handelswege entstanden. Der Handel führte zu einem Wohlstand, der die Gründung von zahlreichen Klöstern entlang der Karawanenstraße zur Folge hatte.[47] Andererseits ermöglichte die Entstehung des Mahāyāna-Buddhismus mit seinem Pantheon und Kultwesen diese Ausbreitung.

Wichtige Informationen über die buddhistischen Gemeinden entlang der Handelswege bis nach Indien liefern uns die chinesischen Pilger Fa Xian (Fa-hsien; er verließ 399 n. Chr. China) und Xuan-zang (Hsüan-tsang; seine Reise dauerte von 629 n. Chr. bis 645). Sie sammelten die heiligen Schriften, fertigten davon Übersetzungen an und brachten sie zusammen mit Kultgegenständen in ihre Heimat (vgl. Beal 1884; Giles 1923).

andere griechisch-römische Objekte. Die Funde von Begram (Kāpiśa) sprechen für einen intensiven Handel zwischen dem indischen Subkontinent und dem römischen Reich; vgl. dazu Ghirshman 1946; Hackin 1954; Rowland 1966: 24 ff.; Auboyer 1968: Fig. 8 ff.). Eine andere wichtige Station befand sich im Tal von Bāmiyān, wo sich u. a. die großen Buddhastatuen (53 und 35 m. H.) befinden (vgl. Hackin 1933; Tarzi 1977; Klimburg-Salter 1989). Von hier aus führte der Karawanenweg nach Baktra und dann jenseits des Oxus nach Sogdiana bzw. Transoxiana bis zur Seidenstraße (vgl. Rowland 1970, Karte S. 234; Seckel 1980: 58 und Karte 1 und 4; Härtel/Yaldiz 1982: 18 ff.; v. Hinüber 1984: 108 ff.; Härtel/Yaldiz 1987: 5 ff., Karte S. 6–7).
Eine andere Verbindungsstraße zwischen Kaschmir und Gandhāra Richtung Seidenstraße führte durch Chitral und Gilgit über das Karakorum-Gebirge nach Yarkand und Khotan. Entlang der Karakorum-Straße wurden zahlreiche Felsbilder und Inschriften mit überwiegend buddhistischem Inhalt entdeckt, die auf starke Handelsaktivitäten zu jener Zeit zwischen den obengenannten Regionen hinweisen (vgl. Dani 1983 a: 9 ff., ders. 1983 b: 43 ff., ders. 1985: 5 ff.; Jettmar/Thewalt 1985: 9 ff., Karte S.6).

Danksagung:
Für Hilfe und Hinweise danke ich Prof. Dr. Dieter Schlingloff.

Literaturverzeichnis

Abkürzungen

ASWI	Archaeological Survey of Western India, Bombay
CII	Corpus Inscriptionum Indicarum, Ootacamund
MDAFA	Mémoires de la Délégation archéologique française en Afghanistan, Paris
PKG	Propyläen Kunstgeschichte Berlin
ZDMG	Zeitschrift der Deutschen Morgenländischen Gesellschaft, Leipzig/Wiesbaden

Literaturverzeichnis

Agrawala, V.S. 1965	Masterpieces of Mathura Sculpture, Varanasi
Ahrens, D. 1960	Die römischen Grundlagen der Gandharakunst, Münster/Westf., philos. Diss.
Alsdorf, L. 1974	Kleine Schriften, Hrsg. A. Wezler, Wiesbaden
Auboyer, J. 1968	The Art of Afghanistan, Prague
Bachhofer, L. 1925	Zur Datierung der Gandhara-Plastik, München/Neubiberg
–, 1972	Early Indian Sculpture, New York
Bareau, A. 1955	Les premiers conciles bouddhiques, in: Annales du Musée Guimet, Bibl. d'Etudes 60, Paris
–, 1964	Der indische Buddhismus, in: Die Religionen der Menschheit, Bd. 13, Hrsg. Ch. M. Schröder, Stuttgart
Barrett, D. 1954	Sculpture from Amaravati in the British Museum, London
Barthoux, J. 1933	Les Fouilles de Haḍḍa (MDAFA IV), Paris
Beal, S. 1884	Si-yu-ki, Buddhist Records of the Western World, translated from the Chinese of Hiueh Tsiang (A.D. 629), London
Bechert, H. 1988	Die Datierung des Buddha als Problem der Weltgeschichte, in: Saeculum XXXIX, Heft 1, S. 24–34, Freiburg/München
–, 1989	The Problem of the Determination of the Date of the Historical Buddha, in: Wiener Zeitschrift für Kunde Südasiens und Archiv für ind. Philosophie, Bd. XXXIII, pp. 93–120, Wien
Bhattacharyya, B. 1958[2]	The Indian Buddhist Iconography, Calcutta
Brown, P. 1959	Indian Architecture (Buddhist and Hindu Period), Bombay
Burgess, J. 1883	Report on the Buddhist Cave Temples and their Inscriptions, in: ASWI, Vol. 4, London (repr. Varanasi 1964)
–, 1887	The Buddhist Stūpas Amarāvati and Jagayyapeta, London
Conze, E. 1986	Eine kurze Geschichte des Buddhismus, Frankfurt a.M., st 1297
–, 1990	Buddhistisches Denken, Frankfurt a.M., st 1772
Coomaraswamy, A.K. 1927	Geschichte der indischen und indonesischen Kunst, Leipzig (engl. Ausgabe N.Y. 1965)
-, 1935	La Sculpture de Bodhgayā, in: Ars Asiatica XIII, Paris
–, 1956	La Sculpture de Bharhut, Paris
–, 1965	History of Indian and Indonesian Art, New York
–, 1970	Origin of Buddha Image, Calcutta
Cunningham, A. 1879	The Stupa of Bharhut, London (repr. Varanasi 1962)
-, o.J.	Mahabodhi, Benares
Dallapiccola, A.L. 1980 (Hrsg.)	The Stūpa, its Religious, Historical and Architectural Significance, Wiesbaden
Dani, A.H. 1983 a	Human Records on Karakorum Highway, Islamabad
–, 1983 b	Chilas, The City of Nanga Parvat (Dyamar), Islamabad
–, 1985	The Sacred Rock of Hunza, Journal of Central Asia, Vol. VIII, No. 2, December, Islamabad
Dehejia, V. 1972	Early Buddhist Rock Temples, London
Deleu, J. 1984	Die Mythologie des Jinismus, in: Wörterbuch der Mythologie, Hrsg. H.W. Haussig, Stuttgart
Deydir, H. 1950	Contribution à l'Etude de l'Art du Gandhara, Paris
Dutoit, J. 1906	Das Leben des Buddha, Leipzig
Ebert, J. 1980	Parinirvāṇa and Stūpa, in: The Stūpa…, Hrsg. A.L. Dallapiccola, Wiesbaden
Eggermont, P.H.L./ Hoftijer, J. 1962	The Moral Edicts of King Aśoka, Leiden
Embree, A.T./Wilhelm, F. 1967	Indien, Fischer Weltgeschichte, Bd. 17, Frankfurt a.M.
Essen, G.-W./ Thingo, T.T. 1989	Götter des Himalaja, Buddhistische Kunst Tibets, Slg. G.-W. Essen, München, Prestelverlag
Fergusson, J. 1868	Tree and Serpent Worship, London (repr. 1971 N. Delhi)
Foucher, A. 1905–1951	L'art Greco-Boudique du Gandhara, 4 vols, Paris
–, 1918	The Beginnings of Buddhist Art, London (repr. 1972 Varanasi)
Frauwallner, E. 1952	Die buddhistischen Konzile, in: ZDMG 102: 240-261, Wiesbaden
Gandhara Art 1984	The Exhibition of Gandhara Art of Pakistan, Tokyo
Ghirshman, R. 1946	Begram, Recherches Archéologiques sur les Kouchans, in: MDAFA XIX, Le Caire
–, 1957	Le problem de la chronologie des Kouchans, in: Cahiers d'histoire mondial, vol. III: 689-722, Neuchâtel
Giles, H.A. 1923	The Travels of Fa-hsien (399-414 A.D.) or Record of the Buddhist Kingdoms, London (repr. 1959[3])
Glasenapp, H.v. 1928	Heilige Stätten Indiens, München
–, 1961	Die Literaturen Indiens, Stuttgart
–, 1988[2]	Der Pfad zur Erleuchtung, Düsseldorf-Köln
Göbl, R. 1984	System und Chronologie der Münzprägung des Kušānreichs, Wien
Goepper, R. 1989	Götter des Himalaja, S. 14 ff., Hrsg. Essen/Thingo, München
Goswamy, B.N., 1989	The Stūpa – some uniformed questions about terminological equivalents, in: The Stūpa, Hrsg. Dallapiccola, Wiesbaden
Grönbold, G. 1974	Die Mythologie des indischen Buddhismus, in: Wörterbuch der Mythologie, Hrsg. H.W. Haussig, Stuttgart
Grünwedel, A. 1900	Buddhistische Kunst in Indien, Berlin
Hackin, J. 1933	Nouvelles Recherches Archéologiques à Bāmiyān, in: MDAFA III, Paris
–, 1954	Nouvelles Recherches Archéologiques à Begram, in: MDAFA XI, Paris
Härtel, H. 1959	Indische und Zentralasiatische Malerei, Berlin

–, 1960 Indische Skulpturen I, Berlin
–, 1964 Turfan und Gandhāra, Berlin
Härtel, H./ Auboyer, J. 1971 Indien und Südostasien, in: PKG 17, Berlin
Härtel, H./ Yaldiz, M. 1987 Die Seidenstraße, Berlin (engl. 1982 N.Y.)
Hallade, M. M. 1968 Indien, Gandhāra, Begegnung zwischen Orient und Okzident, München
Hinüber, O. v. 1989 Buddhistische Kultur in Zentralasien und Afghanistan, in: Der Buddhismus, Hrsg. H. Bechert/Gombrich, München
Hultzsch, E. 1925 Inscriptions of Aśoka, in: CII, vol. I, London
Ingholt, H. 1971 Gandharan Art in Pakistan, Connecticut
Jacobi, H. 1896 Der Ursprung des Buddhismus aus dem Saṅkhya Yoga, Berlin
Jettmar, K./ Thewalt, V. 1985 Zwischen Gandhāra und den Seidenstraßen, Mainz
Johnston, E. H. 1936 The Buddhacarita or Acts of the Buddha, Parts I–II, Lahore (repr. 1972 N. Delhi)
Joshi, N. P. 1966 Mathura Sculptures, Mathura
Kail, O. C. 1975 Buddhist Cave Temples of India, Bombay
Klimburg-Salter, D, 1989 The Kingdom of Bāmiyān, Buddhist Art and Culture of the Hindu Kush, Naples-Rome
Klimkeit, H.-J. 1990 Der Buddha, Leben und Lehre, Stuttgart, Berlin, Köln
Lamotte, E. 1984 Der Weg zur Erleuchtung, in: Die Welt des Buddhismus, Hrsg. Bechert/Gombrich, München
Lefmann, S. 1902 Lalitavistara, Leben und Lehre des Sākya Buddha, Halle
Lohuizen-de Leeuw, van, J. E. 1949 The Scythian Period, Leiden
Longhurst, A. H. 1938 The Buddhist Antiquities of Nagarjunakonda, Delhi
Lüders, H. 1941 Bhārhut und die buddhistische Literatur, Leipzig
–, 1963 Bhārhut Inscriptions, in: CII, Vol. II. Ootacamund
Marshall, J. 1951 Taxila, An illustrated Account of Archaelogical Excavations, 3 vols, Cambridge
–, 1960 The Buddhist Art of Gandhāra, Karachi (repr. 1973)
Marshall, J./ Foucher, A. 1940 The Monuments of Sanchi, 3 vols, Calcutta
Misra, G. S. P. 1972 The Age of Vinaya, New Delhi
Mitra, D. 1971 Buddhist Monuments, Calcutta
Mitterwallner, G. von 1983 Münzen der späten Kuṣāṇas, des Hunnen Kirada/Kidara und der frühen Guptas, Teil 1, München
–, 1984 Chronologische Einführung in die indische Steinbildkunst, in: Skulpturen aus Indien, Hrsg. C. Mallebrein, Staatl. Museum f. Völkerkunde München
Mukherjee, B. N. 1987 Kushāṇa Coins of the Land of the Five Rivers, Calcutta
Murthy, K. 1977 Nāgārjunakoṇḍā, A Cultural Study, Delhi
Nakamura, H. 1989 Indian Buddhism, A Survey with Bibliographical Notes, Edited by A. Wayman, New Delhi (repr.)
Naudou, J. o. J. Buddha, in: Die großen Religionsstifter, Hrsg. P. Kamnitzer, Köln
Nehru, L. 1989 Origin of the Gandhāran Style, Delhi, Bombay
Oldenburg, H. 1961 Buddha, sein Leben, seine Lehre, seine Gemeinde, Hrsg. H. v. Glasenapp, Augsburg
Pant, S. 1976 The Origin and Development of Stūpa Architecture in India, Varanasi
Parimoo, R. 1982 Life of Buddha in Indian Sculpture, New Delhi
Percheron, M. 1958 Buddha in Selbstzeugnissen und Bilddokumenten, Hamburg
Plaeschke, H. u. I. 1988 Frühe indische Plastik, Leipzig
Rosenfield, J. M. 1967 The Dynastic Art of the Kushans, Berkeley/L. A.
Rowland, B. 1960 Gandhara Sculpture from Pakistan Museums, New York
–, 1963 Malereien aus indischen Felstempeln (Ajanta), UNESCO Taschenbücher der Kunst, PIPER München
–, 1966 Ancient Art of Afghanistan, New York
–, 1970 Zentralasien, in: Kunst der Welt, Baden-Baden
Rowland, B./ Coomaraswamy, A. K. 1938 The Wall-paintings of India, Central Asia and Ceylon, Boston
Schlingloff, D. 1962-63 Die Religionen des Buddhismus, 2 Bde., Berlin
–, 1987 a Studies in the Ajanta Paintings, Delhi
–, 1987 b Die Bedeutung der Symbole in der altbuddhistischen Kunst, in: Hinduismus und Buddhismus, Hrsg. H. Falk, Freiburg, 309 ff.
–, 1991 Tradition of Indian Narrative Painting in Central Asia, in: Akṣayanivi, Essays presented to Dr. Debala Mitra in admiration of her scholarly contributions, ed. by Dr. Gouriswat Bhattacharya, Delhi-India
Schneider, U. 1978 Die Großen Felsedikte Aśokas, Wiesbaden
–, 1980 Einführung in den Buddhismus, Darmstadt
–, 1989 Einführung in den Hinduismus, Darmstadt
Schubring, W. 1964 Jinismus, in: Die Religionen der Menschheit, Bd. 13, Hrsg. Ch. M. Schröder, Stuttgart
Schumann, H.W. 1978² Buddhismus, Stifter, Schulen und Systeme, Freiburg
Seckel, D. 1976 Jenseits des Bildes. Anikonische Symbolik in der buddhistischen Kunst, in: Abhandl. d. Heidelberg. Akad. d. Wiss., phil.-hist. Kl., Jahrg. 1976, 2. Abhdl.
–, 1980 Kunst des Buddhismus, Baden-Baden
Senart, E. 1881 und 1886 Les Inscriptions du Piyadasi, 2 vols, Paris
Sharma, R. C. 1984 Buddhist Art of Mathurā; New Delhi
Shrava, S. 1985 The Kushāṇa Numismatics, New Delhi
de Silva-Vigier, A. 1956 Das Leben des Buddha nach den alten Legenden im Spiegel der Kunst, London
Sivaramamurti, C. 1942 Bulletin of the Madras Government Museum, New Series – General Section, vol. 4, Madras
–, 1975 Indien, Kunst und Kultur, Freiburg, Basel, Wien
Snellgrove, D. L. 1978 The Image of the Buddha, Paris/Tokio

Snodgrass, A. 1985 The Symbolik of the Stūpa, New York

Stache-Weiske, A. 1990 Das buddhistische Feuersymbol, in: Wiener Zeitschrift f. d. Kunde Südasiens, Bd. 34: 107-118

Tarzi, Z. 1977 L'Architecture et le Décor Rupestre des Grottes de Bāmiyān, 1. Texte, 2. Planches, Paris

Tissot, F. 1985 Gandhāra, Paris

Uhlig, H. 1979 Das Bild des Buddha, Berlin

Waldschmidt, E. 1925 Gandhāra/Kutscha/Turfan, Leipzig

–, 1929 Die Legende vom Leben des Buddha, Berlin

–, 1967 Nepal, eine Einführung, in: Nepal, Kunst aus dem Königreich im Himalaja, Essen

Wilhelm, F. 1990 Die Kastenordnung, in: Das Alte Indien, Hrsg. H. G. Franz, S. 147-152, München

Winternitz, M. 1920 Geschichte der Indischen Literatur, 2. Bd., Leipzig

Zimmer, H. 1955 The Art of Indian Asia, 2 vols, New York

Dieses Relief gehört zu einem Typus von Buddha-Darstellungen aus dem Mathurā-Gebiet, die wegen ihres konisch nach links gedrehten Haarknotens (kapārda) als Kapardin-Buddha bezeichnet werden. Die fehlenden Teile dieser Stele dürften einst ähnlich ausgesehen haben, wie bei dem vollständig erhaltenen Relief des gleichen Typus aus Katra (jetzt im Mathurā Museum; vgl. Scherman 1928: Abb. 10; Coomaraswamy 1965: fig. 84; Uhlig 1979: Fig. 4).

Nach L. Scherman (1928: 74) stellt das Bild den Buddha nach Erlangung der Erleuchtung dar. Das runde Kinn und die Nase sind beschädigt. Das durch das „Lächeln" mild wirkende und freundliche Antlitz drückt die besondere Dynamik aus, die fast bei allen Buddhas vom Kapardin-Typus anzutreffen ist.

Das Relief zeigt den Buddha frontal mit betonter Brustpartie, Bauchmuskulatur, weit geöffneten Augen und tiefem Nabel. Die langgezogenen Ohrläppchen, der schneckenartig nach links gedrehte und zusammengerollte Scheitelknoten (kapārda), das Haarflöckchen an der Nasenwurzel und das Radzeichen auf der nach vorne weisenden, in der schutzgewährenden Geste erhobenen rechten Hand zählen u. a. zu den 32 Merkmalen (lakṣaṇa) eines Weltenherrschers (cakravartin) oder eines Buddha. Sein linker Arm ist so angewinkelt, daß die Handfläche – wie beim Katra-Buddha – auf dem linken Oberschenkel und dem Knie ruhte. Das transparent wirkende Obergewand ist an der linken Schulter und dem linken Arm so drapiert, daß die rechte Körperseite – nach indischer Art - unbedeckt bleibt.

Die Begleitfiguren mit dem Fliegenwedel (camara) – hier ist nur die rechte im Bild erhalten – werden entweder als die Götter Brahmā und Indra (Szuma 1985: Fig. 14) oder als die Bodhisatva Vajrapāṇi und Padmapāṇi (Uhlig 1979: Fig. 4) bezeichnet, eine Interpretation, die jedoch nicht als gesichert angesehen werden kann (vgl. Mallebrein 1985: 18-19); Lommel 1974: Abb. S. 31).

Lit.:

L. Scherman 1928	Die ältesten Buddhadarstellungen des Münchner Museums für Völkerkunde, in: Münchner Jahrbuch der bildenden Kunst, Bd. V, Heft 3, S. 64-80, München.
A. K. Coomaraswamy 1965	History of Indian and Indonesian Art. New York.
H. Uhlig 1979	Das Bild des Buddha. Berlin.
C. Mallebrein 1985	Skulpturen aus Indien. München St. J.
A. Lommel 1974	Kunst des Buddhismus, München

Kat.-Nr. 1
Teil einer
Buddha-Stele

Lakhanu,
Mathurā; nach
143 n. Chr.
rötlich gefleckter
Sandstein
Höhe 68 cm
SMV,
Mus.-Nr.
MU 205
(Slg. Scherman)

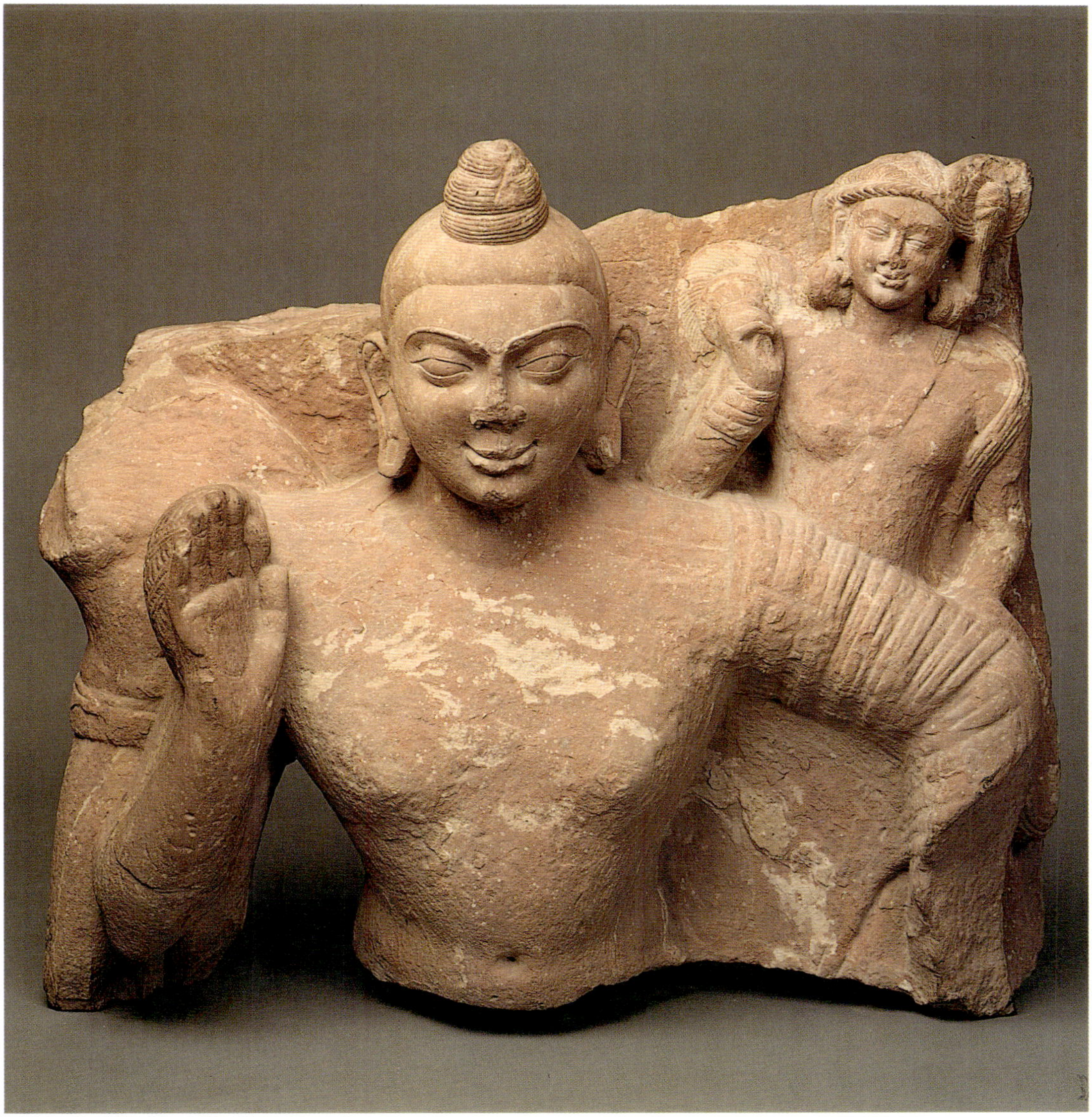

Die vom Kopf bis zu den Knien erhaltene Figur steht auf dem linken Standbein, das rechte ist leicht abgespreizt. In ihrer rechten Hand hält sie einen Wedel (cāmara). Ihr Kopf ist leicht nach rechts gewendet, wahrscheinlich einem Buddha bzw. Bodhisatva zugewandt.

Der Kopf des Wedelträgers ist von einem typisch frühindischen Turban mit einem Antefix über dem Scheitel umwunden. Er trägt große runde Ohrringe, einen Gürtel und eine breite Halskette in der Form eines spitzen gleichschenkligen Dreiecks. Seine Bekleidung besteht aus einem transparent wirkenden Beinkleid, dessen Rand unterhalb der Knie sichtbar ist, und einem zusammengerollten Hüfttuch, dessen Enden zwischen den Beinen herabfallen. Die Gesamtausführung der Figur erinnert an männliche Darstellungen in Bhārhut und Sāncī.

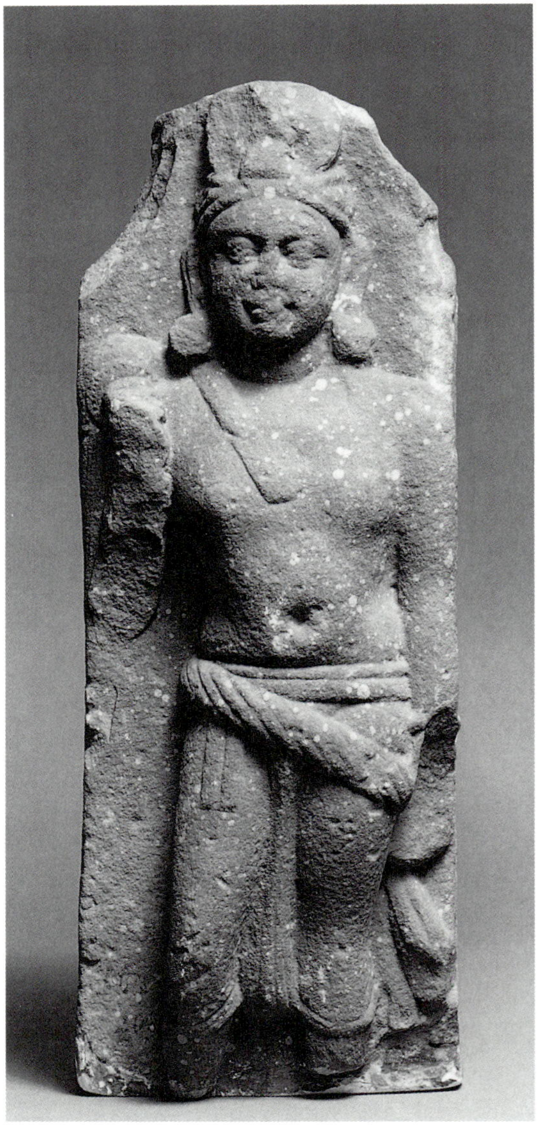

Kat.-Nr. 2
Stele eines Wedelträgers

Nordindien, Ramkulla (Uttar-Prades); 1. Hälfte 3. Jh.
Rötlicher Sandstein
Höhe 48,5 cm
SMV, Mus.-Nr. MU 209
(Slg. Scherman)

Dieser Kopf ist, wie bei dem Wedelträger, von einem frühindischen Turban umwunden. Die schweren Lider und die schweren Tränensäcke verleihen den hervorquellenden Augen einen furchterregenden Ausdruck.

Der für die Mathurā-Schule untypische Oberlippenbart ist durch drei eingeritzte geschwungene Linien angedeutet.

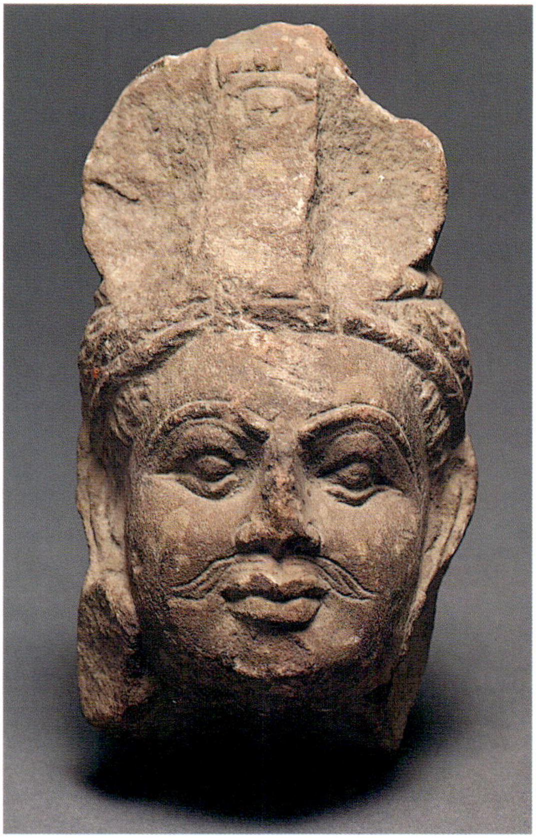

Kat.-Nr. 3
Kopf einer männlichen Figur

Mathurā;
ca. 3. Jh. n. Chr.
rötlicher Sandstein
Höhe 17 cm
SMV, Mus.-Nr.
MU 124
(Slg. Scherman)

Dieser Kopf ist charakteristisch für den ausgereiften Stil der Guptazeit, deren Hauptmerkmale u. a. das versunkene weiche Antlitz, die dicht und gleichmäßig aneinandergereihten schneckenförmigen Löckchen und der transparent wirkende Körper sind.
Die mandelförmigen Augen sind durch die Lider großteils bedeckt, so daß der Blick nach unten gerichtet ist und auf diese Weise die innere Versenkung des Buddha anzeigt. Die geschwungenen Lippen, Augenlider und -brauen verleihen dem Gesicht, das trotz der breiten Stirnpartie nicht unproportioniert wirkt, eine große Harmonie. Der Schädelauswuchs (uṣṇia) und die langgezogenen Ohrläppchen sind zwei der 32 Merkmale (lakṣaṇa) des Buddha, mit denen er zur Welt kam.

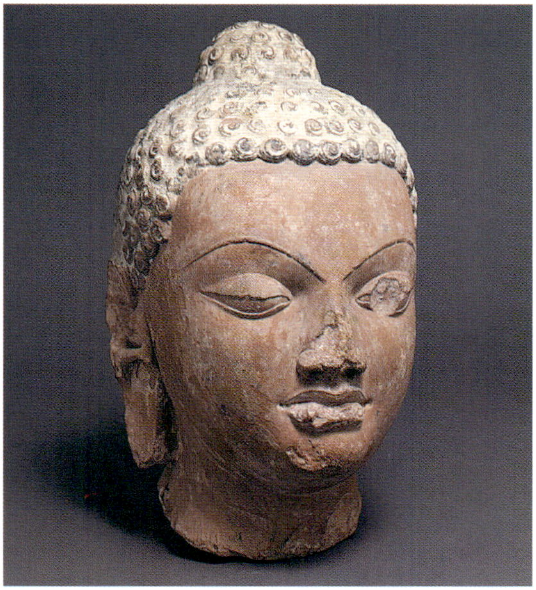

Kat.-Nr. 4
Kopf eines Buddha

Mathurā;
frühes 5. Jh. n. Chr.
rötlicher Sandstein
Höhe 48 cm
SMV, Mus.-Nr.
MU 192
(Slg. Scherman)

Typologisch betrachtet ähnelt dieser Buddha-Kopf dem mit der Kat.-Nr. 4 bezeichneten auffallend stark. Bei beiden Köpfen finden sich gleiche Konturen, geschwungene und plastisch hervorgehobene Lippen, vom Auge deutlich abgesetzte Augenbrauen und betonte Nasenflügel. Die schneckenförmigen Haarlocken sitzen hier jedoch nicht so dicht nebeneinander wie bei dem anderen Kopf.

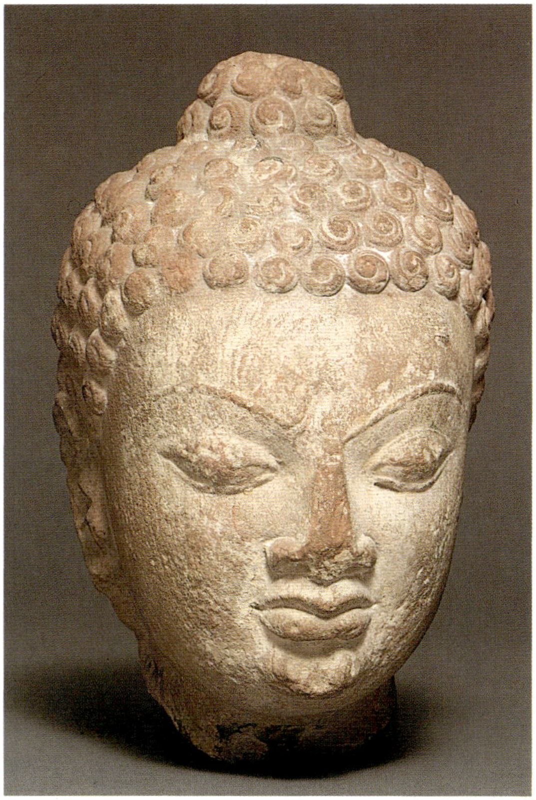

Kat.-Nr. 5
Kopf eines Buddha

Mathurā; Anfang des 6. Jhs.
rötlicher Sandstein
Höhe 26 cm
SMV, Mus.-Nr. MU 193
(Slg. Scherman)

Kat.-Nr. 5
Seitenansicht

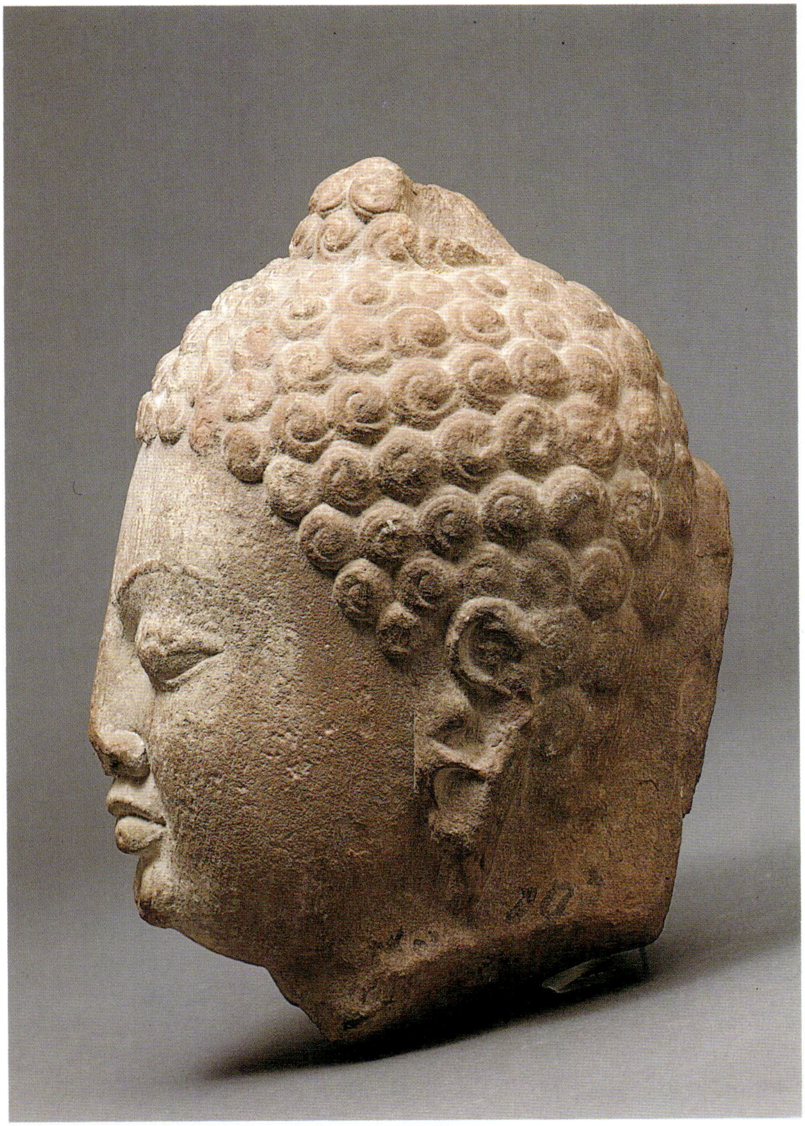

Kat.-Nr. 6
Kopf eines
Buddha

Mathurā;
6. Jh. n. Chr.
gelblicher Sandstein
Höhe 37 cm
SMV, Mus.-Nr.
MU 191
(Slg. Scherman)

Diesem fein und proportioniert gearbeiteten Kopf verleihen die zu einem schmalen Schlitz geschlossenen mandelförmigen Augen einen meditativen Ausdruck. Die Nase und die Unterlippe sind beschädigt. Die geschwungenen Augenbrauen gehen harmonisch in den Nasenrücken über. Typisch für die Guptazeit ist die Haartracht aus nach rechts gedrehten Löckchen von gleicher Größe, wie es bei dem Kopf Kat.-Nr. 4 der Fall ist.

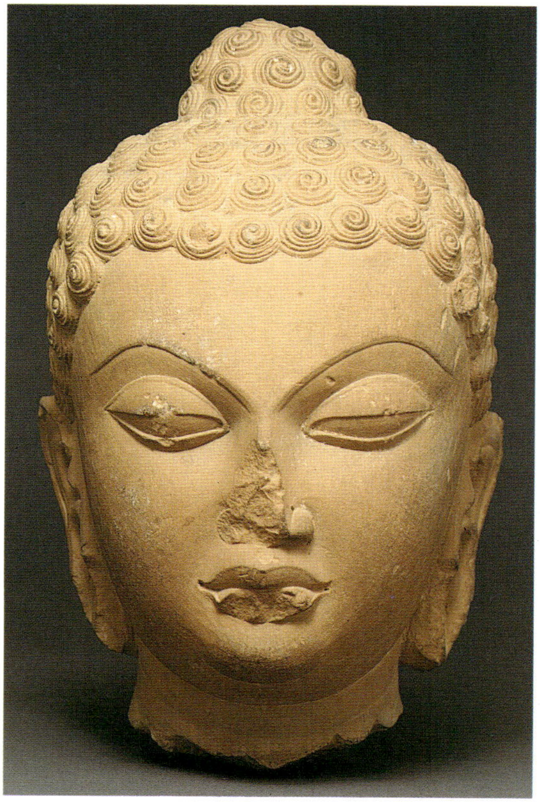

Kat.-Nr. 7
Relieffragment
(Bodhisatva
Maitreya)

Gandhāra;
2.-3. Jh. n. Chr.
bituminöser Tonschiefer
Höhe 26 cm
SMV, Mus.-Nr.
12-57-1
(Slg. Cassirer)

Der zukünftige Buddha Maitreya sitzt unter einem Baldachin auf einem Thronsessel, der typische Ornamente und Merkmale eines Holzsessels aufweist. Vor dem mit Stoff behangenen Thronsessel steht ein Fußschemel.

Der Bodhisatva ist geschmückt mit Arm- und Halsreifen, Halskette und Ohrgehängen. Er trägt einen in der Gandhāra-Kunst geläufigen Schnurrbart und eine Lockenfrisur, die, wie die der rechts oben im Bild dargestellten Figur, eine griechisch-römische Form aufweist. Seine rechte Hand hält Maitreya in der schutzgewährenden Geste, in seiner linken hält er den schmalhalsigen Krug für den Nektar der Unsterblichkeit (amṛtaghaṭa). Maitreya trägt gleich den übrigen Figuren einen Nimbus und ein faltenreiches Gewand. Von den Begleitfiguren erweist sich nur eine aufgrund ihres Nimbus – links unten im Bild – als ein himmlisches Wesen. Links im Bild wird die Szene mit einem Pilaster abgeschlossen, dessen korinthisches Kapitell Akanthusblüten trägt.

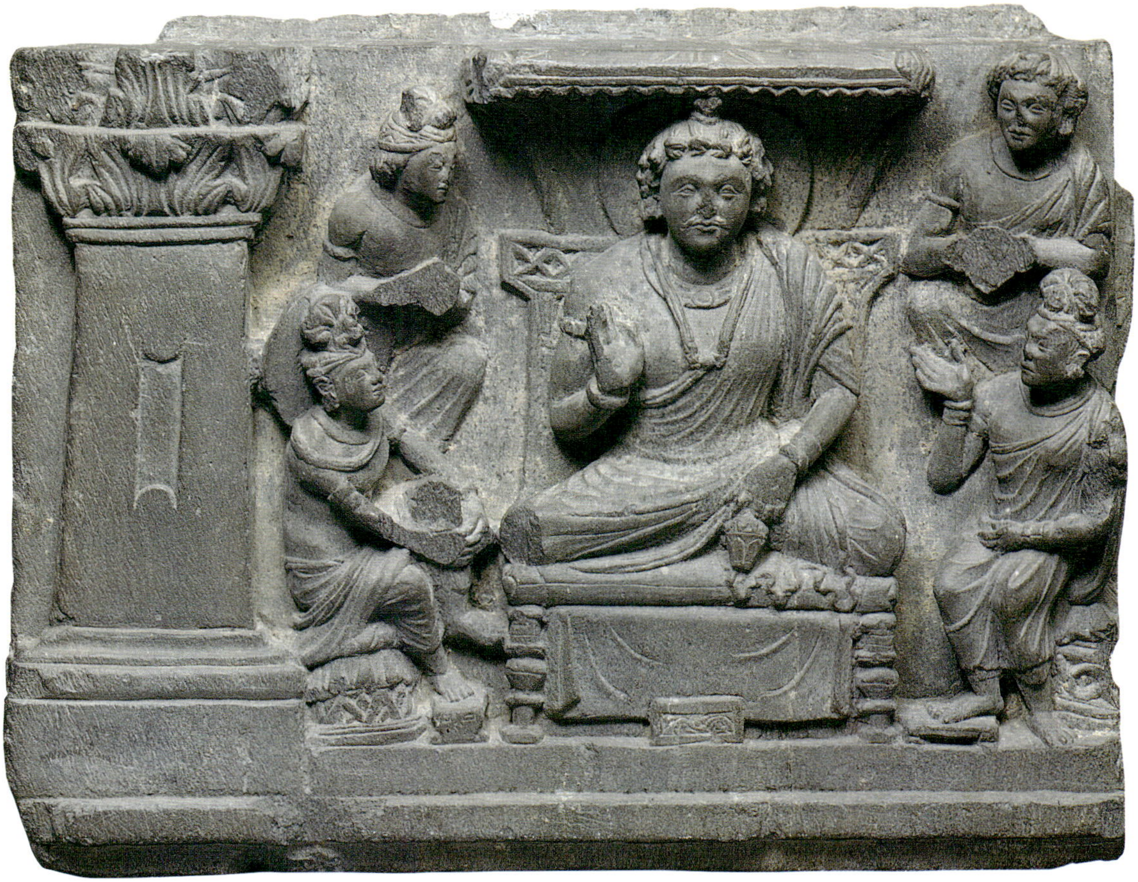

Kat.-Nr. 8
Fragment einer Stūpabasis

Gandhāra;
frühes 2. Jh. n. Chr.
grauer Schiefer
Höhe 33 cm
SMV, Mus.-Nr.
80-301 293
(Slg. Woodtli)

Dieses aus zwei übereinanderliegenden Friesen bestehende Relief gibt Episoden aus dem Leben des Buddha wieder.

Rechts unten ist ein Flötenspieler dargestellt, dessen Blick auf die Szene jenseits der korinthischen Säule gerichtet ist (Heimkehr der Māyā mit dem neugeborenen Bodhisatva, die Szene ist nicht vollständig erhalten). Auf der anderen Seite der Säule sitzt eine ehrwürdige Person mit einem Buch (?) in der linken Hand; zu ihrer Rechten beugt sich ein Junge zu ihr herab, der ein faltendrapiertes Gewand und Schmuck trägt. Sein Kopf ist von einem Nimbus eingefaßt, ein Hinweis auf den Bodhisatva. Seine Hände sind in der Verehrungsgeste gefaltet. Bei dieser Szene dürfte es sich um den Bodhisatva (den Prinzen Siddhārtha) und seinen Lehrer handeln.

Die nächste Szene zeigt den Bodhisatva in der europäischen Sitzhaltung; er schreibt mit einem Stift auf eine Tafel. Sein Kopf ist von einem Nimbus eingefaßt. Er weist die gleichen Merkmale wie der oben beschriebene Junge auf. Die nackte, von hellenistischen Stilelementen geprägte Knabenfigur hält ein Gefäß mit Schreibtusche (?) in ihrer rechten Hand. Diese beiden Szenen sind von korinthischen Säulen gerahmt, deren Kapitelle Akanthusblüten tragen.

Der obere Fries zeigt links zwei Asketen vor ihren Hütten. Zwischen ihnen steht eine junge Gestalt, deren linke Hand den oberen Friesrand stützt, in ihrer rechten hält sie wahrscheinlich einen kleinen Krug (kalaṣa), wie es bei dem einen Asketen und der links vom Buddha abgebildeten Person der Fall ist.

Die abschließende Szene zeigt den Buddha in der Meditationsgeste. Sein Körper ist von einer großen Aureole umgeben. Links und rechts vor dem Buddha sind zwei Adoranten zu sehen, die vor dem Buddha in die Knie gehen. Bei diesem Fragment handelt es sich um den Sockelteil eines Votiv-Stūpa (vgl. Russek 1987: Abb. 30).

Lit.:

R. Russek. 1987 — Buddha zwischen Ost und West, Zürich

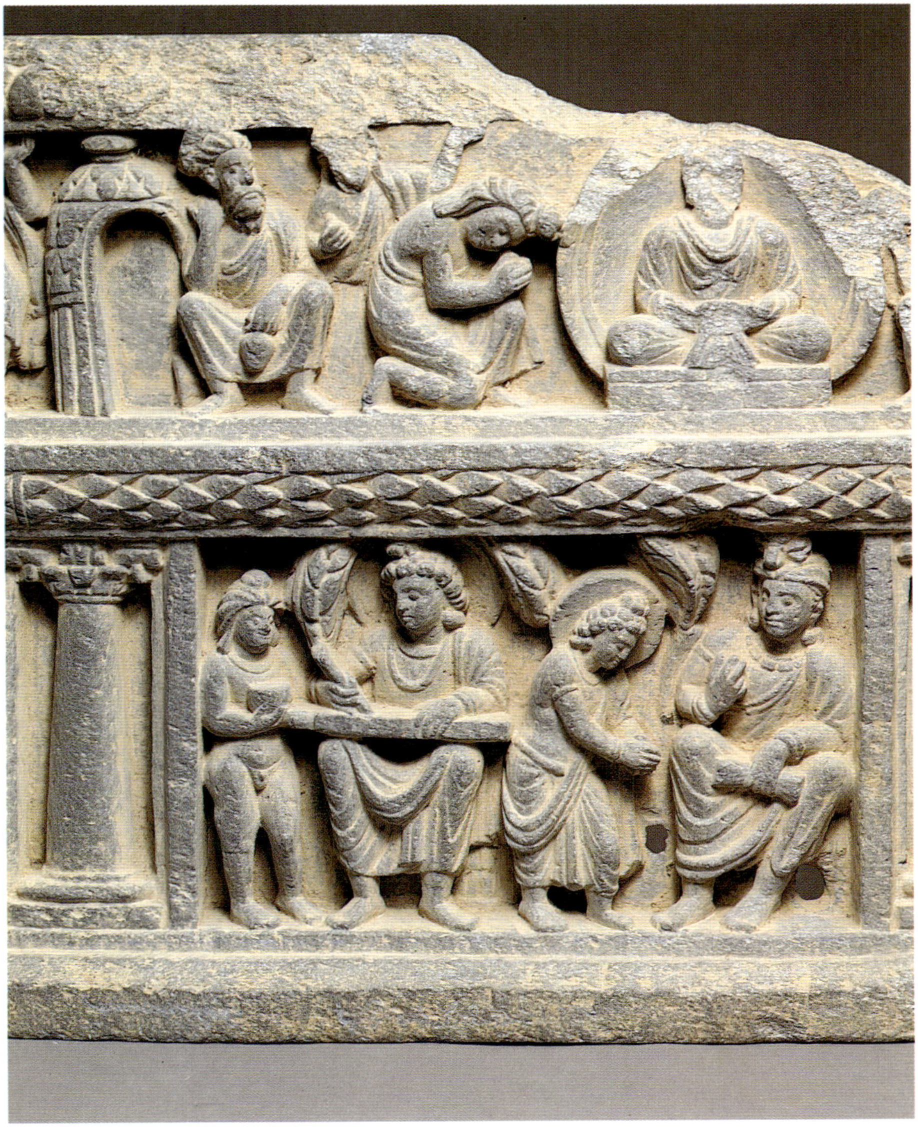

Der Bodhisatva Maitreya steht frontal auf einem mit Blütenmotiven verzierten Sockel. Seine rechte Hand zeigt die schutzgewährende Geste, in seiner linken hält er das schmalhalsige Nektargefäß (amṛtaghaṭa). Er trägt, wie auch andere Bodhisatva-Darstellungen aus Gandhāra, den majestätischen indischen Schmuck, den faltendrapierten Schal (uttarīya) und das Hüfttuch (dhotī). Seine Sandalen und Haartracht weisen auf griechisch-römische Elemente hin. Den vorderen Haarkranz ziert eine diademartige Perlenschnur. Zwei wellenförmige Haarlocken fallen seitlich in die Stirn. Bekrönt ist der Haarkranz von dem nach oben gerafften und gebundenen Haarschopf.

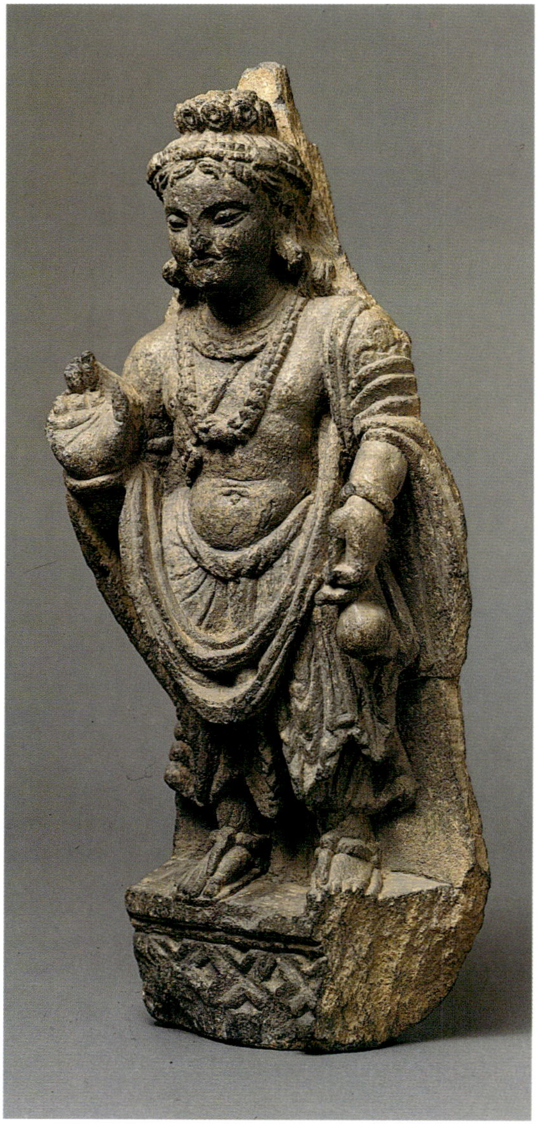

Kat.-Nr. 9
Bodhisatva
Maitreya

Gandhāra;
4. Jh. n. Chr.
grau-schwarzer
Schiefer
Höhe 48 cm
SMV, Mus.-Nr.
11.432
(Slg. Bing)

Der frontal auf einem Sockel, dessen Fries aus Rosetten besteht, dargestellte Maitreya (der zukünftige Buddha) trägt die für indische Fürsten typische Bekleidung, bestehend aus einem Hüfttuch (dhotī) und einem faltendrapierten Schal (uttarīya), der über die linke Schulter geschlagen ist. Das andere Schalende fällt von seinem angewinkelten rechten Arm herab; die fehlende rechte Hand zeigte wahrscheinlich die schutzgewährende Geste. In seiner linken hält er das henkellose Nektargefäß (amṛtaghaṭa) Fürstlich ist auch sein Schmuckensemble. Seine lockige Haartracht umrahmt die Stirn. Am Scheitel ist sie mit dem apollinischen Knoten verziert, der den hellenistischen Apollo- und Aphrodite-Darstellungen entliehen ist. Der Kopf ist von einem großen, runden Nimbus umgeben.

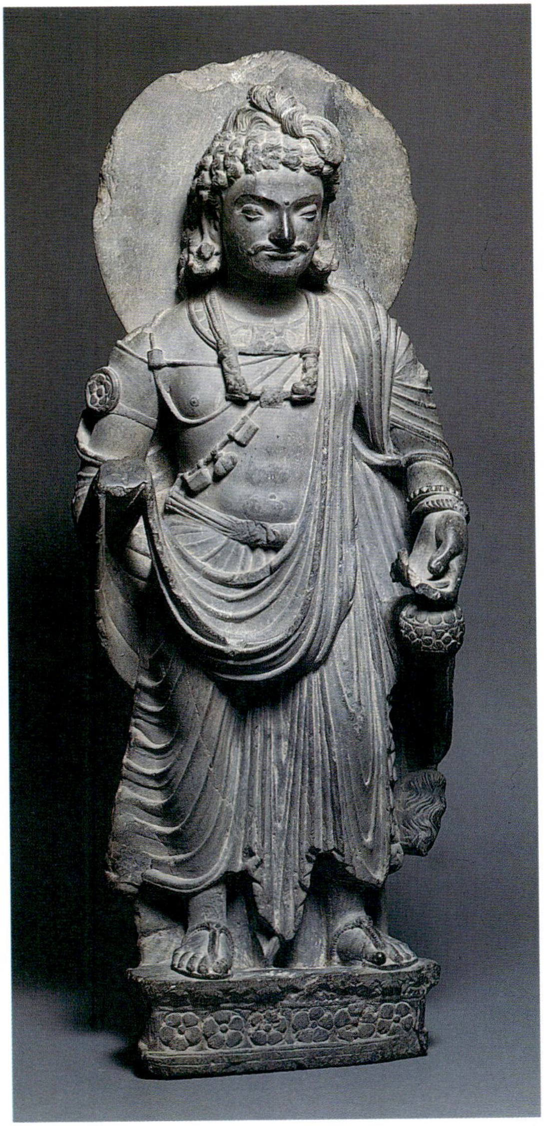

Kat.-Nr. 10
Bodhisatva
Maitreya

Gandhāra;
Ende des 3. Jhs.
grauer Schiefer
Höhe 73,5 cm
SMV, Mus.-Nr.
86-306 478
(Slg. Gedon)

An dem kreisförmigen Nimbus mit einem Zickzackrand, dem Haarflöckchen (ūrṇā) zwischen den Augenbrauen und dem nach oben gerafften und mit einem Band umwundenen Haarschopf (uṣṇīṣa) erkennt man, daß es sich um den Kopf eines Bodhisatva handelt.

Die Haartracht besteht aus einem vorderen Kranzteil, dessen Locken die Stirn umgeben und einem hinteren Kranzteil, der hinter den Ohren auf die Schulter herabfällt. Diesem Kranz wurde ein aus mehreren Haarlocken bestehender Scheitelschopf aufgesetzt.

Der durch schwere Lider und schmale Augenöffnungen gekennzeichnete Kopf richtet den Blick in innerer Versenkung nach unten. Die wellenartige Haartracht ist nach oben gerafft und zu einem Haarschopf gebunden. Zwischen den Augenbrauen trägt er das Haarflöckchen (ūrṇā), ein Zeichen für einen Universalherrscher (cakravartin) oder Bodhisatva (Buddha). Die langgezogenen Ohrläppchen sind ein Zeichen dafür, daß der Buddha in seiner Laufbahn als Bodhisatva bzw. Prinz im Palast schweren Ohrschmuck getragen hat.

Kat.-Nr. 11
Kopf eines Bodhisatva

Gandhāra;
6.-7. Jh.
grauer Schiefer
Höhe 13,5 cm
SMV, Mus.-Nr. 24-13-1
(Slg. Gutmann)

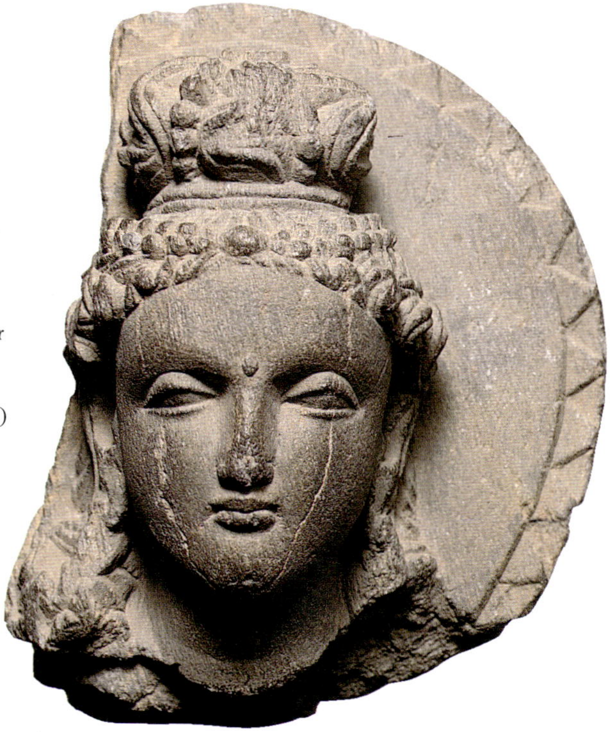

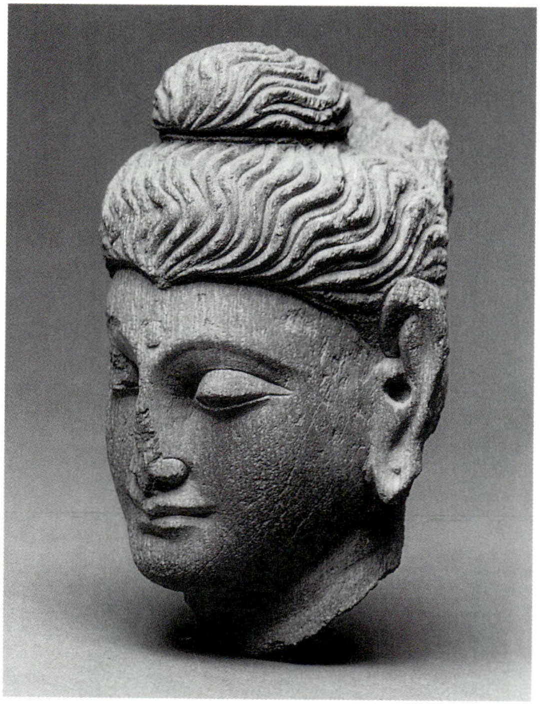

Kat.-Nr. 12
Kopf eines Buddha

Afghanistan, Hadda;
ca. 3.-4. Jh. n. Chr.
Schiefer
Höhe 16 cm
Privatsammlung
(F. Mamier)

Lit.:

Russek, R. 1987
Buddha zwischen Ost und West, Skulpturen aus Gandhāra/Pakistan. Zürich.

Härtel, H./Yaldiz, M. 1987
Die Seidenstraße, Malereien und Plastiken aus buddhistischen Höhlentempeln. Berlin.

Der mit feinem Schnurrbart, Ohr- und Kopfschmuck ausgestattete Kopf stellt einen Bodhisatva dar, dessen Haartracht von drei Bändern gehalten wird, die sich in Stirnmitte kreuzen und am Schnittpunkt durch einen Edelstein gezogen sind. Charakteristisch für den Bodhisatva ist der nach oben geraffte und in der Mitte gebundene Haarschopf, der einer Palmette ähnelt. An dieser Stelle (Palmette) tragen manche Bodhisatvas aus Gandhāra und Zentralasien eine Perlenschnur als Juwel (cintāmaṇi), das an diesem ohnehin wenig geschmückten Kopf fehlt (vgl. Russek 1987: Abb. 60: Härtel/Yaldiz 1987: Taf. 2).

Kat.-Nr. 13
Kopf eines Bodhisatva

Afghanistan, Hadda;
ca. 3.–4. Jh. n. Chr.
Schiefer
Höhe 11 cm
Privatsammlung (F. Mamier)

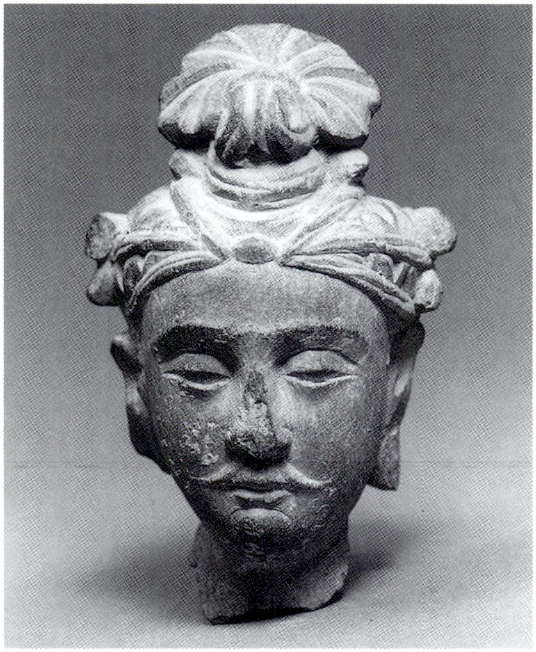

Das stark beschädigte Relief zeigt den Buddha im Meditationssitz mit betonter Kinn- und Mundpartie und unproportioniert flachem, breitem Gesicht. Seine rechte Hand zeigt die schutzgewährende Geste, Teile der linken Seite des Buddha und des Nimbus fehlen. Seine faltenreiche Bekleidung dürfte aus drei Tüchern (tricīvara) bestehen, dem unteren (antaravāsaka), und den beiden oberen Tüchern (uttarāsaṅgha und saṃghāṭī). Sein nach oben geraffter und in der Mitte gebundener Haarschopf (uṣṇīṣa), sein Haarflöckchen der Weisheit (ūrṇā) zwischen den Augenbrauen und seine langgezogenen Ohrläppchen gehören zu den 32 Merkmalen (lakṣaṇa) eines Bodhisatva oder eines Weltenherrschers (cakravartin).

Kat.-Nr. 14
Sitzender Buddha

Afghanistan, Hadda;
ca. 3.-4. Jh. n. Chr.
Schiefer
Höhe 46 cm
Privatsammlung (F. Mamier)

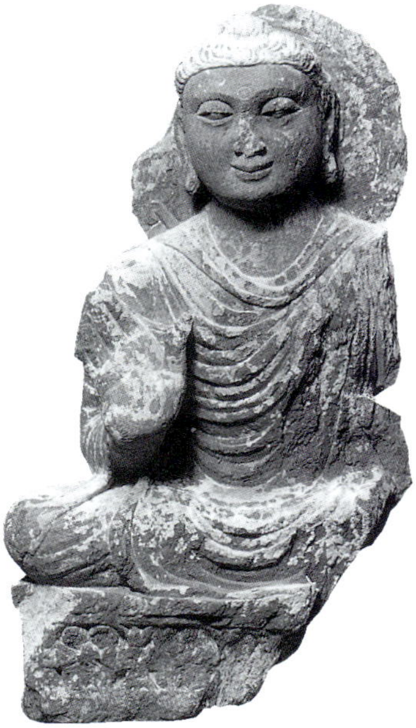

Der mit der Geste der Meditation auf einem Lotos sitzende Bodhisatva ist reich geschmückt mit verschiedenen Ketten, Ohrringen, Reifen und Amulettbüchsen aus Perlen oder aus getriebenen Metallplättchen. Die weitere Ornamentik besteht aus einem mit Perlen besetzten und kreuzgeschlungenen Turbantuch und einer Palmette am Scheitel. Die Erhebungen (Schleifen) am Kopfputz über den Ohren ahmen in manchen zentralasiatischen Darstellungen Vogelfedern nach, Symbole des avestischen Siegesgottes Verethragna (vgl. Härtel/Yaldiz 1987: 44).

Lit.:

H. Härtel, M. Yaldiz, M. 1987	Die Seidenstraße, Malereien und Plastiken aus buddhistischen Höhlentempeln, Berlin.

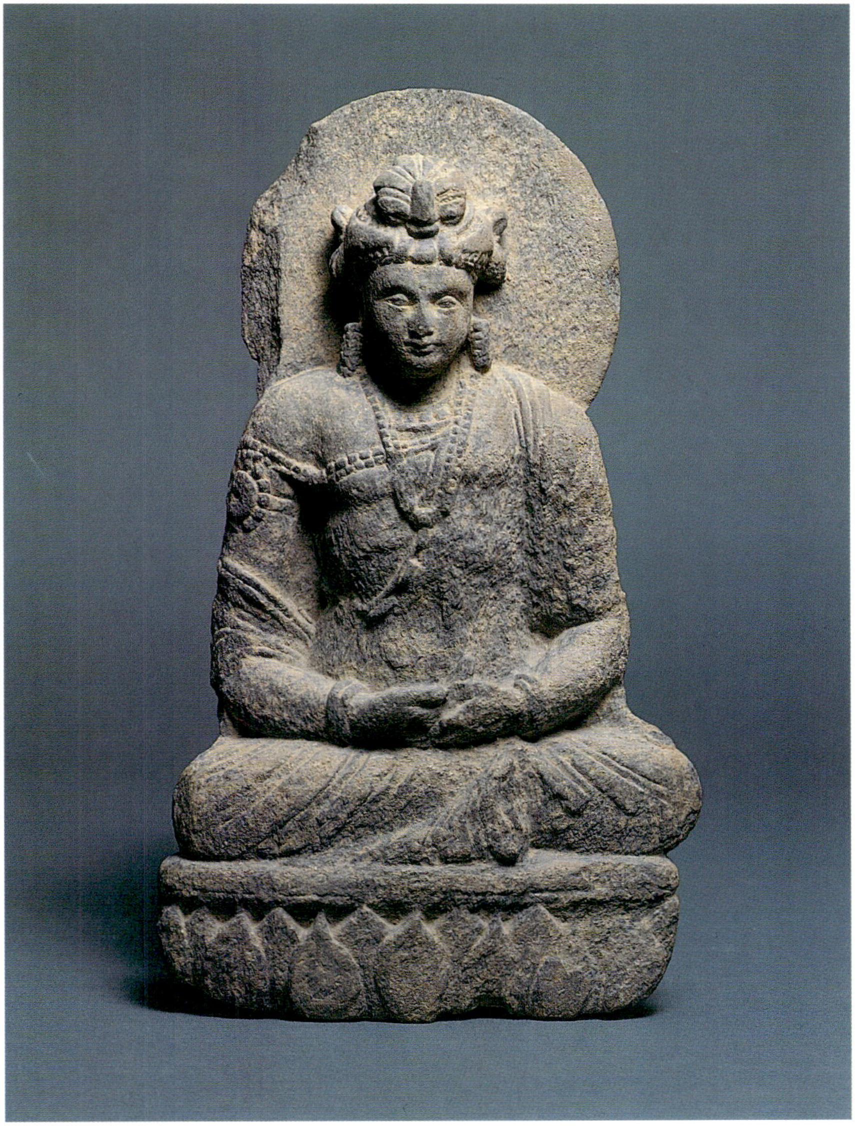

Kat.-Nr. 15
Sitzender
Bodhisatva

Afghanistan,
Hadda;
ca. 3.–4. Jh. n. Chr.
Schiefer
Höhe 34 cm
Privatsammlung
(F. Mamier)

Der in der Meditationsgeste auf einem niedrigen, rechteckigen Thron sitzende Buddha ist unter einem Jambu-Baum (?, Eugenia jambolana; vgl. Russek 1987: Fig. 54) frontal dargestellt. Er trägt ein faltenreiches, eng anliegendes Kleid aus drei Tüchern (tricivara) und einen hochgebundenen Haarschopf (uṣṇiṣa). Ihn umgeben vier Adoranten, von denen sich eine Gestalt (ganz links im Bild) aufgrund ihres Kleides und der Haartracht als weiblich erweist. Bei den drei anderen Personen dürfte es sich aufgrund der Kleidung und des kurz geschnittenen Haares um Mönche handeln (die rechte Schulter ist entblößt).

Auf beiden Seiten ist das Relief von korinthischen Säulen eingerahmt, deren Kapitelle Akanthusblüten tragen.

Der mit Nimbus, Ohrringen, Halskette und einem faltenreichen Gewand ausgestattete Bodhisatva Maitreya sitzt auf einem mit Stoff bespannten, niedrigen Sitz, die rechte Hand in der schutzgewährenden Geste erhoben, während er in der linken eine henkellose Vase (amṛtaghaṭa) hält. Bisher galt die Vase als das Attribut par excellence des Maitreya. Nach neuesten Forschungen soll dies nicht als einziges Kriterium in Betracht kommen (vgl. dazu Scherman 1928: 80; Lobo 1991: 95-103).

Links von Maitreya stehen zwei Frauen – die Kleidung und die Haartracht legen diese Schlußfolgerung nahe –, rechts zwei Männer. Die vordere Frau und der hintere Mann haben die Hände in der Verehrungsgeste vor der Brust erhoben. Die ganze Szene ist auf beiden Seiten von jeweils einer pseudokorinthischen Säule eingerahmt. Das Relief diente als Sockel einer Buddha-Statue, deren Füße noch erhalten sind.

Kat.-Nr. 16
Meditierender
Buddha

Afghanistan,
Hadda;
ca. 3.–4. Jh. n. Chr.
Schiefer
Höhe 20 cm
Privatsammlung
(F. Mamier)

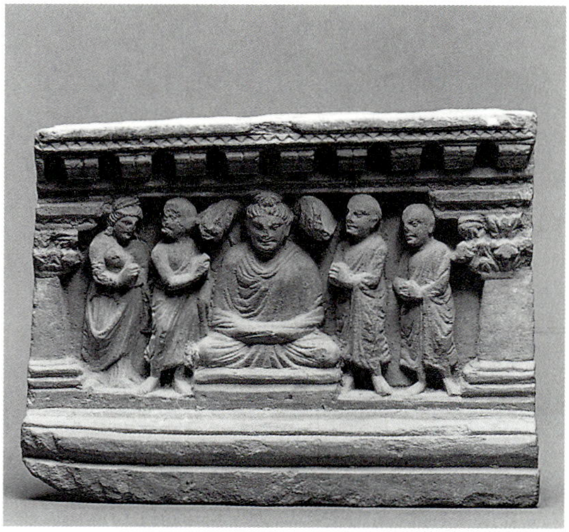

Lit.:

L. Scherman, 1928 — Die ältesten Buddhadarstellungen des Münchner Museums für Völkerkunde, in: Münchner Jahrbuch der bildenden Kunst, Bd. V, Heft 3, pp. 64-80, München

W. Lobo, 1991 — The Bodhisattva with the flask, in: Akṣayanivi, Essayas presented to Dr. Debala Mitra ed. by Dr. G. Bhattacharya, pp. 95-103, Delhi

Kat.-Nr. 17
Bodhisatva
Maitreya mit
Adoranten

Afghanistan,
Hadda;
ca. 3.–4. Jh. n. Chr.
Schiefer
Breite 23 cm
Privatsammlung
(F. Mamier)

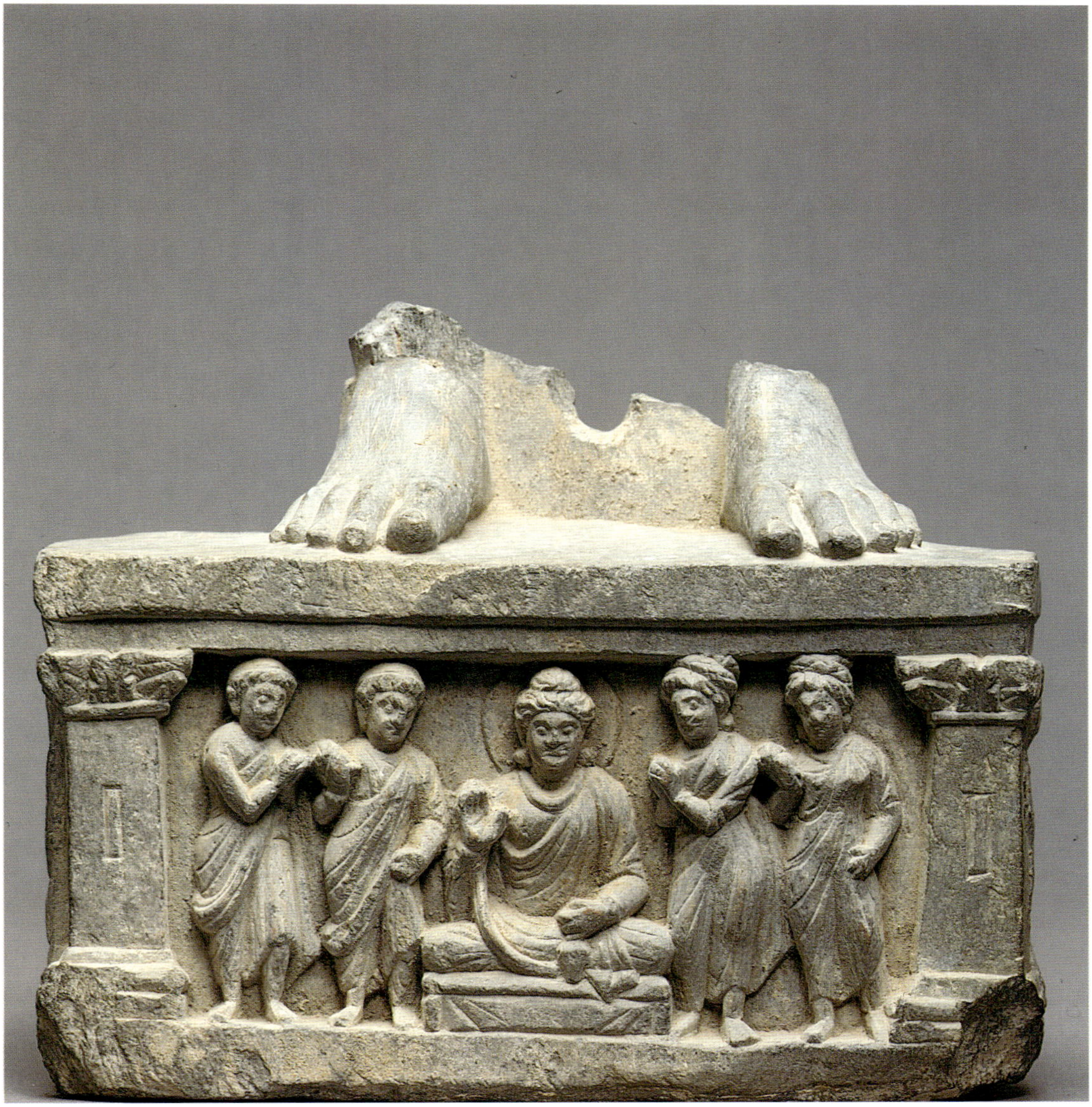

Das Relief ahmt die Form einer Kulthalle (caitya) nach und ist in drei Abschnitte geteilt. Oben ist der Buddha frontal dargestellt, umgeben von zwei Adoranten mit Ohr- und Kopfschmuck, deren Hände in der Verehrungsgeste erhoben sind. Die rechte Hand des Buddha zeigt die schutzgewährende Geste, seine linke hält einen Teil des Überwurfs. Er trägt ein faltendrapiertes Ober- und Untergewand.

In der Mitte sitzt der Bodhisatva Maitreya (der zukünftige Buddha) auf einem flachen Thron, dessen Rück- und Seitenwände mit einem Stoff bespannt sind, im Tuṣitā-Himmel. Maitreya hält die rechte Hand in der schutzgewährenden Geste erhoben; in der linken befindet sich der schmalhalsige Krug (amṛtaghaṭa). Umgeben ist Maitreya von vier Gestalten, die ihre Hände in der Verehrungsgeste vor der Brust halten.

Unten ist die Legende von der Darbringung der Almosenschale an Buddha durch die vier Wächter der Himmelsrichtungen dargestellt. Da ein Buddha und ein Mönch die Speise nicht mit den Händen berühren, sondern in einer Almosenschale zu empfangen haben, bringen die Himmelswächter ihm je eine Almosenschale dar, die er kraft seiner Erleuchtung in eine einzige verwandelt. Diese Begebenheit soll sich einige Wochen nach der Erleuchtung ereignet haben (vgl. Naudou o. J.: 128).

Lit.:

J. Naudou, o. J. — Buddha, in Die großen Religionsstifter, hg. vn P. Kamnitzer, Köln.

Kat.-Nr. 18
Legendenszenen

Afghanistan,
Hadda;
ca. 3.-4. Jh. n. Chr.
Schiefer
Höhe 37 cm
Privatsammlung
(F. Mamier)

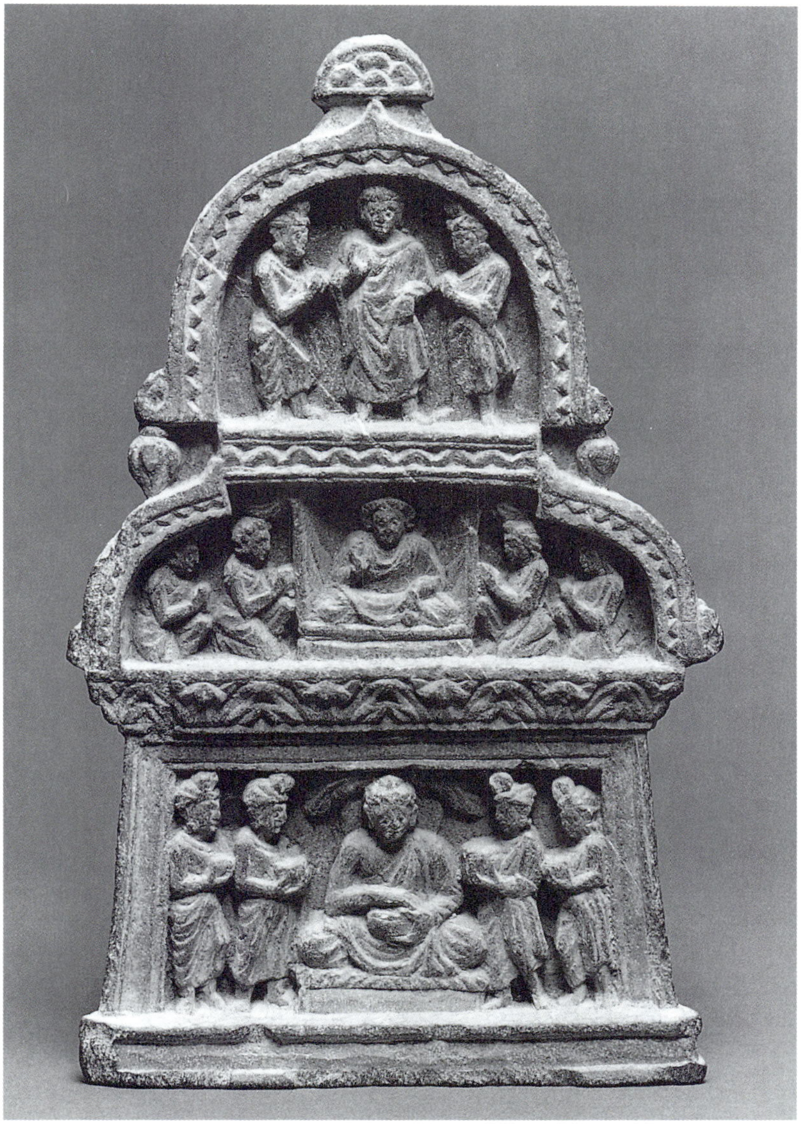

Der in ein faltendrapiertes Ober- und Untergewand gekleidete, frontal stehende Buddha hält mit beiden Händen Teile seines Obergewandes. Sein durch den Querbalken nach unten gedrückter, von einem Nimbus umgebener Kopf ist leicht nach links gewandt. Auf beiden Seiten des Buddha sind zwei Adoranten, die in halbkniender Stellung ihre Hände in der Verehrungsgeste vor der Brust halten. Bei den Adoranten dürfte es sich aufgrund von Kleidung, Haartracht und Schmuck um Könige bzw. himmlische Wesen handeln.

Dieses rechteckige Fragment mit Verzapfungen an der oberen und unteren Seite war offensichtlich Teil einer architektonischen Komposition und stellt einen Flötenspieler dar. Die Figur trägt ein faltenreiches Hüfttuch (dhotī), das durch einen Knoten unter dem Nabel zusammengehalten wird. Der unbekleidete Oberkörper ist mit Arm- und Halsreifen geziert. Die Haartracht besteht aus dichten Locken, die mit dem Ohrschmuck im Einklang stehen.

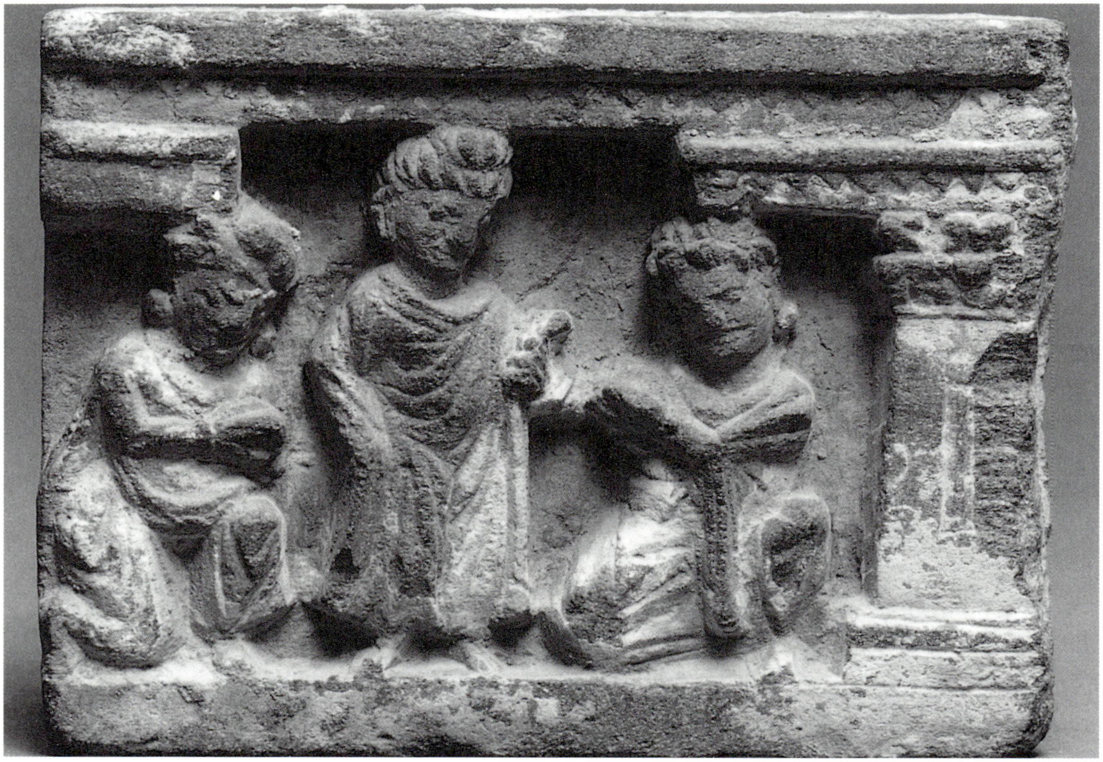

Kat.-Nr. 19
Stehender Buddha mit Adoranten

Afghanistan, Hadda;
ca. 3.–4. Jh. n. Chr.
Schiefer
Höhe 10,5 cm
Privatsammlung
(F. Mamier)

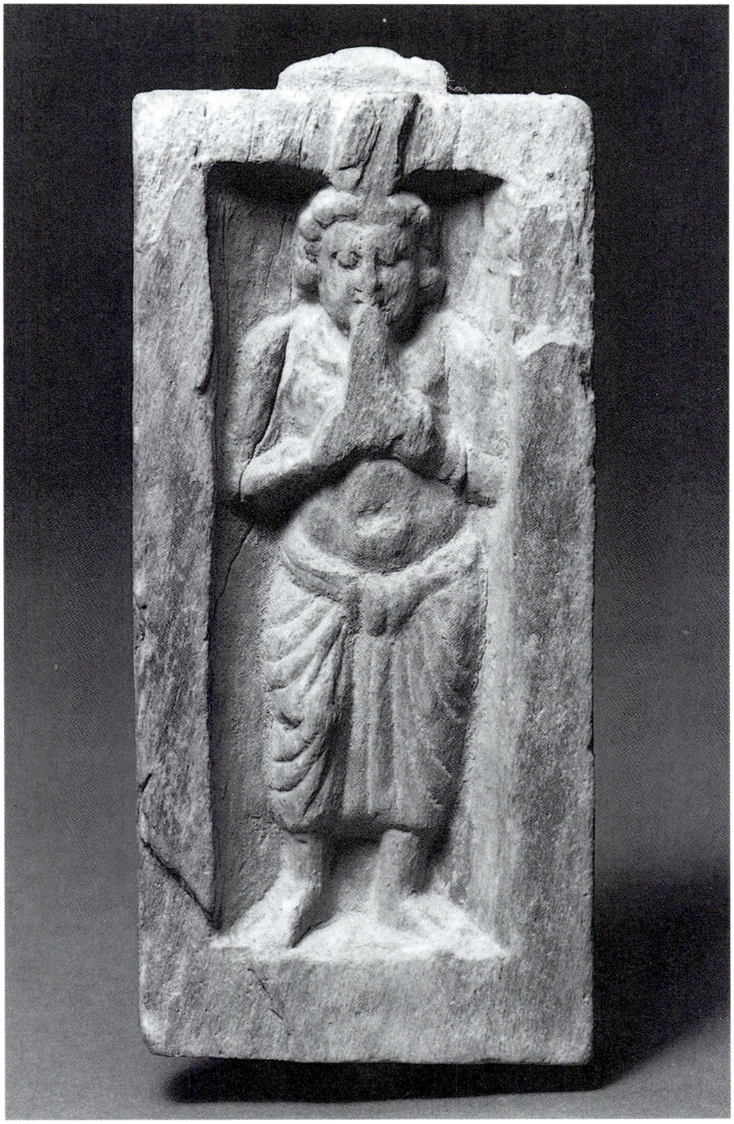

Kat.-Nr. 20
Flötenspieler

Afghanistan,
Hadda;
ca. 3.–4. Jh. n. Chr.
leichter Schiefer
Höhe 16 cm
Privatsammlung
(F. Mamier)

Dieses Fragment eines größeren Reliefs ist in zwei Zonen geteilt. Unten sitzen zwei vornehm gekleidete Männer, die lange Gewänder und Ohrschmuck tragen und den Blick nach rechts richten. Ihre Hände sind in der Verehrungsgeste vor der Brust gefaltet.

Oben knien zwei männliche Gestalten, das linke Bein aufgestellt hinter ihnen, dem Raum angepaßt, ein geflügelter Hippokampus oder ein Drache.

Das Bruchstück zeigt den abgerundeten linken Teil eines Nimbus mit einem himmlischen Wesen (gandharva), das zur Huldigung des Buddha in der Luft schwebt. Es hält in der linken Hand wahrscheinlich einen Asokablütenzweig. Vergleichbare Darstellungen zeigen, daß Buddhaköpfe auf beiden Seiten von solchen Figuren umgeben waren (vgl. Auboyer 1968: Abb. 43; Uhlig 1979: Abb. 36). Auch Bodhisatvaköpfe sind manchmal von ähnlichen Gestalten flankiert (vgl. Tissot 1985: pl. XXIII; 3).

Lit.:

J. Auboyer 1968	The Art of Afghanistan. Prag
H. Uhlig 1979	Das Bild des Buddha. Berlin
F: Tissot 1985	Gandhāra. Paris

Kat.-Nr. 21
Verehrungs-
szene

Afghanistan,
Hadda;
ca. 3.–4. Jh. n. Chr.
Schiefer
Höhe 17 cm
Privatsammlung
(F. Mamier)

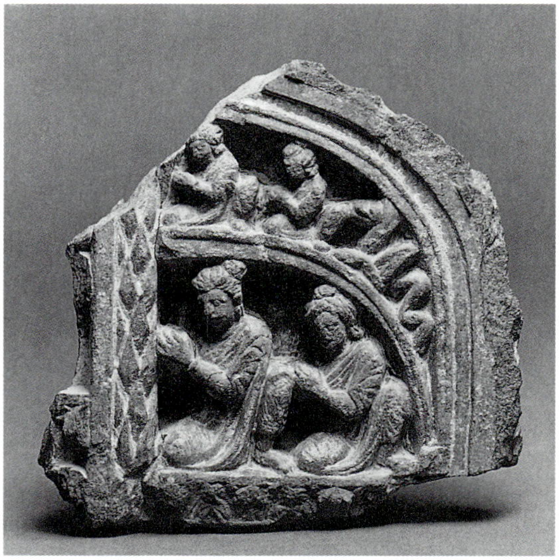

Kat.-Nr. 22
Bruchstück
eines Nimbus
zu Häupten
einer
Buddhafigur

Afghanistan,
Hadda;
ca. 3.–4. Jh. n. Chr.
Schiefer
Breite 24 cm
Privatsammlung
(F. Mamier)

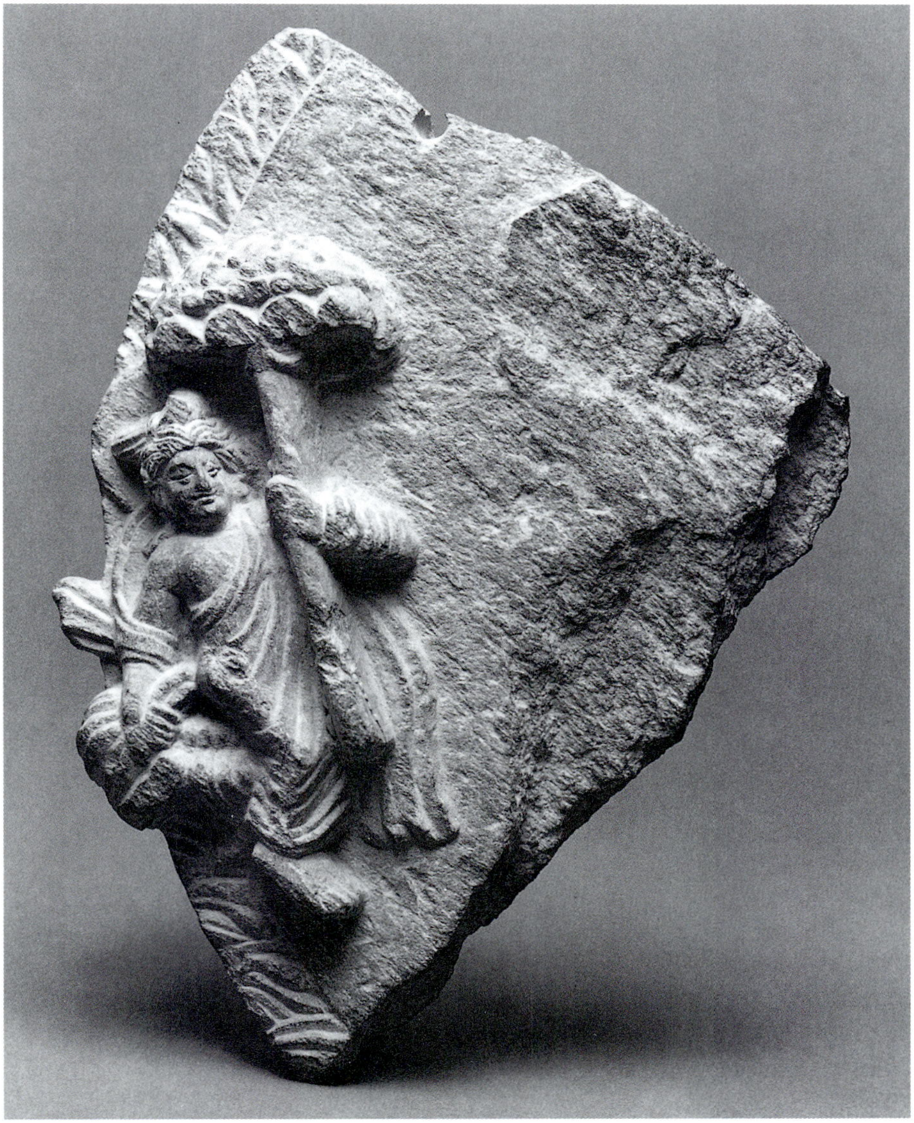

Aus dem Scheitelauswuchs (uṣṇīṣa) geht hervor, daß es sich dabei um einen Bodhisatvakopf handelt, denn dieser Auswuchs gehört zu den 32 Merkmalen (lakṣaṇa) eines Bodhisatva oder eines Weltenherrschers (cakravartin).

Der idealisierte Kopf trägt einen geschwungenen, dichten Oberlippenbart und eine Haartracht, deren Locken eine abgestufte Stirnfrisur bilden.

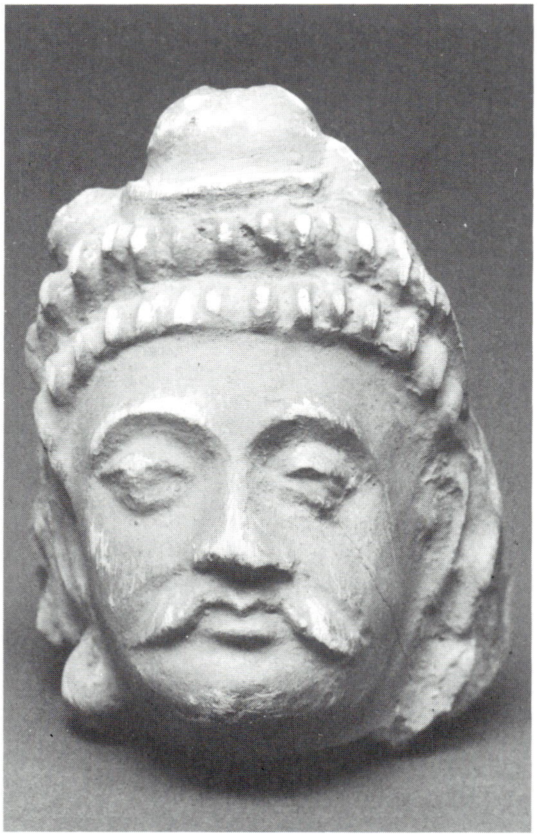

Kat.-Nr. 23
Kopf eines Bodhisatva

Afghanistan, Hadda;
ca. 5.–7. Jh. n. Chr.
Stuck
Höhe 11 cm
Privatsammlung
(F. Mamier)

Der leicht nach rechts geneigte Kopf ist mit stilisierten Haarlocken und schweren Ohrringen geziert. Für die Interpretation als Frauenkopf spricht das vom Hinterkopf über die Schulter herabhängende Tuch, das bei manchen Frauendarstellungen in Gandhāra vorkommt (vgl. Tissot 1985: pl. IX, 3; XXI, 6. u. 8; XII, 2.). Hinzu kommt der geflochtene Haarzopf, der vom Scheitel seitlich nach links hinter dem Ohr herabfällt (vgl. a. Davary 1990: Abb. 5–20).

Lit.:

G. Dj. Davary, 1990	Die Kunstgeschichte Afghanistans, in: Afghanistan, eine große Vergangenheit ... und die Zukunft? Hrsg. von der Universitätsbibliothek u. d. Stadtbibliothek Trier. Ausstellungskatalog Trierer Bibliotheken, Nr. 21
F. Tissot 1985	Gandhāra. Paris

Kat.-Nr. 24 ▶
Kopf einer Frau

Afghanistan, Hadda;
ca. 5.–7. Jh. n. Chr.
Stuck
Höhe 6 cm
Privatsammlung
(F. Mamier)

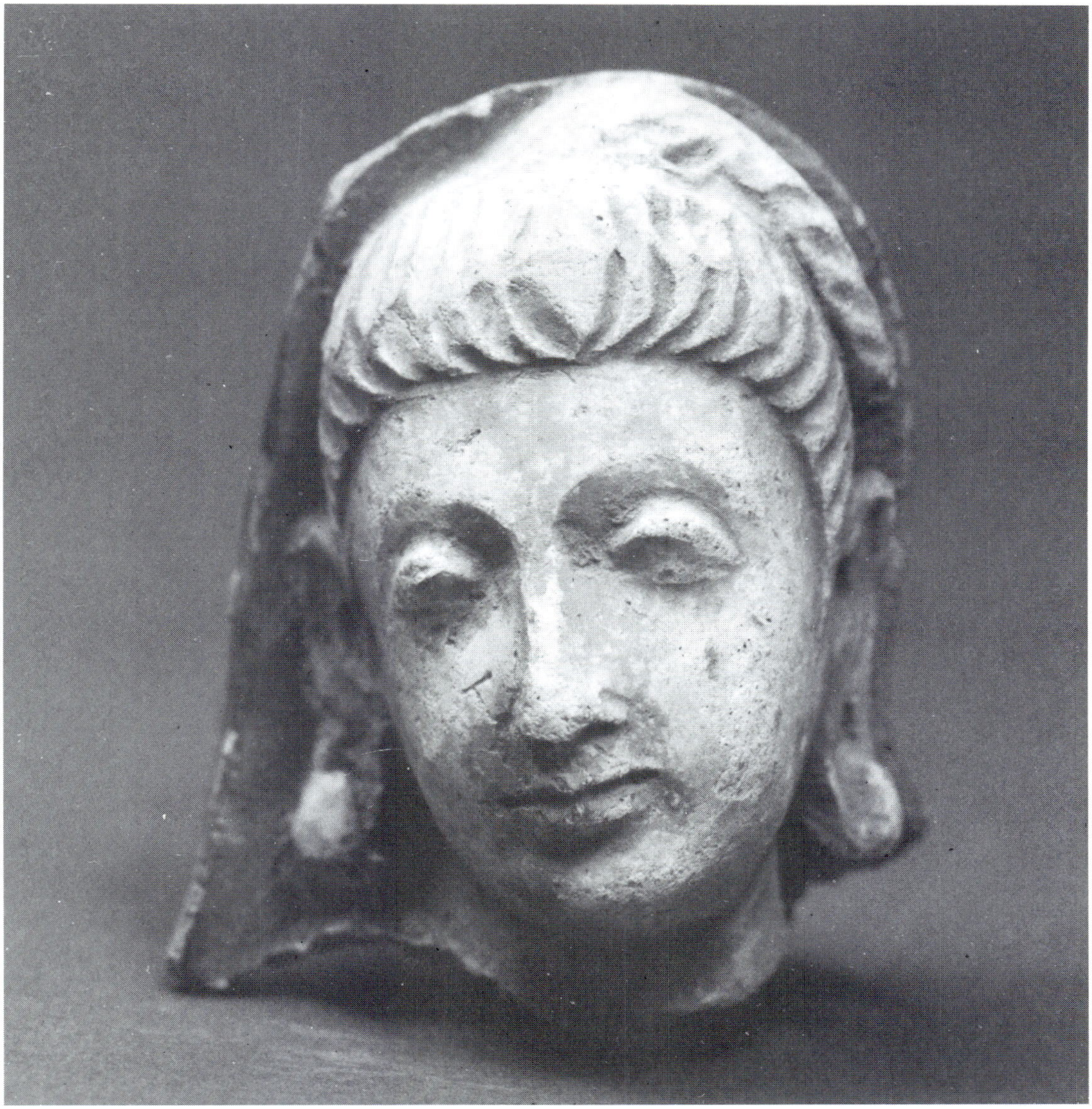

Der aus Stuck bestehende, braun bemalte, kleine Kopf stellt möglicherweise einen Stifter dar, dessen Haartracht einer Mütze gleicht. Demnach dürfte es sich um ein Porträt mit realistischen Zügen handeln (zur Stuck-Schule in Gandhāra vgl. Hallade 1968: 146 ff.).

Lit.:

M. M. Hallade, 1968 — Gandhāra, Begegnung zwischen Orient und Okzident. München

Kat.-Nr. 25
Männlicher Kopf

Afghanistan,
Hadda;
ca. 5.–7. Jh. n. Chr.
Stuck
Höhe 9 cm
Privatsammlung
(F. Mamier)

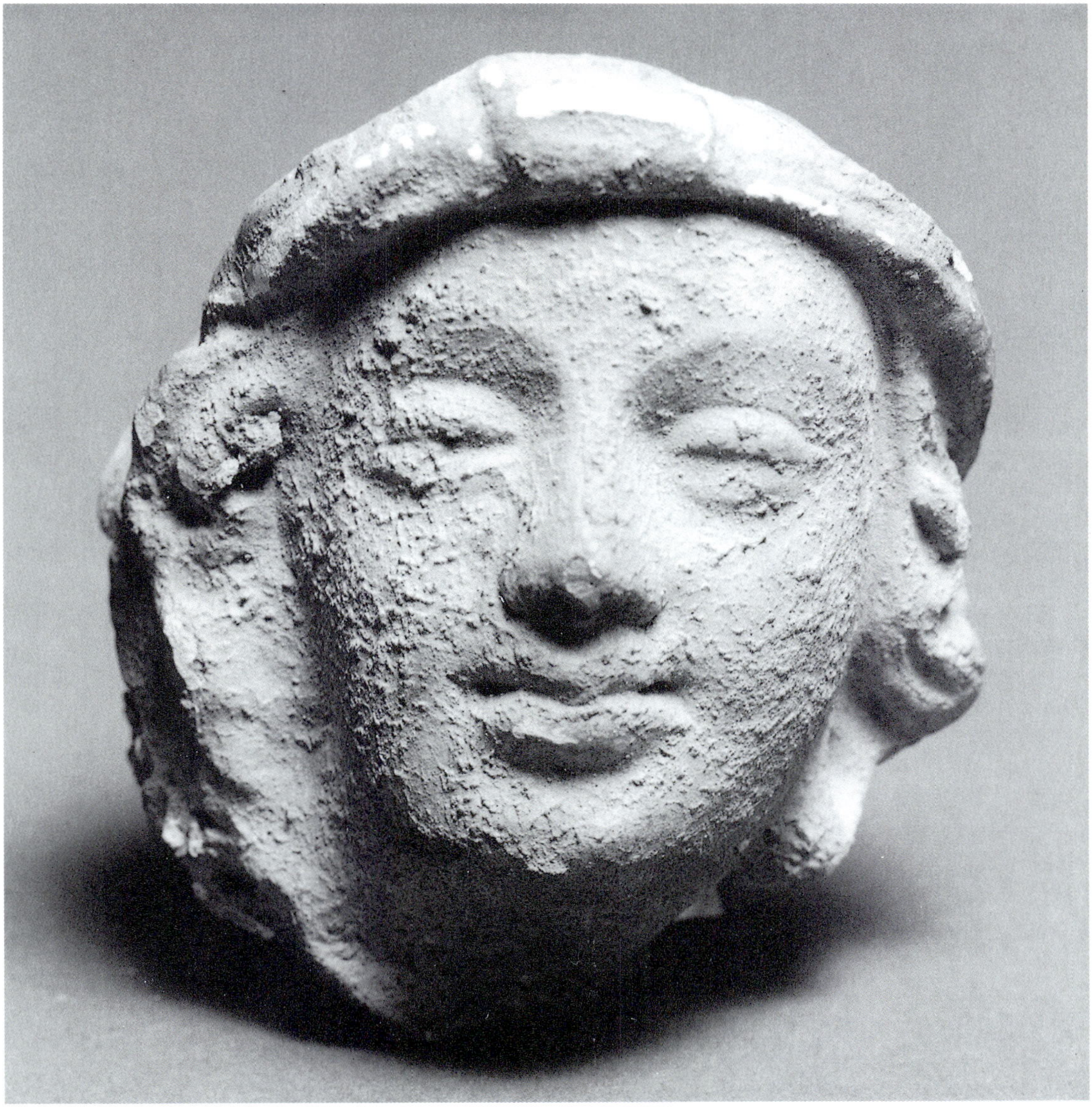

Zeittafel

vor Christi Geburt	6.-4. Jh.	Teil Zentralasiens unter der achämenidischen Herrschaft
	329-327	Alexander d. Gr. in Sogdien und Baktrien
	ab 250	Teile Zentralasiens unter der Parther-Herrschaft
	um 250	Gründung des indogriechischen Königreichs in Baktrien
	206-220 n. Chr.	Die Han-Dynastie beherrscht das heutige Sinkiang („Ost-Turkistan“)
	ab 200	Hellenistische Kunst in West-Turkistan und in Baktrien
	ca. 173	Alt-Nisa oder Mithridatkert
um Christi Geburt		Palast von Khaltshajan Skulptur von Airatam-Termes Schatz von Begram
nach Christi Geburt	1.-4. Jh.	Die Kuschān-Periode. Einführung des Buddhismus in Zentralasien
	3./4. Jh.	Malereien von Miran
	3./4. Jh.	Gandhāra-Einflüsse in Zentralasien und China
	ca. 4./5. Jh.	Die Kunst von Khotan: Plastik am Rawak-Stūpa
	366-700	Dunhuang
	399-414	Pilgerfahrt des Fa Xian
	5.-8. Jh.	Die sogdische Kunst Zentralasiens
	ca. 6. Jh.	Riesen-Buddhas von Bāmiyān
	ca. 500-700	Malereien von Kyzil (Kutscha-Gebiet)
	ca. 500	Erster indoiranischer Stil
	ca. 600/700	Zweiter indoiranischer Stil
	ca. 7. Jh.	Plastiken von Fondukistan
	um 640	Turfan wird von den Chinesen besetzt
	um 647	Kutscha wurde von den Chinesen besetzt
	629-645	Die Pilgerfahrt von Xuanzang
	755-840	Das Uiguren-Reich in Ost-Turkistan
	777-848	Dunhuang unter tibetischer Herrschaft
	8./9. Jh.	Die Kunst von Chotscho und Kumtura unter T'ang-Einfluß
	9./10. Jh.	Malereien chinesischen Stils in Süd-Turkistan und Turfan (Bäzäklik)
	ab 10. Jh.	Islamische Eroberung Ost-Turkistans

ZENTRALASIEN

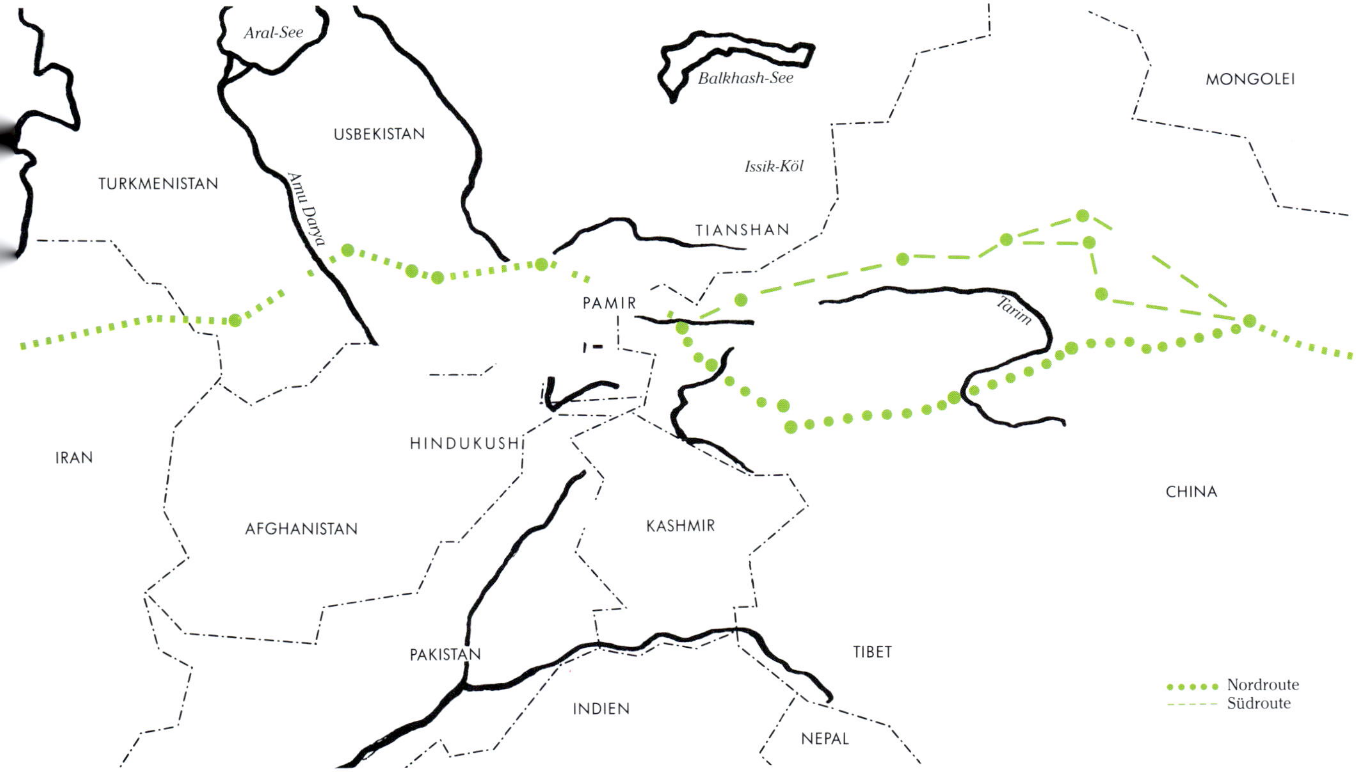

Der Buddhismus in Zentralasien

Hans-Joachim Klimkeit

Als der indische Herrscher Ashoka (reg. 258-239 v. Chr.), der nach einer südbuddhistischen Tradition 218 Jahre, nach einer nordbuddhistischen aber bereits hundert Jahre nach dem Tod des Buddha gekrönt wurde, sich nach blutigen Eroberungsfeldzügen der Religion des Buddha zuwandte, hatte dies weitreichende Folgen für die buddhistische Mission. Ashoka verbreitete nämlich die Lehre des Erhabenen im Süden bis nach Ceylon (heute Sri Lanka) und im Nordwesten bis in die Landschaft von Gandhara (oberes Industal). Edikte Ashokas sind sogar in der Nähe Kandahars (im heutigen Afghanistan) gefunden worden. Bemerkenswerterweise sind diese sogar auf Griechisch (der Sprache des gräko-baktrischen Reiches, das ca. 256-75 v. Chr. bestand), Aramäisch (der Reichssprache des alten Iran) und in einem nordwestindischen Dialekt abgefaßt.

Gandhara und einige angrenzende Gebiete im Westen (heute Afghanistan) wurden zum Ausgangspunkt der buddhistischen Mission nach Zentralasien, und sie gewannen vor allem nach dem Ende der Blüte des Buddhismus in Mittelindien eine besondere Bedeutung für die buddhistische Ökumene. Hier wuchsen große geistige Zentren wie das Kloster Taxila, hier erfuhren buddhistische Kunst und Religion bis ins 4./5. Jh. n. Chr. reiche Förderung. Hier entstand – wohl zum ersten Mal im 1. Jh. n. Chr. – gleichzeitig mit Mathura (mittleres Gangestal) das Bildnis des Buddha. Es wurde in Gandhara nach hellenistischen Vorbildern geschaffen, wobei die Figur des Apollo in besonderer Weise maßgebend war. Insbesondere in der Zeit des Kushan-Reiches (1.–4. Jh. n. Chr.), das sich von der Gegend nördlich des Oxus bis ins Industal erstreckte, entfaltete der gandharische Buddhismus seine besondere Kraft. Es war im 2. Jh. n. Chr., als sich der Kushan-Herrscher Kanishka – gleichsam als zweiter Ashoka – dem Buddhismus zuwandte, um ihm Förderung zuteil werden zu lassen. Mönche aus seinem Reich, das in besonderer Weise für hellenistische Einflüsse offen war, trugen die Lehre des Erhabenen über die Seidenstraße bis nach China; zentralasiatische und chinesische Mönche fanden ihren Weg umgekehrt bis nach Indien.

Es war für die Ausbreitung des Buddhismus nach Zentralasien wesentlich, daß er nicht nur ein Buddhabildnis schuf, sondern bereits in Indien eine großartige Kunst entfaltete, die die Inhalte der komplexen Lehre veranschaulichte. Basierte dieses Kunstschaffen einerseits auf einem pädagogischen Prinzip, wonach jedem die Lehre seinem Verständnishorizont gemäß zu verkünden war, so drückt sich in ihm überhaupt ein bestimmtes Verhältnis zum Optischen und Sichtbaren aus. Denn die bildliche Darstellung eröffnet für viele eher ein Verständnis der Lehre als das bloße Wort. Daß für zentralasiatische Völker wie für die Griechen und Chinesen das Auge eher wahre Erkenntnis verbürgt als das Ohr, geht aus einem alttürkischen Text aus Dunhuang hervor. Da heißt es in lapidarer Kürze: „Sehen ist besser als hören" (Thomsen 1912: 217). Die Hochschätzung des Optischen kommt auch darin zum Ausdruck, daß der Buddhismus an der Seidenstraße neben aller Beschäftigung mit heiligen Schriften ebenfalls eine großartige Kunst hervorgebracht hat, die nicht nur in prächtigen Höhlenmalereien und Skulpturen zu beobachten ist, sondern auch in illustrierten Texten, in denen also das Bild den Inhalt der Schrift unmittelbar vor Augen führt. Dabei ist hervorzuheben, daß das buddhistische Glaubensdenken sich dessen bewußt ist, daß letztlich Wort und Bild zu transzendieren sind. In diesem Sinne heißt es in einer Tempelinschrift aus Turfan knapp und bündig: „Die Frucht (der höchsten Erkenntnis) läßt sich nicht vor Augen führen, die Erlösung läßt sich nicht niederschreiben" (Franke 1907: 70). Diese Aussage wird aber ergänzt durch eine andere, nämlich durch die Inschrift auf einer in Berlin aufbewahrten, auf das Jahr 746 n. Chr. datierten ostasiatischen Buddhafigur. Da heißt es:

> „Das höchste Wahre ist ohne Bild. Gäbe es aber kein Bild, so gäbe es keine Möglichkeit, wodurch es sich als das Wahre zu manifestieren vermöchte. Das höchste Prinzip ist ohne Worte. Gäbe es aber überhaupt keine Worte, wodurch könnte es sich dann als das Prinzip offenbaren?" (Seckel 1976: 40)

Das buddhistische Bild, das wir also als eine primäre Quelle neben der Schrift ins Auge fassen, hat seine eigenen Möglichkeiten, religiöse Ideen zum Ausdruck zu bringen, die ihre Parallele in der Literatur haben. So kann die überragende Rolle des Buddha durch eine Monumentalisierung seiner Gestalt ausgedrückt werden. Er wird vielfach stehend oder liegend (also ins Parinirvaṇa eingehend) auch als Monumentalplastik dargestellt, wie in Bamiyan (53 m und 35 m hohe Buddha-Figuren), in Adzhina Tepe (eine 26 m lange liegende Figur) oder in Dunhuang (eine 26 m hohe stehende und eine 15 m lange liegende Figur). Hier wird also die überragende Bedeutung des Buddha durch künstlerische Mittel veranschaulicht.

Gandhara mit den Städten Taxila und Pushkarapura (heute Peshawar) war also der Ausgangspunkt der buddhistischen Zentralasien-Mission. Die Bedeutung dieser nordwestindischen Region für die Seidenstraße kommt u.a. darin zum Ausdruck, daß zu den frühesten buddhistischen Texten von der Seidenstraße solche zählen, die in der mittelindischen Sprache Gandharas, dem Gandhari, abgefaßt sind. Dazu gehört der wichtige Text Dharmapada („Pfad des Dharma") sowie eine Reihe weiterer Schriften, die freilich nur fragmentarisch auf uns gekommen sind (Brough 1962). In den Oasen von Khotan und Kucha war das Gandhari bis ins 7. Jh. in Gebrauch, wiewohl es zunehmend vom Sanskrit und von den Sprachen der Völker Zentralasiens ersetzt wurde. Die frühe gandharische Mission wurde vor allem von den Dharmaguptas getragen, einer Schule des „Kleinen Fahrzeugs" (Hinayāna). Diese Mission ging der Verbreitung anderer hīnayānistischer Schulen (z.B. der Sarvāstivādin und Mūlarsarvāstivādin) wie auch des Mahāyāna („Großes Fahrzeug") voraus. Der Bericht des chinesischen Indienpilgers Faxian, der Gandhara um 400 n. Chr. besuchte, zeugt von der Rolle und Bedeutung des Buddhismus in Gandhara zu jener Zeit (Legge 1965: 31f.). Dagegen sieht der chinesische Indienpilger Xuan-zang zu Anfang des 7. Jh. in Nordwestindien schon Zeichen des Untergangs der Religion (Klimkeit 1988).

Nordöstlich schloß sich an Gandhara die Landschaft Baktrien an. Es ist nicht bekannt, ob es eine baktrisch-buddhistische Literatur gab. Manichäisch-baktrische Fragmente aus Turfan verwenden zwar buddhistische Begriffe (Gershevitch 1984), doch können diese allein aus dem mündlichen

Gebrauch der buddhistischen Sprache stammen. Die Existenz einer konkret vorliegenden baktrisch-buddhistischen Literatur ist also damit nicht bewiesen. Die Schriftfunde auf baktrischem Boden selbst zeugen davon, daß baktrische Mönche indische Sprachen, vor allem das Sanskrit, erlernten und beherrschten, wie Manuskriptfunde aus Bamiyan und aus verschiedenen Orten am Oxus zeigen. Sie sind maßgeblich in derselben Sprachstufe abgefaßt wie die Texte aus Gilgit, jenem Ort, der auf der Direktverbindung zwischen Gandhara und Ostturkestan lag. Diese Verbindung führte über die Pässe des Karakorum. Da dieser Weg sehr gefahrvoll war, zogen es die meisten Reisenden vor, den Pamirknoten im Westen zu umrunden und somit durch Baktrien zu ziehen.

Der Buddhismus in Baktrien erhielt nun wesentlichen Auftrieb in der Periode des Kaisers Kanishka (2. Jh.). Obwohl Kanishka als der große Förderer des Buddhismus gilt, ist nicht klar, ob er sich förmlich zu dieser Religion bekehrt hat. Sein Name ist mit dem kushanischen Dynastenheiligtum von Surkh Khotal verbunden, das primär ein zoroastrisches war, wiewohl sich ein kleines buddhistisches Heiligtum in räumlicher Nähe befand (Rosenfield 1967: 154–163). Dennoch hat er den Buddhismus gefördert, wie nicht zuletzt aus seinen Münzen hervorgeht, die teilweise mit der Buddha-Figur geziert sind. Auch hat er einen prächtigen Stupa in Pushkarapura (dem heutigen Peshawar) errichtet, der zu den größten in der buddhistischen Antike gerechnet wurde, und den auch Xuan-zang besuchte und verehrte (Beal 1973: 63). Kanishka hatte seine Hauptstadt nach Pushkarapura im nordwestlichen Indien verlegt. Das zeigt, in wie starkem Maße er auf das buddhistische Gandhara hin ausgerichtet war. Damit schuf er zugleich Voraussetzungen dafür, daß sich der Buddhismus in nördliche Teile seines Reiches, also bis ins Oxus-Tal, verbreitete. Als Zeugen des kushanischen Buddhismus in Nordbaktrien sind die Klosteranlagen von Kara Tepe bei Termez nördlich des Oxus und andere buddhistische Heiligtümer in diesem Gebiet zu nennen (Stawiski 1979: 106 f.). Sie blühten in der Kushan-Periode und in der Zeit der anschließenden Herrscher. Eine zweite Blütezeit fällt ins 6.–7. Jh., als das Kushan-Reich untergegangen war. Auf dem Boden des zerfallenden Kushan-Reiches, dessen westlicher Teil von den persischen Sassaniden im 3. Jh. einverleibt wurde, gab es diverse kleine Fürstentümer, die sich dem Buddhismus zuwandten. Ein solches lag im Hochtal von Bamiyan im Hindukush. Hier entstanden schon in der Zeit des 3.–5. Jh. große klösterliche Zentren, die königliche Unterstützung erfuhren. In der Zeit der Reise des Indien-Pilgers Xuan-zang zu Beginn des 7. Jh. standen diese noch in Blüte. Der Pilger berichtet anschaulich von diesen religiösen Niederlassungen im Hochtal. Wir erfahren von ihm, daß insgesamt mehrere tausend Mönche des „Kleinen Fahrzeugs", und zwar speziell der LokottaravādinSchule, hier Unterkunft fanden. Es waren dies jene „Transzendentalisten", die eine doketische Buddhologie vertraten, wonach der Buddha nur zum Schein eine menschliche Gestalt angenommen habe. Aber auch andere buddhistische Schulen waren hier vertreten. Xuan-zang rühmt u. a. die religiösen Kunstwerke des Ortes, zu denen zwei heute noch sichtbare Monumentalplastiken des Buddha gehören. Er erwähnt auch einen

1000 Fuß langen liegenden, also im Sterben begriffenen Buddha, von dem aber keine Spuren verblieben sind. U.a. hebt er hervor: „Alle diese Figuren sind von imposantem Aussehen und außerordentlich gut ausgeführt" (Beal 1973: 53).

Xuan-zang berichtet auch von anderen Zentren des Buddhismus im Gebiet des ehemaligen Kushan-Reiches bzw. des alten Baktrien. Wir kennen einige dieser Orte aus der Archäologie, so das Kloster von Hadda in der Nähe des heutigen Jalalabad, wo wir einer auffallend hellenistisch geprägten buddhistischen Kunst begegnen. Klöster in anderen Zentren, die er erwähnt, sind nicht mehr erhalten. Dazu zählen die ehemals über 100 Klöster der alten Hauptstadt Balkh, wo mehr als 3000 Mönche lebten. Man nannte die Stadt „das kleine Rajagriha" (Rajagriha war die Hauptstadt von Magadha im mittleren Gangesbecken, wo der Buddha viele Jahre lebte und wirkte). Im „kleinen Rajagriha" gab es viele heilige Spuren des Buddha, wie wir von Xuan-zang erfahren (Beal 1973: 48).

Schließlich ist zu erwähnen, daß baktrische Mönche wie Zhi-Qian neben Indern, Parthern und Sogdiern zu den führenden Übersetzern indischer Texte ins Chinesische gehörten. Vermutlich weilten auch fremde Mönche in baktrischen Klöstern (Gershevitch 1984: 273–280).

An Baktrien schloß sich im Westen das iranische Parthien an. Buddhistische Zentren muß es auch im parthischen Raum gegeben haben. Von einer parthisch-buddhistischen Literatur ist allerdings nichts bekannt. Die indisch-buddhistischen Lehnwörter in den parthischen Manichaica (Sims-Williams 1983: 132–141; Klimkeit 198: 58–75) ließen sich auch als Übernahmen aus mündlich vermittelten Sanskrit-Kenntnissen der buddhistischen Terminologie erklären. Zu den wenigen archäologisch faßbaren parthisch-buddhistischen Zentren gehört ein Kloster mit Stupa in Merv. Es war dies ein Vorposten Irans in der turanischen Tiefebene (nördlich des iranischen Plateaus). Merv sollte auch zu einem Ausgangspunkt der nestorianischen und manichäischen Zentralasien-Mission werden. Die meisten iranischen Völker haben sich allerdings im großen und ganzen der buddhistischen Lehre von der Leidhaftigkeit des Daseins verschlossen. Der Zoroastrismus, der ihr religiöses Weltbild prägte, war ausgesprochen diesseitsorientiert und weltoptimistisch. Somit war die Grundeinstellung zur Welt eine andere als im Buddhismus, auch wenn dieser in seiner Mahāyāna-Form von der Durchdringung der Transzendenz und der Immanenz sprach und damit dem Weltlichen wieder eine höhere Bedeutung zumaß, da dies der Ort war, wo die Erleuchtung, das Heil, gefunden werden konnte. Dennoch haben sich ostiranische Parther, sogar aus adligen Schichten, dem Buddhismus zugewandt, und zwar nicht erst seit dem Sturz ihrer Herrschaft über den Iran durch die Sassaniden um 225 n. Chr. So zählt zu den bekanntesten ostiranischen Buddhisten ein parthischer Prinz aus Buchara, der uns nur unter seinem chinesischen Namen, nämlich als An shi-gao (An shi=Parthien), bekannt ist. Er wanderte nämlich in der Mitte des 2. Jh. (genauer: 148 n. Chr.) von seiner Heimat ins Reich der Mitte, wo er als einer der großen fremden Übersetzer wirkte. Er hat vor allem eine Reihe von Meditationstexten aus dem Sanskrit in Chinesische übersetzt. Zu seinen Übersetzungen zählt auch eine Reihe von Beichttexten (Nanjio 1090 und 1106).

Nach Baktrien und Parthien ist Sogdien zu nennen, das Land zwischen Oxus (Amu Darya) und Yaxartes (Syr Darya) mit dem sich im Norden anschließenden Gebiet. Die ostiranischen Sogdier waren eine führende kulturelle Macht in Zentralasien. Sie haben nie ein vereinigtes Reich besessen, sondern waren politisch stets in eine Reihe von Stadtstaaten aufgespalten. In der Oase von Buchara alleine gab es im 7. Jh. eine ganze Gruppe solcher Stadtstaaten. Politisch verstanden es die Sogdier stets, eine relative Eigenständigkeit zu wahren, wobei ihnen ihre weitreichenden kulturellen und Handelsbeziehungen zugute kamen. Dieser Sachverhalt wird auch durch den Wortbestand des Sogdischen erhärtet. Neben einheimischen Wörtern kannte das Sogdische Lehnwörter aus dem Indischen (Sanskrit) und dem Chinesischen, dem Parthischen und Mittelpersischen, dem Syrischen und sogar dem Griechischen. So ist ein sogdischer Begriff für „Religion, religiöses Gesetz" neben dem einheimischen δyn das Wort nom (griech.: nomos). Das Wort wurde auch zur Bezeichnung des buddhistischen Dharma (Religion) verwendet, und es ist den zentralasiatischen Türken und von diesen den Mongolen weitervermittelt worden. Die Sogdier hatten Handelsniederlassungen und Kolonien auf der ganzen Seidenstraße bis nach China und in das Gebiet der Mongolei, ja sogar bis nach Sibirien (Jenissei-Tal). So sind uns sogdische Kaufmannsbriefe von der chinesischen Mauer bei Dunhuang aus dem Jahre 411 überliefert. Ferner werden die Sogdier als Mitbewohner der mongolischen Steppe in den alttürkischen Runeninschriften aus diesem Gebiet in der Zeit des 7.–8. Jh. erwähnt. Die sogdische Inschrift aus Bugut (in der heutigen Mongolei) aus dem 7. Jh., die von einer leider schlecht erhaltenen indischen Brahmi-Inschrift begleitet ist, läßt bereits erkennen, daß diese Auslandssogdier sich teilweise dem Buddhismus zugewandt hatten. Wir finden im sogdischen Text den Aufruf, ein großes, neues buddhistisches Kloster zu errichten (Kljaštorny/Livšič 1971: 69–102; vor allem 86). Sogdische Inschriften sind in dem weiten Raum zwischen Ladakh (Westtibet), der Gobi-Wüste und der mongolischen Steppe gefunden worden.

Was den Buddhismus anbelangt, so finden wir auch Sogdier unter den frühesten Übersetzern indisch-buddhistischer Texte ins Chinesische (Ch'en 1973: 16; Zürcher 1972: 36). Eine ganze Reihe von sogdisch-buddhistischen Texten ist in den Oasen von Turfan und Dunhuang gefunden worden (Utz 1978; MacKenzie 1976). Allerdings stammen diese erst aus der Tang-Zeit (618–907) und sind aus dem Chinesischen übersetzt. Das Fehlen einer frühen sogdisch-buddhistischen Literatur, von der nicht einmal Fragmente gefunden worden sind, bleibt rätselhaft. Buddhistische Begriffe in der sogdisch-manichäischen Literatur können – wie im Falle des Baktrischen und Parthischen – Übernahmen aus dem mündlich vermittelten indischen Wortschatz sein und zeugen nicht unbedingt von der Existenz einer früheren sogdisch-buddhistischen Literatur. Auch ist festzuhalten, daß die Sogdier in ihrem Stammland bei allen Übernahmen von fremdkulturellen und speziell auch indischen Elementen bis ins 7./8. Jh., der Zeit der Islamisierung, an einer regional bestimmten und wahrscheinlich auch lokal differenzierten Form des Zoroastrismus festhielten. Es waren also vor allem Auslandssogdier, die sich den Fremdreligionen Buddhismus, Manichäismus und nestorianisches Christentum zuwandten, wie die sogdischen Textfunde von Turfan und Dunhuang zeigen. Die archäologischen Reste der bedeutendsten sogdischen Städte (Afrasiab, Pendjikent, Varaksha usw.) lassen zwar indische, aber nur wenige buddhistische Motive erkennen. Es ist anzunehmen, daß auch hier der Buddhismus mit seiner Botschaft von der leidhaften Welt in einer erfolgreichen handelsorientierten Gesellschaft wenig Anklang fand.

Wenden wir uns nun dem Raum von Ostturkestan mit seiner südlichen und seiner nördlichen, um die Taklamakan-Wüste führenden Route zu. Wir können hier nur auf die wichtigsten buddhistischen Oasenzentren mit ihren je eigenen kulturellen Ausprägungen verweisen.

Zunächst ist die Oase Kashgar zu nennen, bei der sich die Seidenstraße gabelt. Kashgar konnte nicht nur vom Westen, von Sogdien her, erreicht werden, sondern auch von Indien, wohin ein beschwerlicher und gefährlicher Weg über das Karakorum-Gebirge führte. Die schon vor 1000 n. Chr. einsetzende Islamisierung hat bei der Zerstörung buddhistischer Denkmäler ganze Arbeit geleistet. Dennoch sind im Wüstensand der Gegend von Kashgar wichtige, alte buddhistische Dokumente gefunden worden.

Weiter im Osten auf der Südroute liegt die Oase Khotan, wo ein ostiranisches Volk, die Khotan-Saken, das Antlitz der Oase maßgeblich prägten. Nach der einheimischen Legende ist Khotan bereits z. Zt. Ashokas (3. Jh. v. Chr.) buddhisiert worden. Jedenfalls ist es Tatsache, daß die gandharische Dharmagupta-Schule (eine Schule des „Kleinen Fahrzeugs") hier bereits früh – vielleicht schon um die Zeitenwende – missioniert hat (Reste einer zentralasiatischen Literatur in Gandhari aus Khotan sind, wie gesagt, erhalten). In den ersten Jahrhunderten n. Chr. wird die Verwendung des Sanskrit greifbar. Schulen des „Kleinen Fahrzeugs" (z. B. die Sarvāstivādin und die Mūlasarvāstivādin) pflegen eine Sanskrit-Literatur. Aber auch mahāyānistische und später auftretende vajrayānistische (dem „Donnerkeil-Fahrzeug" zugehörige) Richtungen verwenden das Sanskrit als Literatursprache. In zunehmendem Maße wird auch das Khotan-Sakische verwendet, die Sprache der eingewanderten iranischen Saken, die ihre angestammte Religion aufgegeben und sich dem Buddhismus zugewandt hatten. Faxian, der die Oase Khotan um 400 besuchte, berichtet anschaulich von dem klösterlichen Leben und von prachtvollen buddhistischen Festen in der Oase (Legge 1965: 121 f.). Archäologische und künstlerische Quellen verweisen auf eine durchaus eigenständige buddhistische Kultur, die in Literatur, Malerei und Architektur zum Ausdruck kommt; die bemerkenswert reiche khotanesisch-buddhistische Literatur umfaßt Übersetzungen aus dem Sanskrit, aber auch eigenständige Kompilationen und Gedichte (Emmerick 1971; Emmerick 1984: 127-145; Gropp 1974).

Östlich von Kashgar lagen die Orte Khotan und Niya. Hier entdeckte M. A. Stein archäologische Reste einer alten buddhistischen Kultur, die bis ins 3. Jh. n. Chr. zurückreichte (Stein 1981, Plate XLf.). Die ältesten buddhistischen Malereien sind in Miran gefunden worden. Teilweise weisen sie einen auffallend hellenistischen Stil auf; die Behandlung der Gesichter der dargestellten Figuren erinnert durchaus an die koptische Kunst. Der Name eines Künstlers ist sogar in indischen Brahmi-Buchstaben mit „Tita“ angegeben, worin man den römischen Namen „Titus“ wiederzuerkennen glaubt. Weiter östlich lagen buddhistische Zentren wie Lou-lan, von denen uns Faxian ebenfalls berichtet (Beal 1976: 43f.). Die buddhistischen Zentren an der nördlichen Seidenstraße, die wir hier leider nur in großer Kürze behandeln können, sind von besonderer Bedeutung, denn hier sind reiche textliche und künstlerische Zeugnisse geborgen worden. Neben verschiedenen kleinen buddhistischen Zentren im westlichen Teil der nördlichen Seidenstraße ist vor allem Kucha zu nennen, in dem das Westtocharische (Tocharisch B) gesprochen wurde. Über zahlreiche Sanskrit-Texte hinaus sind hier auch Reste einer tocharisch-buddhistischen Literatur geborgen worden. Die weiter östlich gelegene Oase Karashahr war ebenfalls von Tocharern bewohnt, die allerdings einen östlichen Dialekt (Tocharisch A) sprachen und auch Ansätze einer Übersetzungsliteratur sowie einer eigenen Literatur in dieser Sprache schufen. Die Tocharer, die sich in diesen Oasen niederließen, waren ein indogermanisches Volk, das schon in der Vorzeit weit nach dem Osten, ins Gebiet des Großen Huanghe Bogens, abgewandert war. Um die Zeitenwende wurden sie veranlaßt, wieder nach Westen zu wandern. Sie ließen sich teilweise in den genannten Oasen nieder; andere Gruppen wanderten bis nach Baktrien, dessen nördlicher Teil danach „Tocharistan“ genannt wurde.

Kucha wurde vermutlich in den ersten Jahrhunderten n. Chr. buddhisiert. Es war lange ein Zentrum des Hinayāna, aber ab dem 5. Jh. machte sich hier auch ein Mahāyāna-Einfluß geltend. Chinesische Berichte über Kucha sprechen von reich ausgestalteten Klöstern. Auch erfahren wir von einem Königtum, das den Buddhismus unterstützte. Da Kucha von verschiedenen Völkerschaften bewohnt war und die Oase zudem Kontakte nach China, Sogdien und Indien unterhielt, waren die Kuchäer, wie die Bewohner anderer Oasen, polyglott. Folglich sind auch herausragende buddhistische Übersetzer und Gelehrte aus Kucha hervorgegangen, so z. B. der große Kumārajiva (334–413). Er hatte als Sohn eines aus Indien stammenden Ministers und einer kuchäischen Prinzessin in Kashmir studiert. Im Jahre 383 wurde er gezwungen, ins Reich der Mitte zu ziehen, um indisch-buddhistische Texte ins Chinesische zu übertragen. Er hat dann am Hofe des chinesischen Kaisers Yaoxing (393–415) eine großangelegte Übersetzertätigkeit geleitet. Zu seinen Übersetzungen gehört auch das bekannte „Lotus-Sūtra“. Seine Übertragung hat in China geradezu kanonische Bedeutung gewonnen. Die Übersetzertätigkeit Kumārajivas entsprach durchaus der vermittelnden Rolle Kuchas selbst. Hier wurden nicht nur Sanskrit-Texte studiert und abgeschrieben, sondern auch ins Kuchäische und Chinesische übersetzt.

Zu den literarischen Leistungen der buddhistischen Kuchäer kamen musikalische und künstlerische hinzu. Die kuchäische Musik, von der die Höhlenmalereien mit ihren musizierenden Gestalten zeugen, wurde sogar am chinesischen Kaiserhof geschätzt.

Die prächtigen Höhlenmalereien in den Anlagen von Qizil und Qumtura bei Kucha sind in einem durchaus eigenständigen Stil in Malerei und Skulpturkunst geschaffen und bringen eine Fülle von religiösen Themen zum Ausdruck. Sie weisen stilistisch auch indische, iranische und chinesische Elemente auf, was Forschern wie Ernst Waldschmidt Anlaß gegeben hat, entsprechende stilperiodische Unterscheidungen vorzunehmen (Waldschmidt 1925). Die Inhalte der zeitlich so eingeordneten Malereien erlauben es bis zu einem gewissen Grad, die Entwicklung des Buddhismus in der Oase über Jahrhunderte hinweg zu verfolgen. Zugleich verweisen diese Malereien auf eine breite Kenntnis der buddhistischen Literatur. Die in Kucha gefundenen buddhistischen Dokumente bestätigen diesen Eindruck. Neben der Sanskrit-Literatur steht hier, wie gesagt, die Übersetzungsliteratur auf Kuchäisch (Tocharisch B). Zu den wenigen eigenständigen, also nicht übersetzbaren Werken gehört bemerkenswerterweise eine Reihe von Liebesliedern, die von der Spannweite des literarischen Schaffens der Kuchäer zeugen.

Alles hier Ausgeführte gilt in ähnlicher Weise, wenn auch in kleinerem Maßstab, für die tocharische Oase Karashahr.

Die Oase Turfan, 150 m unter dem Meeresspiegel gelegen, war zweifellos das bedeutendste buddhistische Zentrum an der nördlichen Seidenstraße. Turfan, in dem sich die diversesten Völkerschaften zusammenfanden, war als Mikrokosmos Abbild eines völkischen Makrokosmos, in dem sich eine pluralistische, „spätantike“ und frühmittelalterliche orientalische Welt spiegelte. Die vier „Preußischen Turfan-Expeditionen“, die zwischen 1902 und 1914 in und um Turfan (wie auch in Kucha und Karashahr) gruben und forschten, bargen Texte in 16 verschiedenen Sprachen, die in 25 verschiedenen Schriftarten abgefaßt waren. Freilich waren diese Dokumente keineswegs nur buddhistischen Inhalts; es fanden sich unter ihnen auch zahlreiche christlich-nestorianische, manichäische und säkulare Stücke. Die christlichen Texte waren vornehmlich auf Syrisch und Sogdisch abgefaßt, wobei auch syrisch-sogdische Bilinguen gefunden wurden. Hinzu kommen einige türkisch-nestorianische Fragmente. Es wird klar, daß sich die christliche Gemeinde vornehmlich aus Sogdiern rekrutierte, die, wie allgemein in der nestorianischen „Kirche des Ostens“, das Syrische als Kirchensprache verwendeten. (Ähnliches ist für Dunhuang zu vermuten, wo nestorianische Texte auf Syrisch und Chinesisch sogar mitten unter den buddhistischen Dokumenten gefunden wurden.) In Turfan gehörten ortsansässige Türken zur nestorianischen Gemeinde, wie nicht zuletzt aus einer Wandmalerei aus der nestorianischen Kirche von Kocho hervorgeht. Die christlich-türkische Literatur läßt allerdings auch buddhistische Entlehnungen erkennen, so z. B. die Idee der Verdienstanhäufung und Verdienstübertragung auf andere lebende oder verstorbene Mitglieder der Familie.

Die manichäischen Texte aus Turfan sind auf Mittelpersisch, Parthisch, Sogdisch und Uigurisch (Alttürkisch) abgefaßt. Vor allem die sogdischen und uigurischen Dokumente zeugen von einer bemerkenswerten Anpassung an den Buddhismus. Es gibt aber auch diverse Hinweise auf eine gegenläufige Beeinflussung.

Die buddhistischen Texte aus Turfan sind leider größtenteils fragmentarisch erhalten. Sie gliedern sich zunächst in indische (Sanskrit) Texte diverser Schulen des „Kleinen“ und des „Großen Fahrzeugs“. Hinzu kommen uigurische Texte, die größtenteils Übersetzungen aus dem Sanskrit, dem Tocharischen und ab dem 9. Jh. zunehmend aus dem Chinesischen darstellen. Die bisher publizierten Texte und Bruchstücke machen deutlich, daß es eine sehr umfangreiche Übersetzungsliteratur auf Alttürkisch gegeben haben muß. Viele Texte aus jenen Abteilungen („Körben“) des buddhistischen Kanons, die die Lehrschriften (Sūtras) und die theologisch-philosophischen Werke (Abidharma-Werke) umfassen, sind in den bisher edierten Dokumenten und Fragmenten zumindest repräsentiert. Die Texte der Ordenszucht (Vinaya) dagegen wurden offenbar in der Originalsprache, also auf Sanskrit, studiert. Auf tocharische Vorlagen gehen zwei große Werke zurück, nämlich ein 27 Kapitel umfassendes Schauspiel über den Buddha der Zukunft, Maitreya, die Maitrisimit („Das Zusammentreffen mit Maitreya“), und eine Sammlung von buddhistischen Erzählungen (Daśakarmapathāvadānamāla „Kranz der Legenden, welche die zehn Tatenwege zum Inhalt haben“). Es ist dies eine eigenständige Verarbeitung traditioneller buddhistischer Erzählstoffe. Eigenständig sind auch dichterische Bearbeitungen bekannter Inhalte der buddhistischen Tradition, Gedichte zum Lobe des Buddha und verschiedener Heilsgestalten des buddhistischen Pantheons und sogar anschauliche Naturschilderungen (vgl. Zieme 1985; Zieme 1991). In einem solchen Text heißt es:

> „Tief drinnen in den bewaldeten Bergen, in einem alten, frühen Kloster;/wo hohe, aufragende Felsen und Bergmassive sind, in völliger Geräuschlosigkeit;/zwischen dunklen, schattenspendenden (?) Bäumen, am Ufer feinen Wassers;/ohne (mit weltlichen Dingen) behaftet zu sein, kann man sich zur Meditation setzen an derartigen Orten“ (zit. aus Zieme 1991: 117).

Einen besonderen Einblick in die lebendige Frömmigkeit der türkischen Buddhisten erhalten wir in den z.T. sehr ausführlichen Kolophonen, also Stifter- und Schreibernachworten. Es gibt auch kolophonartige Einschübe und Passagen mitten in den übersetzten heiligen Texten. So heißt es z.B. in einem Kolophon zur Maitrisimit:

> „Einen ersten Anteil des hieraus (d.h. aus dem Abschreibenlassen dieses Werkes) entstandenen Verdienstes, der guten Tat, wende ich zu: zunächst den vier Großkönigen Brahma, Indra, Vishnu und Maheshvara, die das Juwel der Lehre behüten, welches der göttliche Buddha dadurch erkaufte, daß er sein Leben zum Verkauf hergegeben hatte, sowie allen die Disziplin behütenden Schutzgeistern, den guten Geistern und Göttern; ihnen allen möge gleichmäßig ein erster Anteil zukommen“ (Tekin 1980: 25 f.).

Zu den genannten Textkategorien kommen schließlich Kommentare und Katechismen hinzu, die diverse Aspekte der buddhistischen Lehre erläutern oder zusammenfassen.

Neben der Literatur steht die Kunst von Turfan als wichtigste Quelle für das Studium der inneren Entwicklung des Buddhismus in der Oase. Zwei bei Turfan gelegene alte, heute verlassene Städte, nämlich Yar-Khoto (chin. Jiao-he) und Kocho (chin. Gao-chang), weisen neben vielen Lehmgemäuern Ruinen von umfangreichen Klöstern und großen Stupas auf. In den Klosterruinen von Kocho entdeckten deutsche Archäologen vor dem 1. Weltkrieg bemerkenswerte Wandmalereien, die einen durchaus eigenständigen türkisch-buddhistischen Stil spiegeln. Auch hier wird vielfach die wechselseitige Beziehung zwischen Buddhismus und Manichäismus greifbar. Dies gilt ebenfalls für andere Klosterzentren in der Umgebung von Turfan (Sängim, Bäzäklik, Murtuq, Toyuk). Die bemerkenswerten Malereien von Bäzäklik („Ort der Bilder") sind zwar größtenteils nach Delhi und Berlin geschafft worden, dennoch vermittelt auch heute noch ein Besuch der ihrer schönsten Malereien beraubten Höhlen einen lebendigen Eindruck von dem hier einst (ca. 850–1250) blühenden Buddhismus. Ähnliches gilt für die anderen buddhistischen Zentren in der Umgebung von Turfan.

Eine Malerei in Bäzäklik kann vor allem als kennzeichnend gelten für die soziale und geistige Situation der buddhistischen Gemeinde an der Seidenstraße. Das Bild wies ursprünglich die Darstellung des sterbenden, also ins Nirvāna eingehenden und dabei sanft lächelnden Buddha auf. Um sein Totenbett sind (wie ähnlich auch in Höhle 158 von Dunhuang) seine trauernden Jünger versammelt. Durch Gewandung und Physiognomie sind sie so dargestellt, daß sie die verschiedensten buddhistischen Völker an der Seidenstraße repräsentieren. Damit wird das Bewußtsein einer buddhistischen Ökumene greifbar, die eine umspannende geistige Kraft war.

Schließlich kommen wir zur Oase Dunhuang, die das Tor nach China für den aus dem Westen kommenden Reisenden darstellte (vgl. hierzu Klimkeit 1989: 534–540). Schon in der Han-Zeit (202 v. Chr. – 220 n. Chr.) war Dunhuang ein bedeutender Vorposten Chinas für den Handel mit den „Westlanden". Dunhuang war schon in der Antike berühmt durch die etwa 25 km südöstlich der Stadt gelegenen Mogao-Grotten, die auch als die „Tausend-Buddha-Höhlen" bekannt sind. Nach altem indischen und zentralasiatischen Vorbild wurden hier in die Sandsteinwände, die das Tal des Dazhuan-Flusses auf der einen Seite säumen, Felsheiligtümer und Klosterräume geschlagen und künstlerisch ausgestaltet. Auf einer Strecke von 1.600 m sind über dem Tal mehrere hundert Grotten, teilweise sogar in drei Lagen, herausgehauen. Daneben gab es auch viele Freibauten, die heute nicht mehr erhalten sind, wie wir einem Geschichtswerk zu Dunhuang (dem Dunhuang lu) entnehmen. Von den größtenteils künstlerisch ausgestalteten Höhlen existieren heute 492. Etliche weisen diverse Räume und Nebenkammern auf. Hier sind heute so viele Wandmalereien erhalten, daß sie eine Fläche von insgesamt 45 000 m^2 bedecken. Hinzu kommen an die 2000 bemalte Plastiken, von kleinen Statuetten bis hin zu großen Monumentalfiguren. Nach einer Inschrift wurde die erste Höhle im Jahre 353 n. Chr. angelegt. Eine andere Inschrift gibt das Jahr 366 an, und sie berichtet ferner, daß zur Zeit ihrer Abfassung (698) bereits 1000 Nischen und Höhlen existierten. Die spätesten Höhlen stammen aus der Mongolenzeit (14. Jh.). Die Grotten sind folglich in einem Zeitraum von über 1000 Jahren geschaffen worden.

Dunhuang war eines der bedeutendsten buddhistischen Zentren an der Seidenstraße. Es zog Gelehrte aus der ganzen buddhistischen Ökumene an. Selbst christliche und manichäische Mönche müssen hier zeitweilig residiert haben. Die Malereien veranschaulichen nicht nur religiöse Themen, sondern werfen auch Licht auf die sozialen, politischen und sogar militärischen Verhältnisse im alten Reich der Mitte und an der Seidenstraße. Von den erhaltenen Grotten stammen 23 aus der Zeit der Nord-Wei (386–534), 95 aus der Sui-Zeit (581–618), 213 aus der Tang-Zeit (618–907), 33 aus der Zeit der Fünf Dynastien (907–979), 98 aus der Song-Zeit (960–1279), 3 aus der Tanguten (Xi-xia)-Periode (1036–1227) und 9 aus der Mongolen-Zeit (1271–1368).

Nicht nur die Wände, sondern auch die Decken der Kulthöhlen wurden künstlerisch ausgestaltet. Während die Wände buddhistische Kultfiguren, Erzähldarstellungen usw. aufweisen, zeigen die Decken vielfach ornamentale Muster und diverse Motive, unter denen das der Lotosblüte, Symbol der geistigen Reinheit, eine besondere Stellung einnimmt.

Dunhuang war aber nicht nur ein Zentrum der Kunst, sondern auch der Gelehrsamkeit. Hier entdeckte ein daoistischer Abt im Jahre 1900 die berühmte „zugemauerte Bibliothek“ (heute Höhle 17), in der über 50 000 Dokumente und Kulturzeugnisse aus der Zeit zwischen dem 4. und 10. Jh. ausgelagert worden waren, und zwar vermutlich 1036, als die vom nordöstlichen Tibet kommenden Tanguten (Xi-xia) Dunhuang bedrohten und dann auch besetzten, um es fast 200 Jahre lang zu beherrschen. Die hier gefundenen Handschriften, von denen viele ihren Weg nach London, Paris, St. Petersburg und Tokyo bzw. Kyoto fanden, sind keineswegs alle auf Chinesisch abgefaßt, sondern auch auf Sanskrit, Tibetisch, Khotanesisch, Uigurisch, Sogdisch und Tocharisch. Zumeist handelt es sich dabei um buddhistische Literatur, daneben finden sich aber auch religiöse Texte der nestorianischen Christen und der Manichäer, der Daoisten und der Konfuzianer. Aber auch zahlreiche säkulare Schriften waren hier aufbewahrt, und zwar solche, die verschiedenen Wissensgebieten zuzuordnen sind: Astrologie, Geographie, Medizin und anderen Wissenschaften sowie kaufmännische Dokumente, Urkunden und Pfandbriefe. Es wird Generationen von Forschern dauern, bis dieses hochwichtige Material ediert, übersetzt und ausgewertet ist. Es wird geschätzt, daß die schriftlichen Dokumente allein ursprünglich eine Tonne gewogen haben. Darüberhinaus befanden sich in der „vermauerten Bibliothek“ Kultgeräte und Malereien auf Seide, deren Motive den Höhlenmalereien entsprechen.

Von besonderer Bedeutung sind in den Dunhuang-Texten die aufschluß- und umfangreichen Kolophone der Schreiber-Mönche und Stifter. Viele dieser Kolophone, die uns einen Einblick in die persönliche Gedankenwelt der Auftraggeber gewähren, sind genau datiert, was für die Entwicklung sozialer Verhältnisse und religiöser Ideen zwischen dem 4. und 10. Jh. von größter Bedeutung ist.

Selbstverständlich ergänzen sich in Dunhuang – wie in allen anderen Oasen an der Seidenstraße – Kunst und Literatur. Die Fülle der Materialien in beiden Bereichen, die Diversität der religiösen Richtungen, die hier zueinanderfanden, die Vielgestaltigkeit der buddhistischen Ökumene, die sich hier offenbart, und schließlich die Vielfalt der Wissensgebiete, mit denen sich die buddhistischen Gelehrten befaßten, all das wird es erst in ferner Zukunft erlauben, ein abgerundetes Bild des geistigen Lebens in der Oase in den tausend Jahren ihrer Blüte zu zeichnen. Deutlich aber ist, daß der Buddhismus hier – wie auch sonst an der Seidenstraße – alle Lebensgebiete durchdrungen und beeinflußt hat. Über das literarische und künstlerische Leben hinaus hat er sogar Bereiche wie Tanz, Schauspiel und Musik inspiriert, sehen wir doch vielfach – gerade in der Tang-Zeit – Szenen von musikalischen und tänzerischen Darbietungen, die dem Buddha zu Ehren aufgeführt werden. Wenn wir schließlich die Spannweite der Laien in unseren Blick mit einbeziehen, die sich in den Kolophonen zu Wort melden – sie reichten von schlichten Bauern bis hin zu hohen Militärs –, so wird man feststellen müssen, daß der Buddhismus hier Grundlage einer vielgestaltigen Kultur war, die ihre Inspiration aus der Religion erhielt.

Indem wir den Weg der Seidenstraße vom indischen Gandhara bis nach Dunhuang, dem Tor zum Reich der Mitte, verfolgten, haben wir den Buddhismus auch auf seinem historischen Weg verfolgt. Er sollte sich bis nach China, Korea und Japan ausbreiten und dort zu weiterer Blüte gelangen. Die Wurzeln, die diese Blüte ermöglichten, sind in Indien und an der Seidenstraße zu suchen, auch wenn die buddhistische Religion heute an fast allen besprochenen Orten, bis auf Dunhuang, untergegangen ist. Der Wüstensand, der die Spuren dieser Religion weitgehend verweht hatte, hat uns aber doch auch ein kulturelles Erbe bewahrt, dessen Studium keineswegs nur historisches Interesse beanspruchen kann.

Abkürzungen:

AOH	Acta Orientalia Academiae Scientiarum Hungaricae
APAW	Abhandlungen der Preußischen Akademie der Wissenschaften, Phil.-hist. Klasse
BT	Berliner Turfantexte
JRAS	Journal of the Royal Asiatic Society

Bibliographie:

Beal 1973 — S. Beal, The Life of Hiuen-Tsiang. 2nd ed., Delhi 1973.

Beal 1976 — S. Beal, Si-yu-ki. Buddhist Records of the Western World. Repr. San Franciso 1976.

Brough 1962 — J. Brough, The Gāndhārī Dharmapada. London 1962.

Ch'en 1973 — K. Ch'en, Buddhism in China. Princeton 1973.

DICR 1982 — Dunhuang Institute of Cultural Relics (ed.), Die Höhlentempel von Dunhuang. Stuttgart 1982.

Emmerick 1979 — R. E. Emmerick, A Guide to the Literature of Khotan. Tokyo 1979.

Franke 1907 — O. Franke, „Eine chinesische Tempelinschrift aus Idiqutšahri bei Turfan (Turkistan)“, in: APAW 1907, I., Berlin 1907, 70.

Gershevitch 1984 — I. Gershevitch, „The Bactrian Fragment in Manichaean Script“, in: J. Harmatta (ed.), From Hecataeus to al-Huwārizmi. Budapest 1984, 273–280.

Gray 1959 — B. Gray, Buddhist Cave Paintings at Tunhuang. Chicago 1959.

Gropp 1974 — G. Gropp Archäologische Funde aus Khotan. Bremen 1974.

Grünwedel 1912 — A. Grünwedel, Altbuddhistische Kultstätten in Chinesisch-Turkistan. Berlin 1912.

Klimkeit 1986 — H.-J. Klimkeit, Die Begegnung von Christentum, Gnosis und Buddhismus an der Seidenstraße. (Rheinisch-Westfälische Akademie der Wissenschaften, Geisteswissenschaften. Vorträge G 283). Opladen 1986.

Klimkeit 1987a — H.-J. Klimkeit, „Buddhistische Übernahmen im iranischen und türkischen Manichäismus“, in: W. Heissig/H.-J. Klimkeit (Hrsg.), Synkretismus in den Religionen Zentralasiens. Wiesbaden 1987, 58–75.

Klimkeit 1989 — H.-J. Klimkeit, „Dunhuang und Umgebung", in: Fr. R. Scheck (Hrsg.), Volksrepublik China. Kunstreisen durch das Reich der Mitte. 4. Aufl. Köln 1989, 534–540.

Klimkeit 1988 — H.-J. Klimkeit, Die Seidenstraße. Köln 1988.

Klimkeit 1990 — H.-J. Klimkeit, „Der Buddhismus an der Seidenstraße", in: E. Weber/R. Töpelmann (Hrsg.), Indien in Deutschland. Frankfurt/M. 1990, 215–237.

Kljaštornij/Livšič 1971 — S. G. Kljaštornij/V. A. Livšič, „The Sogdian Inscription of Bugut Revised", in: AOH 26 (1971), 69–102.

Laut 1986 — J. P. Laut, Der frühe türkische Buddhismus und seine literarischen Denkmäler. Wiesbaden 1986.

Von Le Coq 1973 — A. von Le Coq, Die buddhistische Spätantike in Mittelasien I – VII. Neudr. Graz 1973.

Legge 1965 — J. Legge, A Record of Buddhist Kingdoms. Repr. New York 1965.

Litvinsky 1968 — B. A. Litvinsky, Outline History of Buddhism in Central Asia. Moscow 1968.

Liu 1969 — Mau-tsai Liu, Kutscha und seine Beziehungen zu China vom 2. Jh. v. bis zum 6. Jh. n. Chr. Wiesbaden 1969.

MacKenzie 1976 — D. N. MacKenzie, The Buddhist Sogdian Texts of the British Library. (Acta Iranica 10), Leiden 1976.

Rosenfield 1967 — J. M. Rosenfield, The Dynastic Arts of the Kushans. Berkeley 1969.

Seckel 1976 — D. Seckel, Anikonische Symbolik in der buddhistischen Kunst. Heidelberg 1976.

Sims-Williams 1983 — N. Sims-Williams, „Indian Elements in Parthian and Sogdian", in: K. Röhrborn/W. Veenker (Hrsg.), Sprachen des Buddhismus in Zentralasien. Wiesbaden 1983, 132–141.

Stawiski 1979 — B. Stawiski, Kunst der Kushans, Mittelasien. Leipzig 1979.

Stein 1981 — M. A. Stein, Serindia. Vol. IV. Repr. Delhi 1981.

Tekin 1980 — Ş. Tekin, Maitrisimit nom bitig. Die uigurische Übersetzung eines Werkes der buddhistischen Vaibhāsīka-Schule. I. (BT IX). Berlin 1980.

Thomsen 1912 — V. Thomsen, „Dr. M. A. Stein's Manuscripts in Turkish ‚Runic' Script from Miran and Tun-huang", in: JRAS 1912, 181–227.

Utz 1978 — D. Utz, A Survey of Buddhist Sogdian Studies. Tokyo 1978.

Waldschmidt 1925 — E. Waldschmidt, Gandhara. Kutscha. Turfan. Leipzig 1925.

Zürcher 1972 — E. Zürcher, The Buddhist Conquest of China. I. Leiden 1972.

Der mit Fischgrätenmuster verzierte Rand der Steatitschale ist stellenweise stark beschlagen. In dem vertieft liegenden Kreisrund ist in Reliefarbeit ein Hippokampen-Reiter dargestellt. Der Körper des nach rechts galoppierenden Pferdes endet in einem gekringelten Fischschwanz. Der Reiter hält die Zügel fest in den Händen. Die eckig umbrechende Kontur der Darstellung erinnert an Holzschnittarbeiten.

Derartige kleine, runde Paletten waren während der Kushan-Zeit (1.–5. Jh. n. Chr.) sehr beliebt. Ihre Motive waren der klassischen Mythologie entlehnt. Griechische und römische Götter, aber auch Tiere, insbesondere Mischwesen, speziell Meeresungeheuer, waren beliebte Themenbereiche. Diese kleinen Schalen werden allgemein als Kosmetik- oder Schminkpaletten angesprochen, bis heute hat sich jedoch noch kein Beispiel gefunden, wo Spuren von Schminksubstanzen tatsächlich nachgewiesen werden konnten.

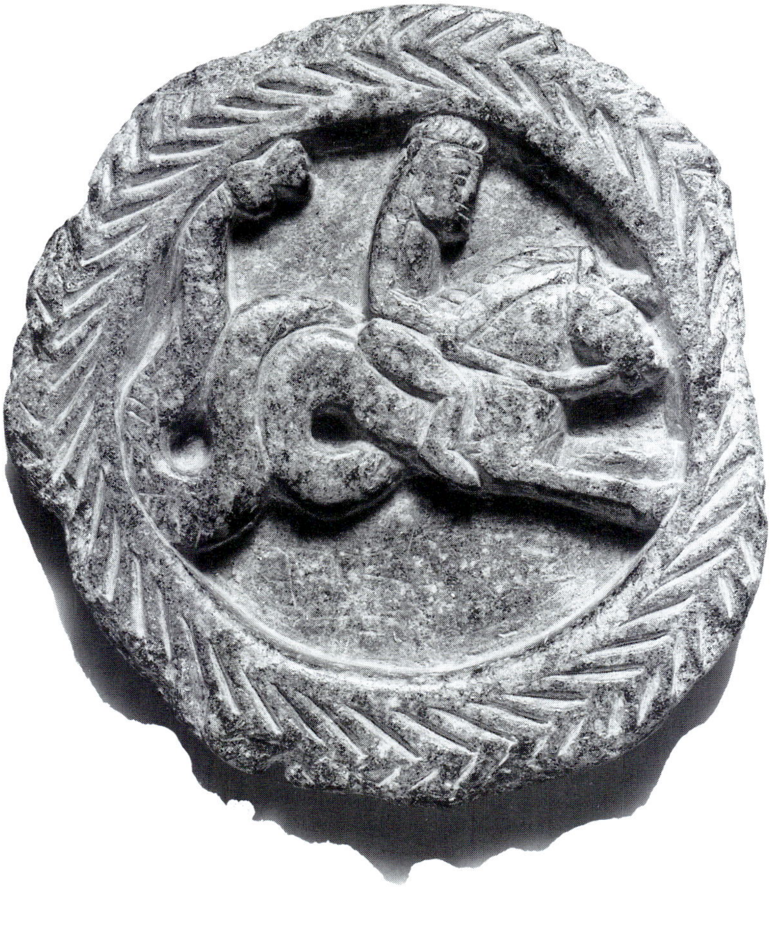

Kat.-Nr. 26
Hippokampen-Reiter

Südtadschikistan,
Garawkala;
1.–3. Jh.
Steatit
9,3 cm
IAWT,
Mus.-Nr. 365

Das Skulpturfragment zeigt charakteristische Stilmerkmale der Kushan-Kunst: Die Gesichtskontur ist rundlich, der kugelige Kopf wirkt kompakt, fast prall. Die Augäpfel waren ursprünglich vorgewölbt, umschlossen von scharf abgesetzten Augenlidern, wobei das obere besonders breit und fleischig herausgearbeitet ist. Die kantigen, schön geschwungenen Brauenbögen treffen über der Nasenwurzel zusammen. Die Mundpartie ist eingetieft, die geraden, dünnen, aufeinander gepreßten Lippen verlaufen ohne Schwung, verschmälern sich nicht den Mundecken zu, sondern sind selbst dort noch parallel geführt. Die kompakte, klar umrissene Haarkappe wirkt wie aufgesetzt. In Reihen übereinander angeordnete, abwechselnd nach links und nach rechts gerichtete, geschweifte Einkerbungen gliedern die Frisur und sollen den Eindruck gewellten Haares vermitteln. Der uṣṇiṣa, das Zeichen der Weisheit und der Erleuchtung des Buddha, blieb nur noch als Ansatz erhalten. Die Nase und eines der Augen sind beschädigt. Die Rückseite des Kopfes blieb unbearbeitet, was darauf hinweist, daß die Figur an einer Wand aufgestellt und nicht allseitig sichtbar war.

Kat.-Nr. 27
Kopf eines Buddha

Südtadschikistan,
Umgebung von Kolchosabad;
erste Jahrhunderte n. Chr.
Kalkstein
Höhe 12 cm
IAWT,
Mus.-Nr. 356

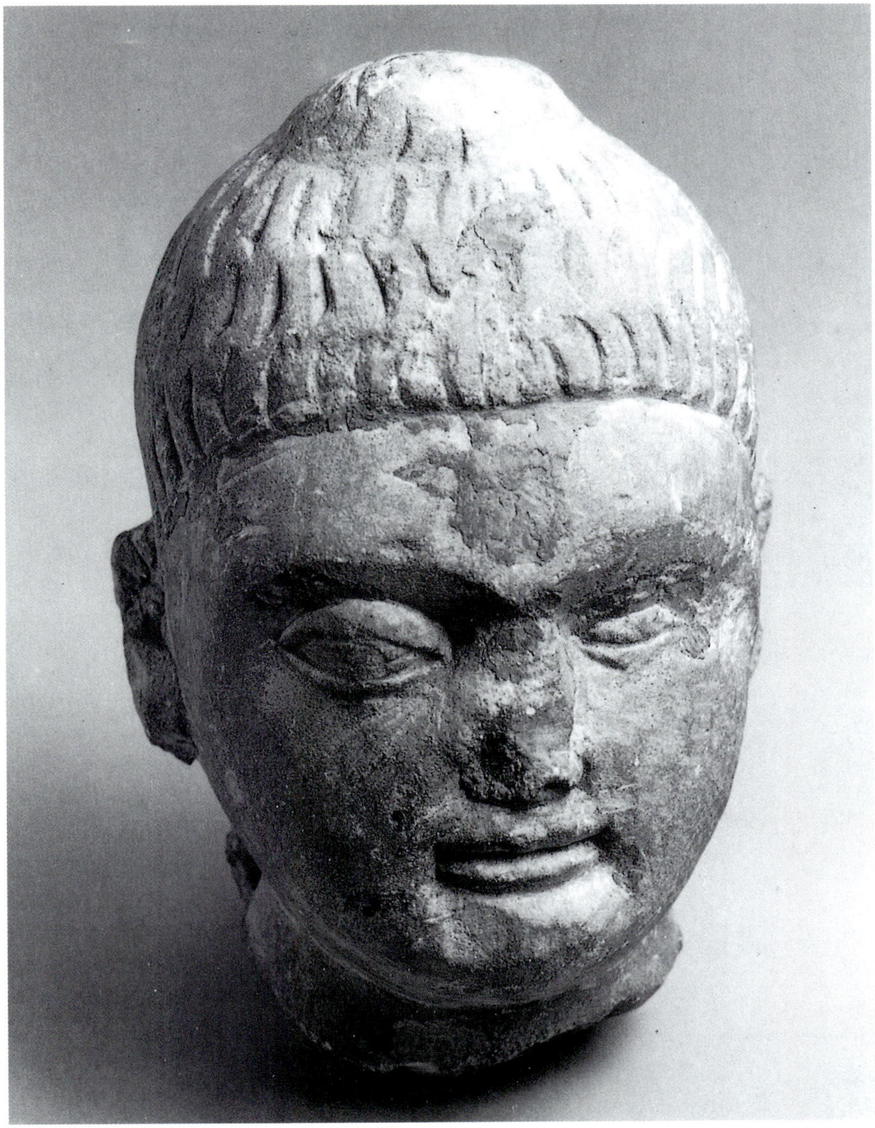

Im 7. und 8. Jahrhundert war der Buddhismus im Gebiet des heutigen Südtadschikistan weit verbreitet. Dieses Gebiet war zu jener Zeit Teil von Tocharistan, einem politisch mächtigen Zusammenschluß von 27 Reichen, und erlebte eine wirtschaftliche und kulturelle Blüte.

Das Wandgemälde, das aus den Ruinen der Siedlung Kalai Kafirnigan, 80 km südwestlich der heutigen Hauptstadt Duschanbe, stammt, gehörte zu einer Pranidhi-Szene, welche die verschiedenen Inkarnationen Śakyamunis zeigt, in denen er früheren Buddhas begegnet und diesen gelobt, selbst ein Buddha zu werden.

Die Malerei ist auf einer Alabastergrundierung aufgetragen. Nur der untere Teil der Komposition ist erhalten; im oberen Teil war Buddha dargestellt, umgeben von zwei Figuren, die als Bodhisatvas interpretiert werden. Auf der linken Seite des Friesteiles sind zwei nach rechts gerichtete Frauen in gleicher Tracht dargestellt. Ein weiter, aus schwerem Stoff gefertigter Umhang mit prachtvollen Borten liegt um ihre Schultern; darunter tragen sie ein hochgeschlossenes Kleid. Die hintere Frau hält ein offenes Gefäß in ihrer Rechten, in der Linken eine Lotosblume. Die vordere umfaßt mit der Linken eine Kerze, mit der Rechten ebenfalls eine Lotosblume. Beide Frauen tragen kostbare Ohrgehänge, ihr Haar ist hochgesteckt und mit einem Band umschlungen. Am rechten Bildrand steht ein Mann mit kurzgeschorenem Haar und ausrasierten Schläfen. Über dem gelben Unterkleid trägt er ein rosafarbenes Gewand, die rechte Schulter und der rechte Arm sind entblößt. In seiner Rechten hält er eine großblätterige Blume, die Füße stecken in schwarzen Stiefeln. Ein etwas kleiner dargestellter, auf den Unterschenkeln sitzender Mann ist mit einer langen Hose, einem Jäckchen und schwarzen Schuhen bekleidet, im Taillenbereich quillt der Faltenbausch des gelben Untergewandes hervor. Seine Linke umfaßt eine Art Büchse, seine Rechte eine Blume. Diese den Buddha verehrenden Gestalten führen uns die verschiedenen Garderoben vor. Die Mäntel der Frauen vermitteln uns einen besonders guten Eindruck vom hochentwickelten Textilhandwerk der damaligen Zeit.

Kat.-Nr. 28
Teil einer Pranidhi-Szene

Südtadschikistan,
Kalai Kafirnigan,
Ende 7. Jh. –
Anfang 8. Jh.
Wandmalerei
78,5 x 102 cm
IAWT,
Mus.-Nr. 485

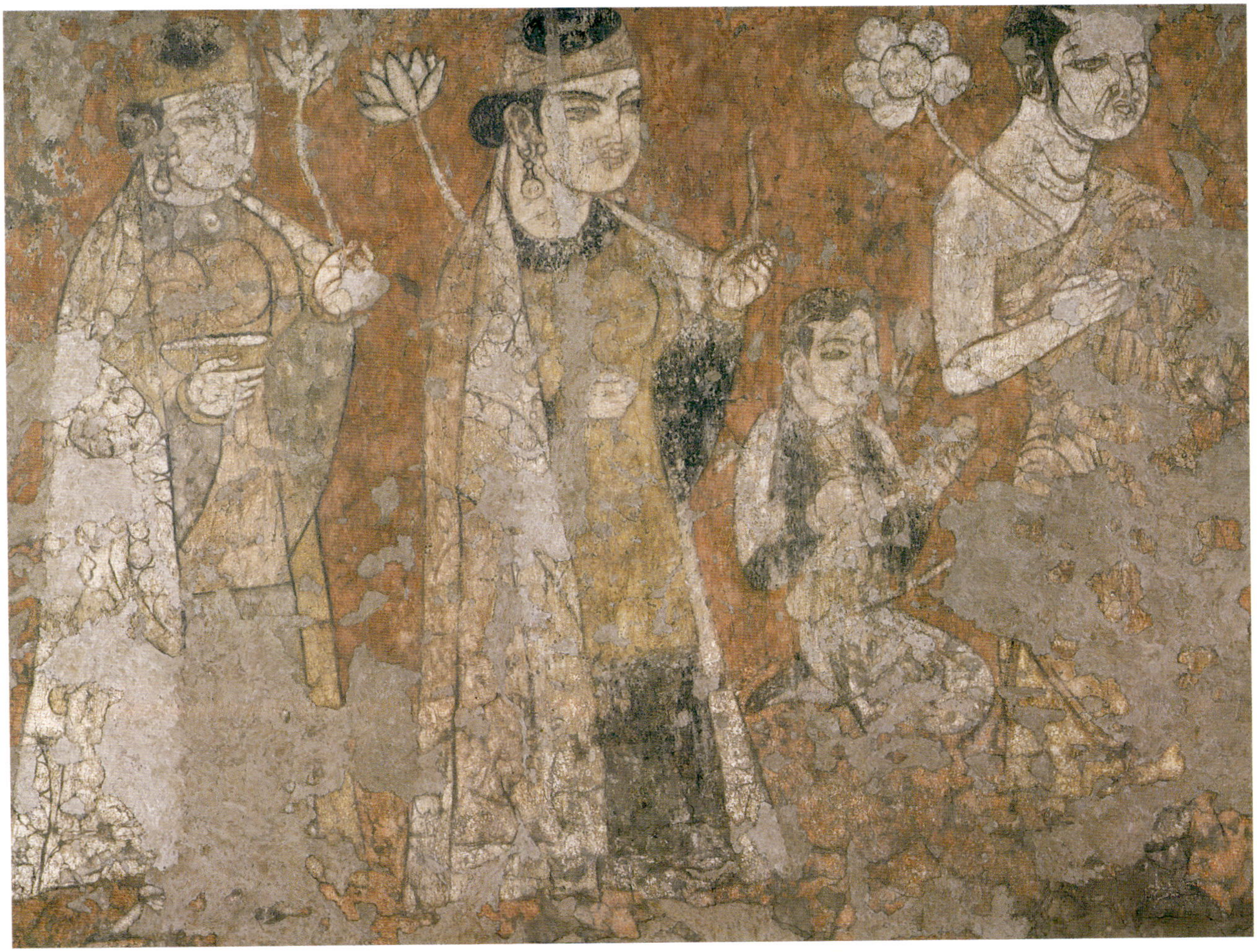

Das Kloster Adschina-tepe war die bedeutendste buddhistische Anlage Südtadschikistans von der 2. Hälfte des 7. Jahrhunderts bis in die Mitte des 8. Jahrhunderts, als ihm durch die arabische Eroberung des Landes ein Ende gesetzt wurde.

Der Torso des Bodhisatva wurde im Umgangskorridor des heiligen Bereiches zur Rechten einer großen sitzenden Buddhastatue gefunden. Die Figur des Bodhisatva stand mit dem Rücken zur Wand, weshalb ihre Rückseite unbearbeitet blieb. Der Bodhisatva ist mit einem ursprünglich gelb bemalten, um die Hüfte drapierten Hüfttuch (dhoti) bekleidet, das vorne in schönen Faltenwürfen bis zu den Knöcheln fällt; die Kordel ist kunstvoll geknotet. Ein blauer Schal ist um die linke Schulter und den Oberarm geschlungen, fällt über den Rücken und als weicher Faltenbausch über das rechte Knie und lag vermutlich auf dem wohl vorgestreckten Arm auf, von wo er an der Körperseite bis zu den Knöcheln herabhing. Die Faltenzüge des Gewandes sind sorgfältig herausgearbeitet, die textile Struktur des Gewandes läßt sich gut erahnen. Der Körper ist subtil und weich, geradezu weiblich modelliert. Sehr schön wirkt der Gegensatz zwischen dem nackten, glatten Oberkörper und der reich gefältelten, plastisch formulierten Dhoti. Der bis auf geringe Ansätze verlorengegangene reiche Halsschmuck sowie die weltliche Fürstentracht weisen die Plastik als Bodhisatva aus.

Stilistisch und ikonographisch folgt dieser Bodhisatva der indischen Tradition und erinnert an Gandhara-Figuren bzw. guptazeitliche Werke.

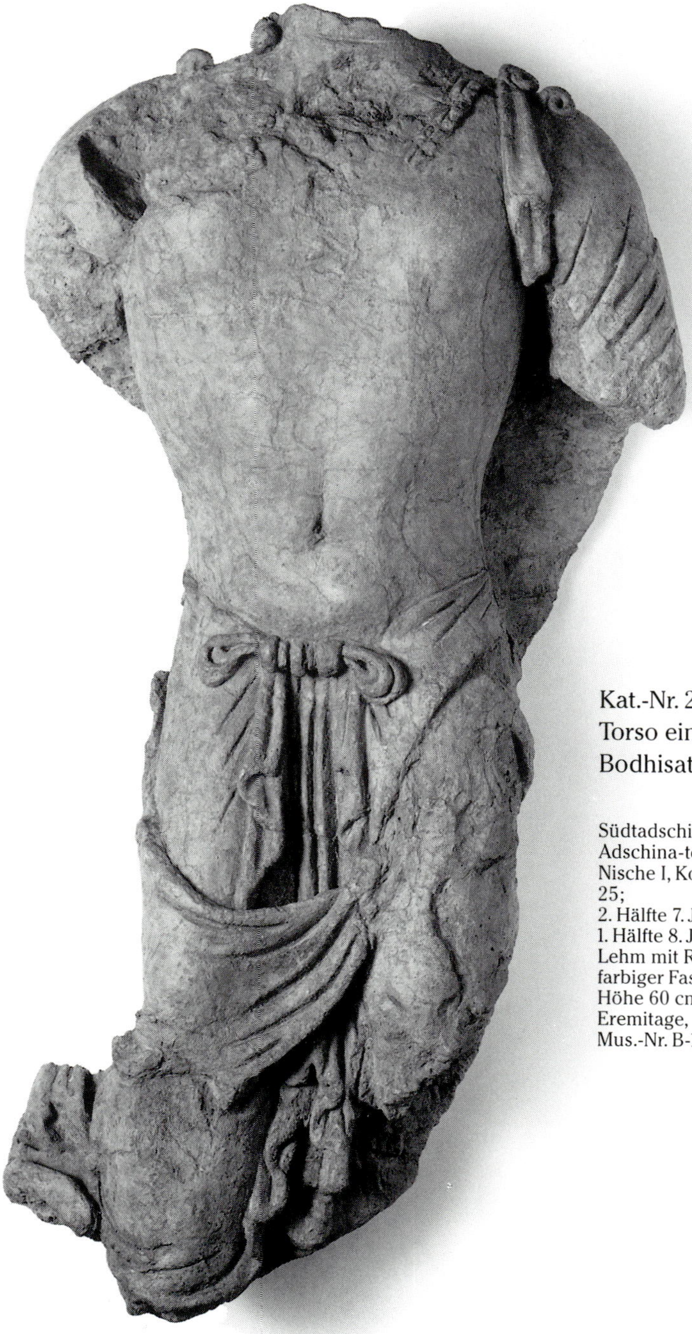

Kat.-Nr. 29
Torso eines Bodhisatva

Südtadschikistan, Adschina-tepe, Nische I, Korridor 25;
2. Hälfte 7. Jh. – 1. Hälfte 8. Jh.
Lehm mit Resten farbiger Fassung
Höhe 60 cm
Eremitage, Mus.-Nr. B-1684

Die ornamental angelegten, scharfkantig abgesetzten Augenbrauen treffen in schönem Schwung über der Nasenwurzel zusammen. Die großen Augen sind bis auf einen schmalen Schlitz geschlossen. Mund und Nase sind sorgfältig modelliert. Das Gesicht war weiß, die Augenbrauen schwarz, Augäpfel und Lippen gelb bemalt; die Lippen waren schwarz konturiert.

Die durchgezogenen Linien der Augenbrauen waren ein Charakteristikum der Gesichtsgestaltung der Kushan-Zeit.

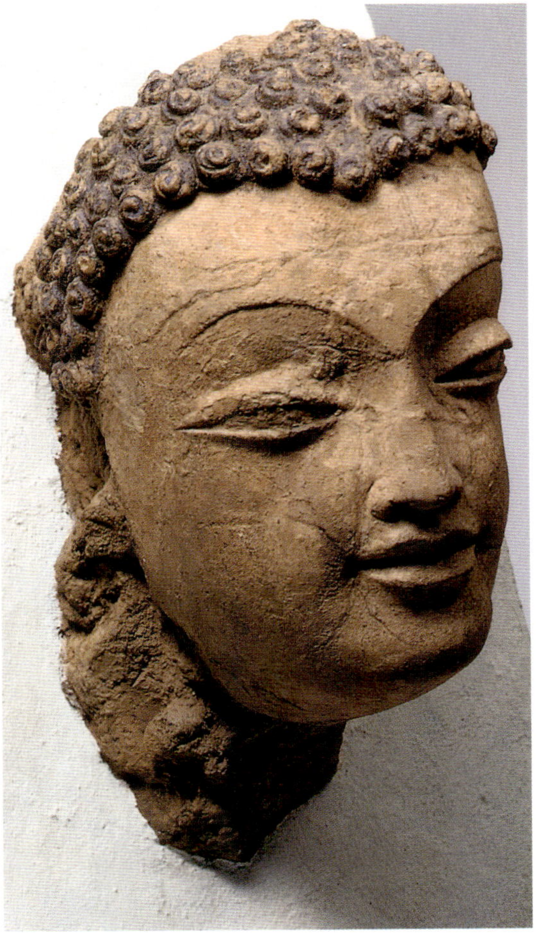

Kat.-Nr. 30
Kopf eines Buddha

Südtadschikistan,
Adschina-tepe,
Schrein 34;
2. Hälfte 7. Jh. –
1. Hälfte 8. Jh.
Lehm mit Resten farbiger Fassung
Höhe 18 cm
Eremitage,
Mus.-Nr. B-1614

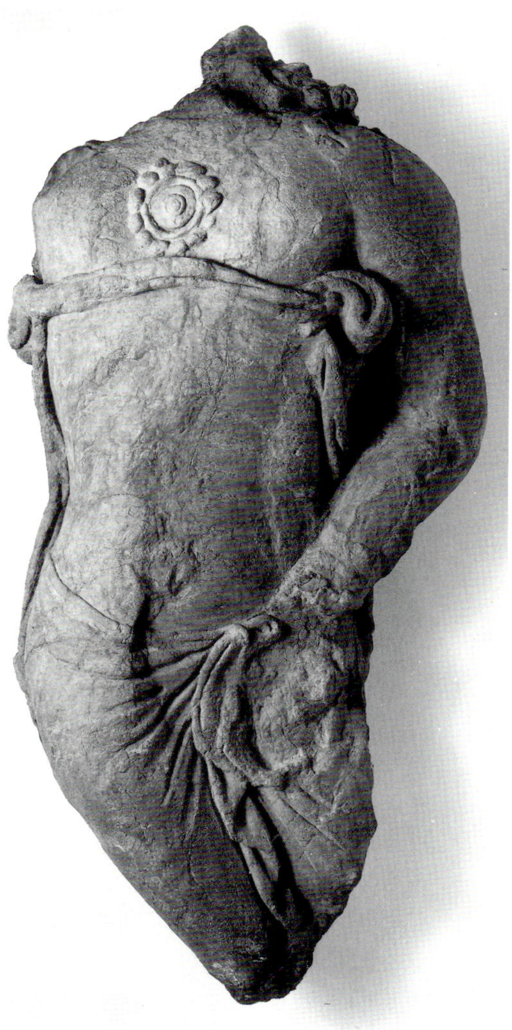

Kat.-Nr. 31
Torso eines
Devata

Südtadschikistan,
Adschina-tepe,
Raum 23;
2. Hälfte 7. Jh. –
1. Hälfte 8. Jh.
Lehm
Höhe 75 cm
IAWT,
Mus.-Nr. 466

Der Torso war ursprünglich Teil einer aus zahlreichen Figuren zusammengesetzten Komposition. Der Devata ist mit einem Hüfttuch (dhoti) bekleidet. Die linke Hand faßt vorne in den Stoff und rafft ihn zusammen. Über die Brust spannt sich ein Stoffband, das zur Befestigung des über den Rücken fallenden Überwurfes dient. Eine große Schmuckplatte in Form einer Rosette schmückt den Brustkorb. Gelocktes Haar fällt auf die linke Schulter.

Diese anmutige Erscheinung gehört zu den zahlreichen namen- und geschlechtslosen buddhistischen Gottheiten, den Devatas.

Die beiden ehrfürchtig knienden Männer mit kurzgeschnittenem Haar und Schnurrbart sind mit weiten, hochgeschlossenen Ärmelgewändern, gelben Ledergürteln mit Kurzschwert und – nur bei dem vorderen Mann noch erkennbar – schwarzen Lederstiefeln bekleidet. Der vordere Mann hält eine flache goldene Schale vor seiner Brust, die mit Weihegaben hoch angefüllt ist. Der hintere Gabenträger bietet ein offenes Gefäß mit eingezogenem Boden dar, das mit Blumen gefüllt ist. Ein Perlband schließt den oberen Rand des Frieses ab.

Die beiden Männer bringen Weihegaben in das Kloster Adschina-tepe, um sie an diesem sakralen Ort niederzulegen. Reales Geschehen ist mit dieser Malerei künstlerisch umgesetzt worden.

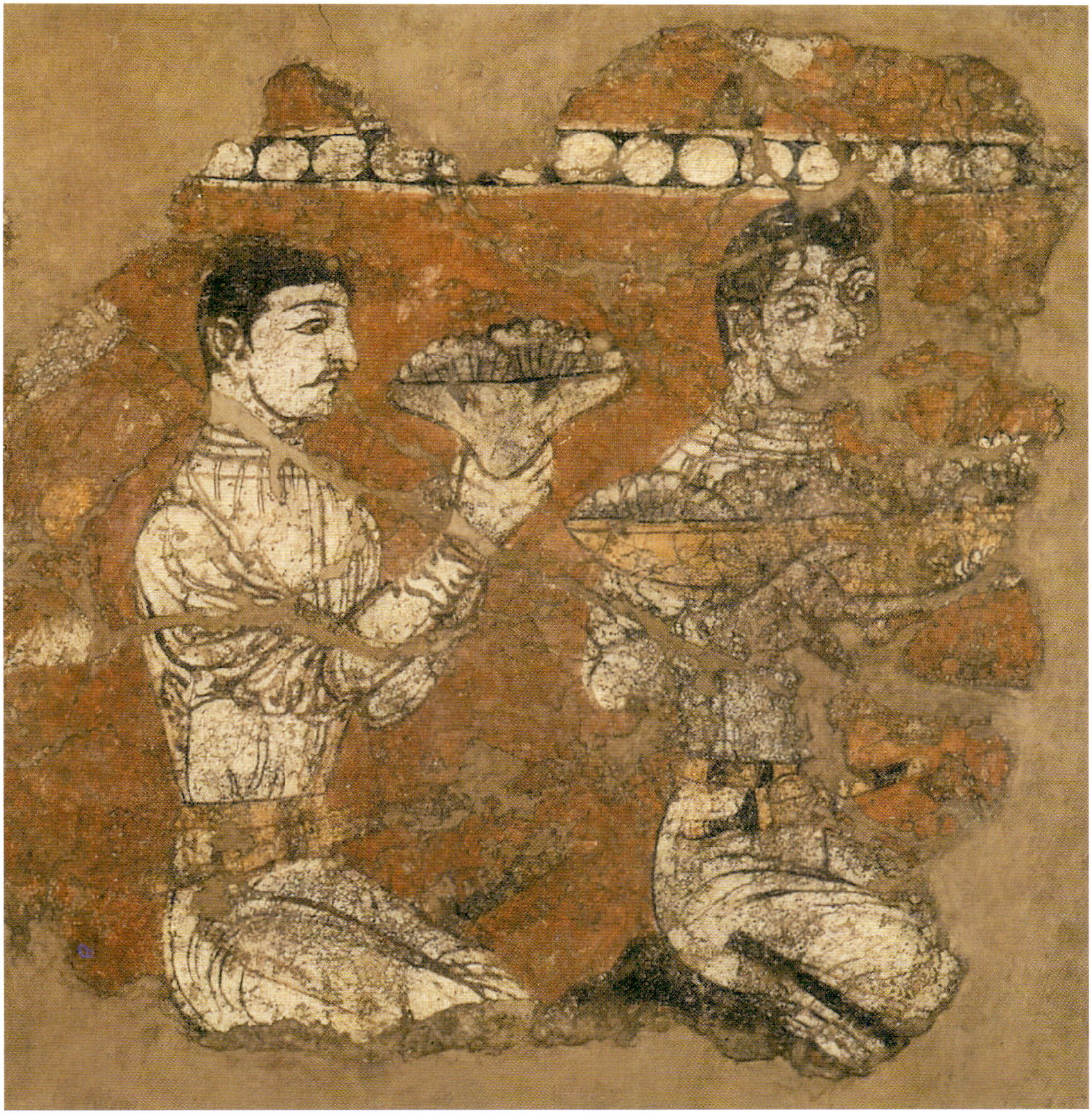

Kat.-Nr. 32
Gabenträger

Südtadschikistan,
Adschina-tepe;
2. Hälfte 7. Jh. –
1. Hälfte 8. Jh.
Wandmalerei
75 x 50 cm
Eremitage,
Mus.-Nr. B-1666

Fuß und Schale sind einzeln gefertigt und aneinandergefügt worden. Der Schalenrand weist einfaches Profil auf. Ein durch Ritzlinien abgetrennter, schmaler, vergoldeter Rand umschließt die figürliche Darstellung im Schalenrund. Eine durch voluminöse Körperlichkeit ausgezeichnete nackte Frau steht am Rand eines goldenen Teiches. Goldene Lotosblumen stecken ihre Köpfe über die Wasseroberfläche. Indischem Schönheitsempfinden entsprechend ist die Frau mit ausgeprägten Hüften, schlanker Taille und schweren, runden Brüsten gestaltet. Über den Knöcheln der überkreuzten Unterschenkel liegen Fußringe. Die kleinere der beiden Halsketten zeigt aufgefädelte, große Steine, die längere ist in der Mitte mit drei schönen Perlen verziert. Glatte Reifen umfassen die Handgelenke, das Hüftband ist mit Medaillons behängt. Sämtliche Schmuckelemente sowie das hinter die Schulter fallende, um den linken Oberarm gewickelte, sehr reich gefältelte Tuch sind vergoldet. Mit den Fußspitzen berührt die Frau das Wasser. Die beiden seitlich ausgestreckten Hände halten sich an Traubenranken fest. Der Kopf ist nach rechts gedreht. Ein Stirnband hält das Haar zusammen, das zu zwei kurzen, auf die Schultern fallenden Zöpfen geflochten ist. Birnenförmige Ringe hängen an den Ohren.

Die Darstellung orientiert sich an Frauenbildern der indischen Kunst. Dort sind bereits in früher Zeit mit überkreuzten Beinen unter einem Baum stehende, mit erhobener Hand in die Äste greifende Frauen als Vegetationsgöttinnen (Yakshi), als Sinnbilder der Fruchtbarkeit verstanden worden.

Kat.-Nr. 33
Silberschale

Südtadschikistan,
Gräberfeld
Ljachsch II;
ca. 5.–8. Jh.
Silber mit
Vergoldung
Ø 24 cm
IAWT,
Mus.-Nr. 429

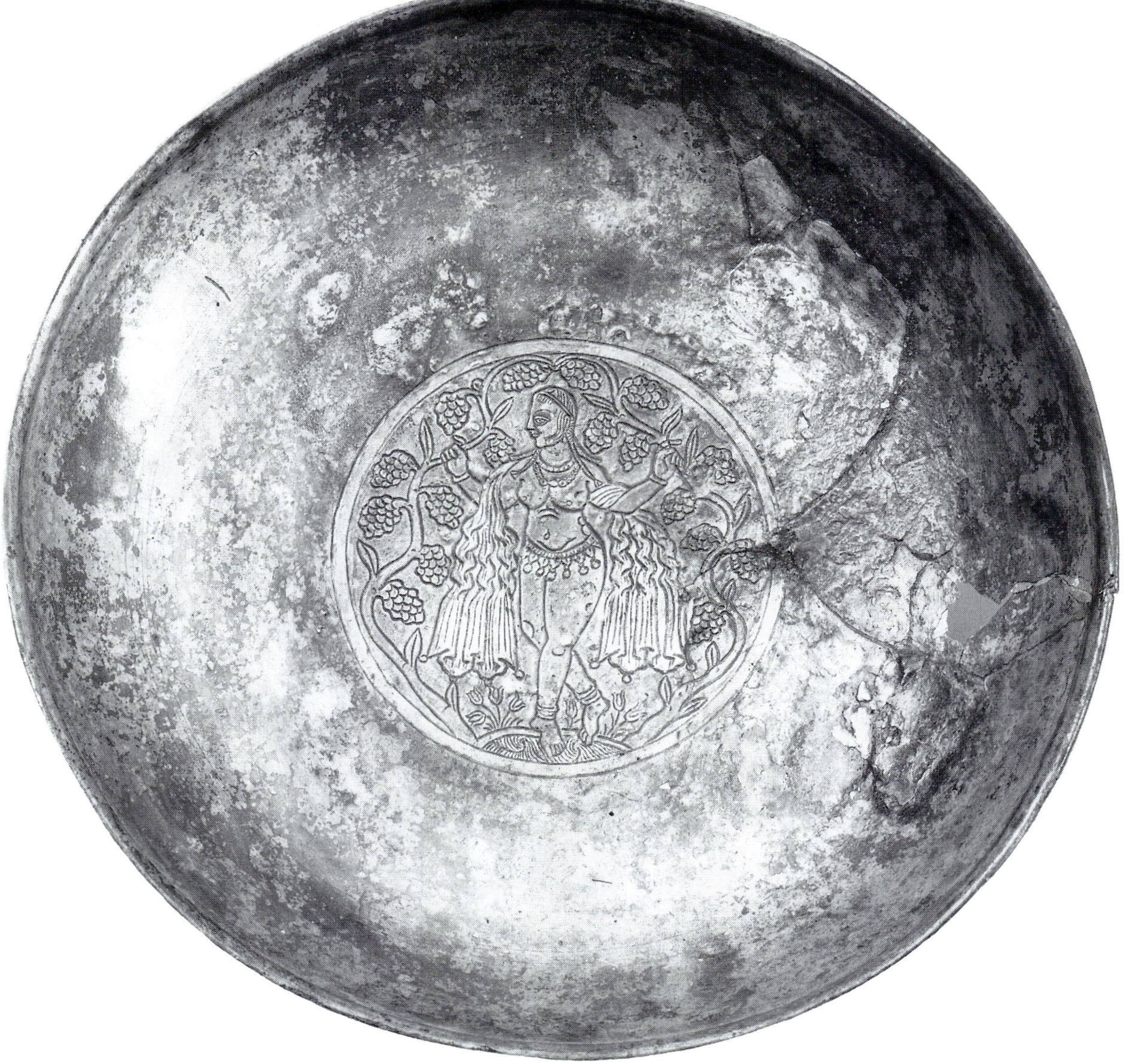

Der zentrale Teil des heutigen Tadschikistan bildete im 7. und 8. Jahrhundert die östlichste Spitze von Sogdien, das gleich Tocharistan eine Föderation kleinerer Fürstentümer war. Die auf das 5. Jahrhundert zurückgehende Stadt Pendschikent war zu dieser Zeit von Anhängern des iranischen Zorastrismus, von Buddhisten sowie von Christen bewohnt; die Stadt war ein Zentrum regen Geschäftslebens.

Die vier weiblichen Wesen sind auf ultramarinblauem Hintergrund gemalt. Jede von ihnen trägt einen langen Stab, dessen Spitze in der Art eines Zepters mit einem Vogel bzw. mit Kugeln und einer liegenden Mondsichel geschmückt ist. Am oberen Ende des Stabes ist zusätzlich ein schmales, weißes Tuch befestigt, das auf den Rücken der Frauen herabhängt. In der Rechten halten sie Keulen, deren Enden die Form eines Tierkopfes mit Schuppenkörper haben. Im Haar tragen die Schutzgeister kleine Kronen. Sie sind mit schön gefältelten Blusen und langen Röcken bekleidet, die linke Figur trägt ein Jackett, das am Oberkörper anliegt, in der Taille aber glockenförmig ausschwingt.

Die Fravaschi genannten weiblichen Schutzgeister werden in der iranischen Religion als kriegerische, die Frommen schützende Wesen verehrt; zusätzlich sah man in ihnen auch Ahnengeister. Als speerbewaffnete Wesen schützen und verteidigen sie den Himmel.

Kat.-Nr. 34
Weibliche Schutzgeister

Zentraltadschikistan,
Pendschikent,
Tempel II;
Ende 7. Jh. –
Anfang 8. Jh.
Wandmalerei
100 x 100 cm
Eremitage,
Mus.-Nr. B-2479

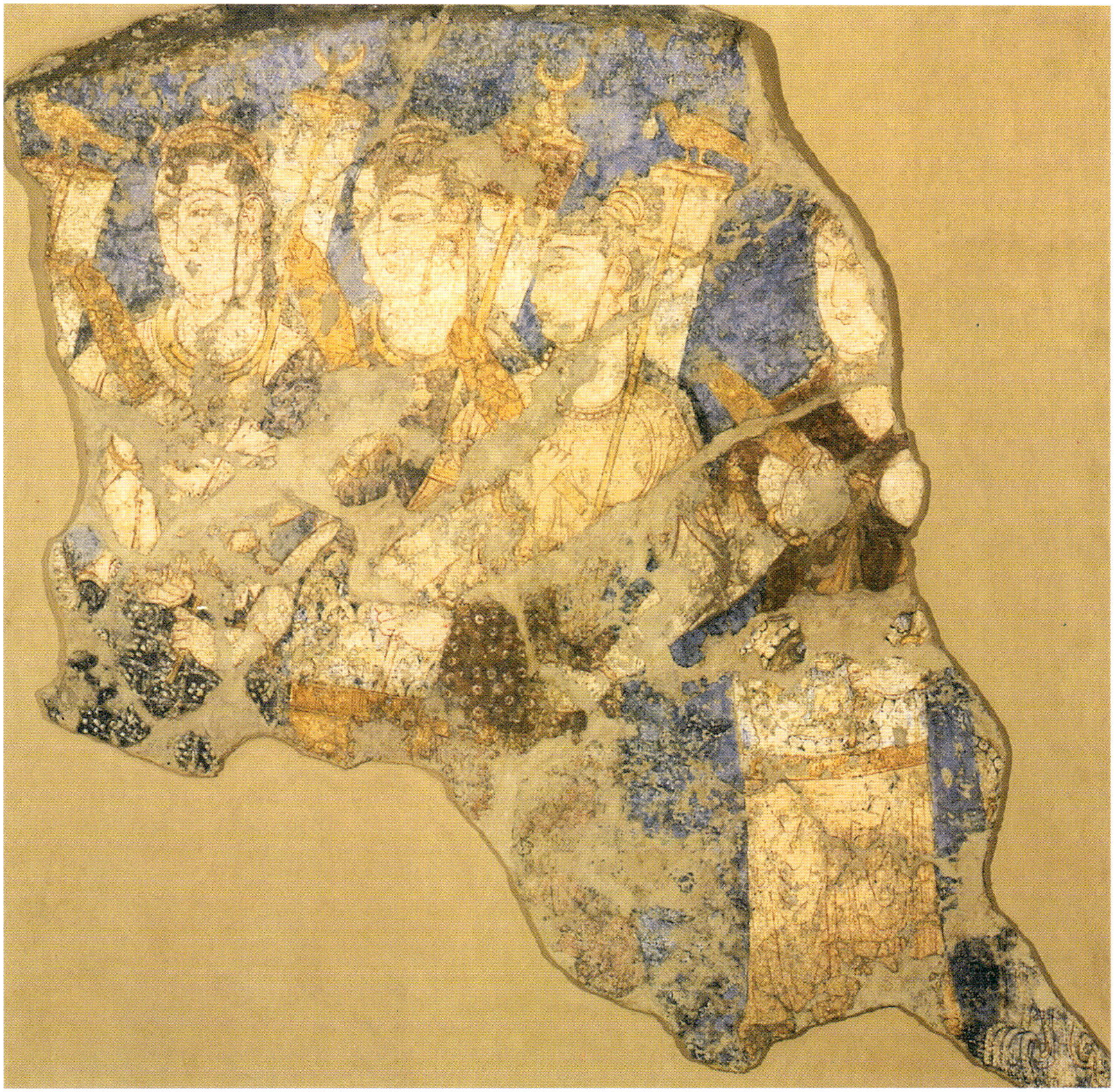

Das Medaillon zeigt einen nach rechts reitenden Jäger, dessen Pferd mit weit ausgreifenden Beinen galoppiert. Der aufgerissene Rachen eines offenbar bereits erlegten Löwen ist am Rande des Medaillons zu erkennen. Der Reiter wendet sich nach rückwärts, um – wie aus Vergleichsstücken ersichtlich – einen Pfeil auf einen weiteren Löwen abzuschießen (sog. „parthischer Schuß"). Die vertieft liegende Darstellung wird von einem Blumenband eingefaßt, die Eckzwickel werden jeweils von Palmetten geschmückt.

Vergleichbare Darstellungen finden sich auf den sassanidischen „Jagdschalen"; derartige kostbare iranische Metallgefäße wurden auch im ehemals sogdischen Gebiet gefunden. Sie gehörten zu den wertvollsten Exportgütern, die vom Westen auf den Seidenstraßen nach China transportiert wurden.

Kat.-Nr. 35
Medaillon mit Jagddarstellung

Zentraltadschikistan,
Pendschikent,
Wohnhaus 7,
Raum 11;
1. Viertel 8. Jh.
Holz, verkohlt.
Höhe 38 cm,
Breite 37 cm
Eremitage,
Mus.-Nr. B-1431

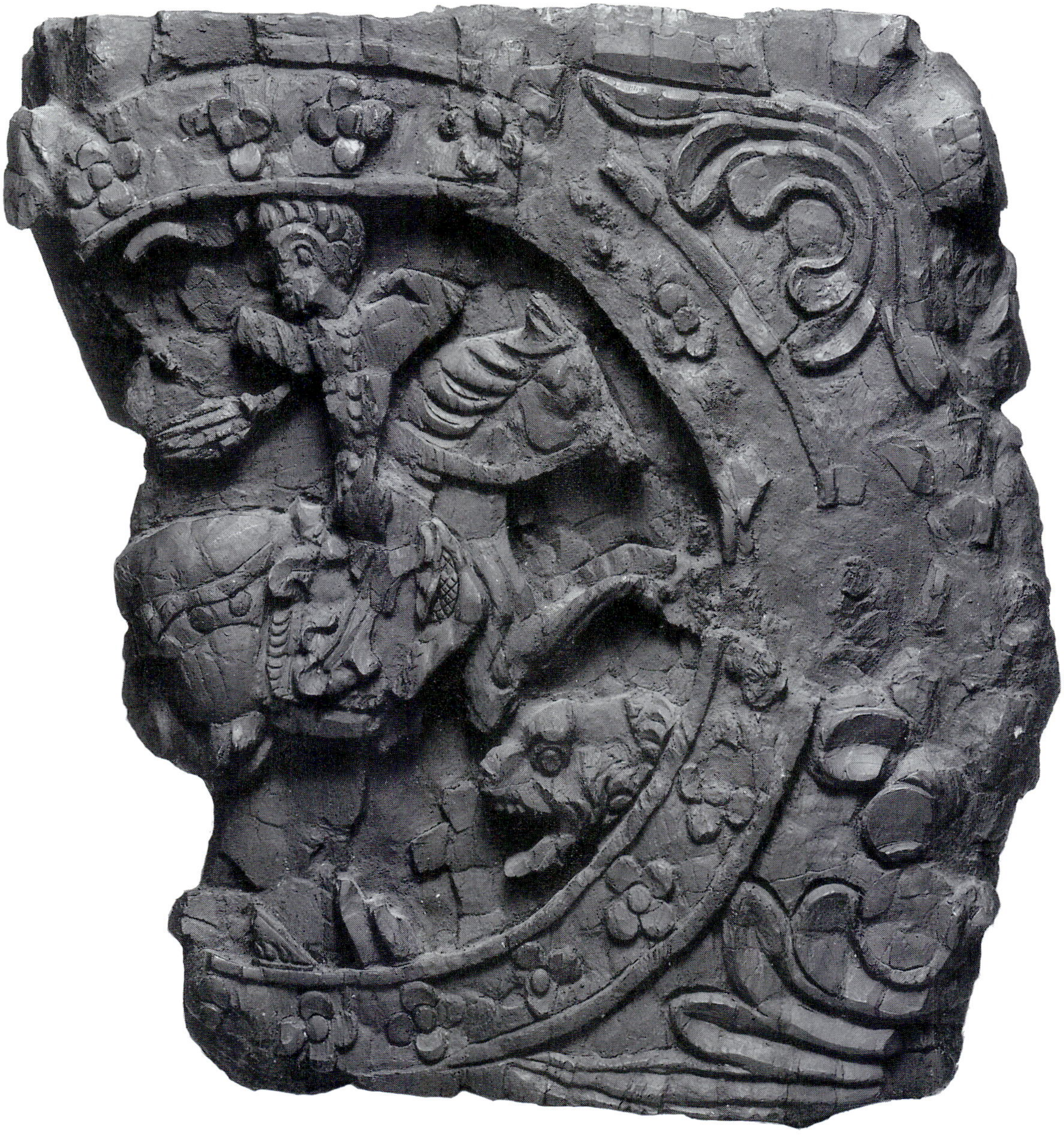

Das Brustbild des weiblichen Wesens ist zu zwei Dritteln von einer schmalen, liegenden, gelben Mondsichel umfaßt. Der von einem rot umrahmten Nimbus umgebene Kopf ist dreiviertel nach rechts gedreht. Von beiden Schultern steigen gelbe Zungenflammen auf. Die Frau trägt ein feines Untergewand mit aufgeklapptem Kragen. Das schwarze Haar ist unter einem sorgfältig gebundenen, dem Kopf nur locker anliegenden Band verborgen. In die Stirne fallen drei Locken, vor den Ohren hängen lange, dunkle Zöpfe.

Kat.-Nr. 36
Personifikation des Mondes

Zentraltadschikistan,
Pendschikent,
Wohnhaus 24;
1. Hälfte 8. Jh.
Wandmalerei
52 x 75 cm
Eremitage,
Mus.-Nr. B-2154

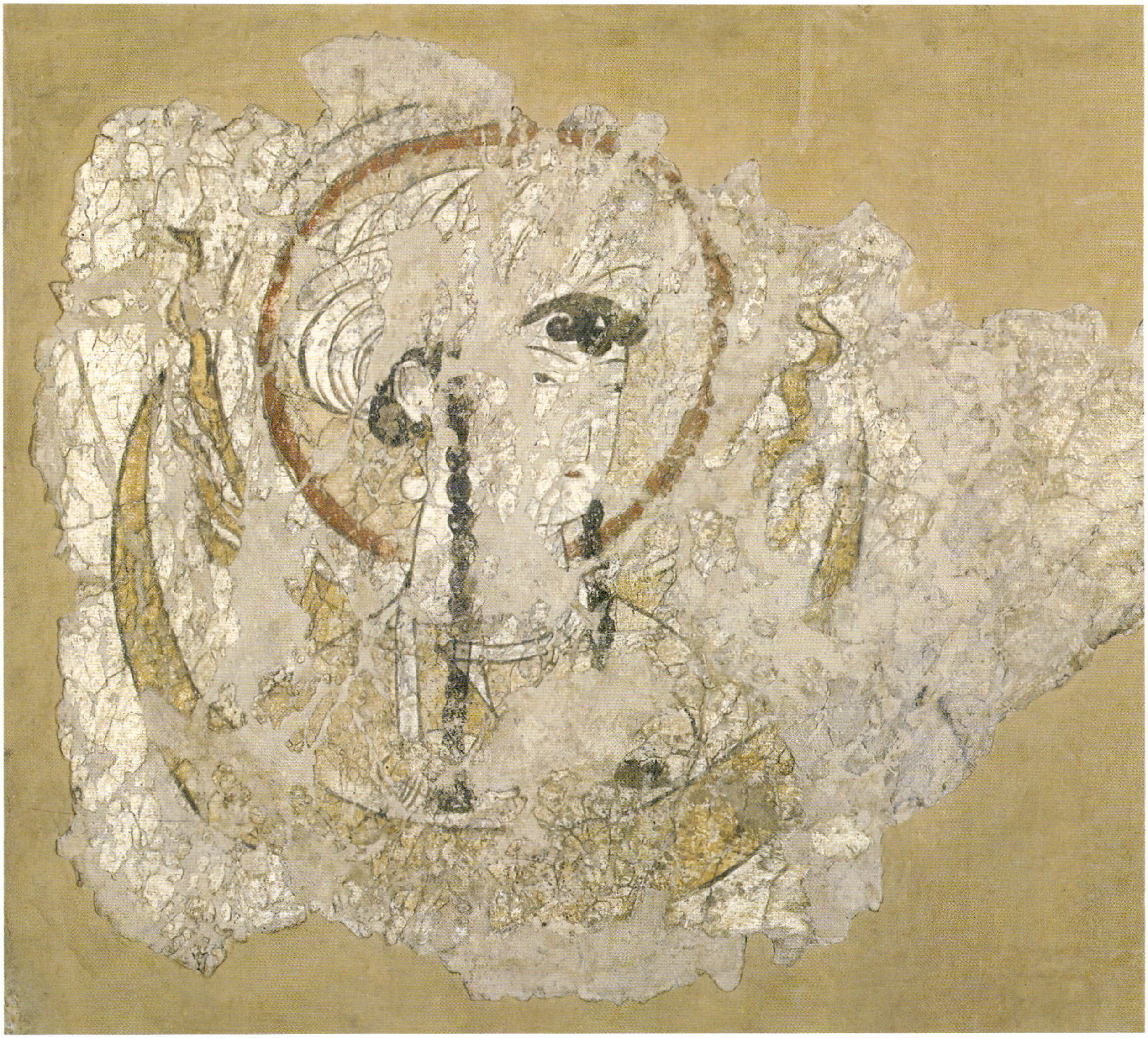

Das Ornament dieses Gewebes besteht aus Perlkreismedaillons mit Rosetten im Zentrum. Der Raum zwischen diesen Kreismustern ist mit kreuzförmigen Blumenmotiven ausgefüllt. Die Fäden dieser chinesischen Seide sind weiß, grau, hellbraun und grün eingefärbt. Perlkreismedaillons waren in der hochentwickelten sassanidischen Textilkunst ganz besonders beliebt.

Kat.-Nr. 37
Seidengewebe

Zentraltadschikistan,
Berg Mug;
Ende 7. Jh. –
1. Viertel 8. Jh.
Chinesische Seide
Höhe 14 cm,
Breite 92 cm
Eremitage,
Mus.-Nr. CA-9169

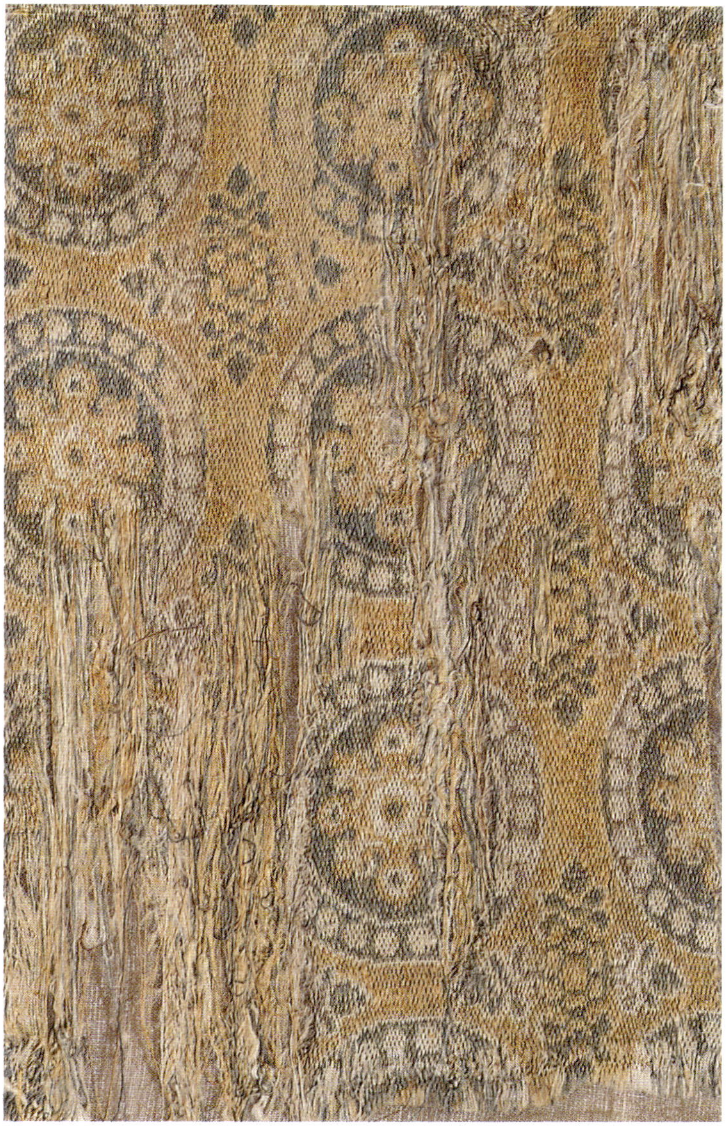

Die kräftigen Kettfäden sind gedrillt und rot gefärbt. Der Eintrag besteht aus ungezwirnten gelben und dunkelblauen Fäden. Das Muster weist zwei verschiedene, sternförmige und gegeneinander versetzte Motive auf.

Die vierarmige Göttin reitet im Damensitz auf einem Löwen; die ornamentierte Satteldecke und der Steigbügel sind deutlich sichtbar. In zwei ihrer Hände hält sie die Scheiben mit den anthropomorphen Darstellungen von Sonne und Mond. Der dritte, angewinkelte Arm ist erhoben, der vierte hält die nach unten gerichtete Peitsche. Das Fragment gehört zu einer Szene, in der die Göttin mit einer schwerbewaffneten Kriegerkavalkade zusammentrifft, an deren Spitze der Herrscher und Heerführer in einem von geflügelten Pferden gezogenen Wagen sitzt. Die Göttin ist prachtvoll geschmückt. Ein mehrzackiger Kopfputz mit kunstvoll verziertem Reif schmückt den Kopf; an den Zackenspitzen ist ein Tüchlein befestigt, das über den Hinterkopf auf die Schultern fällt. Langes, blondes Lockenhaar bedeckt den Rücken. Die Göttin trägt ein kostbares Gewand, das in lebhaftem Faltenwurf den Unterkörper umspielt.

Die Ikonographie der vierarmigen, einen Löwen reitenden Göttin ist indisches Erbe. Sie geht auf Durga, Shivas Gattin, zurück. In Mittelasien ist sie der Göttin Nana gleichgesetzt worden.

Kat.-Nr. 38
Sogdisches Gewebe

Zentraltadschikistan,
Berg Mug;
Ende 7. Jh. –
1. Hälfte 8. Jh.
Seide
Höhe 6,5 cm,
Breite 25 cm
Eremitage,
Mus.-Nr. CA-9173

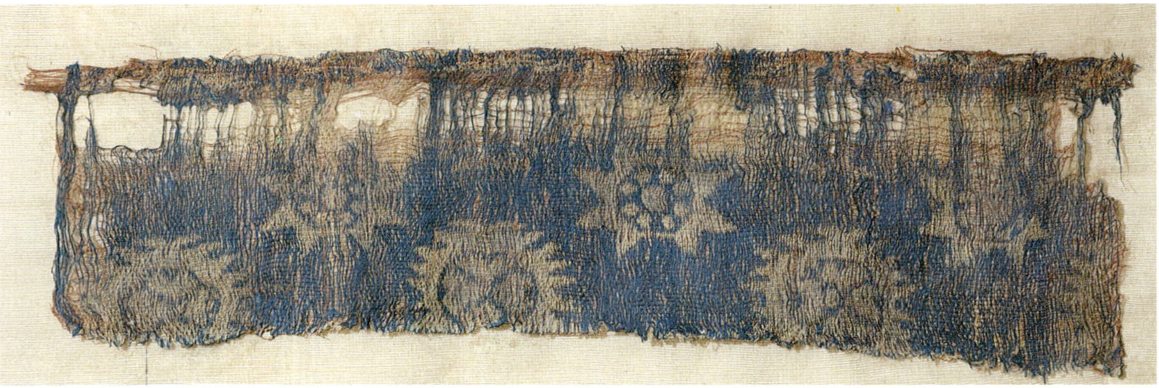

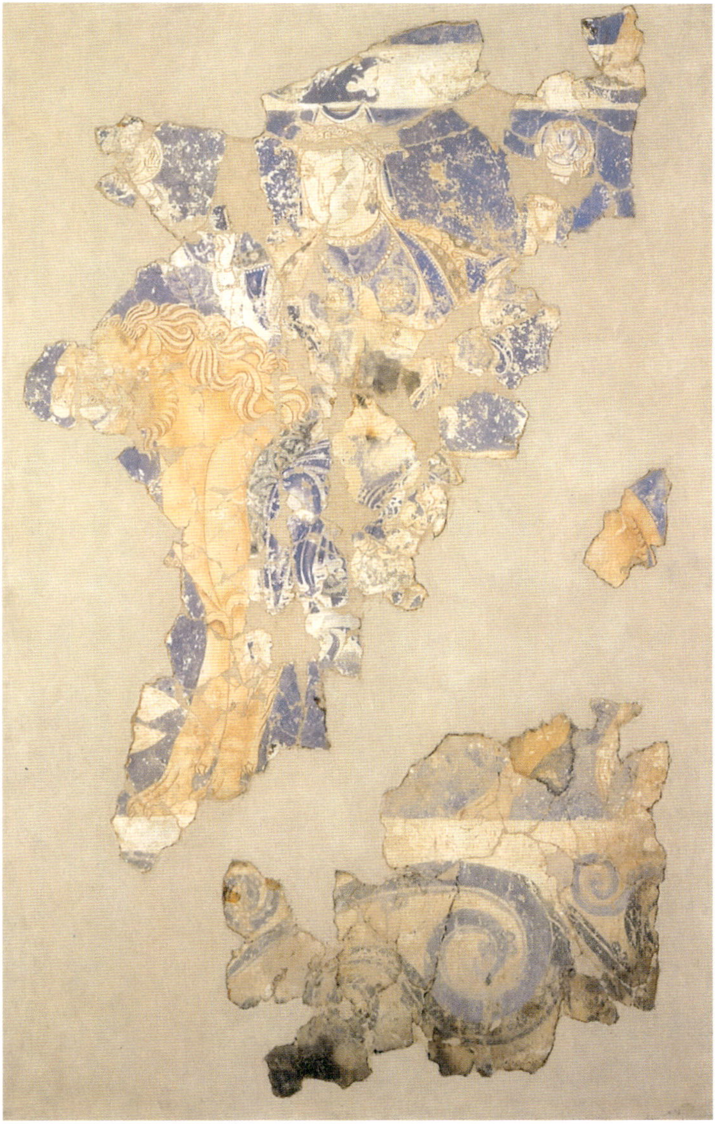

Kat.-Nr. 39
Göttin auf einem Löwen reitend

Nordtadschikistan, Bundschikat, Kalai Kachkacha II;
8./9. Jh.
Wandmalerei
140 x 92 cm
Eremitage,
Mus.-Nr. 693-DT

Malerei auf rotorangem Grund. Sie zeigt die beiden ausgesetzten Zwillinge Romulus und Remus, die von der Wölfin gesäugt werden. Dieses Motiv der römischen Sagenwelt wurde in Mittelasien wahrscheinlich durch Darstellungen auf byzantinischen Münzen des 5. und 6. Jahrhunderts bekannt, die bei der Gestaltung dieser Szene als ikonographisches Vorbild gedient haben dürften. Eine lokal imitierte Goldmünze mit nachgeahmter lateinischer Legende wurde in Pendschikent gefunden. Die Herrscher gewisser mittelasiatischer Völker leiteten ihre Stammesgenealogien von Wölfen ab, so daß sich das Bild der von der Wölfin gesäugten Zwillinge gut in das vorhandene Weltbild einfügen ließ. Diese Interpretation wird durch die Tatsache erhärtet, daß das Gemälde im Herrscherpalast von Kalai Kachkacha II gegenüber dem Palasteingang aufgefunden wurde.

Kat.-Nr. 40
Romulus und Remus

Nordtadschikistan,
Bundschikat,
Kalai Kachkacha II;
8./9. Jh.
Wandmalerei
78 x 114 cm
Eremitage,
Mus.-Nr. 699-DT

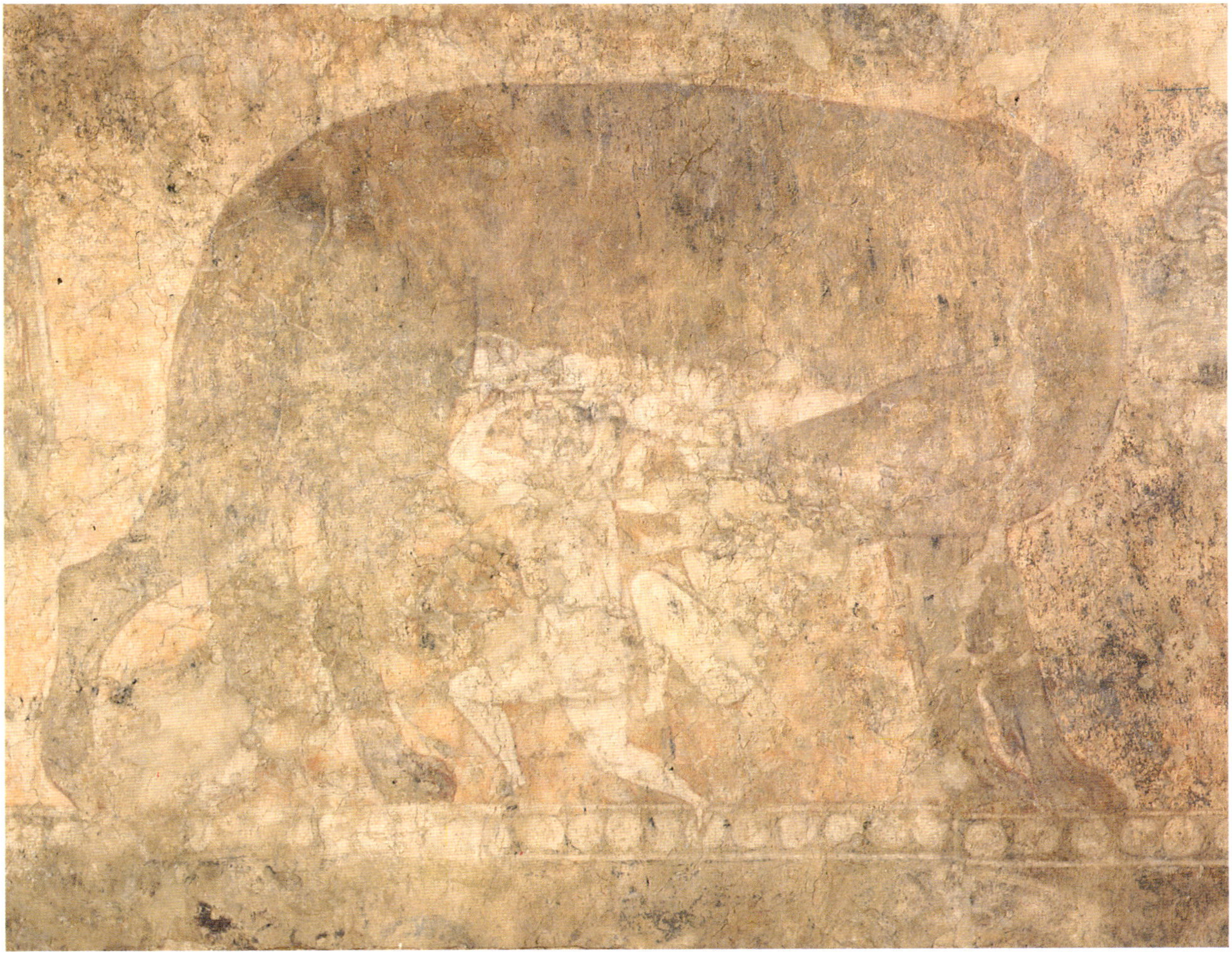

Das Malerei-Fragment stammt aus dem Plafond der 2. Kuppelhöhle von Kumtura. Thema der Darstellung ist ein bärtiger Brahmane mit ergrautem Haar und gebräunter Haut. Er trägt die typischen Kleidungsstücke der Asketen, einen Schurz um die Hüften und einen schmalen Schal über Brust und Rücken, eingefaßt mit einer Fellborte. Untypisch ist die Schmückung der Ohren, des Halses und der Oberarme. In der rechten Hand hält er das Attribut der Asketen, ein enghalsiges Fläschchen, seine linke ist gestikulierend emporgehalten. Er scheint mit einem Buddha zu diskutieren, der vor ihm nur sehr fragmentarisch erhalten ist. Erkennbar sind Teile seiner linken Körperhälfte, Arm und Knie. Er war in ein braunes Gewand gekleidet und von einer Mandorla umgeben. Zwischen Brahmanenkopf und Mandorla schwebt ein kleiner Buddha, hinter dem Brahmanen ist eine Devatā sichtbar. Die rosenkranzähnliche, um ihre rechte Hand gelegte Perlenkette scheint später hinzugesetzt. Die hier dargestellte Legende ist aufgrund des fragmentarischen Charakters des Bildes schwer zu deuten. Die Malerei ist mit einer Akanthus-Borte gerahmt.

Kat.-Nr. 41
Brahmane

VR China,
Autonomes Gebiet
Sinkiang, Kumtura,
2. Kuppelhöhle;
um 500 n. Chr.
Wandmalerei
56,5 x 69 cm
MIK,
Mus.-Nr. III 9054

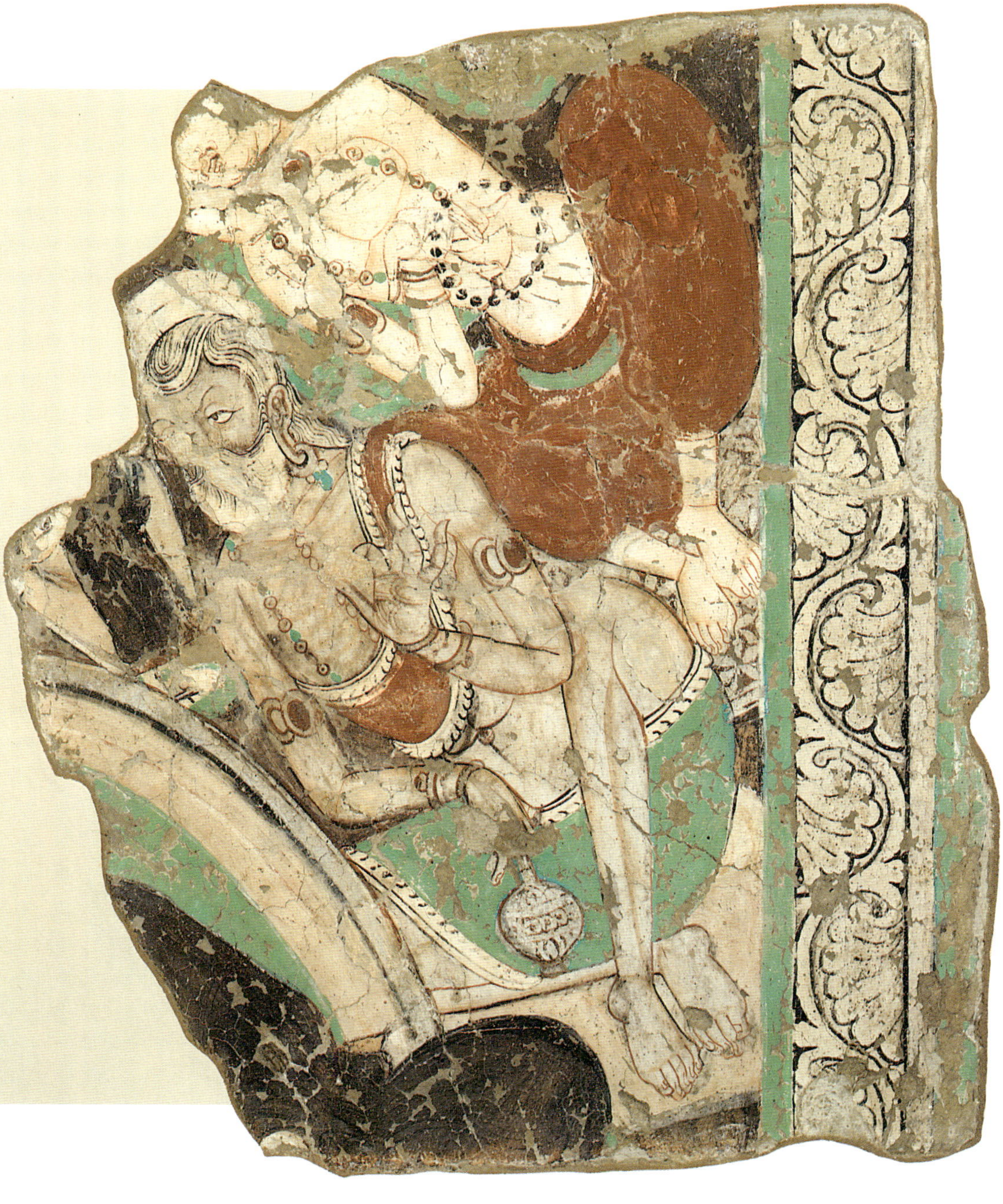

Die von A. v. LeCoq entdeckte Tonamphore, die aus Khotan stammen soll, ist ein Beweis für das Eindringen antiker Formen nach Zentralasien.

Das aus einem sehr dichten, rötlichbraunen Ton auf der Scheibe hergestellte Gefäß stellt sich dar als ein bauchiger, dreihenkliger Krug, dessen Oberteil unterhalb des ausladenden Halses reich mit der Antike entlehnten Ornamenten verziert ist. Jedem der Henkel ist ein kleiner, antikisierender Frauenkopf aufgesetzt (einer ist abgebrochen). Die Oberansicht des Gefäß-Mundes ist scheibenförmig; elf Rosetten sind in die Mündung eingestempelt, eine Halsborte leitet die Dekoration des Gefäßkörpers ein. Der bauchige Mittelteil trägt die wichtigsten Verzierungen, nämlich sieben kreisrunde Reliefmedaillons von etwa 9,5 cm Durchmesser, die deutlich ihren antiken Ursprung erkennen lassen. Jedes Medaillon ist eingefaßt von zwei konzentrischen Kreisen, zwischen denen sich eine Perlenreihe befindet. Die Darstellungen in den Medaillons sind dreifacher Art: Viermal erscheint eine nach rechts gewendete, stehende weibliche Figur in indischer Göttertracht, mit Schenkkanne und halbkugelförmigem Becher; zweimal ist ein nach links gewendeter, sitzender Mann dargestellt, bärtig, straubhaarig, aber mit kahlem Scheitel, beleibt, mit Aureole, Rhyton und Becher; das dritte Motiv, ein Löwenkopf, kommt ein einziges Mal vor. Alle Ornamente wurden in Formen oder mit Stempeln hergestellt und dem Gefäß vor dem Brennen aufgesetzt.

Kat.-Nr. 42
Dreihenkliger Krug

VR China, Autonomes Gebiet Sinkiang, Borazan bei Khotan (?); 5./6. Jh. n. Chr.
Töpferware
Höhe 45 cm
MIK,
Mus.-Nr. 7665

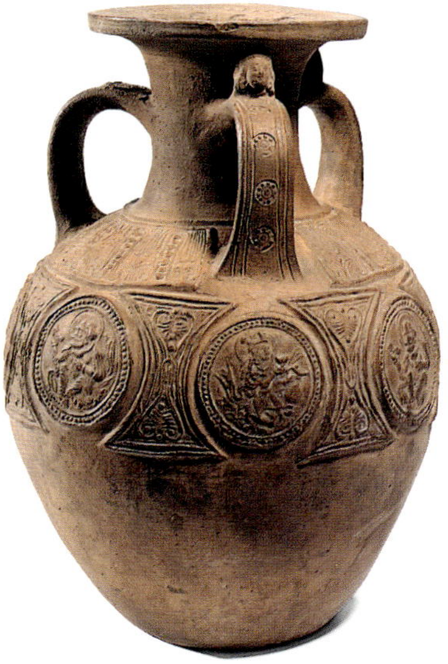

Das Wandbild zeigt den Buddha unter einem Baldachin auf einem Drachenschiff sitzend. Die große Körper-Aureole und der Nimbus beherrschen die fragmentarische Szene wie ein Blickfang. Der Baldachin scheint ziemlich künstlich ohne konstruktive Bindung zum Boot aufgesetzt. Wie die unten ins Bild hineinragenden Bergspitzen andeuten, befindet sich das Gefährt noch in unmittelbarer Nähe des Ufers. Wenn diese Deutung des Bildes stimmt, dürften wir in der kleinen Gestalt links einen Fährmann vermuten.

Thema dieses Bildes ist möglicherweise die Darstellung eines der letzten Wunder, die der Buddha vor seinem irdischen Tod vollbrachte. Es heißt, er habe sich von Rajagriha nach Vaiśali begeben wollen, mußte aber in der Nähe von Pataliputra den Ganges überqueren. Der Fluß führte Hochwasser und so war kein Bootsmann bereit, ihn ans andere Ufer zu bringen. Da machte der Buddha von seinen übernatürlichen Kräften Gebrauch und schwebte über das Wasser.

Kat.-Nr. 43
Der Buddha auf dem Drachenschiff

VR China, Autonomes Gebiet Sinkiang, Kyzil, Musikerchorhöhle;
600–650 n. Chr.
Wandmalerei
30,7 x 34 cm
MIK,
Mus.-Nr. III 8707

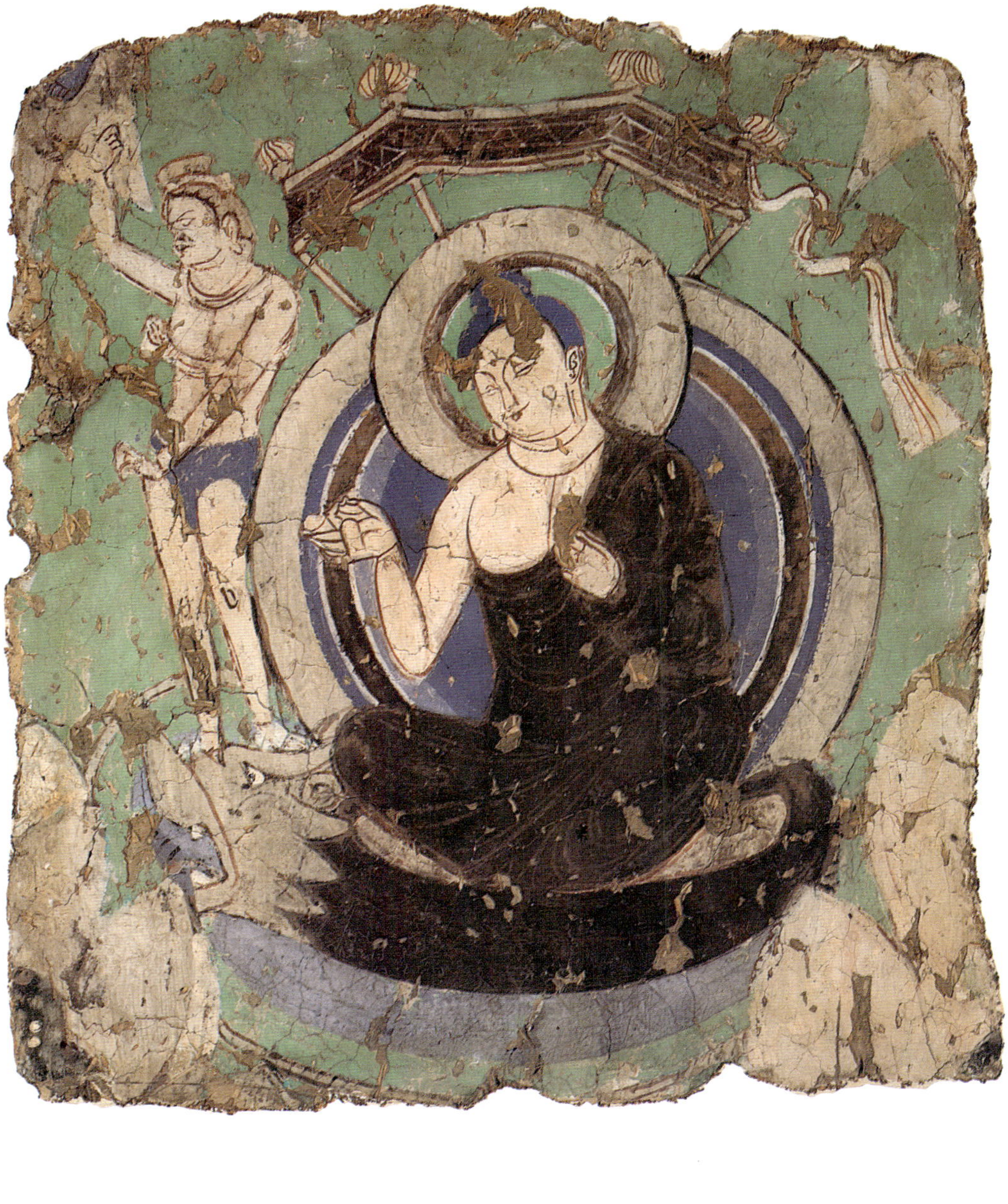

Niedere Gottheiten, die auf Bildwerken sehr häufig dargestellt werden, sind die Gandharvas, Kinnaras und Vidyādharas. Man sieht sie zumeist einzeln oder in Paaren zu den Seiten des Nimbus der großen Göttergestalten fliegen. Zu Ehren des Gottes tragen sie Girlanden oder streuen Blumen. Weibliche Wesen dieser Art, die freilich zumeist tanzend oder musizierend auftreten, sind die Apsaras, die göttlichen Tanzmädchen, deren Hauptaufgabe in der Unterhaltung der Götter besteht.

Die kleine auf Wolken schwebende Gestalt ist ein Gandharva. Er hält eine Blumenschale in den Händen und fliegt auf den Buddha zu, der unter einem großen Schirm sitzt. Seine Bewegung drückt sich in den flatternden Schalenden und dem langen, nachschwebenden Gewand aus.

Die Malerei ist im buddhistisch-chinesischen Stil ausgeführt, der vor allem im Gebiet der Turfan-Oase üblich war. Gegenüber dem indoiranischen Stil weist er einen freieren, leicht hingeworfenen Pinselstrich auf, der sich stärker individueller Ausdrucksformen bedient.

Kat.-Nr. 44
Gandharva

VR China,
Autonomes Gebiet
Sinkiang,
Kumtura,
Kinnarihöhle;
8./9. Jh. n. Chr.
Wandmalerei
68 x 41 cm
MIK,
Mus.-Nr. III 8913 a

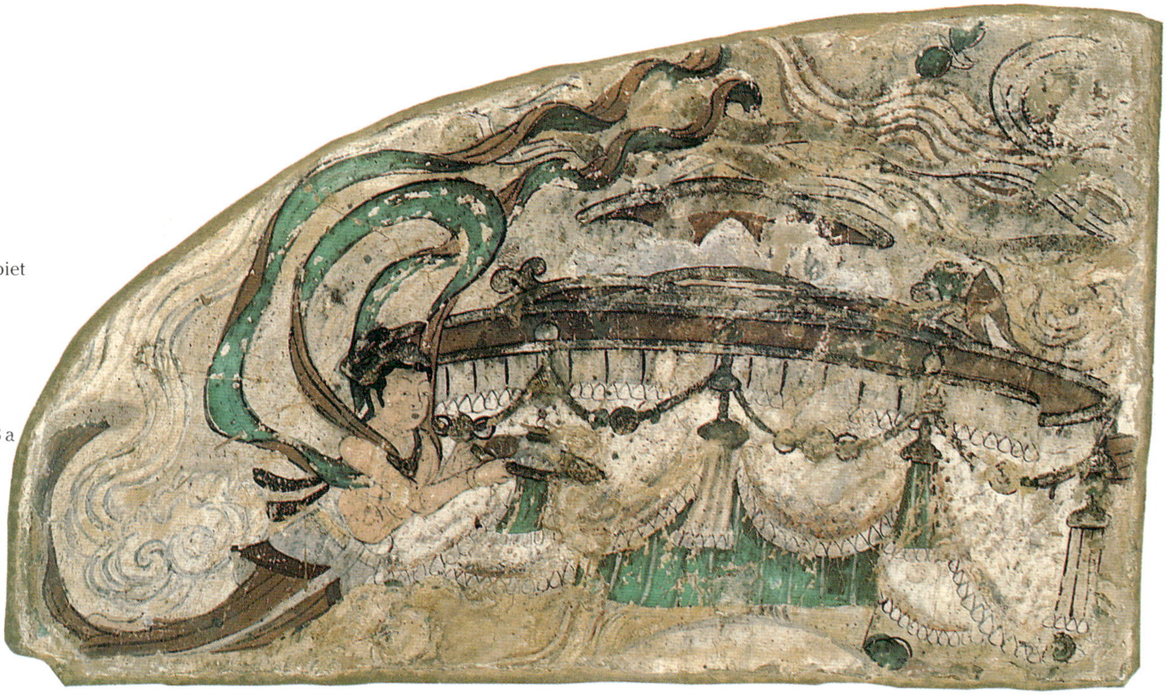

Neben den sehr stereotypen Figuren buddhistischer Gottheiten sind aus Zentralasien viele Darstellungen von Brahmanen erhalten, die in der Mehrzahl recht individuelle Züge tragen, sehr lebendig wirken und bisweilen auch große Originalität ausstrahlen.

Der von einem mandorlenähnlichen Schal umgebene, sitzende Brahmane ist mit einem Pantherfell und Wadenstrümpfen bekleidet. Ein Reif mit scheibenartiger Blüte legt sich um seinen Hals, an seinen Oberarmen trägt er Armreifen mit derselben Blüte. Von seinem zur Asketenfrisur hochgebundenen Haar sind Strähnen in die Stirn gekämmt, die sich – wie die seines vollen Bartes – schlangenartig herabringeln.

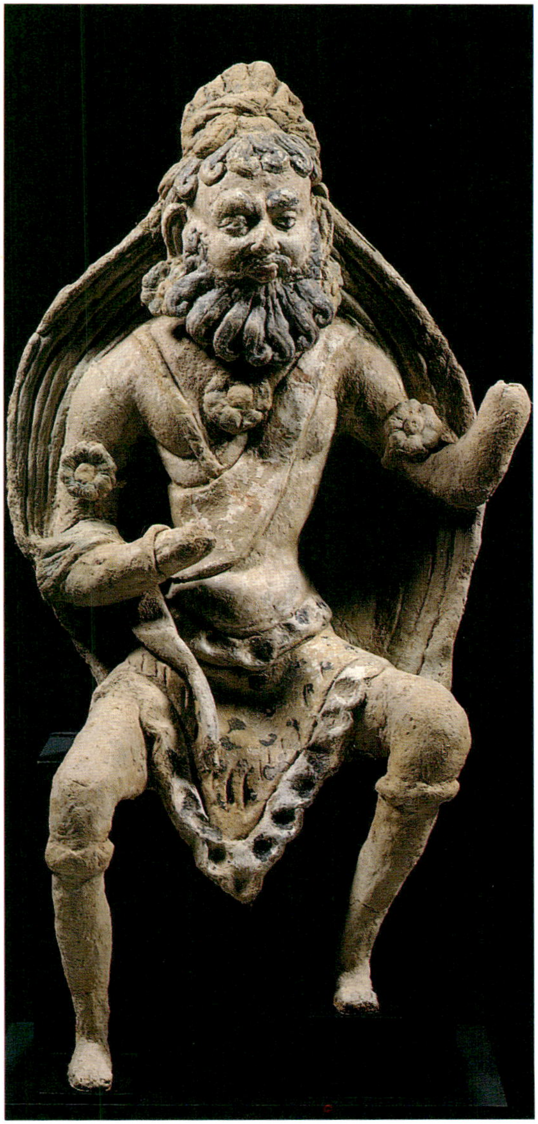

Kat.-Nr. 45
Brahmane

VR China,
Autonomes Gebiet Sinkiang,
Schorschuq,
Kirinhöhle;
7./8. Jh. n. Chr.
Lehm, bemalt
Höhe 45,8 cm
MIK,
Mus.Nr. III 8199 b

Die beiden Wände rechts und links der Höhle 7 in Schortschuq, auch Kirinhöhle genannt, waren mit Reihen von - wie es scheint — Stifterbildern verziert, zu denen vermutlich auch diese Gruppe gehörte. Sie setzt sich zusammen aus zwei Paaren: das zerfurchte Gesicht und die gebeugte Gestalt des ersten Mannes links sollen wohl sein hohes Alter andeuten. Er trägt einen ungewöhnlichen, großen schwarzen Hut mit breiter, an den Seiten etwas aufgebogener Krempe, in dessen Mitte sich ein runder, hoher Aufsatz erhebt. Mit einem orangenen Band ist er unter dem Kinn befestigt. Sein langes, bis auf den Boden fallendes Gewand ist weißgelb mit rotgelbem Besatz über der Brust. Das Gesicht ist deutlich übermalt; die Stirnfalten, Konturen des Nasenbogens und die Augen erscheinen doppelt.

Die zu seiner Linken neben ihm stehende, größere Frau trägt ein kurzärmliges gelbes Jäckchen; am Halsausschnitt deutet sich ein orangenes Unterkleid an, dessen Ärmel die Unterarme bedekken. Ihr bodenlanges, faltenreiches, rötlichweißes Kleid scheint in der Mitte geschlossen. Über dem kreideweißen, unbeweglichen Gesicht türmt sich eine hohe Frisur auf, die von einem Band und Schmuckkämmen gehalten wird.

Die folgende Gestalt ist wieder die eines älteren Mannes, der das gleiche Gewand trägt wie der erste. Doch besteht seine Kopfbedeckung aus einem kroneähnlichen Hut, von dem hinten ein rotes Tuch herabfällt.

Die zweite Frauengestalt ist in jeder Einzelheit identisch mit der ersten, nur trägt sie ein grünes Kleid.

Die Gruppe vermittelt durch die ungewöhnliche Kopfbedeckung der Männer einen etwas fremdartigen Eindruck.

Kat.-Nr. 46
Stiftergruppe (?)

VR China,
Autonomes Gebiet
Sinkiang,
Schortschuq,
Kirinhöhle;
8./9. Jh. n. Chr.
Wandmalerei
37,8 x 48,5 cm
MIK,
Mus.-Nr. III 8378

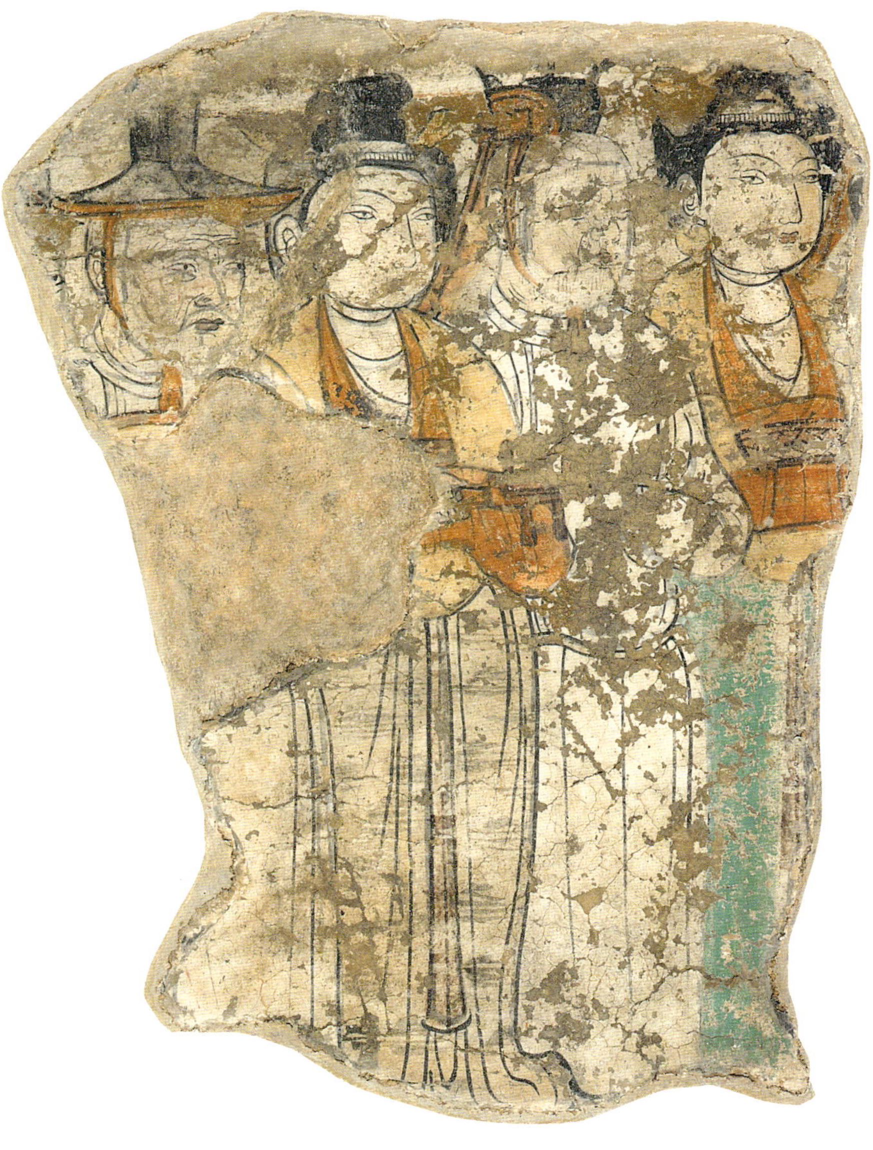

Das flächige Gesicht der Gottheit scheint ausdruckslos; das Haar ist auf dem Hinterkopf zu einer kunstvollen, schleifenartigen Frisur gebunden; ein keckes, kleines, blütenbesetztes Hütchen thront davor auf ihrem Kopf. Ein Tuch weht um ihr mantelähnliches, nach rechts geschlossenes Gewand. Die Gottheit hält eine Schale mit Blüten in den Händen.

Dämonendarstellungen sind aus Zentralasien hinreichend bekannt, besonders im Zusammenhang mit dem Angriff des buddhistischen Versuchers Māra und seines Heeres auf den Bodhisatva. Doch bei diesem hier dargebotenen Stück scheint weniger ein furchterregender Geist gemeint zu sein, als eine skurrile Maske, wie wir sie noch heute in den Himalaja-Ländern finden.

Eine helmförmige, breite Kappe schmückt den Kopf. Die hervorquellenden Augäpfel unter den gar nicht drohend geschwungenen Brauen, die breite Nase und der große, ausdrucksvolle Mund geben dem Gesicht eine amüsante Note. Die starke Bemalung unterstreicht seinen maskenartigen Ausdruck.

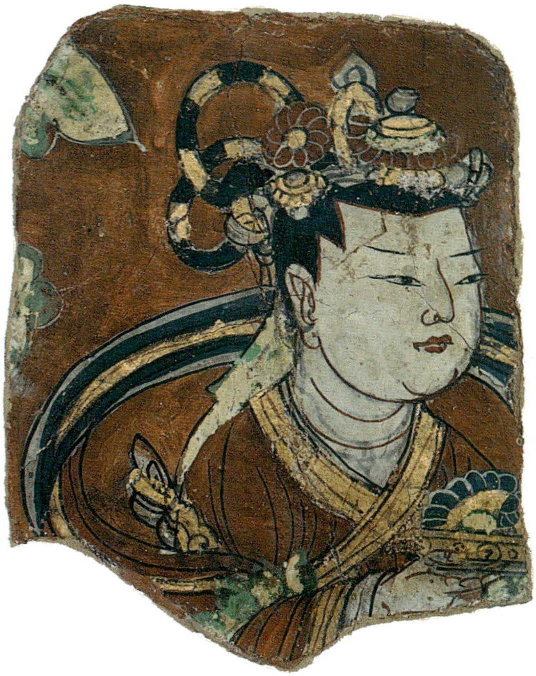

Kat.-Nr. 47
Gottheit mit Blütenschale

VR China,
Autonomes Gebiet
Sinkiang, Sängim
9. Jh. n. Chr.
Wandmalerei
15 x 19 cm
MIK,
Mus.-Nr. III 6761.

Kat.-Nr. 48
Dämonenkopf

VR China,
Autonomes Gebiet
Sinkiang, Sängim,
Kleiner Stūpa
8./9. Jh. n. Chr.
Lehm, bemalt
Höhe 30,3 cm
MIK,
Mus.-Nr. III 8560

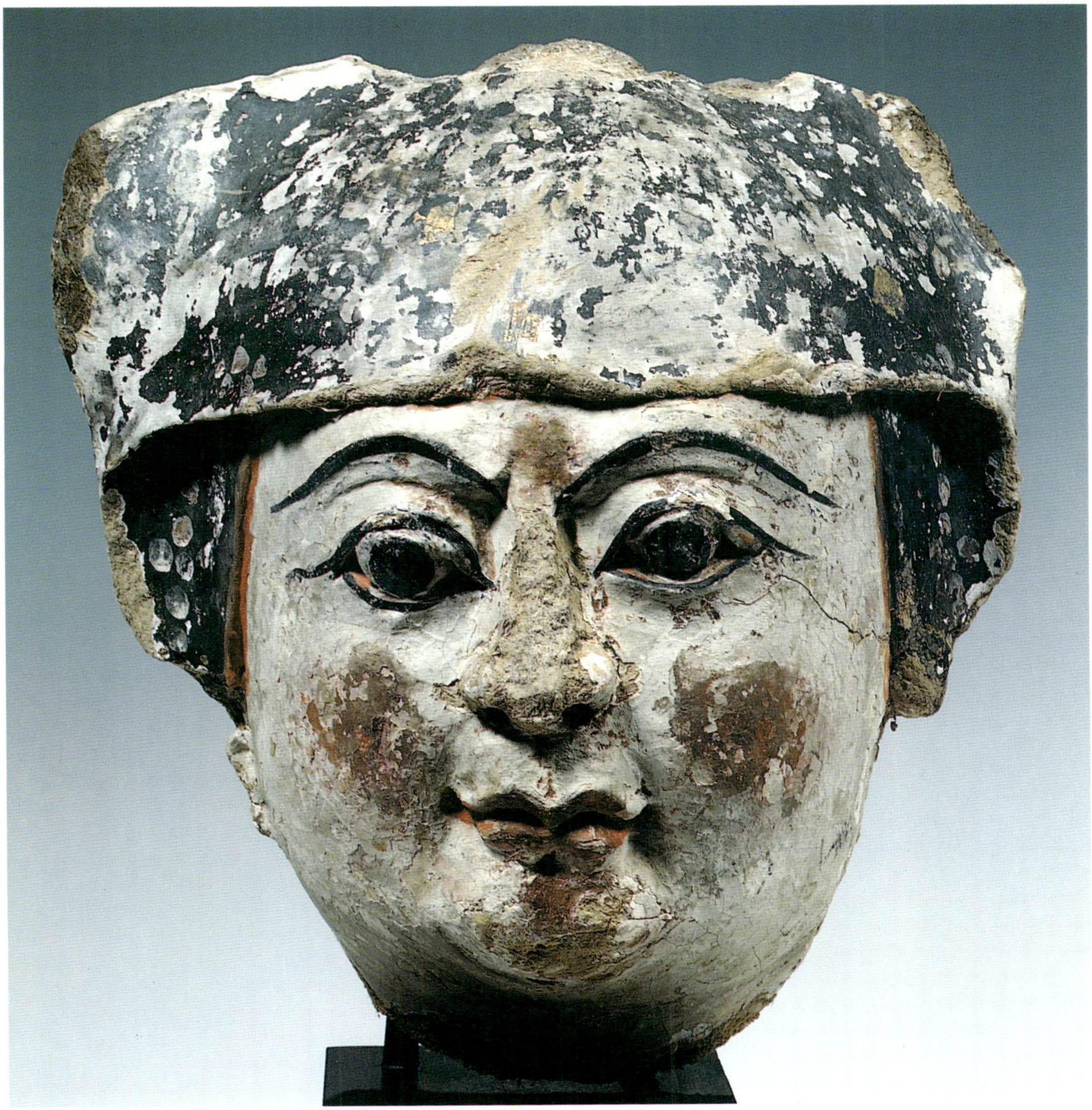

Dieses sehr ausdrucksvolle Gesicht eines Dämons wirkt furchterregend durch die unter dichten, gedrehten Augenbrauen hervorquellenden und seitwärts gerichteten Augäpfel, das große dritte Auge auf der Stirn und die Hauer in dem geöffneten Mund.

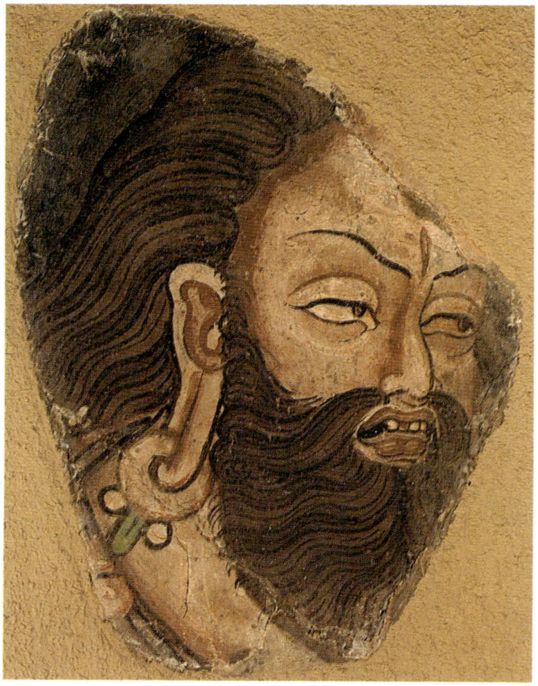

Kat.-Nr. 50
Kopf eines Brahmanen

VR China, Autonomes Gebiet Sinkiang, Bäzäklik, Tempel 9; Wandmalerei
15,5 x 20 cm
MIK,
Mus.-Nr. III 6756

Zu den wichtigsten Ausgrabungsstätten im Turfan-Gebiet (im Ostteil des heutigen Autonomen Gebietes Sinkiang) gehören die südlich des Dorfes Murtuq gelegenen Tempel von Bäzäklik („Platz, an dem es Malereien und Ornamente gibt"). Die Tempel liegen an einer schwer zugänglichen Stelle in der Nähe des Sängim-Flusses; die Örtlichkeit entspricht dem Bestreben der Mönche, ihre Tempel und Wohnsiedlungen so weit entfernt wie möglich vom weltlichen Leben zu erbauen. In Bäzäklik sind mehrere hundert Tempel erhalten, zum großen Teil Freibauten, die einst durch hölzerne Vorhallen miteinander verbunden waren, oder in Stein geschnittene Höhlentempel. Im Schutt des Tempels 9, in dem viele wichtige Wandmalereien gefunden wurden, stieß man auf den abgebildeten Brahmanenkopf. Der Brahmane scheint erregt einer Diskussion beizuwohnen. Seine langen, bewegt flatternden Haarsträhnen, der dichte Bart und der leicht geöffnete Mund, in dem einige Zähne sichtbar werden, unterstreichen den aufgebrachten Eindruck. Stilistisch geht diese Malerei, entgegen den meisten anderen hier gefundenen, auf indisch beeinflußte Vorbilder zurück.

Kat.-Nr. 49
Blaufarbiger Dämon

VR China, Autonomes Gebiet Sinkiang, Sängim; 8./9. Jh. n. Chr.
Lehm, bemalt
Höhe 21,7 cm
MIK,
Mus.-Nr. III 8541

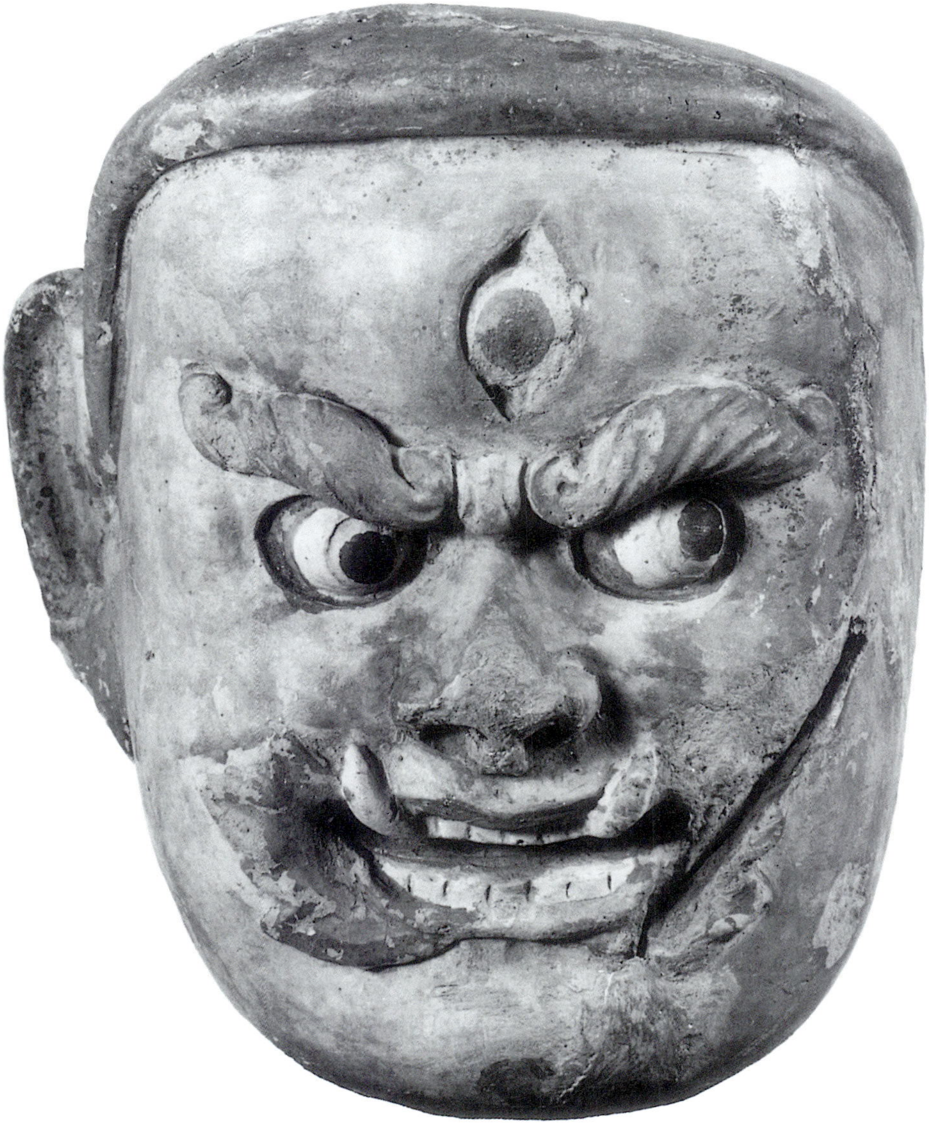

Dieses Hängebild trägt die Darstellung der Göttin Hāritī, der Schutzgottheit der Kinder. Sie sitzt auf einem reich verzierten, bankartigen Thron, ist nach links gewandt und reicht einem Säugling, der auf ihrem Schoß liegt, die Brust. Die Göttin trägt ein weißgefüttertes, karminrotes Kopftuch, das dem des Bodhisatva Kṣitigarbha sehr ähnlich ist. Es ist mit bestickter Schmuckborte eingefaßt und wird durch zwei seitliche Bänder in Ohrhöhe auf dem Hinterkopf zu einer Schleife gebunden. Den Kopf der Hāritī umgibt ein gelbroter Nimbus. Geschmückt ist die Göttin nur mit Ohrringen und einer aus dunklen Perlen zusammengestellten, eng dem Hals anliegenden Kette. Sie trägt ein rotes, auf die Füße herabfallendes, in der Mitte geschlossenes Gewand, dessen Kragen und Ränder mit der gleichen gestickten Borte versehen sind wie das Kopftuch. Gelbe, durch zwei im rechten Winkel aufeinanderstehende schwarze Linien in vier Felder geteilte Rauten bilden die Musterung des Kleides. Ihr rechter, erhaltener Fuß steckt in einem zierlichen, dunkelgefärbten Ballerinaschuh und ruht auf dem mit Rankenornament verzierten Untergestell des Thrones.

Um die zentrale Figur der Hāritī gruppieren sich acht recht klein dargestellte spielende Kinder, die dicken chinesischen Putten gleichen. Ihre Körper sind bis auf ein durch die Beine gezogenes und auf dem Rücken zu einer Schleife gebundenes Hüfttuch nackt. Sie gehen verschiedenen Tätigkeiten nach: Einige spielen Ball, einer macht auf einer Gitarre Musik, ein anderer trägt eine große Schüssel mit geschnittenen Melonenscheiben, und wieder ein anderer hat ein Wassergefäß auf dem Kopf.

Kat.-Nr. 51
Bildnis der
Göttin Hāritī

VR China,
Autonomes Gebiet
Sinkiang, Yarchoto
9. Jh. n. Chr.
Malerei auf Stoff
(Ramie)
37 x 51 cm
MIK,
Mus.-Nr. III 6302

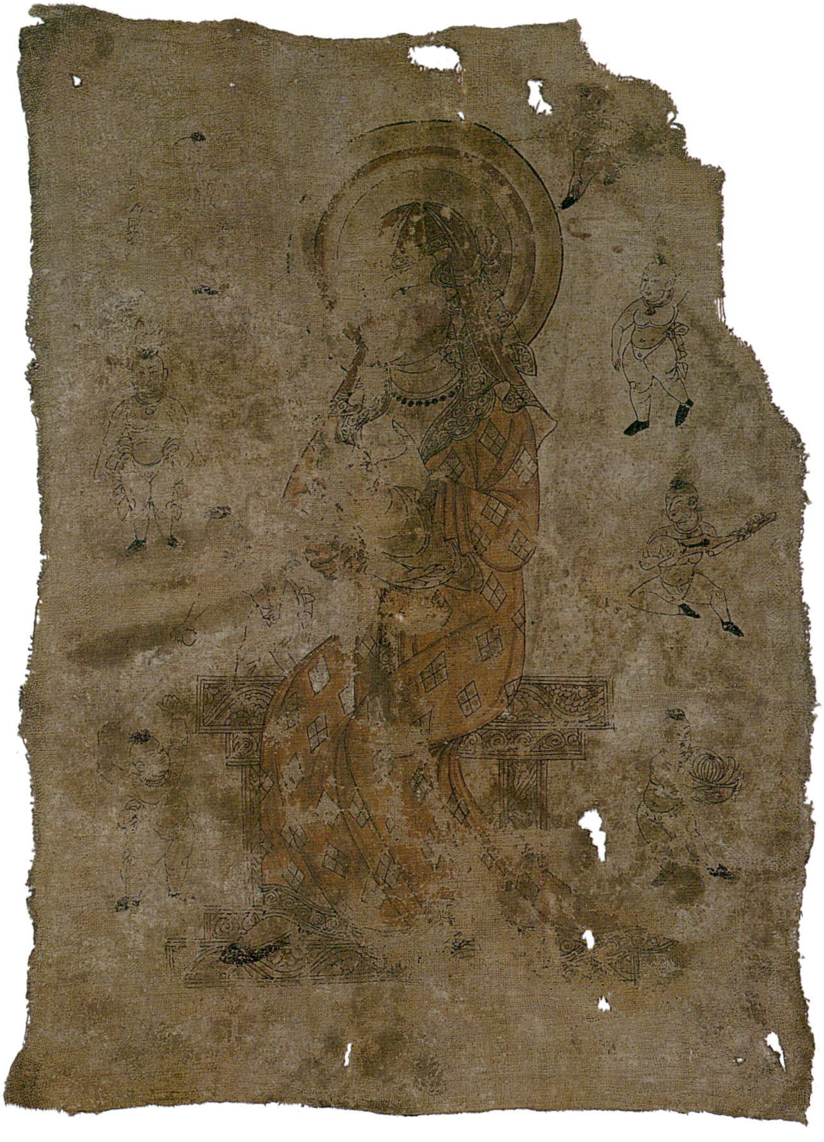

Trotz zahlreicher fehlender Teile ist dieses Andachtsbild noch gut zu erkennen. In hieratischer Strenge thront der Bodhisatva Avalokiteśvara in Meditationshaltung auf einem Lotus, dessen Stamm aus einem Teich aufwächst. Zu beiden Seiten des Stammes stehen zwei kleine Adoranten, die vermutlich einst weiße Gewänder trugen.

Avalokiteśvara hat die Rechte im Gestus der Argumentation erhoben, die Linke hält er vor seinen Leib. Auf der Handfläche steht eine Flasche, in der sich göttlicher Nektar befindet.

Der reich gekleidete und geschmückte Bodhisatva trägt in seiner Krone – ein Anhänger der Krone ist auf dem Bild noch zu erkennen und zeugt von der Pracht, mit der der Künstler ihn ausgestattet hat – das Bildnis des Buddha Amitābha. Kopf und Körper des Avalokiteśvara sind von Nimbus und Mandorla hinterfangen, die weiße Perlmusterornamente aufweisen.

Den Bodhisatva Avalokiteśvara umgeben auf dunkelblauem Grund, in den Wunschjuwelen eingestreut sind, je drei Bodhisatvas links und rechts, die möglicherweise seine Erscheinungsformen darstellen sollen. In der Mitte links sitzt, in ein weißes Gewand gehüllt, ein weißes Tuch über dem hohen Kopfputz, eine der chinesischen Erscheinungsformen Avalokiteśvaras, die sog. Baiyi Guanyin, die Weiße-Gewand-Guanyin (Guanyin = chinesischer Name des Avalokiteśvara), oder die sog. Songzi Guanyin, die Kinderspenderin Guanyin. Die Figur hier hat die rechte Hand erhoben und deutet mit dem Zeigefinger auf ein Kind, das sie auf ihrer linken Handfläche trägt. Die anderen fünf Bodhisatvas weisen sich nicht durch besondere Attribute aus. Ihre Größen sind unterschiedlich.

Über dem Kopfnimbus der Zentralfigur liegt ein rotes Wolkengebilde, aus dem zehn Äste aufsteigen, die vermutlich Lotussockel trugen, auf denen je ein Buddha in Meditationshaltung sitzt. Die Buddhas tragen alternierend braune und rote Gewänder. Der Buddha ganz rechts ist nicht mehr erhalten. Vermutlich handelt es sich um die Gruppe der zehn Buddhas, die im Amitābha-Kult je einer der zehn Richtungen zugeordnet werden.

In der unteren Bildzone knien links und rechts einer Kartusche mit uigurischer Stifterinschrift je drei Frauen und Männer. Von den männlichen Stifterfiguren sind nur noch Teile der Köpfe erhalten. Die Frauen tragen uigurische Gewänder mit breiten Bordüren. Frisuren und Make-up sind chinesisch, wie an der mittleren der drei Frauen deutlich wird.

Die Inschrift ist zum großen Teil unleserlich, dennoch gehen daraus hervor: der Name des Stifters, die Nennung der „guten Tat" der Stiftung des Bildes (die entsprechende Stelle selbst ist nicht mehr zu entziffern) und der Wunsch, daß die in dem Text genannten Personen aus der Wiedergeburt in schlechte Existenzformen befreit werden und die Buddhaschaft erlangen mögen. Im Text wird u. a. auch der Begriff triratna, d. h. „Drei Edelsteine", erwähnt. Im volkstümlichen Buddhismus wird damit vielfach eine Dreier-Konfiguration in Tempeln bezeichnet. Hier dürfte es sich um die Darstellung des Buddha Amitābha, links neben ihm des Bodhisatva Avalokiteśvara und rechts neben ihm des Bodhisatva Mahāsthāmaprāpta oder Manjuśri gehandelt haben. So können wir annehmen, daß dieses Andachtsbild den linken Teil eines Triptychons gebildet hat.

Kat.-Nr. 52
Bodhisatva
Avalokiteśvara

VR China,
Autonomes Gebiet
Sinkiang, Murtuq;
9./10. Jh. n. Chr.
Malerei auf Stoff
(Ramie)
59 x 95 cm
MIK,
Mus.-Nr. III 8559

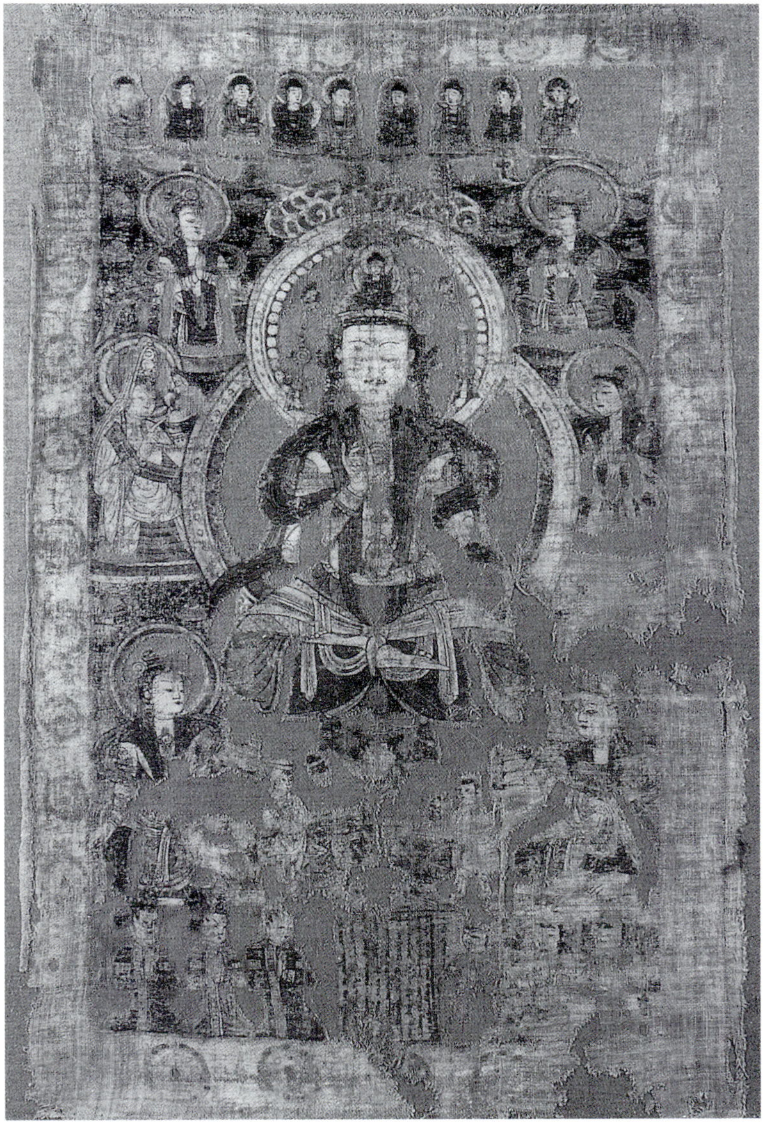

Der Lokapāla stand vermutlich auf einem kauernden Dämon. Er ist als General in voller, beweglicher Rüstung dargestellt. Er wird von dem wehenden Schal umflattert, der hinter seinen Schultern sich aufbauschend die martialische Stärke des Kriegers noch mehr betont. Sein Kopf ist von einem Nimbus umgeben; Haarbänder, die den Kopfschmuck halten, flattern im Wind. Unter der Rüstung, die vermutlich aus lackierten Lederelementen bestand, trägt der Lokapāla ein langes Gewand, das vorne die Beine bis über die Knie freiläßt. Die Beine stekken in lockeren Hosen, die unterhalb der Knie mit Bändern zusammengerafft werden. Die Bildspitze enthält auf einst violettem Grund eine kleine Buddhafigur in Meditationspose. Der Hintergrund war mit einem Rankendekor ausgefüllt. Von der eigentlichen Bildfläche ist dieses Dreieck durch ein Dekorband, das vom Nimbus überschnitten wird, abgetrennt.

Die Wirkung dieser bescheidenen Schablonenmalerei beruhte wohl früher auf der Leuchtkraft der opalen Farben rot, blau, grün und violett.

Kat.-Nr. 53
Lokapāla

VR China,
Autonomes Gebiet
Sinkiang, Toyoq;
9. Jh. n. Chr.
Malerei auf Stoff
(Ramie)
28 x 47 cm
MIK,
Mus.-Nr. III 7305

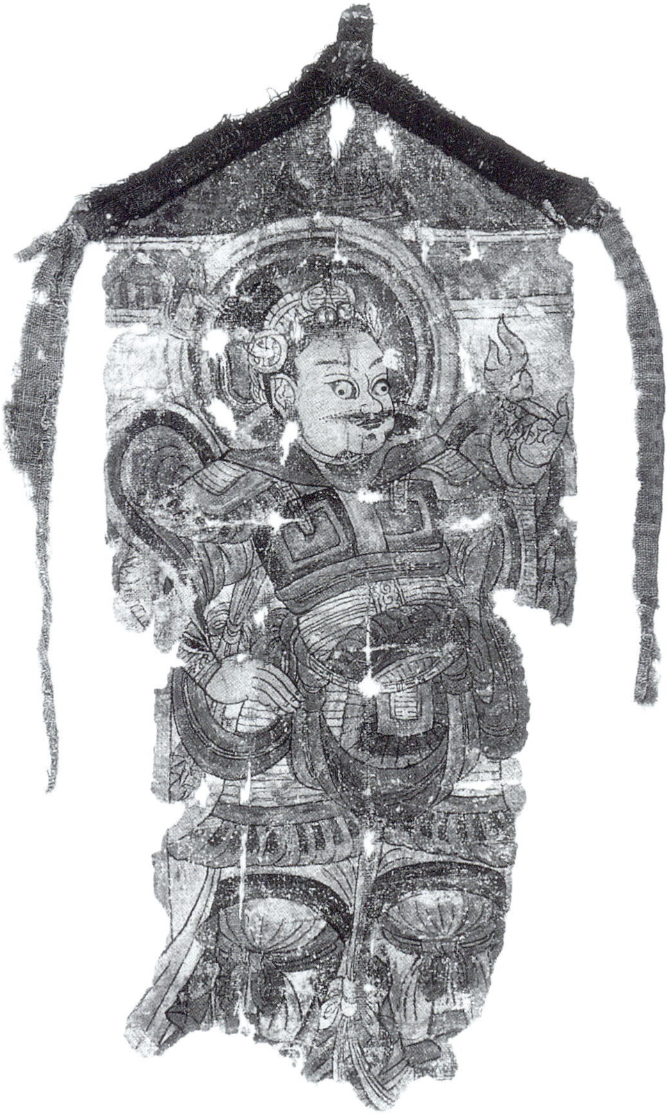

Zeittafel

7.-9. Jh.	Tibetisches Großreich Durch die Heirat des Königs Srongtsen Gampo (Sroṅ-brtsan-sgam-po, 627-649) mit der nepalesischen Prinzessin Wen Cheng wird der Überlieferung nach der Buddhismus eingeführt. Förderer des Buddhismus sind vor allem die Könige Trisong Detsen (Khrisrong-lde-brtsan, 755-797) und König Ralpachen (Ral-pa-can, 816-836). Der Magier Padmasambhava gründet 775 Samye, das erste Kloster auf tibetischem Boden. Unter König Langdarma (Glaṅg-dar-ma, 836-842) wird der Buddhismus unterdrückt; mit der Ermordung Langdarmas durch einen buddhistischen Mönch zerbricht das tibetische Großreich.
866	Angehörige des tibetischen Königshauses wandern nach Westtibet aus. Wiederbelegung des Buddhismus in Westtibet.
958-1054	Atiša; seit 1042 Missionstätigkeit in Tibet. Atišas Schüler Drontön ('Brom-ston) gründet die Kadampa-Schule.
1012-1096	Marpa, der Gründer der Kagyüdpa-Schule (bKa'-rgyud-pa)
1040-1123	Milarepa, Schüler des Marpa, bedeutender Mystiker, Asket und Dichter
1073	Gründung des Klosters Sakya (Sa-skya)
1249	Der Sakya-Pandit wird von dem Mongolenherrscher Khubilai Khan als Herrscher von Tibet eingesetzt. Beginn der lamaistischen Mongolenmission.
1260	Kublai Khan verleiht dem Sakya-Lama Phagpa ('Phags-pa) den Titel „Reichslehrer", wodurch dieser die oberste geistliche Autorität im östlichen Teil des Mongolenreiches wird.
1357-1419	Tsongkhapa; Reformator und Gründer der Gelugpa-Schule, in der der Kadampa-Orden aufgeht.
1391-1475	Gedün Drubpa (dGe-'dun-grub-pa); Neffe und Schüler des Tsongkhapa. Er wird nachträglich als erster Dalai Lama anerkannt.
1577	Sonam Gyatso (bSod-nams rGya-mtsho) (3. Dalai Lama erhält von dem Mongolenherrscher Altan Khan den Titel Dalai Lama und initiiert die zweite Mongolenmission.
1617-1680	Der 5. Dalai Lama etabliert mit mongolischer Hilfe die Herrschaft des Gelugpa-Ordens und wird geistlicher und weltlicher Herrscher von Tibet.
Seit 1720	Zunehmender Einfluß der Mandschu-Kaiser, die seit 1644 China beherrschen, auf Tibet.
1876-1933	Tubten Gyamtso (Thub-bstan rGy-mtsho), 13. Dalai Lama.
1911	Revolution in China, Ende der Mandschuherrschaft. Ende des chinesischen Einflusses auf Tibet.
1935	Geburt des 14. Dalai Lama.
1950/51	Die chinesische Volksbefreiungsarmee besetzt Tibet.
1959	Flucht des Dalai Lama während des tibetischen Aufstandes. In der Folgezeit werden nahezu alle Klöster und Tempel in Tibet zerstört.

TIBET

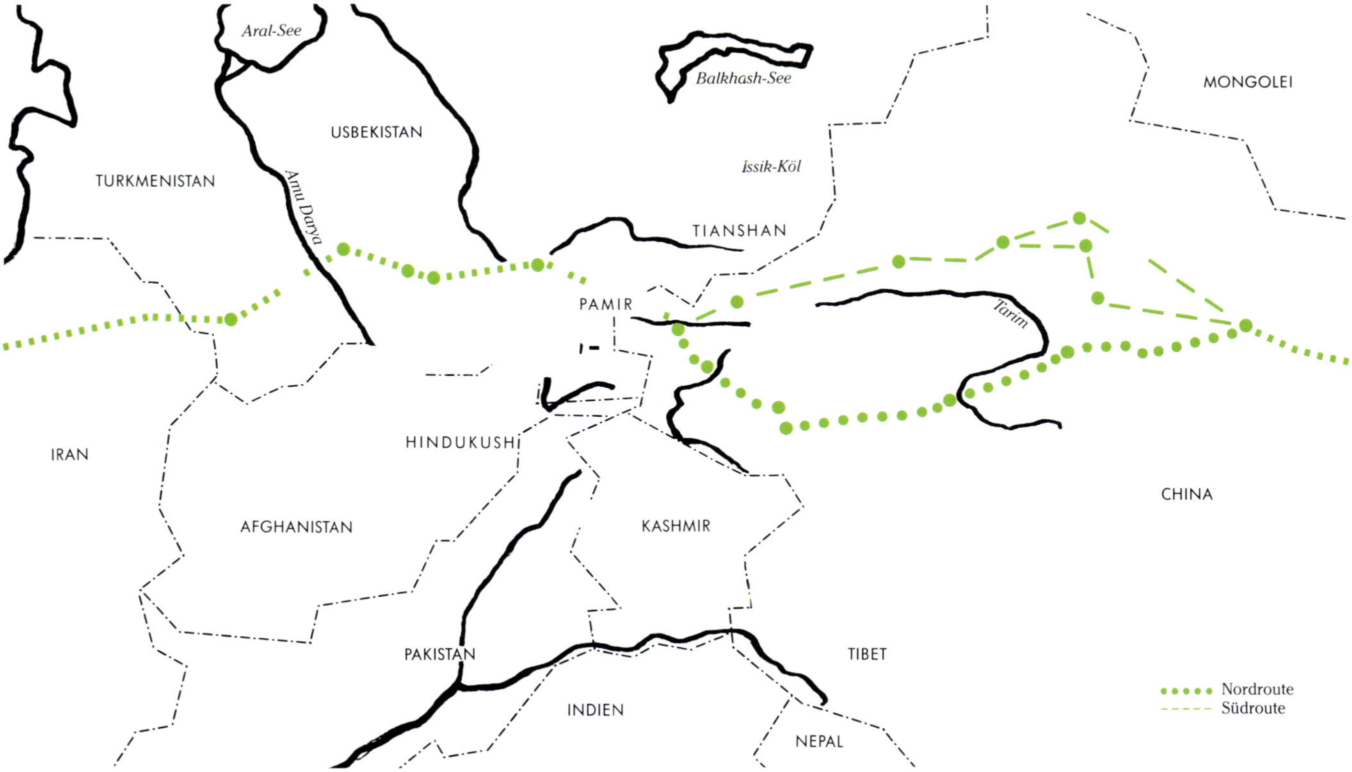

Aral-See
Balkhash-See
MONGOLEI
USBEKISTAN
Issik-Köl
TURKMENISTAN
Amu Darya
TIANSHAN
PAMIR
Tarim
IRAN
HINDUKUSH
CHINA
AFGHANISTAN
KASHMIR
PAKISTAN
TIBET
INDIEN
NEPAL
Nordroute
Südroute

Der tibetische Buddhismus

Günter Grönbold

Einleitung

Als sich der Buddhismus im 8. Jh. in Tibet ausbreitete, waren die Länder um Tibet herum schon lange buddhistisch. Nach Nepal und Birma soll der Buddhismus bereits zu Zeiten Kaiser Aśokas (ca. 268–232 v. Chr.) gekommen sein. Nach Afghanistan und weiter nach Zentralasien verbreitete er sich unter der Herrschaft der zentralasiatischen Kuṣāṇas, etwa im 1. Jh. n. Chr. Nach China kam er verstärkt seit Mitte des 2. Jh., nach Korea Ende des 4. Jh. Von dort setzte er Mitte des 6. Jh. nach Japan über.

Daß Tibet den Buddhismus so spät übernahm, lag zum einen daran, daß die Handelswege zwischen Indien und Zentralasien um Tibet herumführten, zum anderen daran, daß erst im 7. Jh. ein tibetisches Reich geschaffen wurde, in dem verschiedene Stämme vereint wurden. Aber daß Kontakte an der Peripherie Tibets schon früher erfolgten, ist doch sehr wahrscheinlich. Es gibt nämlich Hinweise, wonach osttibetische Stämme bereits im 4. Jh. buddhistisch beeinflußt waren (Dargyay S. 5).

Die Übernahme des Buddhismus forderte den Tibetern eine gewaltige intellektuelle und religiöse Leistung ab. Fanden sie doch den Buddhismus gleichzeitig existierend in den verschiedenen Formen vor, die sich in Indien herausgebildet hatten, und mußten alles auf Buddha als Lehrer zurückführen. Sie mußten unter einen Hut bringen, daß er die strengen Mönchsregeln erlassen haben soll, alles dem Wesen nach als leer (śūnya) seiend erklärt und magische Riten gelehrt haben soll. Aber sie lösten das Problem dadurch, indem sie sagten, die verschiedenen Lehren seien für Menschen auf verschiedenen Entwicklungsstufen bestimmt.

Der tibetische Buddhismus wird im Westen häufig „Lamaismus“ genannt. Das weist auf die wichtige Stellung des Bla-ma („Oberer“, Meister; Sanskrit Guru) hin. Doch ist der Ausdruck nicht einheimisch. In Tibet wird der Buddhismus nur als „Chos“ (Lehre) bezeichnet. Solch ein (geistiger) Meister muß aber nicht unbedingt ein Mönch sein. Er kann auch als Hausvater (wie z. B. Mar-pa) oder Einsiedler (wie Mi-la-ras-pa) in der Überlieferungstradition einer Lehre stehen und diese dann weitergeben. Das unterscheidet Tibet von den anderen buddhistischen Ländern.

Geschichte des tibetischen Buddhismus

Die Erforschung der Geschichte des Buddhismus in Tibet stützt sich hauptsächlich auf die einheimischen Religionsgeschichten (chos 'byuṅ), von denen es mehrere gibt. Dabei ist aber zu berücksichtigen, daß diese Texte z.T. sehr spät geschrieben wurden und daß sie jeweils den (Ordens-)Standpunkt des Autors wiederspiegeln. Sie dürfen also nicht immer wörtlich genommen werden. Hier ist die Wissenschaft noch an der Arbeit, und unser Bild der geschichtlichen Vorgänge wird in Zukunft noch manchmal zu berichtigen sein.

Die Einführung des Buddhismus in Tibet erfolgte in zwei Missionswellen, die von einer Verfolgung unterbrochen wurden. Die Tibeter sprechen von der „früheren" und der „späteren Verbreitung" (sṅa dar und phyi dar) der Lehre.

Der Tradition nach soll bereits der König Lha-tho-tho-ri im Jahre 233 n. Chr. Gegenstände des Buddhismus erhalten haben. Aber erst der Reichsgründer Sroṅ-btsan-sgam-po (ca. 620–649) ließ eine Schrift schaffen, nach indischem Vorbild übrigens. Erst jetzt konnte man also schreiben und lesen. Er heiratete eine chinesische Prinzessin, eine Buddhistin. Sie errichtete in der neuen Hauptstadt Lhasa einen Tempel für eine mitgebrachte buddhistische Statue. Doch kann man noch nicht davon sprechen, daß der Buddhismus bereits eingeführt worden wäre. Ob ihn der König förderte, ist nicht sicher, auf jeden Fall duldete er ihn. Viel später wurde Sroṅ-btsan-sgam-po zur Inkarnation des Bodhisatvas sPyan-ras-gzigs (skt: Avalokiteśvara) erklärt.

Die neue Lehre stieß freilich nicht in ein religiöses Vakuum. Es gab bereits einen Glauben, den wir bisher mangels genauerem Wissen „Bon" nannten, der aber vermutlich „gTsug-lag" hieß und in dem ein Königskult praktiziert wurde. Diese „Bon"-Religion unterscheidet sich stark von dem, was in späterer Zeit, ja bis heute, so genannt wird.

Unter den zwei Nachfolgern Sroṅ-btsan-sgam-pos hören wir nicht viel über Religion. Dafür tat sich politisch Bedeutendes. Tibet weitete seine Herrschaft bis nach Zentralasien aus und besiegte wiederholt chinesische Armeen. Von 670 bis 692 und wieder von 790 bis ca. 860 beherrschte Tibet große Teile Turkestans.

Erst unter König Khri-lde-gtsug-btsan (705–755) erfahren wir wieder Konkretes. Auch dieser König heiratete eine chinesische Prinzessin. Mönche aus China und Turkestan kamen nach Tibet; doch die Adelsfamilien bewirkten, daß sie ausgewiesen wurden.

Unter dem Nachfolger Khri-sroṅ-lde-btsan (755–797) erreicht nicht nur die tibetische Macht ihren Höhepunkt (die chinesische Hauptstadt wird besetzt, Teile Nordindiens werden zeitweise tibetisch), auch der Buddhismus erfährt nun größte Förderung. Grund dafür ist der Machtkampf des Königs mit den Adelsfamilien. Diese hingen weiterhin der alten Religion an. Mit dem Buddhismus baute der König ein Gegengewicht dazu auf. In seiner Zeit wurden die Grundsteine der Bekehrung Tibets gelegt. Wegen der zentralasiatischen Eroberungen ist der Einfluß von Mönchen aus China und Zentralasien nicht gering. Es beginnt jetzt auch die Übersetzertätigkeit: Buddhistische Werke werden aus den indischen Sprachen, aber auch aus dem Chinesischen und sogar dem Uigurischen übertragen. Um ein mögliches Übergewicht Chinas in der Religion zu verhindern, werden Meister aus Indien geholt: Śāntarakṣita sowie Padmasambhava. Letzterer, ein Tantriker, sollte vielleicht die Verbindung zur einheimischen Religion herstellen.

Padmasambhava wurde später der große Lehrer der rÑiṅ-ma-pa-Schule. Von ihnen wird er zum „zweiten Buddha" hochstilisiert. In Indien ist er aber historisch kaum faßbar. Und auch die tibetischen Texte über ihn stammen aus viel späterer Zeit.

Das erste Kloster wurde 775 in bSam-yas gegründet, und sieben Tibeter einige Jahre später als Mönche ordiniert. Kloster und Mönche erhielten reiche Zuwendungen, was den Adel wohl weiter verärgerte. Zwischen den indischen Lehrern, die schon verschiedenen Richtungen angehörten, und den chinesischen gab es auch dogmatische Differenzen. In einem Disput, der sich in bSam-yas zwei Jahre hinzog (792–794), stritten sich Vertreter beider Gruppen. Die Inder (besonders Kamalaśīla) vertraten die Meinung, daß Erlösung nur durch den Weg eines Bodhisatva, der über viele Stufen führt, zu erlangen sei. Dagegen sollen die Chinesen (Hva-śaṅ Mahāyāna) der Meditationsschule (Dhyāna, chines. Ch'an, japan. Zen) angehört und gelehrt haben, das spontane Gewahrwerden der eigenen Buddhanatur könne in einem Leben die Erlösung bringen.[1] Dieser Gegensatz hätte eigentlich nicht so bedeutsam sein müssen, da die buddhistischen Schulen sonst untereinander z.T. durchaus tolerant waren. Hier handelte es sich aber auch um eine politische Angelegenheit. Und der vom König verkündete Sieg der Inder bedeutete die geistige und kulturelle Hinwendung und Öffnung Tibets nach Indien. Interessanterweise beanspruchen in den chinesischen Quellen die Chinesen den Sieg. Dem widerspricht aber die weitere Entwicklung. Bestimmte Lehren der chinesischen Schule wurden allerdings von den rÑiṅ-ma-pa weitergeführt.

[1] Die genauen Positionen beider Diskussionsteilnehmer sind aber noch nicht völlig geklärt.

Unter den zwei folgenden Königen hören wir nicht sehr viel, doch müssen die Buddhisten aktiv gewesen sein, besonders im Übersetzen der Lehrtexte und Kommentare. Das führte dazu, daß unter Ral-pa-can (815–838) eine Kommission die Übersetzung der Sanskrit-Termini (man übertrug jetzt nur noch indische Texte) in einem Wörterbuch festlegte. Das hatte zur Folge, daß die tibetischen Übersetzungen, die auch sonst ganz wörtlich gemacht wurden, noch heute eine große Hilfe bei der Edition von buddhistischen Werken aus Indien sind. Klöster und Tempel wurden errichtet. Politisch war der König aber schwach: Ein buddhistischer Mönch führte die Regierungsgeschäfte. Dagegen erhoben sich schließlich die Adeligen und ermordeten den König. Sie krönten den Bruder des Toten, Glaṅ-dar-ma (838–842), und er verfolgte nun den Buddhismus, soll Klöster und Tempel entweiht und geschlossen sowie die Mönche laisiert haben. Der genaue Umfang der Verfolgung ist aber noch nicht sicher geklärt.

Auf diese Situation geht wohl die spätere Vorstellung der Rotmützen-Schule von den sog. „Schatz"-Texten (gTer-ma) zurück, die versteckt und in späterer Zeit dann wieder aufgefunden wurden. Allerdings werden die Texte noch weiter zurückgeführt, bis auf Padmasambhava.

Überhaupt dürfen wir die rÑiṅ-ma-pa-Schule („die Alten") als Fortsetzung des Buddhismus der Königszeit betrachten. Ihre Tantra-Sammlung wurde später als nicht autorisiert betrachtet und deshalb aus dem Kanjur, dem Kanon der heiligen Schriften, ausgeschlossen. Andererseits finden sich bei den „Rotmützen", wie sie auch heißen, etwa in ihrer rDzogs-chen-Philosophie, Berührungspunkte mit der Bon-Religion. Beide Richtungen waren auch nicht so stark in Klöstern organisiert wie die Orden der „späteren Verbreitung". Seit dieser Zeit der Buddhistenverfolgung hat die Bon-Religion wohl viele Elemente der jetzt besiegten Religion übernommen. Später wurde die Angleichung noch verstärkt.

Glaṅ-dar-ma wurde nach vierjähriger Herrschaft von einem buddhistischen Mönch ermordet. Die Tat wird bis heute gepriesen und damit entschuldigt, daß man dadurch den König vor weiteren Sünden bewahrt habe.

Im Zuge der folgenden Anarchie flohen Mönche nach Osttibet, wo der Buddhismus weiterlebte. Gerade die Überlieferung der Mönchsdisziplin (vinaya) erfolgte nach tibetischer Tradition in ununterbrochener Kette über diese Mönche aus Osttibet. Von hier und von Westtibet aus begann dann ab der Mitte des 10. Jh. die erneute Bekehrung. Beide Missionsbewegungen trafen im Kloster bSam-yas zusammen, das Zentrum dieser Bekehrung wurde.

Für die „spätere Verbreitung" des Buddhismus in Tibet waren zunächst wieder weltliche Herrscher als Förderer verantwortlich. In Gu-ge in Westtibet hatte der Buddhismus ebenfalls weitergelebt unter Nachkommen der tibetischen Könige. Von hier suchte man den Anschluß nach Indien. Der Übersetzer Rin-chen-bzaṅ-po (958–1055) war längere Zeit in Kaschmir, einer Hochburg des Buddhismus, bevor der Islam eindrang. Noch wichtiger wurde der Bengale Atiśa, der 1042 auf Einladung nach Tibet kam und hier die Ordenszucht wiederherstellte, die stark gelitten hatte. Gleichzeitig machte er die Tibeter mit den Tantras, den Grundtexten des Vajrayāna bekannt. Auf einen seiner Schüler führt sich dann die erste der Schulen des tibetischen Buddhismus zurück, die jetzt entstehen, die bKa'-gdams-pa. Mit Snellgrove (Snellgrove 1987a, S. 493) sprechen wir hier aber besser von „Orden", da die Unterschiede zwischen den einzelnen Klosterschulen nicht so bedeutend sind, wie im Westen oft angenommen wird.

Ein anderer wichtiger Orden, der sich wieder in zahlreiche Untergruppierungen spaltete, die bKa'-brgyud-pa führen sich ebenfalls auf diese Zeit und letztlich auf einen indischen Tantriker, Naḍapāda (tibet. Nā-ro-pa) zurück.

Der noch heute bedeutende Orden der Karma-pa stützte sich schon nicht mehr auf weltliche Förderer, sondern bezog seinen Unterhalt von den Dörfern, die den Klöstern unterstellt wurden. Aus ihnen konnten die Äbte auch eine militärische Streitmacht rekrutieren, die zunächst zum Schutz gedacht war. Die Karma-pa begannen als erste mit der Missionierung unter den Völkern Zentralasiens. Noch in einem weiteren Punkt wurde dieser Orden wichtig für den tibetischen Buddhismus. Hier kam nämlich die Vorstellung auf, die Wiedergeburt (Reinkarnation) des verstorbenen Abtes in einem neugeborenen Kind zu suchen (dazu noch unten).

Dagegen erfolgte in den Klöstern des Sa-skya-pa-Ordens, der zunächst der mächtigste in Tibet wurde, die Nachfolge nach einem anderen Prinzip. Neben der geistigen Linie gab es aus derselben Familie eine weltliche Linie, die bei Bedarf wieder

[2] Einzelne indische Meister kamen aber noch bis ins 15. Jh. nach Tibet, so der bedeutende Vanaratna (1384–1468).

das Oberhaupt stellte. So folgten hier Neffen auf Onkel. Bei ihnen wurden Bla-mas als Verkörperung (Inkarnation) eines göttlichen Wesens oder Heiligen angesehen, eine Vorstellung, die grundsätzlich anders ist als die der Karma-pa (s. u.). Auch die Sa-skya-pa führen sich letztlich auf einen indischen Tantriker namens Śānti-pa zurück.

Hatte sich Tibet bei der „späteren" Bekehrung zunächst ganz nach Indien ausgerichtet und den Kontakt zu Zentralasien und China eingestellt, so änderte sich das jetzt infolge der militärischen und politischen Entwicklungen in diesen Gebieten völlig. In Indien zerstörte der vordringende Islam um 1200 die Basis des Buddhismus, nämlich die großen Klosteruniversitäten. Damit war Tibet von der Heimat des Buddha abgeschnitten. [2]

Im Jahre 1227 vernichteten die Mongolen, damals auf dem Höhepunkt ihrer Macht, das tibetischsprachige und ebenfalls buddhistische Tangutenreich (chin. Xsi-xia). Schon 20 Jahre vorher wollte Dschingis Khan gegen Tibet ziehen. Die Tibeter hatten sich damals unterworfen und Tributzahlungen zugesagt. 1239 drang ein mongolisches Heer aber bis in die Mitte Tibets vor. Nun wurde hier das Oberhaupt des Sa-skya-Klosters, Kun-dga'-rgyal-mtshan (1182– 1251), genannt Sa-skya Paṇḍita beauftragt, mit den Mongolen zu verhandeln. Das zeigt, daß zu dieser Zeit der Sa-skya-Orden die geistige Führung in Tibet hatte. Dazu kam nun noch die weltliche. Khubilai Khan schätzte neben dem zweiten Oberhaupt des Karma-pa-Ordens besonders den Nachfolger Sa-skya Paṇḍitas, 'Phags-pa (1235–1280). Dieser schuf für die Mongolen eine Schrift, die sich freilich nicht durchsetzte, und war öfter am Hof zu Gast. Ihm wurde vom Mongolen-Kaiser die Herrschaft über Tibet übertragen.

In dieser Mongolenzeit kam es zur Konsolidierung des Buddhismus in Tibet. Die Sa-skya-pa hatten das Zusammenfallen von geistiger und weltlicher Macht vorexerziert, wie es dann vom 5. Dalai Lama endgültig für die dGe-lugs-pa durchgesetzt wurde. Doch gab es noch Widerstand des Adels gegen die Herrschaft des Klerus. Das weltliche Königtum schien im 14. Jh. nochmal aufzuleben unter den Phag-mo-gru-pa-Herrschern. Doch war es nur ein Zwischenspiel. Das 14. Jh. wurde für den Buddhismus deshalb so wichtig, weil in ihm die Sammlung der heiligen Texte konstituiert wurde, die über Jahrhunderte hin übersetzt und gesammelt worden war. Im Kloster Narthang hatte sich die umfassendste Sammlung gebildet. Sie wurde jetzt durchgesehen und im sog. „Kanjur" (bKa'-'gyur) zusammengefügt und gegliedert. Hierin waren jene Texte enthalten, die angeblich alle von Buddha verkündet worden waren. Die Sammlung der Kommentarwerke dazu, der sog. „Tanjur" (bsTan-'gyur), wurde von dem Gelehrten Bu ston Rin-chen-grub (1290–1364) revidiert. Im Jahre 1410 wurde der tibetische Kanjur in Peking gedruckt, weil die Tibeter zur Durchführung eines so gewaltigen Druckunternehmens wohl noch nicht imstande waren. In Tibet selbst wurde der erste Druck im 18. Jh. veranstaltet.

Anfang des 15. Jh. tritt dann jene Gestalt auf, deren Wirken Tibet entscheidend formte. Blo-bzaṅ-grags-pa, genannt Tsoṅ-kha-pa, „der aus dem Zwiebeltal" (1357–1419) erneuerte das geistige Leben und schuf die dGe-lugs-pa („Tugendschule"), in welcher der bKa'-gdams-pa-Orden aufging. Er griff auf die Lehren des Atiśa zurück und führte in den Klöstern, die nun gegründet wurden, die strikte Beachtung der Ordensregeln durch und organisierte das Klosterleben neu. Im Jahre 1409 führte er in Lhasa die große sMon-lam-Feier zu Neujahr ein, die dann bis 1959 jährlich durchgeführt wurde. Die Chinesen verboten sie, und erst vor kurzem durfte sie wieder begangen werden.

Tsoṅ-kha-pa verfaßte wichtige Werke, die fortan der Mönchsausbildung der dGe-lugs-pa oder „Gelbmützen", wie sie auch genannt werden, dienten. Ferner führte er die Praxis der philosophischen Diskussion ein, die bis heute verwendet wird. Im Jahre 1409 gründete er das Kloster Ganden (dGa'-ldan), das während der chinesischen „Kultur"-Revolution völlig zerstört wurde. Auch die anderen sog. Staatsklöster entstanden nun. Von einem Neffen des Tsoṅ-kha-pa, dGe-'dun-grub, wurde der Nachfolger nach Art des Karma-pa-Orden als Wiedergeburt gesucht. Der dritte der Kette erhielt von dem mongolischen Fürsten Altan Khan den mongolischen Titel „Dalai Lama". Die beiden Vorgänger wurden erst rückwirkend so bezeichnet.

Wieder kam es im 16. Jh. zu einer engen Verbindung mit den Mongolen. Diese wurden von den dGe-lugs-pas nun endgültig zum Buddhismus bekehrt. Als gar ein Mongole als der 4. Dalai Lama anerkannt wurde, konnte der Orden der mongolischen Unterstützung sicher sein.

Die eigentliche Macht der Gelbmützen begründete der 5. Dalai Lama, Ṅag-dbaṅ-blo-bzaṅ-rgya-mtsho (1617–1682), in Tibet „der große Fünfte" genannt. Er baute den Potala-Palast in Lhasa aus, so genannt, weil in der buddhistischen Mythologie Avalokiteśvara auf dem Potala-Berg wohnt. Unter dem 5. Dalai Lama wurde die Staatsform geschaffen, die bis 1959 in Tibet herrschte. Seinen Tod hielt sein Statthalter (sDe-srid), Saṅs-rgyas-rgya-mtsho, 13 Jahre lang geheim, um die Stabilisierung zu sichern.

Auch in religiöser Hinsicht war jetzt eine Entwicklungsstufe erreicht, die sich in den folgenden Jahrhunderten nicht mehr entscheidend veränderte. Es wurde nur noch Exegese der alten Texte betrieben, aber es kamen keine neuen Gedanken mehr hinzu. Aus dieser Stagnation sollte eine Bewegung herausführen, die im 19. Jh. von rÑiṅ-ma-pa-Lehrern in Osttibet ausging, die sog. Ris-med-Bewegung („ohne Einteilung"). Sie wollte ohne Einengung auf die jeweiligen Ordenslehren, in übergreifendem Sinne also, die Religion beleben, doch bewirkte sie zumindest offiziell nichts. Mit dieser geistigen Einschließung ging die Abschottung nach außen Hand in Hand, die Tibet schließlich zum verbotenen Land machte.

Die Mandschu-Herrscher, die 1644 China eroberten, nahmen die Schutzherrenfunktion für den Buddhismus, also nur für die Religion, wieder auf, welche die Mongolen schon innegehabt hatten. Das war jedoch in keinem Falle eine politische Herrschaft über Tibet, wie sie die Chinesen, die selbst nie Tibet beherrscht hatten, später beanspruchten.

Lehren – Rituale – Mythologie

Das Besondere des Buddhismus in Tibet ist, daß wir hier das einzige Land haben (von der nachträglich bekehrten Mongolei abgesehen), in dem die letzte Entwicklungsstufe des Buddhismus, das sog. Vajrayana („Diamantfahrzeug") oder der tantrische Buddhismus bis in die Gegenwart hinein praktiziert wurde.

Insgesamt spiegelt der tibetische Buddhismus den Buddhismus wieder, wie er in der Zeit vor der Vernichtung durch den Islam in Indien vor 1200 existierte. Alle drei Stufen von Hīnayāna, Mahāyāna und Vajrayāna lebten dabei nebeneinander, sogar in derselben Klosteruniversität.

Das Ideal des ursprünglichen Buddhismus war der mönchische Arhat („Heiliger") gewesen, der durch moralische Praxis und Meditation die Befreiung vom Rad der Wiedergeburten und damit das Nirvāṇa erlangt. Schon kurz nach Buddhas Tod aber bildete sich eine Richtung heraus, welche auch den Laien einen Erlösungsweg auftun wollte. Ziel wurde jetzt der Bodhisatva („Erleuchtungswesen"), der, um der Menschheit zu helfen, nicht ins Nirvāṇa eingeht. Diese Richtung nennt sich Mahāyāna („großes Fahrzeug"), während die alte Schule nun Hīnayāna („kleines Fahrzeug") genannt wurde. Auf das Mahāyāna wirkte auch die gesamtindische Bhaktibewegung ein: die liebevolle und gläubige Hinwendung zu bestimmten transzendenten Buddhas und Bodhisatvas, die jetzt aufkamen, ermöglichte den Laien, in deren Paradies wiedergeboren zu werden.

Um die Mitte des 1. Jahrtausends wurde im Buddhismus eine Richtung greifbar, die vom gesamtindischen Tantrismus beeinflußt war. Ideal ist hier der Siddha („Vollendeter"), der die verschiedenen Zauberkräfte (siddhi) beherrscht. Jetzt treten magische Praktiken in den Vordergrund. Und wie in jeder Magie entwickeln sich zahlreiche Rituale, die immer umfangreicher und komplizierter werden. Wie lange tantrische Rituale dauern können, zeigt der in den letzten Jahren an verschiedenen Orten (sogar in den USA und der Schweiz) vom Dalai Lama vollzogene Kālacakra-Ritus. Voraus gehen in jedem Fall Reinigungszeremonien und Initiationen (dbaṅ-bskur), die erst nach langer Prüfung des Schülers vom Meister vorgenommen werden.

Zwar gibt es auch Wissenschaftler, die meinen, man könne gar nicht von einer eigenen Schule des Vajrayāna sprechen, diese sei nur eine Gruppierung des Mahāyāna. Doch ist das so nicht richtig. Zwar entwickelt sich das Vajrayāna aus dem Mahāyāna, und die Philosophie des Śūnyavāda bleibt Grundlage. Doch gibt es auch Ansätze einer eigenständigen Philosophie, von anderen Unterschieden ganz zu schweigen. Es taucht nämlich eine Polaritätslehre auf, die ganz unindisch ist. Zwei Grundkräfte (männlich-weiblich usw.) durchdringen alles, und erst ihre Vereinigung stellt den uranfänglichen Zustand der „Nichtzweiheit" (advaya) her, wie das höchste Ziel nun heißt.

Spuren des tantrischen Buddhismus finden wir zwar noch auf Java (wobei die Ikonographie mit der Tibets völlig übereinstimmt) und in Birma, doch nirgends sonst als in Tibet hat er überlebt und wurde er derart praktiziert. Das ist eben Folge des so späten Bekanntwerdens Tibets mit dieser Religion.

Das heißt aber nicht, daß nur der Tantrismus dominierte. Alle tibetischen Orden bzw. Schulen erkennen z.B. die Mönchsgelübde des Hīnayāna nach der Schule der Mūlasarvāstivādin als verbindlich an. Die dGe-lugs-pas bevorzugten die Mādhyamaka-Philosophie Nāgārjuna's, die bKa'-brgyud-pa eher die Vijñāvāda-Philosophie des Mahāyāna. Andererseits haben sowohl der Inder Atiśa, als auch Tsoṅ-kha-pa die Tantras gepflegt und durch die Integrierung in die Klosteruniversitäten erreicht, daß so die richtige Interpretation und Praxis gewährleistet war.

Auch in anderer Weise spiegelt der tibetische Buddhismus den indischen der Spätzeit (bis 1200) gut wieder: in der Einrichtung der großen Klöster. Aufgegeben war allerdings der Bettelgang der Mönche. Die einzelnen Mönche wurden in Tibet von ihren Familien unterhalten.

Das sog. „Totenbuch" (Bar-do thos grol) ist wohl das im Westen bekannteste Buch des tibetischen Buddhismus. Aus ihm wird während der 49 Tage, die der Zwischenzustand zwischen Tod und Wiederverkörperung dauert, dem Verstorbenen vorgelesen, und er wird damit von einem Lama durch alle Erscheinungen, die ihm begegnen, hindurchgeführt. Man muß hier aber wissen, daß dieses Buch ein Text der Rotmützenschule ist, der von den anderen Orden nicht verwendet wird.

Das Gebiet, auf dem Tibet wirklich Neues in den Buddhismus eingebracht hat, ist die Mythologie, genauer gesagt, handelt es sich um Gestalten des Pantheons. Im Bereich der Mythologie unterscheiden sich die drei Phasen des Buddhismus am deutlichsten. Im Vajrayāna waren die tantrischen Götter, vielarmig und vielköpfig, z.T. wild und ekstatisch, dazugekommen. In Tibet treten nun noch Gottheiten auf, die es in Indien nicht gegeben hatte. Das konnte zum einen dadurch erfolgen, daß irgendwelche Meister Visionen eines Gottes in einer neuen Form hatten. Sie wurden dann in einem Text (sgrub-thabs) beschrieben. Dazu zählt etwa die Form des Mahākāla als Brahmane (brāhmaṇarūpa). Als solcher erschien Mahākāla dem 'Phags-pa am mongolischen Kaiserhof und belehrte ihn. Die andere Gruppe sind einheimische, vorbuddhistische Gottheiten, die (z.T. angeblich durch Padmasambhava) zum Buddhismus „bekehrt" worden waren. Dazu gehören etwa der Kriegsgott Beg-tse oder Pe-har, der gar von Türken übernommen war (Hoffmann 1967, S. 25 ff.).

Besonderheiten des tibetischen Buddhismus

Eine im Vergleich zu anderen buddhistischen Ländern erstaunliche Tatsache ist, daß der Buddhismus in Tibet überlebte, obwohl es in späterer Zeit keine zentrale weltliche Macht mehr gab, die ihn gefördert hätte. Freilich ging das nur, indem die Klöster bzw. Orden selbst die Macht übernahmen. Zwar gab es dann immer auch weltliche Behörden, doch jeder Laienbeamte hatte einen Mönchsbeamten neben sich, der letztlich den Ausschlag gab. Allerdings bildete sich dieses hierokratische System erst nach und nach heraus. Es hatte natürlich zur Folge, daß Klöster in weltliche Streitereien und Kriege verstrickt wurden und teilnahmen. Nur westliche Phantasten glauben, Tibet sei vor der Besetzung durch das kommunistische China ein Land des Friedens und der seligen Ruhe gewesen. Tatsächlich ist die tibetische Geschichte voller Unruhe und blutiger Auseinandersetzungen. Im Jahre 1209 etwa wurde das 'Bri-guṅ-Kloster von der Sa-skya-Armee zerstört. Der 5. Dalai Lama wieder verbot den Jo-naṅ-pa-Orden, schloß die Klöster und beschlagnahmte den Besitz.

Auf indischen Texten und Vorschriften basierte die Thanka-Malerei. Zugrunde lag eine spezifisch tantrische Übung, eine Imaginationsmeditation (bhāvanā) oder Visualisierung von Gottheiten, die in bestimmten Texten (sādhana) ganz genau beschrieben sind. Wenn der Adept die Gottheit imaginativ erschaffen hat, identifiziert er sich mit ihr und erlangt so ihre übernatürlichen Kräfte. Als Stütze der Imagination dienten in Tibet (aus Indien sind keine erhalten) die Rollbilder (thaṅ-ka), die in unzähliger Fülle von Künstlern exakt nach den Texten gemalt wurden und welche die Kunstliebhaber heute so begeistern. Das gab es in dieser Art und Zahl in keinem anderen buddhistischen Land.

Ausschließlich tibetische Entwicklung (dann allerdings von den Mongolen übernommen) ist die Nachfolge der Ordensoberhäupter und anderer Lehrer durch Reinkarnation, die oben schon angesprochen wurde. Es ist wichtig, sich klar zu machen, daß hier zwei ganz verschiedene Vorstellungen vorliegen, die eigentlich nicht zusammenpassen. Das eine ist der indische Gedanke der Wiedergeburt (Reinkarnation) des Menschen, der im Buddhismus insofern geändert wurde, als es hier nicht die Persönlichkeit ist, die wiedergeboren wird, sondern nur ein Konglomerat karmischer Strukturen. Das wurde in Tibet in der Praxis nicht so philosophisch streng genommen. Etwas ganz anderes ist die Lehre von den sog. „Körpern“ eines Buddha. Danach existiert ein Buddha gleichzeitig auf verschiedenen Existenzebenen. Der grobstoffliche Körper heißt dabei Nirmāṇa-kāya (sprul-sku). Ein Mensch, der als solcher angesehen wird, ist also der materielle Aspekt bzw. die irdische Manifestation eines Buddhas. Zwischen Buddha und Mensch steht als mittlerer „Körper“ ein Bodhisatva. Hierbei handelt es sich aber um eine temporäre Inkarnation, die jeweils neu erfolgen muß.

Der 5. Dalai Lama war es, der beide Vorstellungen verknüpfte und die Dalai Lamas, die bis dahin als Wiedergeburtsreihe angesehen wurden, gleichzeitig zu Verkörperungen des sPyan-ras-gzigs erklärte, da dieser spezieller Schutzherr Tibets war. Gleichzeitig knüpfte er damit an die alte Monarchie an (s.o).

Volksreligion

Für das Volk sah der Buddhismus anders aus als für die studierten Mönche. Lesen und Schreiben konnte man nur im Kloster lernen. So galten Bücher von Haus aus als verehrungswürdige Objekte, enthielten sie doch die Lehren Buddhas. Deshalb kam es zu Prozessionen, bei denen z. B. die Bände des Kanjur um den Tempel getragen wurden. Predigten oder „Gottesdienste" für das Volk, in denen die Lehrinhalte des Buddhismus erklärt worden wären, gab es nicht.

Die Volksfrömmigkeit äußerte sich wie in anderen Gegenden der Welt unabhängig von der Religion: Man pilgerte zu Tempeln und heiligen Orten, zündete vor den Statuen der Gottheiten Lichter an, warf sich vor ihnen nieder und betete zu ihnen um Hilfe. Besonders beliebt war eben sPyan-ras-gzigs. Eine tibetische Eigenheit ist das Ausmessen des Pilgerweges durch die eigene Körperlänge bei der Prostration.

Da der tibetische Buddhismus weitgehend das Vajrayāna war, waren magische Formeln (sṅags, Sanskr. mantra) häufig und besonders beim Volk beliebt. In den Texten wurden z.T. ein vieltausendfaches Wiederholen von magischen Silben verlangt, um ein Ergebnis zu erzielen. Um diese astronomischen Zahlen zu erreichen, mechanisierten die Tibeter die Wiederholung, indem sie die Mantras auf Papier schrieben und in den bekannten Gebetsmühlen drehten oder sie auf Fahnen druckten und vom Wind verbreiten ließen. Man glaubte, die Lautschwingungen der Sanskritsilben, um solche handelt es sich immer, würden auch in geschriebener Form wirken. Da das Vajrayāna das Erlangen höherer Entwicklungsstufen oder wenigstens magischer Kräfte durch solches Murmeln von Mantras (japa) verhieß, war das ein Weg für das Volk, auch ohne Mönchslaufbahn religiösen Gewinn zu erzielen.

In diesen Bereich gehören auch die sog. Mani-Mauern. Da die besondere magische Formel des Avalokiteśvara „Oṃ maṇi padme hūṃ" war, wurde sie am häufigsten gemurmelt, meditiert und in Gebetsmühlen gedreht. Aber man meißelte sie auch in Steine und schichtete diese neben Straßen auf. Auf Pässen errichtete man Steinhaufen, indem jeder Passant mit einem Gebet einen weiteren Stein dazulegte. Das war zweifellos aus der vorbuddhistischen Religion übernommen, wie viele Elemente der Volksreligion überhaupt.

Besonderer Bedarf bestand auch beim tibetischen Volk nach Orakeln und Divination. Hierfür gab es die verschiedensten Verfahren (s. Ekvall). Speziell im Orakelwesen, das auch auf offizieller Ebene vorkam (es gab das Staatsorakel von gNaschuṅ), ist der ursprüngliche Schamanismus noch besonders deutlich erkennbar. Ebenso beliebt war die Astrologie, die aus Indien übernommen wurde. Bei manchen Riten spielten Fadenkreuze (mdos) als Geisterfallen eine Rolle. Selbst im Buddhismus mußte man mit dem Wirken von Geistern rechnen. Für alle möglichen Zwecke gab es noch eigene Riten, z. B. um reich oder gesund zu werden, oder um Regen zu erzeugen, oder um Hagel abzuwehren, oder um sich vor Räubern zu schützen. Selbst schwarzmagische Praktiken wurden, wenn auch im geheimen, durchgeführt.

Das alles beeinträchtigte aber die Ergebenheit und Liebe des Volkes zum Buddhismus und seinen

Vertretern, vor allem dem Dalai Lama, nicht im geringsten. An dieser Tatsache konnte selbst die blutige Unterdrückung und Verfolgung der Religion und ihrer Anhänger durch die Chinesen nach 1959 nichts ändern.

Literaturverzeichnis

Dargyay, Eva M.	The rise of esoteric Buddhism in Tibet. 2. rev. ed. Delhi 1979.
Di Nola, Alfonso M.	Buddhismo tibetano, in: Enciclopedia delle Religionĩi Vol. 1, Firenze 1970, Sp. 1360-1397.
Ekvall, Robert B.	Religious observances in Tibet. Patterns and function. Chicago, London 1964.
Gabain, Annemarie v.	Der Buddhismus in Zentralasien, in: Religionsgeschichte des Orients in der Zeit der Weltreligionen. Leiden, Köln 1961 (Handbuch der Orientalistik. 1,8,2), S. 496–514.
Guenther, Herbert	Buddhism in Tibet, in: The Encyclopedia of Religionĩ Vol. 2, New York, London 1987, S. 406–414.
Haarh, Erik	Der Lamaismus, in: Handbuch der Religionsgeschichte, Bd. 2, Göttingen 1972, S. 515–536.
Hoffmann, Helmut	Die Religionen Tibets. Freiburg 1952.
Hoffmann 1967 = Hoffmann, Helmut	Symbolik der tibetischen Religionen und des Schamanismus. Stuttgart 1967 (Symbolik der Religionen. 12).
Hopkins, Jeffrey	Der tibetische Buddhismus. Jägerndorf 1988.
Kvaerne, Per	Aufstieg und Untergang einer klösterlichen Tradition, in: Die Welt des Buddhismus, hrsg. v. H. Bechert und R. Gombrich, München 1984, S. 253–271.
–,	Tibetan religions, an overview, in: The Encyclopedia of Religion, Vol. 14, New York, London 1987, S. 497–504.
Regamey, Constantin	Die Religion Tibets, in: Christus und die Religionen der Erde, Bd. 3, Freiburg 1951, S. 307–317.
Snellgrove, David L.	Buddhism in Nord India and the western Himalayas, seventh to thirteenth centuries, in: The Silk Route and the Diamond Path, ed. D. E. Klimburg-Salter, Los Angeles 1982, S. 64–80.
Snellgrove 1987a = Snellgrove, David L.	Tibetan Buddhism, in: The Encyclopedia of Religion, Vol. 2, New York, London 1987, S. 493–498.
–, 1987b	Indo-Tibetan Buddhism. Indian Buddhists and their Tibetan successors. Vol. 1.2. Boston 1987.
Tucci, Giuseppe – Heissig, Walther	Die Religionen Tibets und der Mongolei. Stuttgart 1970 (Die Religionen der Menschheit. 20).
Tucci, Giuseppe	The religions of Tibet. Berkeley, Los Angeles 1980.

Der Vorzeitbuddha Dīpaṅkara, der vor allem in Nepal hoch verehrt wird, ist mit der fünfzackigen Krone und dem Schmuck des Weltenherrschers dargestellt. Seine rechte Hand zeigt die Geste der Ermutigung, die linke die der Bannung. Auf den Handflächen der Figur ist das Rad der Lehre (Skt.: dharmacakra) – eines der 32 Zeichen des Buddha – eingraviert. Die in Repoussé-Technik hergestellte Figur, deren Unterarme, Hände und Füße in verlorener Form gegossen wurden, ist reich mit Türkisen geschmückt, während das Gewand und die Aureole einen roten Lacküberzug tragen.

Die Vorzeit- oder Mānuṣi-Buddhas waren Vorgänger des Buddha Śakyamuni. Je nach Überlieferung werden sechs oder vierundzwanzig Vorgänger gezählt.

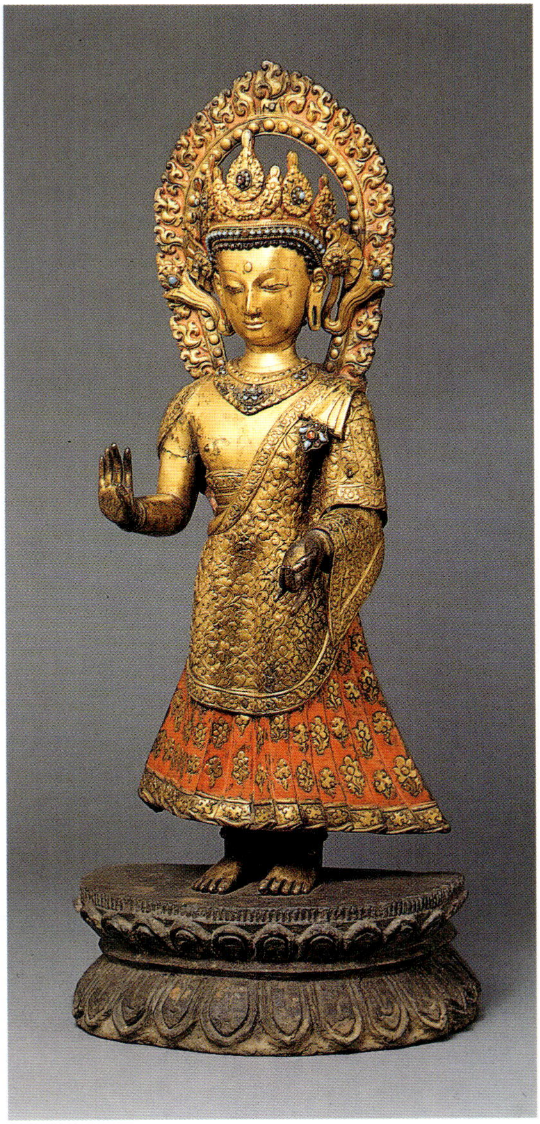

Kat.-Nr. 54
Vorzeitbuddha Dīpaṅkara

Nepal; ca. 17. Jh.
Holzkern und -sockel, Kupferblechverkleidung, teilweise Feuervergoldung und farbige Fassung, Halbedelsteine
Höhe 75 cm
SMV, Mus.-Nr. 80-301354

Darstellung der „Buddhas der drei Zeiten". Buddha Śākyamuni sitzt unter einem Baldachin, dem Zeichen der Weltherrschaft, auf dem Löwenthron; an den Seiten des Thrones stehen die beiden Schüler Sariputra und Maudgalyāyana. Die linke Hand des Buddha zeigt die Mußegeste, die rechte die Geste der Erdberührung. Über dem Buddha Śākyamuni sitzen zwei weitere Buddhas im Lotossitz auf einem vielfarbigen Wolkenband. Der linke Buddha ist einer der Vorzeitbuddhas; vergleichbaren Darstellungen zufolge handelt es sich um Dīpaṅkara, seine Mudra (Geste der Muße und der Lehrdarlegung) weisen jedoch eher auf den Vorzeitbuddha Kanakamuni hin. Auf der rechten Seite ist der kommende Buddha Maitreya mit der Geste des Ingangsetzens des Rades der Lehre dargestellt. Maitreya wird fünftausend Jahre nach Śākyamuni auftreten und die Lehre erneuern. Darstellungen der „Buddhas der drei Zeiten" symbolisieren die ewige Wahrheit der buddhistischen Lehre.

Kat.-Nr. 55
Die Buddhas der drei Zeiten

Tibet oder Ladakh;
ca. 19. Jh.
Thangka; Malerei auf Leinwand
33 x 45 cm
SMV,
Mus.-Nr. FK 187
(Slg. Francke-Körber)

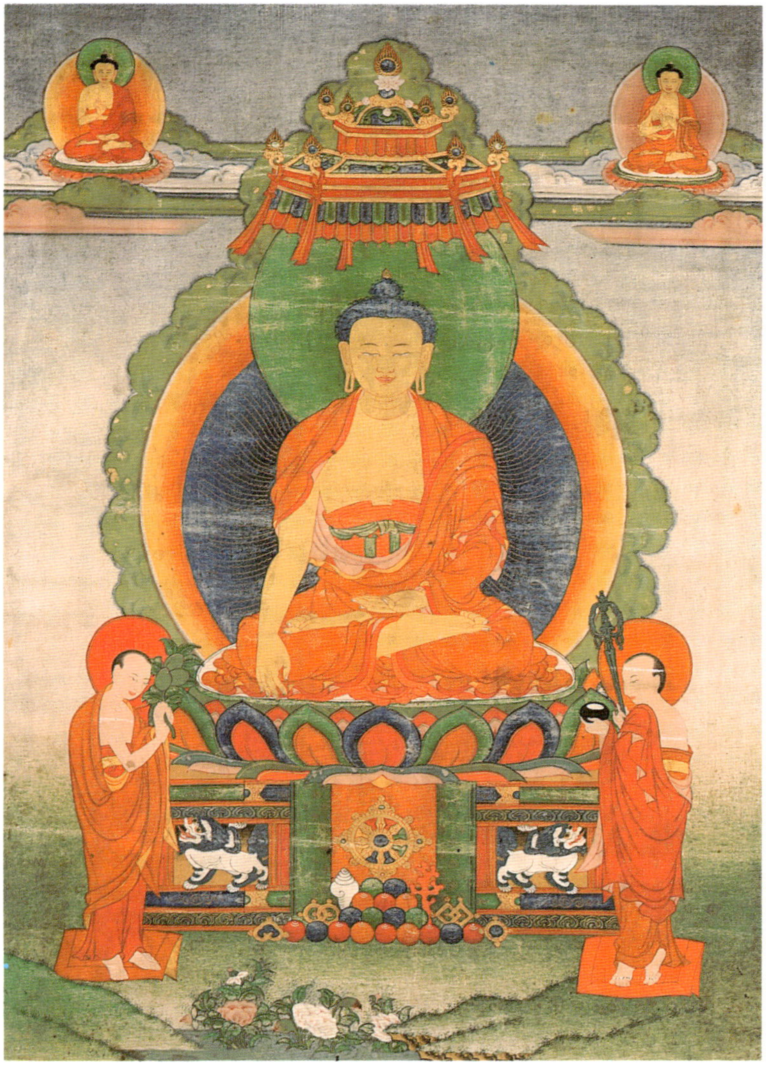

Maitreya (tib.: Byams-pa), der Buddha der Zukunft, sitzt in europäischer Sitzhaltung in seinem Palast im Paradies Tuṣita (tib.: dga'ldan). Da er die Buddhaschaft noch nicht angetreten hat, wird er reich geschmückt als der transzendente Bodhisatva Nātha-Maitreya dargestellt. Er zeigt die Geste des Ingangsetzens des Rades der Lehre, was bedeutet, daß er das Rad der Lehre, das bei seinem Auftreten in der Welt zum Stillstand gekommen sein wird, neu in Gang setzt. Auf den von ihm gehaltenen Lotosblüten stehen das Rad der Lehre und das Kännchen mit Lebenswasser, Hinweise darauf, daß er den Weg zur Erlösung neu aufzeigen wird. Ihn flankiert auf seiner rechten Seite der Prediger und Übersetzer Atiśa (982–1054), der 1042 aus Indien nach Tibet kam und große Bedeutung für die Entwicklung des tibetischen Buddhismus gewann. Er ist an seinen Attributen, dem Stūpa mit der Asche seines Lehrers und dem Trinkwasserkühler (auch als Vase oder Korb der drei Schriften interpretiert), zu erkennen. Zur Linken von Maitreya sitzt Tsongkhapa (1357–1419), der Reformator des tibetischen Buddhismus und Begründer der Gelbmützen-(Gelugpa-)Schule, die auf der auf Atiśa zurückgehenden Kadampa-Schule aufbaut. Tsongkhapas Attribute sind Schwert und Buch. Auf dem vom Herzen des Maitreya ausgehenden Wolkenband sitzt Tsongkhapa mit seinen beiden Hauptschülern.

Kat.-Nr. 56
Maitreya

Tibet;
ca. 18./19. Jh.
Thangka; Malerei auf Leinwand
45 x 60 cm
SMV,
Mus.-Nr. 70-6-34

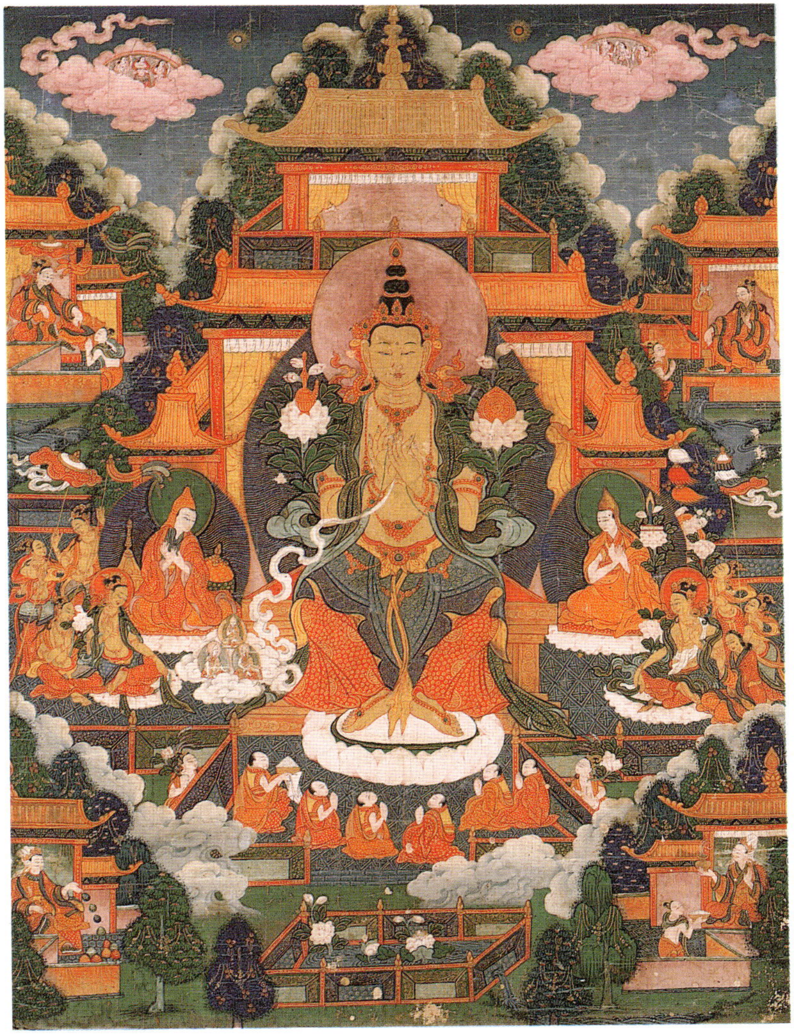

Das Mandala wird der Schutzgottheit Cakrasaṃvara zugeschrieben. Cakrasaṃvara (tib.: bDemchog) ist die Verkörperung des Cakrasamvara-Tantra und steht im Mittelpunkt einer Schulrichtung des esoterischen Buddhismus.

Der Palast des Mandala ist umgeben von drei schützenden Kreisen: Dem Flammenkreis, der die Unwissenheit verbrennt, dem diamantenen Vajrakreis und dem Kreis der acht Friedhöfe, den Orten der Meditation über die Vergänglichkeit. Der Mandalapalast erhebt sich über einem gekreuzten Vajra – seine Enden werden über den Toren des Palastes sichtbar –, der auf einem Lotos ruht. Vier von tanzenden weiblichen Gottheiten besetzte Tore führen ins Innere des Palastes. In dessen Zentrum tanzt der zwölfarmige Schutzgott Cakrasaṃvara in mystischer Vereinigung (tib.: yab-yum; „Vater-Mutter-Stellung") mit seiner weiblichen Entsprechung Vajravārāhī (tib.: Phag-mo rDor-je) in Pfeil-und-Bogen-Haltung auf zwei vierarmigen Wesen, die mit den hinduistischen Gottheiten Bhairava und Kalaratri gleichgesetzt werden. Die Vereinigung des Schutzgottes mit seiner Partnerin versinnbildlicht die Aufhebung der Gegensätze sowie die Einheit von Makro- und Mikrokosmos. Cakrasaṃvara ist mit vier Gesichtern dargestellt; seine blaue Körperfarbe weist ihn als eine Emanation des Tathāgata („transzendenter Buddha") Akṣobhya aus. Cakrasamvara trägt Schmuckketten und eine Schädelgirlande, seine Partnerin ist mit Perlenketten geschmückt. Das oberste Händepaar des Schutzgottes hält die Enden einer auf seinen Rükken herabhängenden, weißen Elefantenhaut, seine rechten Hände tragen eine Sanduhrtrommel, eine Axt, eine Dreizacklanze sowie einen unidentifizierten Gegenstand, seine linken Hände den Kopf des Brahma, eine Fangschlinge, eine Schädelschale sowie den tantrischen Stab. Das auf dem Rücken der Partnerin, die in ihrer Rechten eine Sanduhrtrommel hält, gekreuzte Händepaar hält Glocke und Vajra („Donnerkeil"), gleichfalls ein Symbol der Aufhebung der Gegensätze. Außerhalb des innersten Kreises tanzen in den vier Himmelsrichtungen sowie in den inneren Ecken des Palastes je vier weibliche Gottheiten auf Lotosblättern. Mandaladarstellungen sind Meditationshilfen, die es dem nach Eriösung Strebenden ermöglichen, sich mit der Gottheit im Zentrum zu identifizieren und deren Eigenschaften in sich selbst zu verwirklichen.

Kat.-Nr. 57
Mandala des Cakrasaṃvara

Südtibet; Stil der Ngor-Schule
Thangka; Farben auf Leinwand
30,5 x 30,5 cm
SMV, Mus.-Nr. 91-314423 (Slg. B. Ch. Olschak)

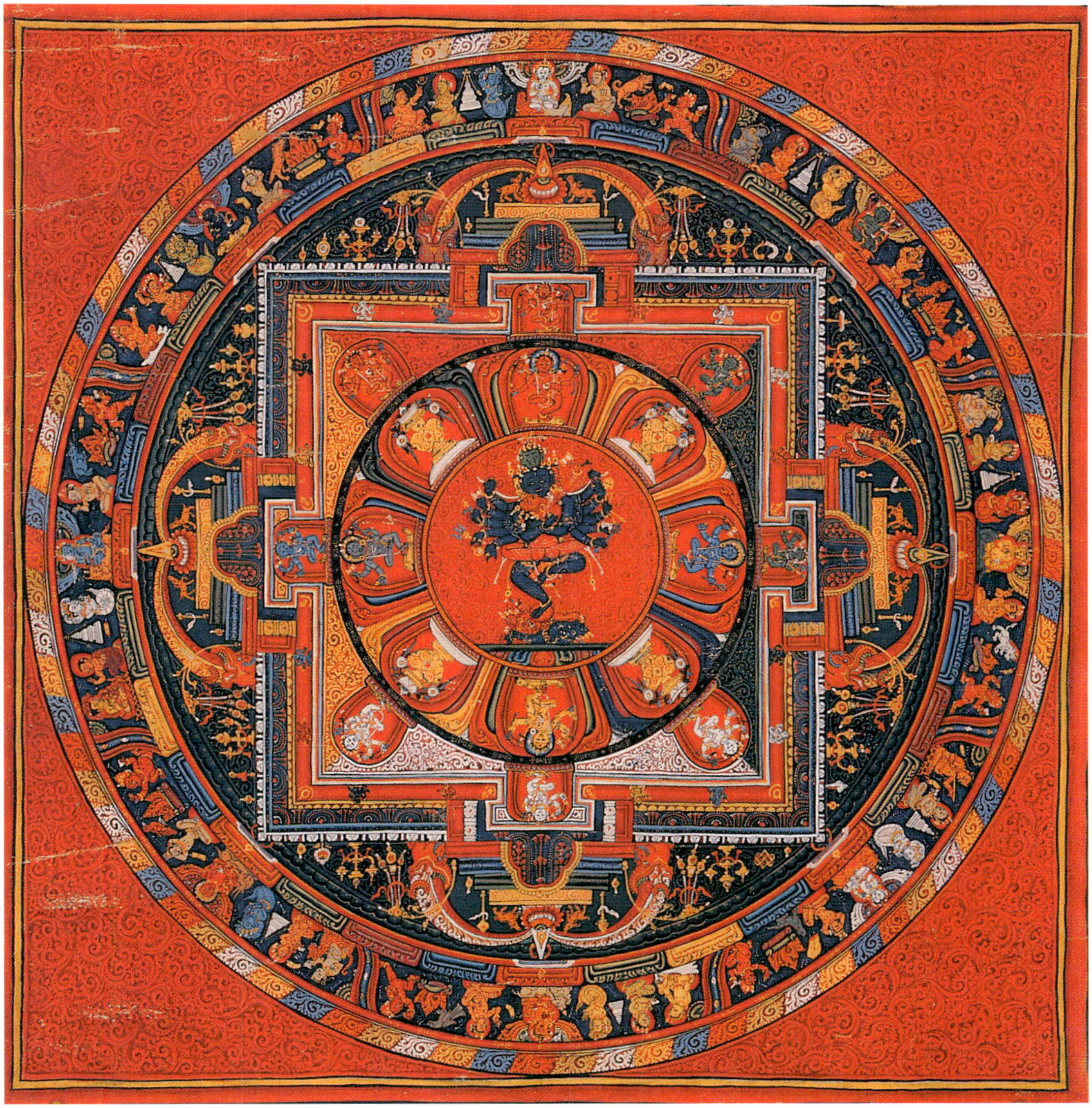

Das Mandala zeigt Kālacakra (tib.: hDus-kyi hKhor-lo), die dynamische Personifikation des „Rades der Zeit", begleitet von einundzwanzig Gurus, oben angeführt von Vajrasattva (tib.: rDorje Sems-dpah). Es ist ein Höhepunkt der Mandalakunst: Dükyikhorlo in Yab-Yum, viergesichtig, vierundzwanzigarmig, umgeben von 56 Emanationen, die in acht Strahlen, mit je sieben Manifestationen, aus dem Zentrum emanieren. In den rechten, blauen Händen hält er den Donnerkeil und schwingt Schwert, Dreizack und Beil; in den roten Feuer, Pfeil, Donnerkeil und Elefantenhaken; in den weißen Diskus, Krummesser, Stab und Axt. In den linken, blauen Händen hält er die Glocke und wirbelt Schild, tantrischen Stab und Schädelschale; in den roten Bogen, Schlinge, Juwel und Lotos; in den weißen Spiegel, Vajra, Kette und das abgeschlagene Haupt Brahmas. So steht er in ausfallendem Tanzschritt mit seiner Yum auf Ananga und Rudra, die sich unter ihrem rechten und seinen linken Füßen krümmen.

Kat.-Nr. 58
Kālacakra

Tibet, Stil der Ngor-Schule
Thangka; Farben auf Leinen
47,5 x 57,5 cm
SMV, Mus.-Nr. 91-314421 (Slg. B. Ch. Olschak)

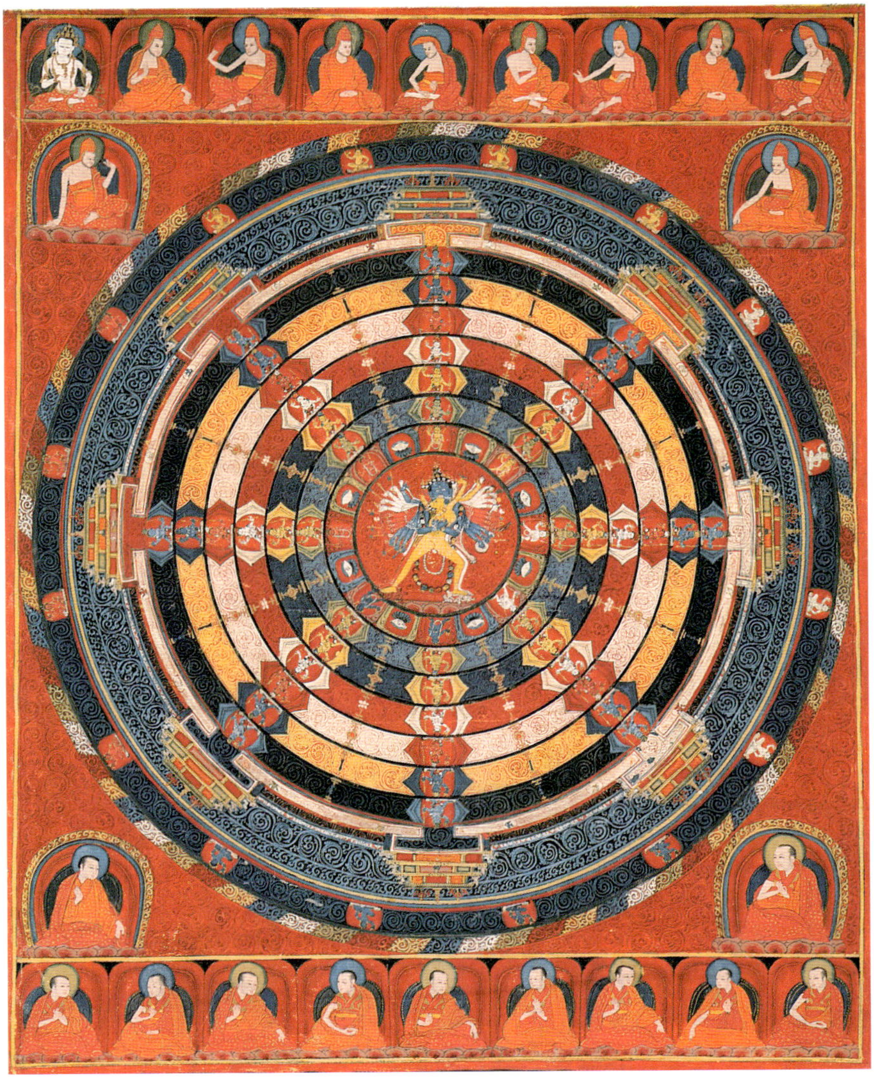

Darstellung der 56fachen Pancarakṣa Devī (tib.: Srung-ba-lHa-mo lNga-drug-pahi dKyil-Thang), bekannt als gZungs-chen sDe-lNga, Personifikation der fünf heiligen, großen Formeln (tib.: gZungs-chen). Als Hauptschutzgöttin der Dhāraṇī. ist sie hier achtarmig und vierköpfig abgebildet, umgeben von Buddhas und Heiligen. In der oberen Reihe erkennt man – von links nach rechts – Buddha Śākyamuni und Vajrasattva (tib.: rDo-rje Sems-dpah), gefolgt von neun indischen und tibetischen Lehrmeistern, und in der unteren Reihe zehn weitere Gurus mit Amitāyus (tib.: Tshe-dpag-med), dem Buddha des ewigen Lebens.

Kat.-Nr. 59
Pancarakṣa
Devī

Südtibet, Stil der Ngor-Schule
Thangka; Farben auf Leinwand
34,5 x 40 cm
SMV, Mus.-Nr. 91-314422 (Slg. B. Ch. Olschak)

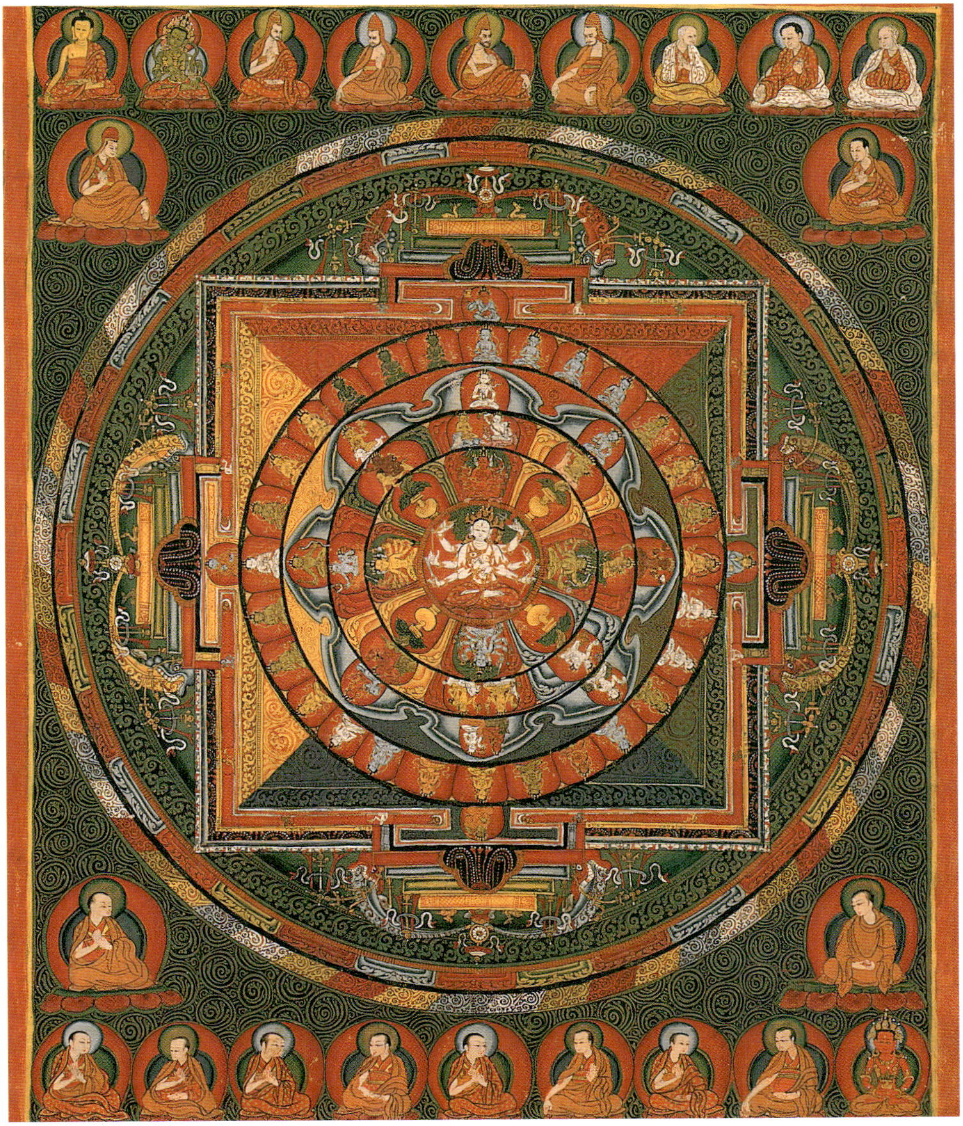

Die Gestalt des Hevajra (tib.: Kye-rdo-rje) ist die Personifikation des Hevajra-Tantra, eines tantrischen Textes des 9. Jahrhunderts. Hevajra tanzt in Yab-Yum („Vater-Mutter-") Stellung mit seiner Partnerin, der Yogini Nairātmyā (tib.: bDag-med-ma), auf den vier Mara, den Verkörperungen der vier Hindernisse auf dem Pfad zur Erleuchtung. Hevajra ist mit acht Gesichtern, 16 Armen und vier Beinen dargestellt. In jeder Hand hält er eine Schädelschale; in den Schalen der rechten Hände sitzen mit einer Ausnahme Tiere, in denen der linken Hände Buddhas, die mit ihrer jeweiligen rechten Hand die Geste der Wunschgewährung, mit ihrer linken Hand die Geste der Furchtlosigkeit zeigen. Die Yogini umschlingt mit ihrer linken Hand, in der sie eine Schädelschale hält, den Nacken des Hevajra, während ihre linke Hand ein Hackmesser in die Höhe hält. Beide tanzen in der sogenannten Pfeil- und-Bogen-Haltung, wobei die Yogini ihr rechtes Bein um die Hüfte des Hevajra gelegt hat. Vom Hals des Hevajra hängt eine Kette mit Köpfen, von dem der Yogini eine aus Schädeln, beide Ketten vereinigen sich unterhalb der Hüfte. Im Haar trägt Hevajra den Doppelvajra; Hüfte, Hals, Arme und Beine sowie der Rücken der Partner sind mit Perlenketten geschmückt, beide tragen Schädelkronen. Die Vereinigung der beiden Partner symbolisiert die Aufhebung aller Gegensätze in der Unio mystica.

Kat.-Nr. 60
Hevajra

Tibet; ca. 17./18. Jh.
Bronze, Feuervergoldung,
Türkis, Lapislazuli,
Koralle.
Höhe 24,5 cm
SMV,
Mus.-Nr.
80-301349

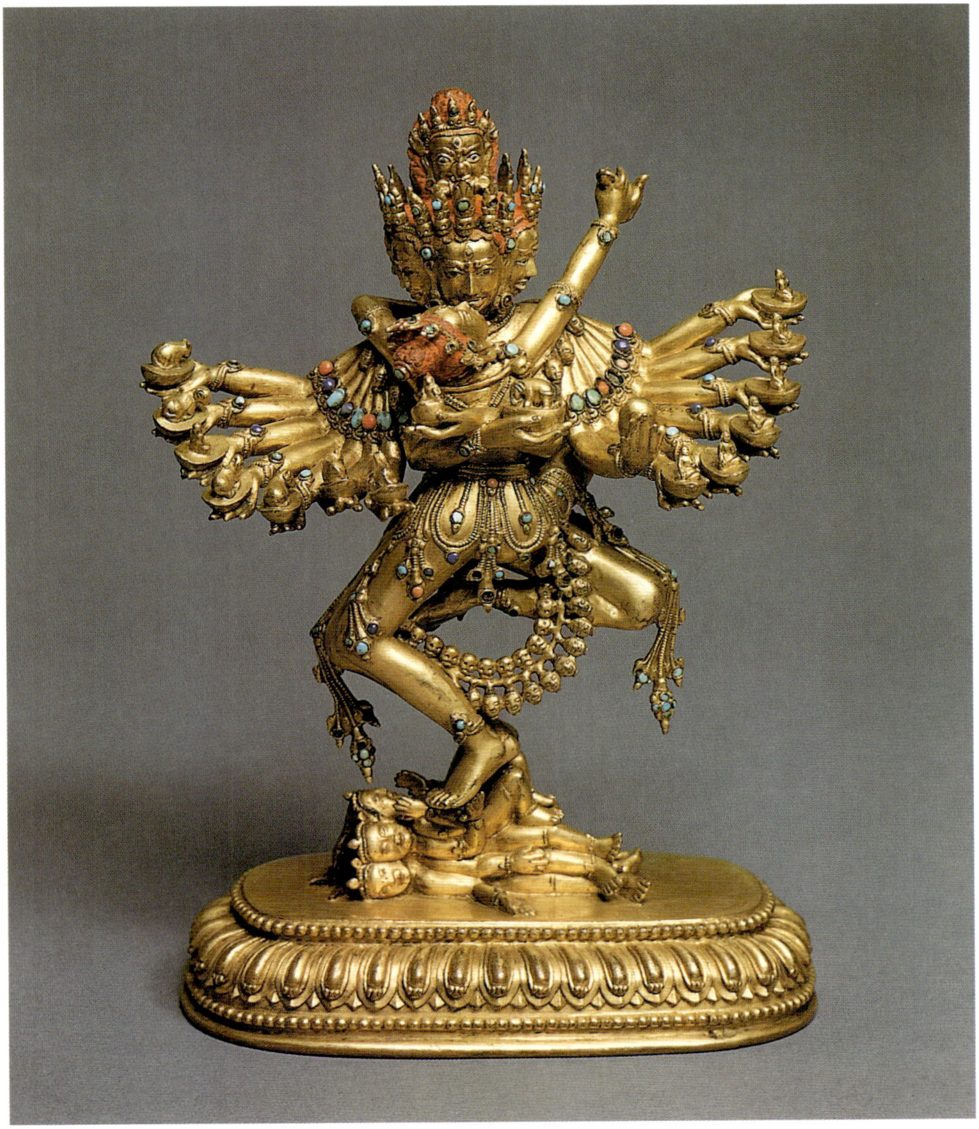

Uṣṇīṣavijayā (tib.: gCug gtor rnam par rgyal ma) wird mit drei Gesichtern und acht Armen dargestellt. In ihren rechten Händen hält sie von oben nach unten eine Amitabhafigur, den Doppelvajra und einen Pfeil, während die unterste Hand die Geste der Wunschgewährung zeigt; die Hände der linken Seite halten die Fangschlinge, den Bogen und die Vase mit Lebenswasser, während die oberste Hand eine Geste zeigt, die sowohl als die der Ermutigung als auch als die der Sättigung interpretiert werden kann. Die Hände, die Pfeil und Bogen halten, vollführen zusätzlich die Bannungsgeste. Uṣṇīṣavijayā ist die Hüterin der Buddhaweisheit, die im Schädelauswuchs der Erleuchtung (Skt.: uṣṇīṣa) ihren Sitz hat, und gilt daher als die „Mutter aller Buddhas". Über ihr thronen in der Mitte Avalokiteśvara in seiner vierarmigen Form (Skt.: Ṣaḍakṣari-Lokeśvara), in der er sich im Dalai Lama inkarniert, sowie zu seiner Rechten Mañjuśrī und zur Linken Vajrapāṇi. In der linken unteren Ecke sitzt Vaiśravaṇa (Kubera) mit dem juwelenspeienden Mungo und einer Frucht in den Händen; in der gegenüberliegenden Ecke erkennt man die Göttin des Wohlstands, Vasudhārā.

Kat.-Nr. 61
Uṣṇīṣavijayā

Tibet; ca. 19. Jh.
Thangka; Farben auf Leinwand
40 x 56 cm
SMV,
Mus.-Nr. 33-11-2

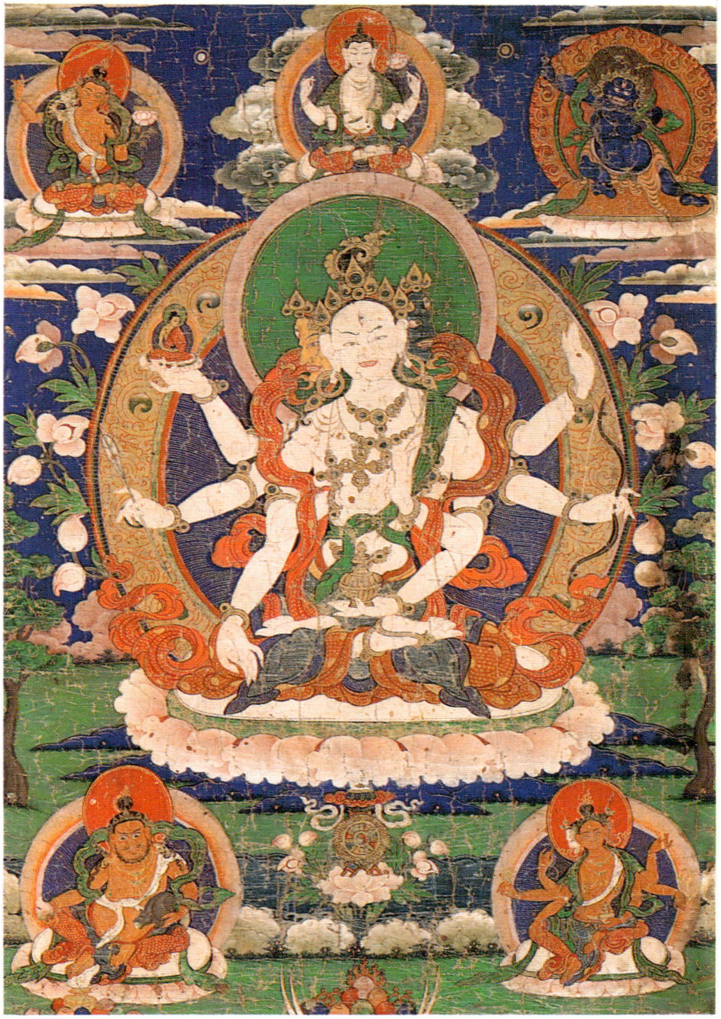

Sarasvatī (tib.: dByaṅs-can-ma) ist als „Göttin der melodischen Sprache“ (tib.: sGra-dbyaṅs lHa-mo) die Göttin der Redekunst, der Dichtung und der Musik. In dieser Funktion ist sie auch dem Hinduismus bekannt. Als Attribut hält sie eine Laute (Skt.: vīṇā) in ihren Händen.

Kat.-Nr. 62
Sarasvatī

Tibet; ca. 19. Jh.
Feuervergoldete Bronze
Höhe 16 cm
SMV,
Mus.-Nr. 04.90

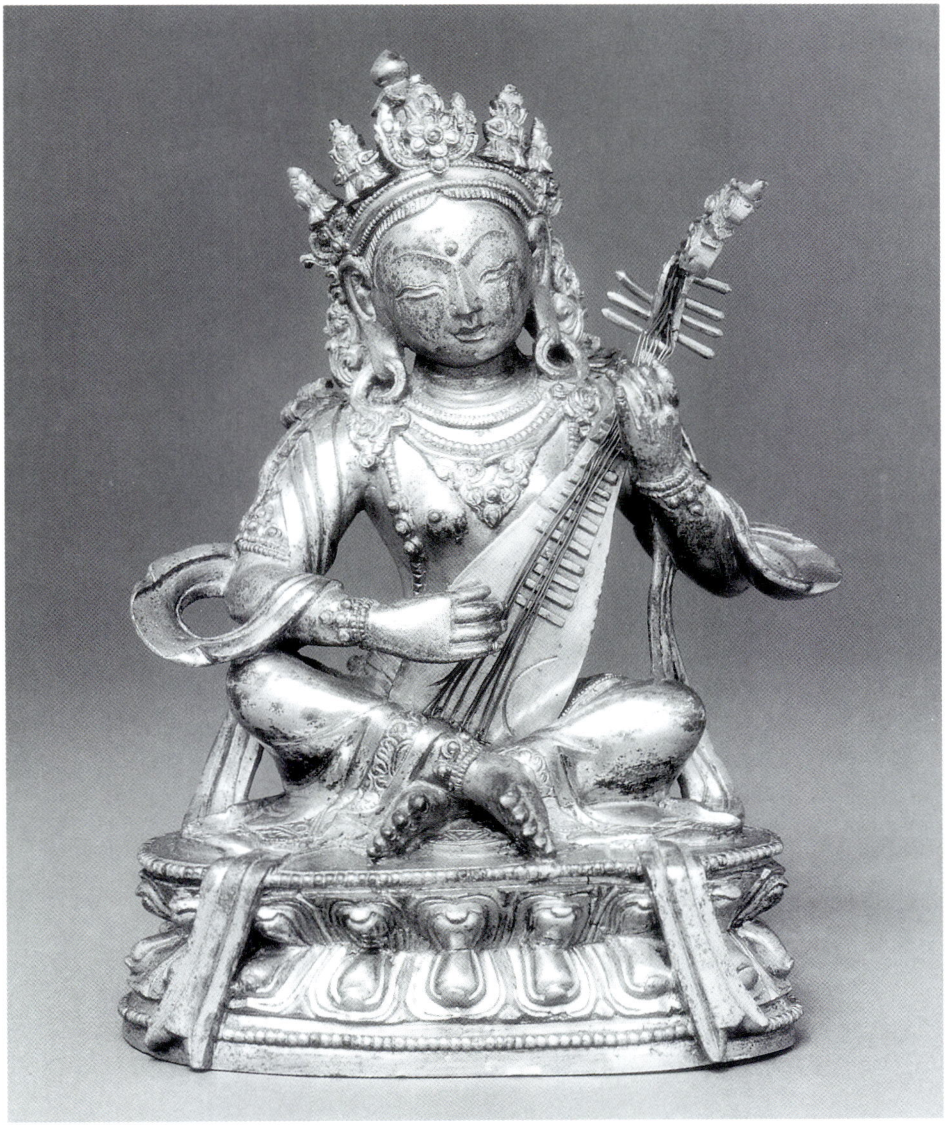

Die Grüne Tārā (Skt.: Śyāmatārā; tib.: sGrol-ma lJaṅ-gu) inmitten von 21 weiteren Tārā-Manifestationen. Tārā wird geschmückt wie eine indische Prinzessin in gelöster Sitzhaltung auf dem Lotosthron mit der Mondscheibe, dem Symbol der Erleuchtung und des Mitleids, gezeigt; das herabhängende rechte Bein wird von einem Lotoskissen gestützt. Die rechte Hand zeigt die Geste der Gewährung, die linke die Geste der Lehre. In beiden Händen hält Tārā Utpala-Blüten. Die Göttin ist von einer Kopf- und einer Körperaureole sowie von Blumenranken und Blüten umgeben. Die Mittelfigur wird von weiteren 21 Manifestationen der Tārā in den Farben Rot, Gelb, Weiß und Blau umgeben, die die verschiedenen Beschützerfunktionen der Tārā anzeigen.

Tārā ist die weibliche Manifestation des Bodhisatva Avalokiteśvara und als Grüne Tārā die Schutzpatronin Tibets und Erlöserin von allem Übel. Der Avalokiteśvara und damit auch der Tārā zugehörige Meditationsbuddha ist Amitābha, der auf dem Thangka über der Mittelfigur zu sehen ist.

Kat.-Nr. 63
Grüne Tārā

Tibet; ca. 19 Jh.
Thangka; Farben auf Leinen
35 x 48 cm
SMV,
Mus.-Nr. 70-6-38

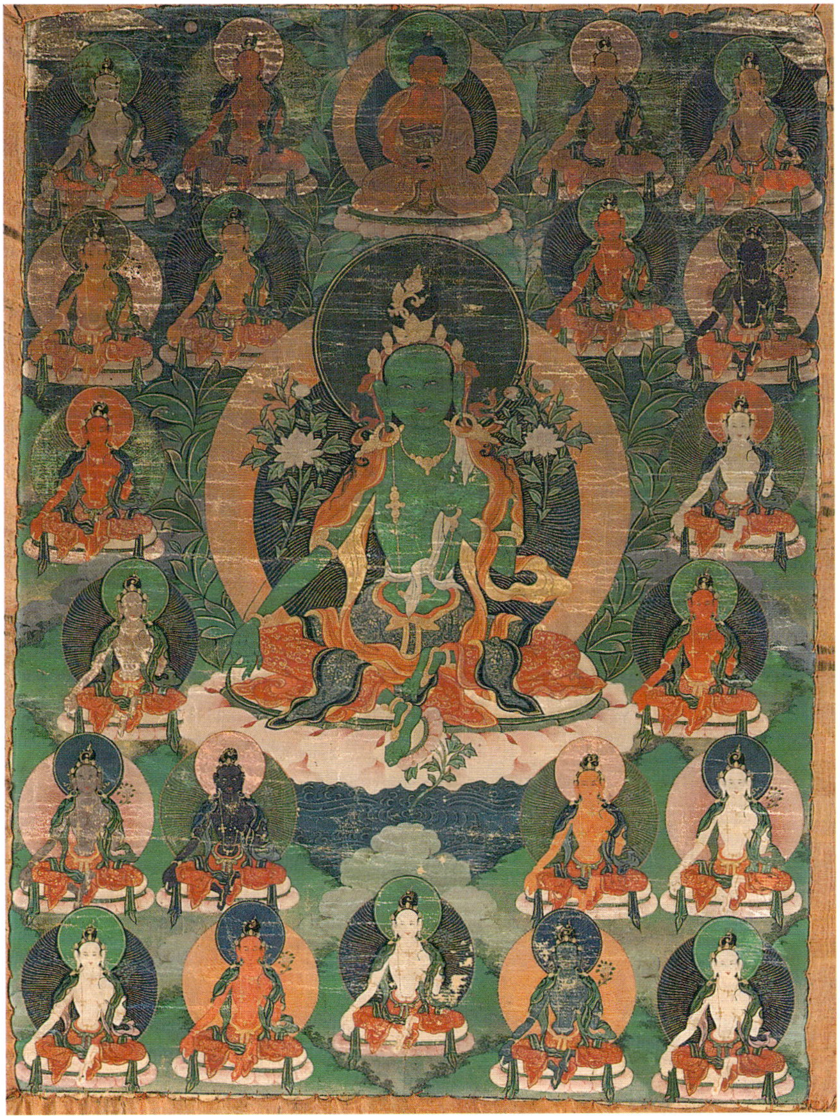

Avalokiteśvara als Personifikation des allumfassenden Mitleids (Skt.: mahākaruṇā) in Gestalt des achtarmigen „elfgesichtigen mitleidvollen Lokeśvara“ (Skt.: Ekādaśa-mahākaruṇika-Lokeśvara). Die neun unteren Köpfe, die in Gruppen von je drei Köpfen übereinanderliegen, zeigen ein friedvolles Aussehen, der zehnte, darüberliegende Kopf ist der zornvolle Kopf des Mahakala, einer Emanation des Avalokiteśvara. Über diesem erscheint der Kopf des transzendenten Buddha Amitābha, als dessen Emanation Avalokiteśvara angesehen wird. Avalokiteśvara trägt den Schmuck des Bodhisatva, von seinen Attributen (rechts: Gebetsschnur, Rad der Lehre; links: Lotos, Pfeil und Bogen, Lebenswassergefäß) ist nur noch die Gebetsschnur vorhanden. Die Haupthände sind vor der Brust in der Geste des Haltens des Cintāmaṇi-Juwels gefaltet, die unterste Hand der rechten Seite zeigt die Geste der Wunscherfüllung. Auf der Handfläche öffnet sich ein Auge, das der Gottheit hilft, jenes Leid zu erkennen, das den Augen seiner elf Köpfe entgehen würde.

Während der Restaurierungsarbeiten wurde die Figur des Lokeśvara geöffnet. In ihrem Inneren fanden sich um einen zentralen Holzstab angeordnete Tsa Tsa (Votivtäfelchen aus Ton), die in Papier eingehüllt waren. Ein Teil dieser Papierumschläge war auf der Außenseite mit der Anrufungsformel für Avalokiteśvara, „Om A Hum“, in Tibetisch beschriftet, der andere Teil trug dieselbe Aufschrift in mongolischer Schrift (nach Auskunft von Herbert Franke); dies könnte darauf hinweisen, daß die Figur von Mongolen als Weihegabe nach Tibet gebracht wurde. Diese „Füllung“ erhält jede Kultfigur bei ihrer rituellen Weihe, ohne sie kann sie im Kult nicht verwendet werden.

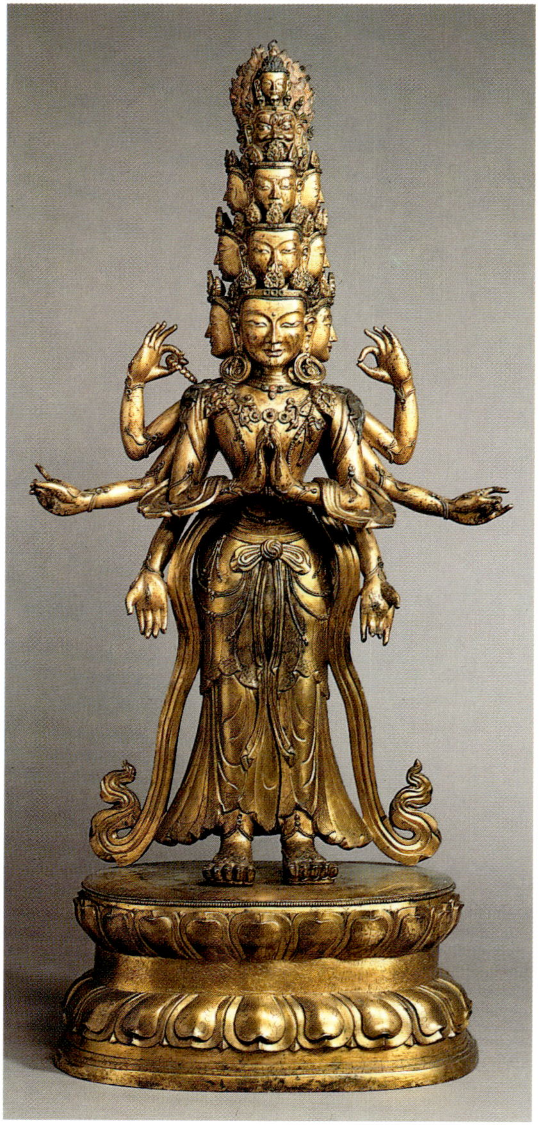

Kat.-Nr. 64
Avalokiteśvara

Tibet oder Mongolei; ca. 17. Jh.
Feuervergoldete Bronze, stellenweise farbige Fassung
Höhe 99 cm
SMV, Mus.-Nr. I 1769

Mañjuśrī (tib.: hJam-dpal-dbyaṅs) gilt als der Bodhisatva der Weisheit. Seine Attribute sind das flammende Schwert der Weisheit, mit dem er die Finsternis der Unwissenheit zerteilt, und das Buch der Weisheit (Skt.: prajñāparāmitā), das auf einer Lotosblüte ruht. Mañjuśrī ist umgeben von 338 seiner Manifestationen, die die Allgegenwart des Bodhisatvas anzeigen. Diese Vervielfältigung des Bodhisatva sowie die Ausführung des Thangka in Goldmalerei weisen darauf hin, daß es sich um einen Votivthangka handeln könnte, den man in Auftrag gab, um den Schutz und die Hilfe der betreffenden Gottheit zu erhalten.

Die bekannteste Inkarnation des Mañjuśrī war nach tibetischem Glauben der Reformator Tsongkhapa (1358–1419), dessen Attribute gleichfalls Schwert und Buch sind.

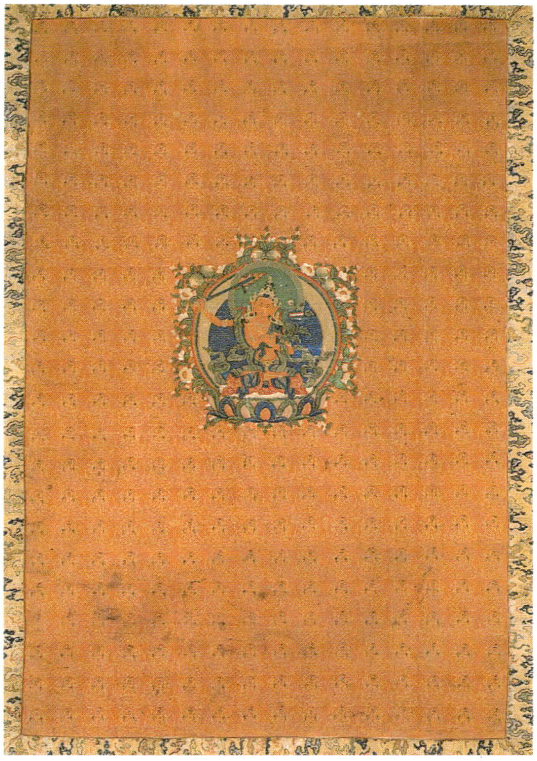

Kat.-Nr. 65
Mañjuśrī

Tibet,
ca. 18./19. Jh.
Thangka; Goldmalerei und Farben auf Leinen
55,5 x 83,5 cm
SMV,
Mus.-Nr. 91-31443
(Sammlung B. Ch. Olschak)

Vaiśravaṇa (tib.: rNam-thos-sras) sitzt vor dem Götterpalast auf einem weißen Löwen und hält eine Standarte (Skt.: dhvaja; tib.: rgyal-mtshan) sowie den juwelenspeienden Mungo (Skt.: nakula; tib.: ne'u-le) in seinen Händen. Die Standarte ist das Symbol des Sieges der Lehre des Buddha. Vaiśravaṇa ist als einer der vier Lokapāla, der Weltenhüter, der Schutzherr des Nordens, gleichzeitig aber auch der Herr des Reichtums und der Schätze. Zudem zählt er unter dem Namen Kubera zu den acht Dharmapāla, den Schützern der Religion. Er wird von den „acht Meistern der Pferde" (tib.: rTab-dag brgyad) begleitet, die an dem Mungo auf ihren Armen als Emanationen des Vaiśravaṇa erkennbar sind. Über Vaiśravaṇa steht im Obergeschoß des Palastes der Dharmapāla Vajrapāṇi.

Kat.-Nr. 66
Vaiśravaṇa

Tibet;
ca. 19. Jh.
Thangka; Farben auf Leinen
45 x 71 cm
SMV,
Mus.-Nr. 70-6-41

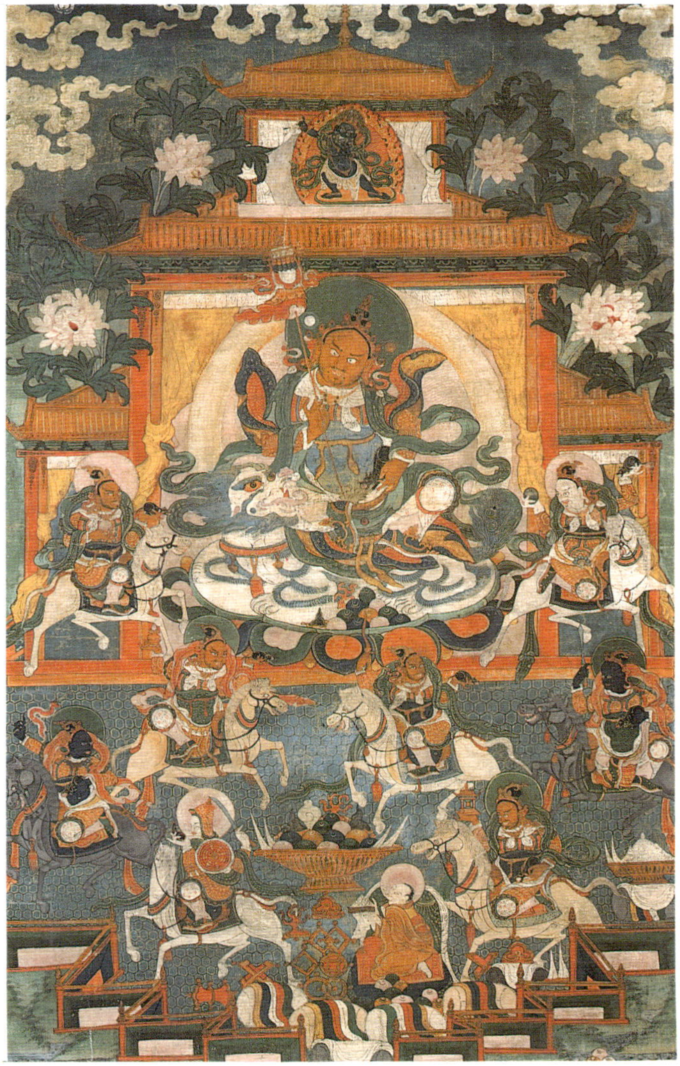

Begtse (tib.: Beg-rtse oder lCam-sriṅ) war der Tradition zufolge eine mit magischen Mitteln in den Dienst des Buddhismus gestellte vorbuddhistische Gottheit. Er zählt zu den „Acht Schrecklichen" (tib.: Drag-ched) unter den Dharmapala (tib.: Chos-kyoṅ oder Sruṅ-ma), den Schützern der Lehre, deren Charakteristika – zornvoller Ausdruck, gedrungener Körperbau, dynamische Körperhaltung, wehende Haare sowie die Flammenaura – an ihm zu sehen sind. Begtse ist von roter Körperfarbe; er trägt einen Schuppenpanzer sowie ein Ärmelgewand, von seinen Schultern hängt ein Kranz abgeschlagener Köpfe von Feinden der Religion. Er trampelt im Ausfallschritt nach rechts auf einem Pferd und einem Menschen, die auf einem von einem Blutsee bedeckten Lotos liegen. Mit der Rechten führt Begtse ein Schwert mit Skorpiongriff, der Kampfbogen hängt über dem linken Arm, in dessen Beuge ein Pfeil sowie ein Dreizack mit Yakwedel und Wimpel an der Spitze festgeklemmt sind. Die linke Hand führt ein menschliches Herz zum Mund. Über der Schädelkrone windet sich eine Schlange im gesträubten Haar. Unterhalb des Lotossockels reitet der Rote Krieger Sogdag (tib.: Srog-bdag) auf einem Wolf; rechts davon ist die Göttin Dong-marma (tib.: gDoṅ-dmar-ma) – eine nackte Frau mit blauer oder schwarzer Körperfarbe und rotem Kopf – zu erkennen. Sie reitet auf einem häufig als Bären interpretierten Tier und hält Opfermesser (Skt.: churī; tib.: chu-gri) und Ritualdolch (Skt.: vajrakīla; tib.: phur-bu) in ihren Händen. Zwischen diesen beiden Begleitern von Begtse steht eine mit Blut, Augen, Ohren, einer Nase, Zungen und einem Herzen gefüllte Schädelschale, die die Opfergabe der fünf Sinnesgenüsse – Sehen, Hören, Fühlen, Schmecken und Riechen – symbolisiert, die dem Gott dargebracht wird. In den oberen Ecken des Thangka sind Sonne und Mond zu erkennen.

Kat.-Nr. 67
Begtse

Tibet oder Mongolei;
ca. 19. Jh.
Thangka; Farben auf Leinwand
89,5 x 140 cm
SMV,
Mus.-Nr. FK 247

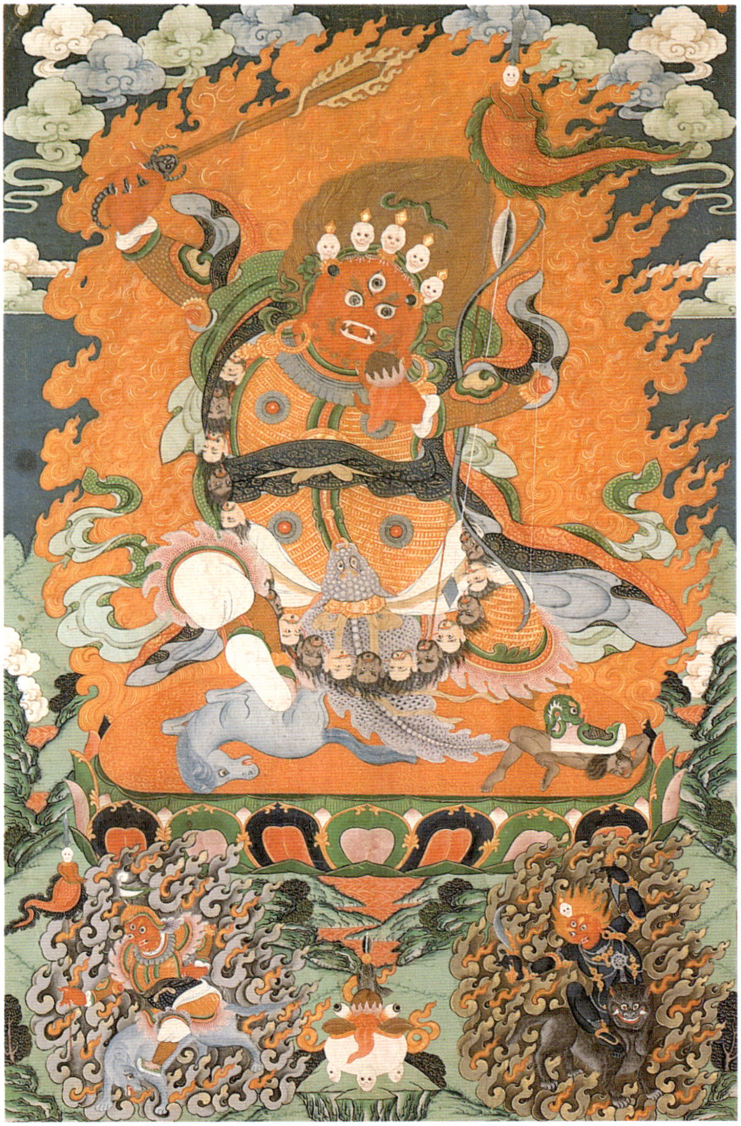

Der schwarze sechsarmige Mahākāla in Yab-Yum-Stellung mit seiner mystischen Partnerin. In dieser Form heißt er Tsedag Gönpo (Skt.: Āyushpati Mahākāla; tib.: che-bdag mgon-po;), der „Herr des Lebens". In der Inschrift auf diesem Thangka wird er als Gönpo Tragtung (mGon-po Khrag-thuṅ), „Bluttrinker", bezeichnet. Er hält seine üblichen Attribute – Gebetskette, Trommel, Dreizack, Fangschlinge, Hackmesser und Schädelschale – empor. Er tanzt mit seiner Partnerin auf dem hinduistischen, elefantenköpfigen Gott Ganeśa. Über den drei Köpfen des Gönpo thront der Ur-Buddha in seiner Erscheinungsform als Dordsche Tschang (Skt.: Vajradhara; tib.: rDo-rje-'chaṅ). In den Ecken tanzen vier zornvolle Göttinnen.

Kat.-Nr. 68
Mahākāla

Tibet;
ca. 19./20. Jh.
Thangka; Malerei auf Leinwand
65 x 42 cm
SMV,
Mus.-Nr. 39-21-74

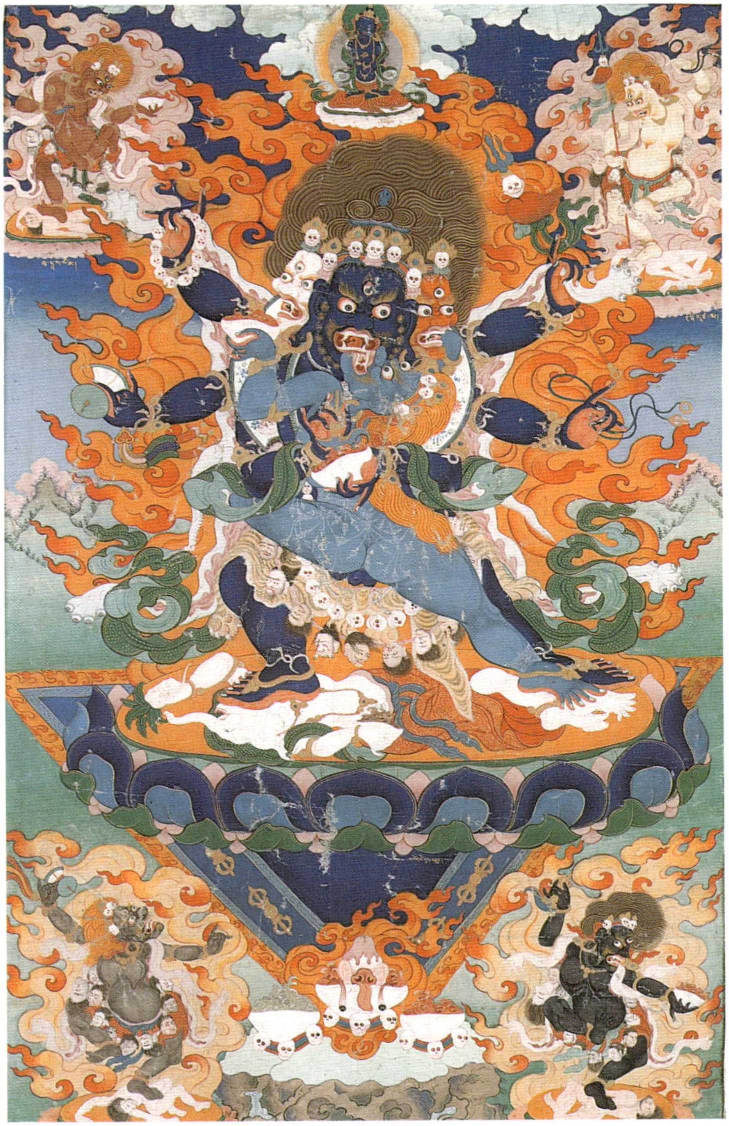

Der Dharmapāla Mahākāla – von ihm sind je nach Lehrtradition 67 oder 75 Erscheinungsformen bekannt – ist in seiner sechsarmigen, weißen Erscheinungsform dargestellt, in der er als „der weiße Beschützer“ (tib.: mGon dkar) oder als Cintāmaṅi-Mahākāla (tib.: mGon dkar yid bshin nor-bu) bezeichnet wird. In seinen Händen hält er den wunscherfüllenden Edelstein (Skt.: cintāmaṇi; tib.: nor bu), die Schädelschale mit Juwelen und der Lebenswasservase, die Sanduhrtrommel, die tantrische Axt, das Opfermesser sowie den mit Wimpel und Yakwedel geschmückten tantrischen Stab. Mahākāla trägt in dieser Erscheinungsform nicht das Tigerfell, sondern ein Hüfttuch (dhotī), einen reich drapierten Schal, Edelsteinketten, sowie die fünfblättrige Krone. Er steht auf je einem Gaṇeśa, dem elefantenköpfigen Hindugott. Vor ihm steht eine Schale mit Wunschedelsteinen, die von dem Cintāmaṇi überragt werden. In den vier Ecken des Thangka tanzen Ḍākinī, über der Gestalt des Mahākāla sitzt zwischen Sonne und Mond ein hoher Lama des Gelugpa-Orden. Der weiße Mahākāla ist eine Emanation des Bodhisatva Avalokiteśvara; er gilt als der Schutzherr der geistigen und materiellen Schätze sowie als Schutzgott der Mongolen.

Kat.-Nr. 69
Cintāmaṇi-Mahākāla

Tibet oder Mongolei, ca. 19. Jh.
Thangka; Farben auf Leinwand
42,5 x 66,5 cm
SMV,
Mus.-Nr. 39-21-61

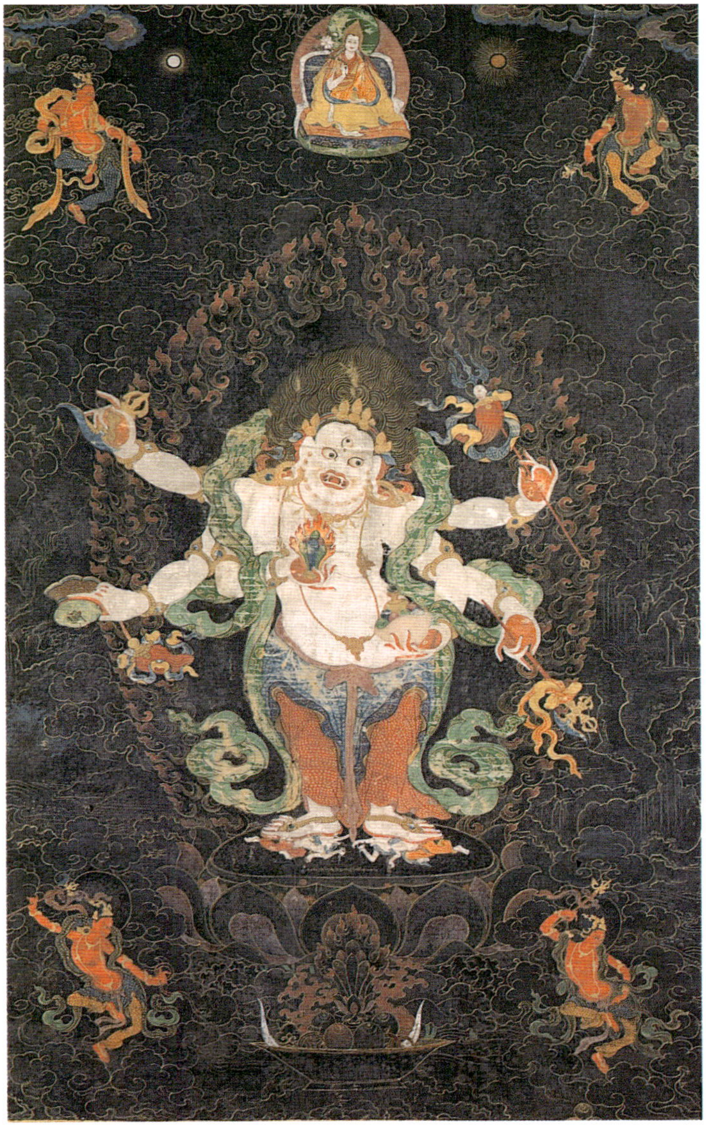

Eine meist als Dharmapāla, Schützer der Religion, interpretierte Gottheit. Sie ist mit fünf Köpfen, acht Armen und drei Beinen dargestellt, um die Hüften trägt sie ein Tigerfell.

Die genaue Zuordnung dieser auf drei Schädeln stehenden Gestalt ist umstritten. Sie wird mit dem Weltenhüter und Dharmapāla Kubera/Vaiśravana (A. Getty 1962: S. 160 und Pl. XLIX; A. Lutz [Hrsg.] 1991: S. 64; F. Sierksma 1966: S. 279, Pl. 34) als auch mit dem Totengott Yama (P. Pal 1969: S. 149, Abb. 64) in Verbindung gebracht. Weitere Interpretationsversuche sehen in ihr eine Gottheit des Bön, der vorbuddhistischen Religion Tibets, die von dem Nyingmapa-Orden in das buddhistische Pantheon übernommen wurde (A.K. Gordon 1963: S. 71) bzw. die Darstellung des Garuda-Königs Jinzi Niaowang („Vogelkönig mit den goldenen Flügeln"; A. Lutz [Hrsg.] 1991: S. 64).

Kat.-Nr. 70
Dharmapāla

Tibet oder China;
ca. 18. Jh.
Bronze
Höhe 27,5 cm
SMV,
Mus.-Nr. 26-13-1

Lit.:

A. Getty 1962	The Gods of Northern Buddhism. Rutland/Verm., Tokyo.
A.K. Gordon 1963	Tibetan Religious Art. New York 1963.
A. Lutz (Hrsg.) 1991	Der Goldschatz der drei Pagoden. Zürich.
P. Pal 1969	The Art of Tibet. New York.
F. Sierksma 1966	Tibet's Terryfying Deities. Rutland/Verm., Tokyo.

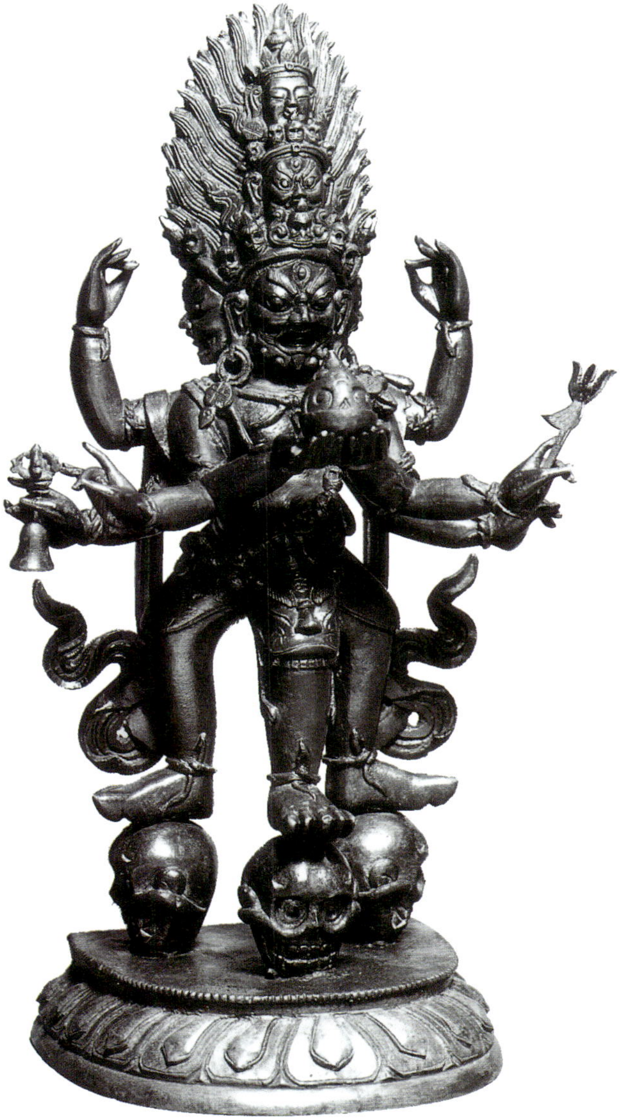

Damchan Garwa Nagpo (Dam-'can-mgar-ba-nagpo), der „Schwarze Schmied", war eine Gottheit der vorbuddhistischen Religion Tibets, des Bön, die durch Padmasambhava in den Dienst des Buddhismus gestellt wurde. Der Name Damchan, „durch Gelübde gebunden", weist darauf hin, daß die zu dieser Gruppe gehörenden Götter durch Bannung und Eid in den Kreis der Schutzgottheiten des tibetischen Buddhismus aufgenommen wurden. Garwa Nagpo reitet auf einem Ziegenbock mit ineinander verdrehten Hörnern und schwingt in seiner Rechten den Schmiedehammer, während die Linke den Blasebalg hält. Garwa Nagpo ist die Schutzgottheit der Schmiede. Er wird von weiteren acht Damchan umgeben.

Kat.-Nr. 71
Damchan
Garwa Nagpo

Tibet;
ca. 19. Jh.
Thangka; Farben auf Leinwand
34 x 55,5 cm
SMV,
Mus.-Nr. 70-6-32

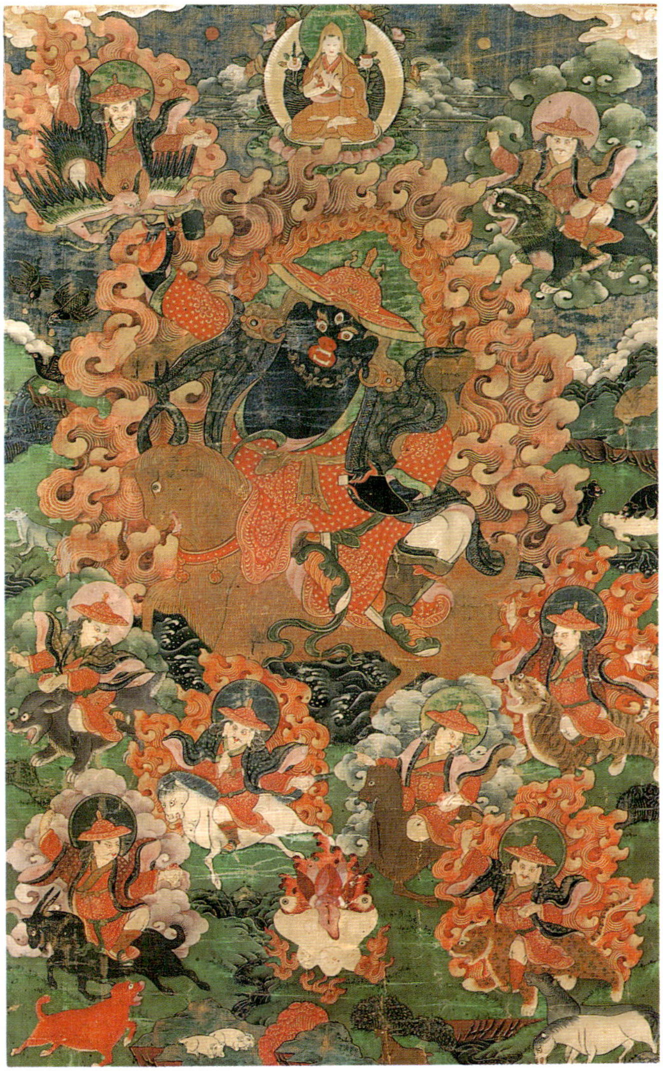

Guru Padmasambhava, der im 8. Jahrhundert der tantrischen Form des Buddhismus in Tibet zum Durchbruch verhalf, in seiner Erscheinungsform als Níma'od-zer, „Sonnenlicht“. In den Händen hält er das flammende Schwert der Weisheit und die Schädelschale, in seiner Armbeuge liegt der tantrische Stab. Er sitzt auf einer Menschenhaut, an der noch Kopf und Hände hängen; sie gehörte möglicherweise einem Feinde der Lehre. Sein rechter Fuß ruht auf einem Lotoskissen. Ihn umgeben 100 weitere seiner Manifestationen.

Kat.-Nr. 72
Padma-
sambhava

Tibet;
ca. 18./19. Jh.
Thangka; Farben auf Leinen
61 x 80 cm
SMV,
Mus.-Nr. 69-5-22

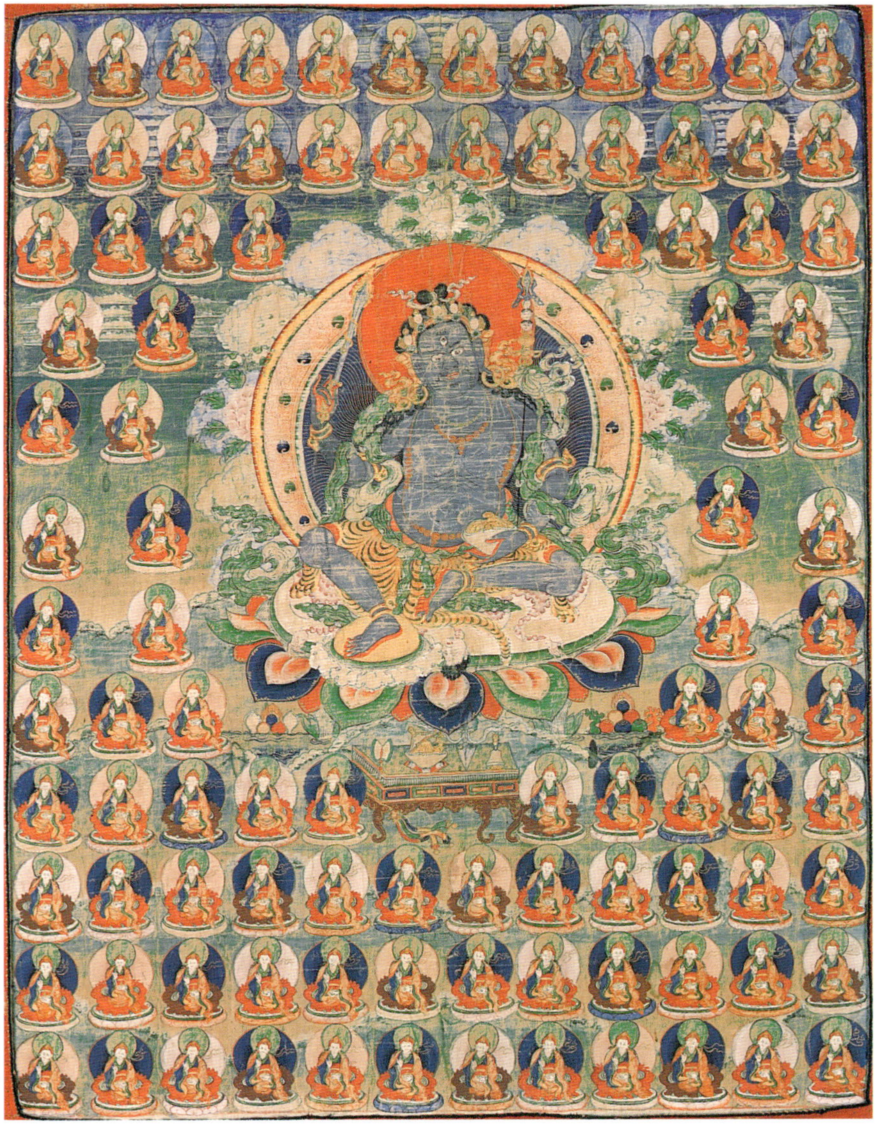

Große Versammlung (tib.: tzog-śiṅ) der Buddhas, Bodhisatvas, Heiligen und Schutzgottheiten, präsidiert von Tsongkhapa (1357–1419). In seinem Herzen öffnet sich das Bild Śākyamunis, in dessen Herz wiederum der tantrische Urbuddha Vajradhara zu erkennen ist. Links und rechts oben das Paradies des Maitreya (Tuśita) und des Amitābha (Sukhāvati). Über Tsongkhapa die Gruppe der Mahāgurus, unter ihnen eine Anzahl Mahāsiddhas, als Yogins dargestellt. Tsongkhapa wird flankiert von Gruppen indischer und tibetischer Lehrpersonen, die als Gurus des Mahāyāna-Buddhismus verehrt werden. Der Lotosthron Tsongkhapas ist von vielarmigen, tantrischen Schutzgottheiten in Yab-Yum und von Ḍākinis umgeben. Darunter die 35 Buddhas der Sündenvergebung (tib.: bDe-gShegs SolNga), die Mānuṣi-Buddhas vergangener Weltepochen und schließlich, in der letzten Reihe der irdischen Erscheinungsformen, die Arhats im Mönchsgewand, links außen der dickbäuchige Hva-shang, rechts außen Dharmatāla mit seinem Büchergestell. Es folgt eine Reihe himmlischer Erscheinungsformen von Bodhisatvas. Den Abschluß bilden die tantrischen Schutzgottheiten (Dharmapālas). In der unteren Sphäre des Bildes sieht man die Lokapālas, die Weltenhüter, und in der Mitte das achtfache Glückszeichen. Links unten ist der abgestufte Weltberg zu erkennen sowie die sieben königlichen Symbole. Den eigentlichen Zugang zum Thangka bildet der Lama rechts, der der heiligen Gesellschaft ein Reismandalaopfer darbringt. Die Versammlung sitzt auf einem Blüten und Früchte tragenden Baum, der aus dem Ur-Ozean wächst. Der Thron der Gottheiten wird von Schneelöwen gestützt. Über Tsongkhapa thront der Adibuddha Vajradhara, von dem sieben Mañjuśrī-Manifestationen ausgehen, die zu Tsongkhapa hinführen, da er eine Manifestation des Mañjuśri ist.

Kat.-Nr. 73
Versammlungsbaum

Tibet;
ca. 19. Jh.
Thangka; Farben auf Leinwand
53 x 74 cm
SMV, Mus-Nr. 91-314439
(Slg. B. Ch. Olschak)

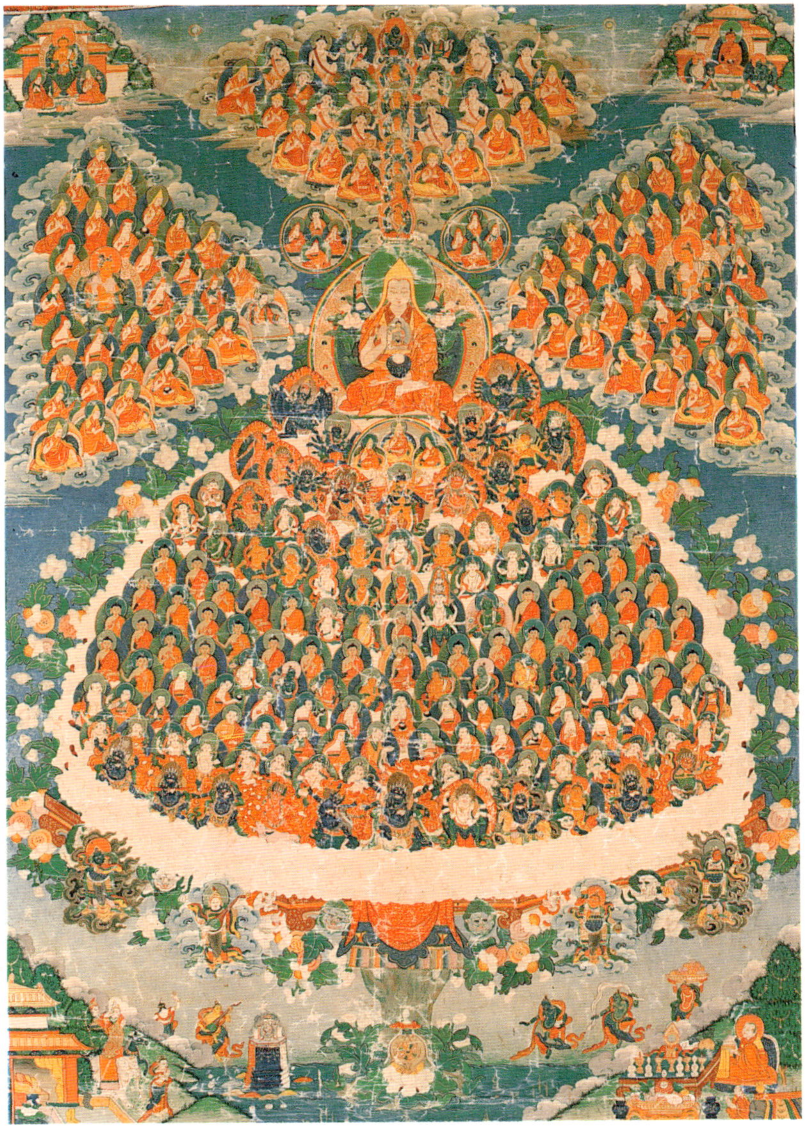

Das Thangka zeigt den Lama Ngorchen Kunga Zangpo (Ṇor-chen-kuṅ-dga'-bzaṅ-po; 1382–1444), den Begründer der Sakya-Tradition von Ngor (1429 gegründet), umgeben von zehn weiteren Sakya-Lamas. Ngorchen Kunga Zangpo zeigt die Geste der Ingangsetzung des Rades der Lehre, auf den von seinen Händen ausgehenden Lotosblumen stehen Glocke und Vajra, die ihn als Stellvertreter des Adibuddha Vajradhara kennzeichnen. Über Ngorchen Kunga Zangpo ist der Mahāsiddha Virūpa, in der unteren rechten Ecke der Reichtumsgott und Dharmapāla Vaiśravaṇa mit seinem juwelenspeienden Mungo sowie die rote Ḍākinī Kurukullā zu erkennen, in der linken unteren Ecke erklärt ein Lama die Lehre.

Goldmalereien (tib.: gSer-bris) auf Rotgrund (tib.: mtzal-thaṅ) gelten in Tibet als große Kostbarkeit, da der feine Pinselstrich keine Korrektur erlaubt; derartige Thangkas anfertigen zu lassen, galt als großes religiöses Verdienst.

Kat.-Nr. 74
Lama
Ngorchen
Kunga Zangpo

Südtibet;
ca. 18. Jh.
Thangka;
Goldmalerei auf
Rotgrund
46 x 106 cm
SMV, Mus.-Nr.
91-314412
(Slg.
B. Ch. Olschak)

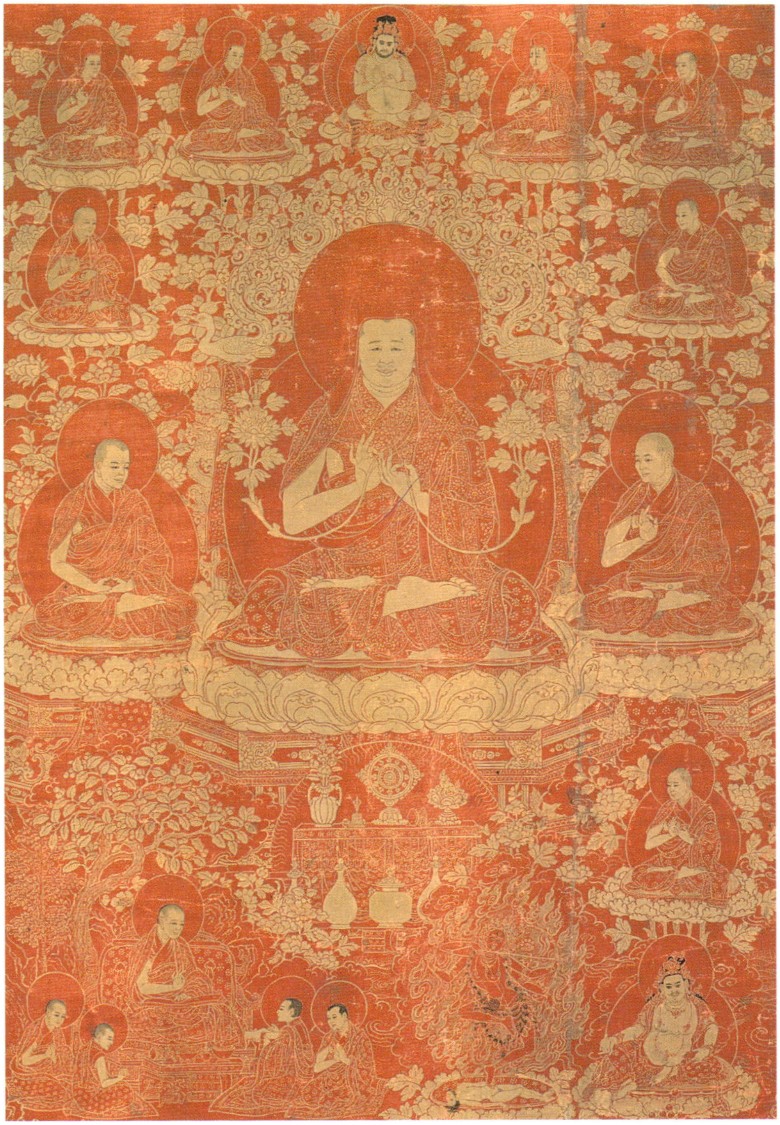

Holztafel mit Messingblechverkleidung. Auf der Schauseite reich ornamentiert mit Blütenranken und Zierleisten in Filigranarbeit; die Blütenblätter sind mit Schmucksteinen, hauptsächlich Türkis und Perlmutt, ausgelegt. Im Mittelteil sitzt ein gekrönter Buddha oder ein Bodhisatva, dessen rechte Hand die Geste der Schutzgewährung zeigt, während die linke im Schoß liegt und eine Almosenschale hält.

Kat.-Nr. 75
Altartafel

Nepal;
ca. 19. Jh.
Messing,
Schmucksteine;
Buddhadarstellung: Kupfer,
Feuervergoldung.
28,5 x 35 cm
SMV,
Mus.-Nr. 77-7-30

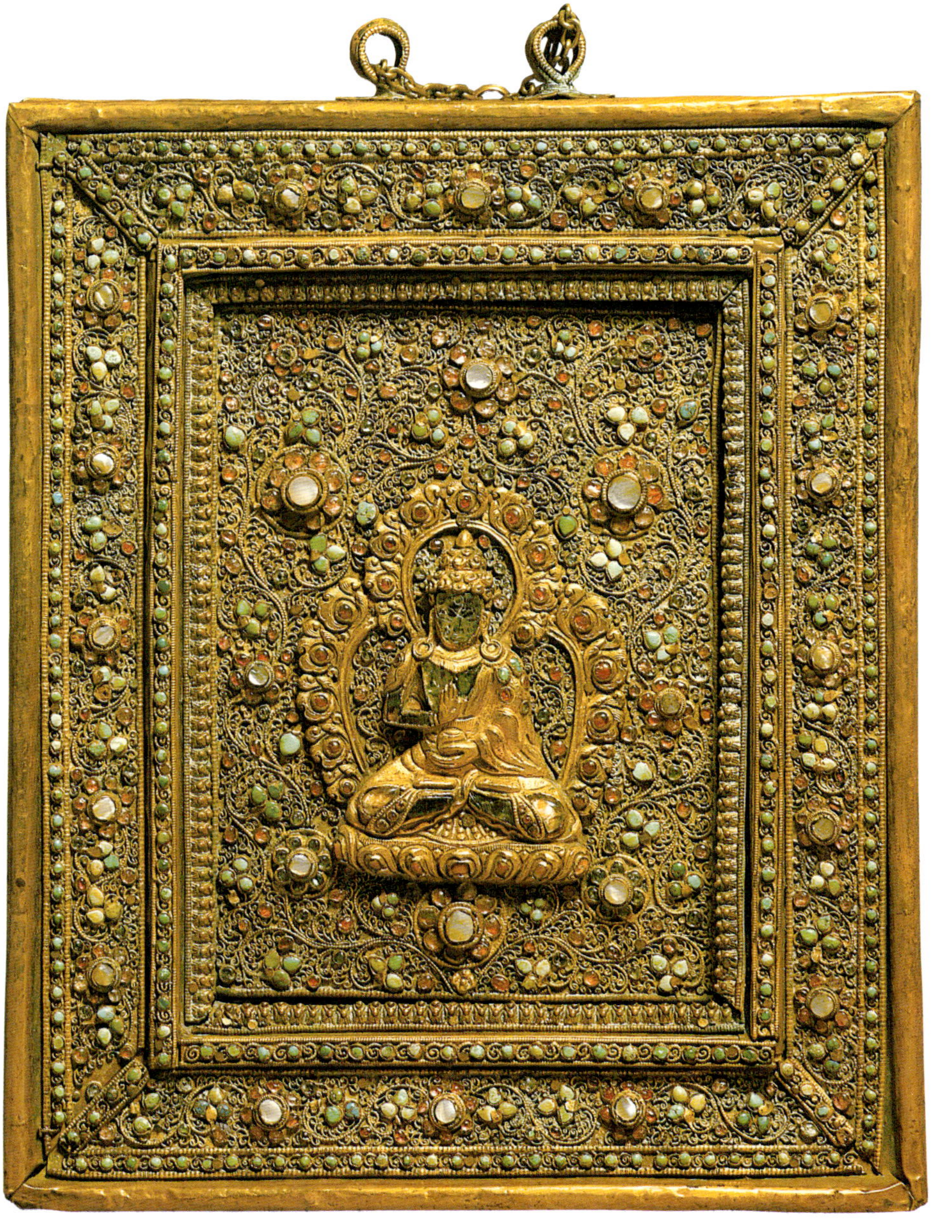

Kat.-Nr. 76
Prunkkanne

Tibet oder Nepal;
ca. 18. Jh.
Kupfer, stellenweise Feuervergoldung, Koralle, Türkis; Griff und Ausguß: Bronze.
Höhe 41 cm
SMV,
Mus.-Nr. 70-6-1

Leicht konische Kanne mit Zierbändern; in den feuervergoldeten Reliefmedaillons Götterdarstellungen, u. a. Vaiśravana und Dhṛtarāṣṭra. Der gewölbte Deckel ist in Form einer Lotosknospe mit Lotosblätterkranz gearbeitet. Der Griff aus Bronze hat die Form eines Drachens, der kurze, gedrungene Ausguß zeigt an den Seiten florale Ornamentik und je einen Makarakopf, aus dessen Maul der Kopf eines Fisches ragt. An der Stirnseite des Ausgusses erkennt man eine Gestalt mit weiblichem Oberkörper und dem Unterleib einer Schlange, deren Haupt von fünf Schlangenköpfen überragt wird. In ihren Händen hält sie – mit der Öffnung nach oben – die Schale einer Meeresschnecke.

Möglicherweise wurde die Kanne verwendet, um im Kloster während der Zeremonien Tee an hochrangige Mönche auszuschenken.

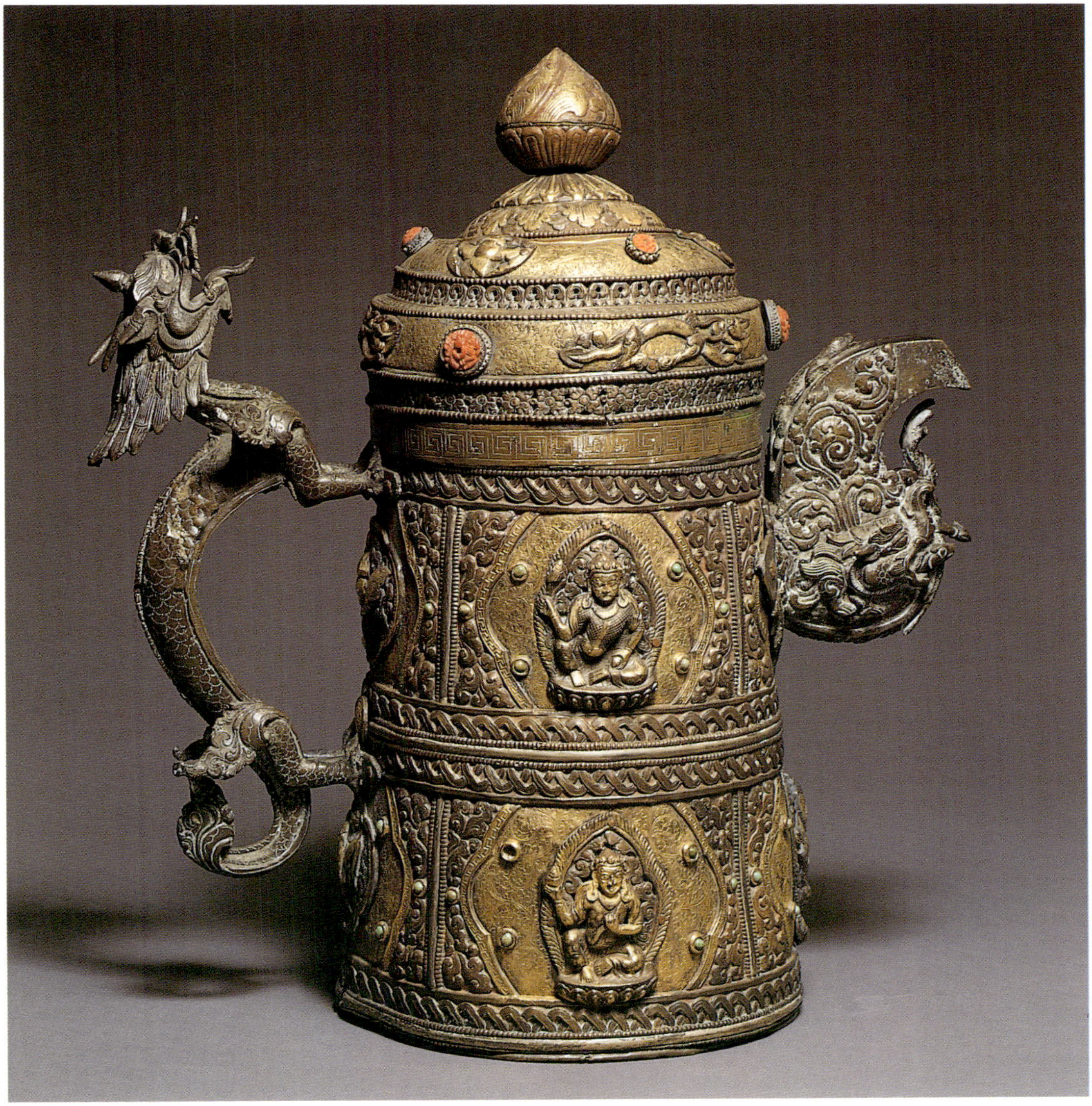

Zeittafel
(ab der Hanzeit)

206 v.–24 n. Chr.	Westliche Han-Dynastie	Han-Dynastie
25–220	Östliche Han-Dynastie	
221–263	Shu-Han-Dynastie	Zeit der Drei Reiche
220–265	Wei-Dynastie	
222–280	Wu-Dynastie	
265–316	Westliche Jin-Dynastie	
317–420	Östliche Jin-Dynastie	
420–479	Song-Dynastie	Südliche Dynastien
379–502	Qi-Dynastie	
502–557	Liang-Dynastie	
557–589	Chen-Dynastie	
386–534	Nördliche Wei-Dynastie	Nördliche Dynastien
534–550	Östliche Wei-Dynastie	
550–577	Nördliche Qi-Dynastie	
535–556	Westliche Wei-Dynastie	
557–581	Nördliche Zhou-Dynastie	
581–618	Sui-Dynastie	
618–907	Tang-Dynastie	
907–923	Spätere Liang-Dynastie	Zeit der Fünf Dynastien
923–936	Spätere Tang-Dynastie	
936–946	Spätere Jin-Dynastie	
947–950	Spätere Han-Dynastie	
951–960	Spätere Zhou-Dynastie	
960–1127	Nördliche Song-Dynastie	Song-Dynastie
1127–1279	Südliche Song-Dynastie	
916–1125	Liao-Dynastie	
1115–1234	Jin-Dynastie	
1271–1368	Yuan-Dynastie	
1368–1644	Ming-Dynastie	
1644–1911	Qing-Dynastie	
1912–1949	Republik China (reg. seit 1949 auf Taiwan)	
seit 1949	Volksrepublik China	

CHINA

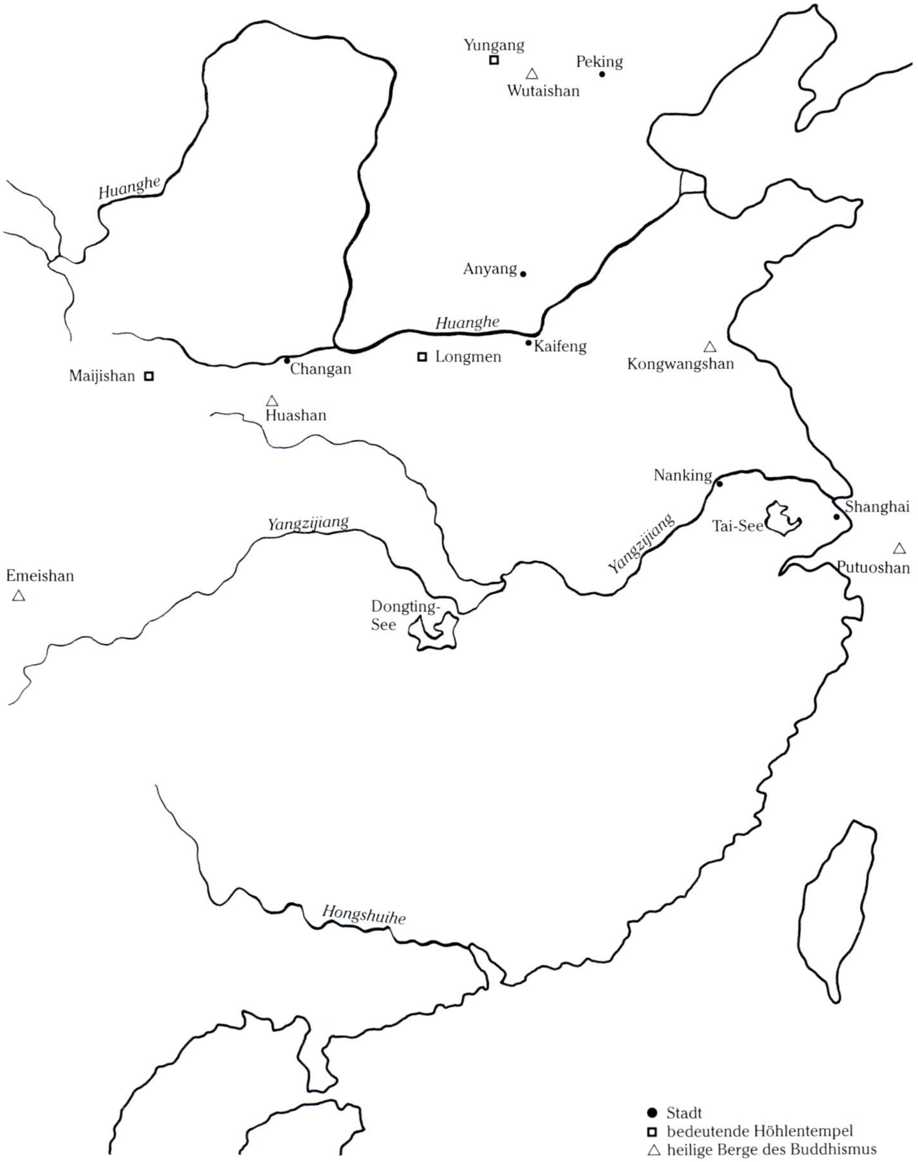
Yungang
Peking
Wutaishan
Huanghe
Anyang
Huanghe
Kaifeng
Longmen
Kongwangshan
Changan
Maijishan
Huashan
Nanking
Shanghai
Yangzijiang
Tai-See
Yangzijiang
Putuoshan
Emeishan
Dongting-
See
Hongshuihe
Stadt
bedeutende Höhlentempel
heilige Berge des Buddhismus

China und der Buddhismus*

Helwig Schmidt-Glintzer

Von allen Begegnungen Chinas mit fremden Kulturen und Lehren war es vor der Neuzeit allein der Buddhismus, der nicht nur einen großen Einfluß ausübte, sondern der zu einer ganz und gar chinesischen Sache wurde. Zwar blieb das Bewußtsein von der fremden Herkunft dieser Lehre über alle Zeiten hinweg wach, doch die besonderen Umstände der Ausbreitung des Buddhismus in China hatten zur Folge, daß diese Lehre schon sehr bald zu einem unveräußerlichen Bestandteil der religiösen und geistigen Kultur dieses Landes wurde. Der Buddhismus brachte neue Elemente mit nach China und gab Impulse zu Entwicklungen, die sonst vermutlich erst in späterer Zeit und sicher auf ganz andere Weise zustande gekommen wären. Zugleich prägte der Buddhismus die Formen mit, in denen zukünftig fremde Lehren aufgenommen wurden, und natürlich auch, in welcher Weise man sich mit ihnen auseinandersetzte. Es ist daher leicht verständlich, daß die Konfrontation mit dem Abendland viele chinesische Intellektuelle dazu bewog, im Buddhismus ein Beispiel dafür zu sehen, wie China imstande sein könne, eine zunächst fremde Lehre so zu adaptieren, daß sie der eigenen Kultur anverwandelt und nicht mehr als fremd empfunden werden müßte. So diente die Erfahrung aus der Begegnung mit dem Buddhismus zur Stärkung der eigenen Selbstsicherheit und ließ manche die Angst vor einem Identitätsverlust bei der Öffnung gegenüber dem Westen überwinden.

Etwa zu Beginn unserer Zeitrechnung kam die indische Religion des Buddhismus nach China. Dies war zu einer Zeit, in der der Konfuzianismus, der sich als Staatsreligion durchgesetzt hatte, bei der Oberschicht an Attraktivität eingebüßt hatte und diese sich zumindest in Teilen daoistischen Kulten und Praktiken zuwandte. Damit war der Boden für eine Aufnahme des Buddhismus in jener Zeit sehr günstig, der zuallererst vermutlich Anhänger nur unter den Fremden hatte, vor allem unter Händlern, aber auch Flüchtlingen und Gesandten, die ihn aus ihren Heimatländern mitgebracht hatten. Den Biographien einiger Buddhisten, die als Übersetzer hervortraten, können wir entnehmen, daß der Buddhismus bis zum Ende der Han-Zeit (220 n. Chr.) vorwiegend unter den ausländischen Bevölkerungsgruppen in China zu Hause war. Der Buddhismus kam auf verschiedenen Wegen nach China, vor allem über die aus Zentralasien nach China führenden Handelswege, die Seidenstraßen. Später gab es auch Kontakte nach Indien auf dem Seeweg. Die Verbreitung des Buddhismus in China während der Han-Zeit war eine Folge der seit dem ersten Jahrhundert erfolgenden Ausdehnung des Buddhismus nach Osten. Dabei erfolgte die Verbreitung in erster Linie durch Mönche, die sich an solchen Orten niederzulassen pflegten, an denen sie ausreichende Spenden der Bevölkerung erwarten konnten. Daher waren Städte und Landstriche mit einem agrarischen Überschuß bevorzugte Ansiedlungsgebiete der von Almosen und Spenden abhängigen Mönchsgemeinde.

Es ist nun höchst bemerkenswert, daß es bereits aus der Han-Zeit zahlreiche Hinweise für eine Verbreitung des Buddhismus in ganz China gibt, daß sich die ältesten Belege für die Präsenz des Buddhismus entlang der südlichen und der nördlichen Seidenstraße jedoch erst seit dem dritten bzw. dem vierten Jahrhundert finden. Bis zu dieser Zeit war die Seidenstraße also nur Durchgangsweg, und erst seit der Einführung effektiver Ackerbautechniken, insbesondere seit der Verbreitung der Bewässerungstechnik in den Oasen entlang der Seidenstraße, von Techniken also, die aus China dorthin gelangt waren, bildete sich auch dort eine buddhistische Klosterkultur. Diese späte Buddhisierung der Verbindungswege erklärt übrigens den eigentümlichen Charakter des han-zeitlichen Buddhismus, der zu Recht als eine hybride Form bezeichnet worden ist. Erst nachdem sich entlang den zentralasiatischen Handels- und Reisewegen Zentren des Buddhismus gebildet hatten, wurde die Übermittlung und der Austausch von Lehren des Buddhismus intensiver, und die zahlreichen Mönchsdelegationen – seit der Reise des Mönches Zhu Shixin (um 260 n. Chr.) bis zu jener des bedeutenden Tang-Mönches Xuanzang (600?–664) gab es wenigstens 54 Mönchsgesandtschaften aus China nach Indien – führten auch zu einer erheblichen Erweiterung und Differenzierung des in China verbreiteten buddhistischen Lehrgutes. Viele der in China auftretenden buddhistischen Meister kamen bald schon nicht mehr aus fernen Ländern, sondern seit dem dritten Jahrhundert aus Orten an der Seidenstraße, oder sie waren als Angehörige nichtchinesischer eingewanderter Familien in China geboren und aufgewachsen oder erst nach ihrer Ankunft in China dem Mönchsorden beigetreten.

Aber auch weiterhin gab es, wie schon seit dem ersten Eindringen des Buddhismus nach China, mehrere, voneinander weitgehend unabhängige Sphären buddhistischer Frömmigkeit. So gab es neben einem Buddhismus im Umkreis des Hofes ein organisiertes buddhistisches Klosterleben mit einer Laienanhängerschaft sowie die Übernahme buddhistischer Elemente in Volkskulte. Nach allem, was wir den spärlichen Dokumenten und Berichten entnehmen können, fand der Buddhismus unter der Aristokratie sowie bei Hofe unter der späteren Han-Dynastie in Form eines Kultes Zugang, der aufs engste mit dem Kult einer daoistischen Gottheit verknüpft war. Daran läßt sich schon ablesen, daß von der buddhistischen Lehre dasjenige angenommen wurde, was einem bereits vorhandenen Bedürfnis entgegenkam. Bezeichnenderweise wurde der Buddhismus deshalb auch zunächst als Spielart des Daoismus betrachtet.

Der Einfluß des Buddhismus auf das Alltagsleben breiterer Kreise der Bevölkerung erschließt sich uns erst allmählich, wobei den Ausgrabungsfunden eine besondere Bedeutung zukommt. So blieb der Buddhismus nicht ohne Auswirkungen auf die Essenssitten, die Begräbnisriten u. ä., andererseits aber können wir einen weiteren „Sinisierungsprozeß" bei den buddhistischen Mönchen feststellen. Über die subjektive Seite der Gläubigkeit geben uns einige überlieferte Traktate von Laien, aber auch einige Gedichte Auskunft, von denen ich hier nur die auf dem Sterbebett verfaßten Gedichte nennen will, die der große französische Sinologe und Buddhologe Paul Demiéville noch in seinen letzten Lebensjahren gesammelt und übersetzt hat.

Das Mönchswesen freilich war von Anfang an etwas Fremdes in China, zumal die Ehelosigkeit der Mönche gänzlich unvereinbar schien mit dem Pietätsgebot, demzufolge man Nachkommen zu haben hatte, um den Totenkult für die Ahnen durchführen zu können. Hierauf mußte sich der Buddhismus einstellen, und er tat es auf verschiedene Weise. Einmal wurde von seinen Anhängern auf die Möglichkeit hingewiesen, der Mönch könne durch Fürbitte für seine Eltern diesen und deren Seelenheil viel nützlicher sein als ein Laie dies durch Fortsetzung der Abstammungslinie tun könne. Viel wichtiger aber war die dem Mahāyāna mögliche Gleichsetzung von Samsara und Nirvana, d. h. von dieser Welt des Schmutzes und der Verstrickung mit jener Welt der absoluten Befreiung, sowie die Vorstellung, daß jeder Mensch, ja im Grunde sogar jedes Lebewesen in sich die Buddhanatur trage und daher auch unmittelbar die Erleuchtung erlangen könne. Zwar wurde mit solchen Lehren das Heilsprivileg des Mönchsweges relativiert bzw. unterminiert, doch kam die vor allem in der Gestalt des Vimalakīrti veranschaulichte Möglichkeit eines Laienlebens dem Lebensgefühl und den Interessen der aristokratischen Elite im China jener Zeit sehr entgegen, die daher um so mehr bereit war, ihrerseits das Klosterwesen nach Kräften zu fördern.

Eine weitere Unvereinbarkeit zwischen Mönchsgemeinde und chinesischen Vorstellungen bestand darin, daß die buddhistischen Mönche, da sie sich als der Welt Entrückte betrachteten, jede Ehrbezeugung gegenüber dem chinesischen Herrscher verweigerten. Dies wurde aber unter den obwaltenden Machtverhältnissen in China, als die Zentralregierungen der Teilreiche im Süden – China war zu jener Zeit kein Einheitsreich – oft nur ein Spielball der aristokratischen Fraktionen waren, nicht zu einem Hinderungsgrund, auch wenn zu diesem Thema im vierten und fünften Jahrhundert heftigste Debatten geführt wurden.

In dem Maße, in dem sich auch der Daoismus als eine Lehre für die Oberschicht empfahl und somit in Konkurrenz zum Buddhismus trat, wurden die Auseinandersetzungen zwischen Buddhismus und Daoismus heftiger, und erst durch diese Rivalität wurde dem Buddhismus dann der Makel, barbarischer Herkunft zu sein, angehängt, den er niemals wieder ganz loswerden sollte. Der Streit zwischen Daoisten und Buddhisten war natürlich vor allem dann besonders heftig, wenn eine der beiden Seiten das Gefühl hatte, bei den Mächtigen der Zeit eine größere Unterstützung für sich erlangen zu können, die in der Regel dann auf Kosten der anderen Seite zu gehen pflegte. Andererseits wurden Daoismus und Buddhismus von staatlicher Seite häufig auch auf eine Stufe gestellt, vor allem in administrativer Hinsicht, eine Tatsache, die oft als Toleranz des chinesischen Kaiserreiches gegenüber religiösen Angelegenheiten bezeichnet wurde. Doch auch diese Duldsamkeit kannte ihre Grenzen, die dort lagen, wo die Grundlagen des Staatskultes, Ahnenverehrung und Suprematsanspruch des Herrschers, in Gefahr zu geraten drohten. Hierdurch waren auch der Einflußmöglichkeit des Buddhismus enge Grenzen gesetzt, auf die immer dann besonderer Wert gelegt wurde, wenn die Zentralgewalt um ihre Vormachtstellung bangen mußte.

Die Notwendigkeit der Übersetzung der fremden buddhistischen Texte aus dem Sanskrit bzw. dem

Prakrit ins Chinesische spielte eine nicht zu überschätzende Rolle beim Eindringen des Buddhismus nach China. Dabei müssen wir uns vergegenwärtigen, daß die Tatsache der Übersetzungstätigkeit selbst schon eine Besonderheit darstellt. Denn in der Geschichte der Weltreligionen finden wir häufig den Fall, daß die heiligen Schriften nicht übersetzt, sondern in ihrer ursprünglichen Sprache verbreitet und tradiert werden. In China ging man einen anderen Weg. Die von Anfang an betriebene Übersetzungstätigkeit, eine der erstaunlichsten Übersetzungsleistungen in der Menschheitsgeschichte überhaupt, ließ den Chinesen die fremde Lehre vertraut erscheinen und forderte bei ihnen zugleich Überlegungen über ihre eigene Sprache, über deren Lautstand, dann auch über dessen regionale und historische Veränderung und Verschiedenheit, heraus. Es handelte sich mithin um eine Erfahrung, die durch Konfrontation mit etwas Andersartigem und Fremden das Bewußtsein einer eigenen chinesischen Identität förderte.

Nach dem Zusammenbruch des Einheitsreiches der Han im Jahre 220 n. Chr. gewannen vor allem im Süden einzelne Adelsfamilien einen solch großen Einfluß, daß ihre Macht zum Teil bedeutender war als die des Herrschers selbst. Unter der Protektion solcher Familien konnte sich ein buddhistisches Kloster- und Mönchswesen entfalten, das zusammen mit Zirkeln gebildeter Laien die Grundlage für den Buddhismus der folgenden Jahrhunderte bereitete. Im Norden Chinas, wo zu jener Zeit halbnomadische Stammesverbände kleinere und zumeist nur kurzlebige Dynastien errichteten, hatte der Buddhismus eine vom Süden verschiedene Stellung. Hier war der Herrscher in der Regel mächtiger, und die buddhistischen Mönche suchten sich an ihn zu halten, wenn sie nicht selbst in Aufstandsbewegungen verstrickt waren. Dort finden wir auch erste Ansätze eines Gegensatzes zwischen staatstreuem hauptstädtischem Klerus und unbotmäßigen Mönchen in der Provinz. Die hauptstädtischen Mönche dienten oft als Vermittler zwischen der einheimischen Oberschicht und dem Herrscherhaus. Diese unterschiedliche Entwicklung in Nord und Süd, die auch im Bereich der Dogmatik ihren Niederschlag fand und die im Süden zu dem sogenannten „Gentrybuddhismus“, im Norden zu dem skizzierten gespaltenen Mönchsbuddhismus führte, wurde nach der Wiedervereinigung des Reiches unter der Dynastie Sui (589–618) und der nachfolgenden Tang (618–906) allmählich überwunden, zumal der Buddhismus seinen sozialen Rückhalt mehr und mehr verlor. Zwar bedienten sich einzelne Herrscher noch des Buddhismus, um die Loyalität bestimmter Kreise an sich zu binden, doch wurde das buddhistische Mönchswesen sehr eingeschränkt, und nur einzelne philosophische Auslegungsschulen erfuhren noch offizielle Förderung. Damit wurde der Buddhismus weitgehend auf die Ebene des Volksglaubens abgedrängt, wo er sich neben dem Daoismus behaupten mußte, während er nach außen hin die bisherigen Privilegien, wie beispielsweise das Vorrecht der Mönche, sich nicht vor den eigenen Eltern oder dem Herrscher verbeugen zu müssen, eingebüßt hatte.

Trotz dieser Einschränkungen wurde der Buddhismus zu einer die Kultur und die Glaubensvorstellungen weiter Kreise der Bevölkerung prägenden

Kraft, zumal er lokale Kulte nicht nur verdrängte, sondern zum Teil auch in sich aufnahm. Dies gilt insbesondere für die Tang-Zeit. Über den Buddhismus dieser Epoche, d.h. des 7. bis 10. Jahrhunderts, kursieren zwei durchaus gegensätzliche Urteile: das eine besagt, die Tang-Zeit sei die Blütezeit des Buddhismus in China gewesen, während das andere Urteil dies bestreitet, zumindest was das Verhältnis von Kirche und Staat betrifft. Tatsächlich war aus der Sicht des Buddhismus die Tang-Zeit eine schwierige Zeit, aus der Sicht der chinesischen wie der japanischen buddhistischen Schulgeschichtsschreibung aber handelt es sich um eine Zeit der Vielfalt und der Blüte: in der Übersetzungspraxis, in der Baukunst und der wirtschaftlichen Prosperität ebenso wie in vielen anderen Bereichen, und zugleich um eine Zeit der geistigen Neuansätze, die durch den Buddhismus ausgelöst oder angeregt worden waren. Aufgrund einer gewissen Kapitalansammlung bei einzelnen Klöstern sind manche Forscher sogar soweit gegangen, darin die ersten Sprossen kapitalistischer Institutionen in China zu erblicken, wobei sie vor allem Pfandleihen in Klöstern, an Klöster sich anlehnende genossenschaftliche Finanzierungsvereinigungen und Auktionsaktivitäten von Klöstern, aber auch von den Klöstern verpachtete Ölmühlen und andere Wirtschaftsunternehmungen im Auge hatten. Für jene, die von der schwierigen Lage des Buddhismus in der fraglichen Zeit sprechen, ist der Umstand bestimmend, daß es auch eine Zeit der größten Verfolgungen dieser Lehre war. Wichtig aber ist festzuhalten, daß sich während der Tang-Dynastie der Buddhismus in ganz grundlegender Weise verändert hat.

Ein buddhistischer Mönch in China zu Beginn der Tang-Zeit, der in der Hauptstadt Chang'an lebte, zölibatär, auch wenn manche bösen Zungen von Unzucht in den Klöstern redeten, hatte durchaus sein Auskommen. Die Bettelschale hatte er nie kennengelernt.

Bettelmönche hatte es wohl in anderen Ländern gegeben, doch in China hatte sich dieser Brauch niemals wirklich durchgesetzt, was auch daran abzulesen ist, daß, wenn einer bettelte, er sich leicht einen Spitznamen wie zum Beispiel „Essensrest" einhandelte. Nicht zuletzt wegen seiner Anpassung an chinesische Sittenvorstellungen wurde der Buddhismus im China der Tang-Zeit mindestens ebenso als Lehre erfolgreich, wie er es als Institution gewesen ist. Als Lehre ermöglichte er intellektuelle Befriedigung, vor allem aber entwertete er das Leben zugunsten eines Jenseitsideals und gab den in dem Jammertal des irdischen Lebens auf welche Weise auch immer zu kurz Gekommenen eine Hoffnung auf eine bessere Wiedergeburt, die man durch Verdienstanhäufung erlangen könne. Zu solcher Verdienstanhäufung gab es verschiedene Wege, gute Werke aller Art, Spenden an Klöster und für mildtätige Zwecke, das Aussetzen von Fischen und vor allem natürlich die Befolgung der Gebote, von denen es solche für Laien und solche für Mönche gab. Daneben hatte sich, wie erwähnt, die Vorstellung herausgebildet, daß nicht die selbst erworbenen Verdienste, sondern die Gnadengewährung eines Heiligen entscheidend für die Erlösung aus dem Rad der Wiedergeburten sei, eine Vorstellung, die in dem Bodhisatva-Ideal ihre gültige Gestalt gefunden hat. Verdienste anzuhäufen blieb aber weiterhin ein wesentliches Element in der Frömmigkeit. Dieses Bewußtsein fand dann seinen Niederschlag in späteren, auch im sogenannten Neo-Konfuzianismus entwickelten Tendenzen zu einer täglich fortgeführten Buchhaltung der guten Taten wie der Versäumnisse. Eine beliebte Form, seine Verdienste zu mehren, bestand auch darin, einen Text in einer möglichst großen Auflage zu drucken oder zu rezitieren bzw. rezitieren zu lassen, eine Vorliebe, die nicht unwesentlich zur Entwicklung der Drucktechnik in China beigetragen hat. So finden sich unter den in der an der Seidenstraße gelegenen Oase Dunhuang um 1900 entdeckten Handschriften und Drucken auch etliche Nachworte zu Kopien von heiligen Texten. Ein solches Nachwort, datiert auf den 8. Tag des vierten Monats (entspricht nach unserem Kalender dem 19. Mai) des Jahres 720 n. Chr., lautet:

> Der vorstehende Gesang ist nun übersetzt und in Umlauf gebracht worden. Wenn man dieses Lied sieben, vierzehn oder 21mal täglich rezitiert (nachdem man sich morgens den Mund mit einem Weidenholzstab gereinigt, Blumen ausgestreut und Räucherwerk vor Buddhas Bildnis abgebrannt, sich hingekniet und die Hände zusammengelegt hat), werden die vier schweren Sünden, die fünf verwerflichen Handlungsweisen und andere Vergehen ausgetilgt. Der eigene Leib wird nicht vorzeitig gebrechlich, und man wird in den Gefilden der Unsterblichkeit wiedergeboren werden; auf jeden Fall aber entgeht man so einer Wiedergeburt als weibliches Wesen.... Die Wirkkraft dieses Gesangs ist unvorstellbar. Rezitiert man ihn 100mal am Abend und dann nochmals am Mittag, wird er die vier schweren Sünden und die fünf verwerflichen Handlungsweisen tilgen. Er wird die Wurzel der Sünde ausreißen und die Wiedergeburt im Paradies des Westens ermöglichen. Wenn man mit ernsthaftem Geist 200 000 Rezitationen vollzieht, wird man vollkommene Einsicht erlangen, ohne Rückfälle. Nach 300 000 Rezitationen wird man Amitābha Buddha von Angesicht zu Angesicht erblicken und mit Sicherheit im Reinen Land, wo Friede und Freude herrschen, wiedergeboren werden.
>
> Von dem Schüler Sun Sizhong in reinem Glauben am achten Tag des vierten Monats im achten Jahr der Ära Kaiyuan geschrieben.

Soweit ein Einblick in die Frömmigkeit jener Zeit. Doch gab es dagegen auch Stimmen von solchen, denen derartige charismatische Züge der buddhistischen Lehre ein Dorn im Auge waren, die sich gegen den Kult wendeten und statt dessen einen eher nüchternen Standpunkt einnahmen. Zu diesen zählten manche Konfuzianer wie vor allem Han Yu (768–824), aber auch Anhänger des Buddhismus selbst. Diese Ähnlichkeit in der Grundhaltung bei den später als Wiedererwecker des Konfuzianismus und als Väter des Neo-Konfuzianismus verehrten Literaten der späteren Tang-Zeit einerseits und bei namhaften Vertretern des Meditationsbuddhismus andererseits zeigt, daß die einzelnen Elemente der geistigen Welt der Tang-Zeit nur Teile eines eng und vielfältig verflochtenen Ganzen sind, so daß auch der Buddhismus nicht als ein säuberlich isolierbares Element der Epoche angesehen werden kann. Das wirklich Neue im Buddhismus jener Zeit, das durchaus auch im Zusammenhang mit der damals allgemein vorherrschenden Diesseitsorientierung zu sehen ist, ist die Chan-Schule. Aus der Tradition der Chan-Schule stammen Sentenzen, die wir als emanzipatorisch bezeichnen würden und die uns bei einem Konfuzianer ganz unwahrscheinlich vorkommen müssen, etwa wenn es bei Yixuan (starb 866), einem Mönch der sogenannten Linji-Schule, der im Westen der heutigen Provinz Hebei wirkte, heißt:

> Innen wie außen, töte alles, was dir in den Weg tritt. Wenn dir Buddha in den Weg kommt, töte Buddha, wenn die Patriarchen dir im Weg sind, töte sie, wenn die Arhats dir in den Weg kommen, töte sie, wenn dir dein Vater oder deine Mutter in den Weg kommen, töte auch sie.

Nichts sollte einen beeindrucken oder aus der Fassung bringen können, und was als Abstumpfung erscheinen könnte, führte vermeintlich oder tatsächlich zur Erleuchtung.

Spannungen zwischen dem staatlichen Herrschaftsanspruch und religiösen Institutionen hatten, wie gesagt, seit jeher bestanden, und insbesondere die Mitglieder der kaiserlichen Bürokratie waren daran interessiert, daß diejenigen, die sich als Verwalter einer Heilslehre ausgaben, nicht zuviel Macht auf sich vereinigten. Gerade aus dieser Richtung stammen daher zahlreiche Angriffe gegen den Buddhismus, wodurch auch eine Polemik kultiviert wurde, deren Formen vor allem im 4., 5. und 6. Jahrhundert ausgebildet wurden und deren Topik dann eine lange Tradition begründete. Von seiten des hauptstädtischen buddhistischen Klerus wurde zwar stets das Ziel verfolgt, den Buddhismus als eine Universalreligion darzustellen, dessen Erfolgsgeschichte in China zugleich als eine Geschichte des Erfolges Chinas darzustellen sei. So klingt bei Daoxuan (7. Jh.) bereits der Gedanke eines buddhistischen Weltreiches an, in dem China eine zentrale Rolle spielt. Doch bekanntlich ist es in der Tang-Zeit bei diesen Ansätzen geblieben, und erst unter der Mongolendynastie Yuan (1280–1367) sind solche Vorstellungen eines buddhistischen Universalimperiums, und auch nur vorübergehend, wieder aufgenommen worden.

Solchen dem kaiserlichen Herrschaftsanspruch durchaus nützlichen Bestrebungen standen aber durch die Sonderstellung des Mönchtums entstandene Mißstände gegenüber, deren gravierendste die zur Sanierung der Staatsfinanzen ausgegebenen Ordinationsscheine darstellten. Durch den Erwerb eines solchen Scheines konnte sich jeder von der Verpflichtung, Steuern zu zahlen, freikaufen, und dies gab dem Vorwurf des Parasitentums, der den Mönchsgemeinden wiederholt gemacht wurde, nur noch zusätzliche Nahrung. Im Jahre 757 beantragten allein in der Gegend um die Hauptstadt Chang'an mehr als 100 000 Personen einen solchen Berechtigungsschein. Der damit verbundene Niedergang des Mönchswesens wurde zu Beginn der Song-Dynastie im 10. Jahrhundert selbst von Buddhisten beklagt, die sagten: „Die korrupten Praktiken im Zusammenhang der Verkäufe von Mönchszertifikaten haben unsere Lehre zugrunde gerichtet" (Da Song sengshi lüe, T. 54, S. 252 b).

Im Zuge der Huichang-Verfolgungen wurden nicht nur die meisten ausländischen Mönche deportiert und in ihre Heimatländer zurückgeschickt, sondern es verwaiste auch eine Vielzahl buddhistischer Institutionen. In einigen Fällen allerdings, wie etwa bei den von den Buddhisten unterhaltenen Armenhäusern, wurden die Institutionen von der staatlichen Verwaltung übernommen. Im achten Monat des Jahres 845 rechtfertigte Wuzong nochmals seine auf die Ausrottung des Buddhismus gerichtete Politik und brüstete sich seiner Erfolge:

4600 Klöster aufgelöst,
260 500 Mönche und Nonnen laiisiert,
40 000 Kapellen und Einsiedeleien zerstört,
Dutzende von Millionen *qing* fruchtbaren Ackerlandes,
15 000 ehemalige Sklaven in die Steuerregister aufgenommen.

Doch Wuzong ereilte ein früher Tod – er war noch keine 32 Jahre, als er starb –, und mit seinem Nachfolger, Xuanzong (reg. 846–859), der ein Anhänger des Buddhismus war, wurde die Religionspolitik des Reiches wieder geändert.

Von allen buddhistischen Schulen überdauerte die Chan-Schule die Verfolgungen am besten, da sie das Bücherstudium und die Textgläubigkeit ablehnte und sich nicht an Objekte band, sondern auf unmittelbare religiöse Erfahrung setzte. Die andere Lehrrichtung, die neben der Chan-Schule diese Zeit überdauerte und neben dieser bis in die heutige Zeit die zweitwichtigste geblieben ist, ist die Schule der Lehre vom Reinen Land, in deren Mittelpunkt der heilspendende Amitābha steht.

Die Entwicklung der Einschränkung des Buddhismus gipfelte also in der Verfolgung der Jahre 844–45. Zwar erlebte der Buddhismus in den folgenden Jahrhunderten mehrere Renaissancen, und gänzlich verschwand er in China wohl niemals mehr, doch fand er nie wieder eine Schicht, die zum Träger dieser Lehre hätte werden können. Versuche, den Buddhismus einer bestimmten gesellschaftlichen Schicht oder einer neuen Dynastie als Legitimationsmittel nahezulegen, wurden gleichwohl unternommen, so im 11. Jahrhundert vor allem von seiten der Chan- oder Meditationsschule oder im 13. Jahrhundert gegenüber den mongolischen Eroberern, denen zur Legitimation ihrer Weltbeherrschungsansprüche diese universale Religion gelegen kam. Doch trotz dieser vorübergehend erfolgreichen Bemühungen blieb der institutionalisierte Buddhismus im wesentlichen auf einzelne Klöster und einige Klösterzentren beschränkt.

Ganz unabhängig vom Niedergang des Klosterbuddhismus verbreitete sich der Buddhismus, oft vermischt mit anderen Lehrtraditionen, in weiten Kreisen der Bevölkerung und prägte zu einem nicht unerheblichen Teil die Volksfrömmigkeit mit. So sind viele der späteren religiösen Volksbewegungen, von denen etliche in Aufstände und in die schließlich den Zusammenbruch des Kaiserreiches mitverursachenden Volkserhebungen mündeten, eindeutig buddhistischen Ursprungs. Doch mit dem „offiziellen", staatlich geduldeten Buddhismus hatten diese Bewegungen wenig zu tun. Dieser ließ vielmehr keine Gelegenheit aus, sich von jenem zu distanzieren, um seine Privilegien nicht gänzlich zu verlieren. Auch an diesem Umstand ersehen wir den „chinesischen" Charakter, den der Buddhismus sehr bald angenommen hatte. Denn es kam nicht mehr entscheidend darauf an, auf welche Lehre sich einzelne beriefen, sondern vielmehr, ob sie den konfuzianischen Kriterien der

Schicklichkeit genügten. Es wurde also nicht nach dem Bekenntnis, sondern nach der praktischen Einhaltung bzw. Beachtung der durch den Staatskult geforderten Verhaltensweisen und Riten gefragt.

Die häufig chiliastischen, den Buddha der Zukunft, Maitreya, erwartenden religiösen Bewegungen waren an den Veränderungen der letzten Jahrhunderte also durchaus mitbeteiligt. Da sie aber bereits ein Teil der chinesischen Kultur geworden waren, läßt sich schwer ausmachen, wie groß der Anteil des „importierten" buddhistischen Elementes war. Denn auch bei diesen Bewegungen trat der Inhalt gewissermaßen in den Hintergrund, und es darf daher nicht überraschen, wenn die Lehren der religiösen Volksbewegungen zumeist eine Mischung aus verschiedenen Traditionen waren.

In anderer Hinsicht ist der Beitrag des Buddhismus zur chinesischen Kultur viel leichter zu benennen. Auf verschiedenen Gebieten hat sein Einfluß ganz bedeutenden Anteil an der Entfaltung der Wissenschaft und Kultur des traditionellen China gehabt. Neben der Philosophie und der Literatur prägte er in ganz entscheidendem Maße die chinesische Kunst, die Malerei, vor allem aber die Plastik und den Buchdruck. So ist das älteste überlieferte gedruckte Buch überhaupt ein buddhistisches Sūtra aus dem Jahre 868, das im Jahre 1907 von Sir Aurel Stein in den Tempelgrotten von Dunhuang gefunden wurde und heute im Britischen Museum in London aufbewahrt wird. Die Buddhisten förderten nämlich den Buchdruck vor allem deswegen, weil sie mit der Höhe der Auflage einer Schrift auch das Maß der zu erwerbenden Verdienste anwachsen sahen. Das auf diese Weise zunächst aus religiösen Gründen sich entfaltende Druckwesen bedeutete schließlich für das gesamte Bildungs- und Verwaltungswesen eine grundlegende Umwälzung.

Viel früher als der Buchdruck und noch weit enger mit dem buddhistischen Kult verbunden war die Herstellung von buddhistischen Plastiken. Neben diesen, die zumeist Buddhas oder andere Gestalten aus dem buddhistischen Pantheon darstellen, finden sich auch Reliefdarstellungen und Monumentalplastiken, wie in den Tempelgrotten von Dunhuang und Yungang. Obwohl diese Bilderherstellung auch in späterer Zeit weitgehend an den Kult gebunden blieb, hatte sie doch indirekt große Auswirkungen auf die Entwicklung der verschiedensten Bereiche des Handwerks, aber auch auf derart Profanes wie den Metallhandel und damit das Münzwesen. So war einer der Gründe für die Verfolgung des Buddhismus zumeist eine zunehmende Knappheit des Münzmetalls, der man durch die Einschmelzung buddhistischer Kultbilder zu begegnen suchte. Eine Folge hiervon ist, daß uns überwiegend hölzerne Figuren oder Steinplastiken erhalten geblieben sind. In mancher Hinsicht viel wichtiger als sein Einfluß auf einzelnen Gebieten der Kunst war der Beitrag des Buddhismus zur Astronomie und zur Medizin wie zur Organisation des Erziehungswesens. Die Veränderungen, die er auf diesen wie auf vielen anderen Gebieten bewirkte, verselbständigten sich sehr schnell und sind zumeist nur noch dem Kenner als eigentlich unter dem Einfluß einer fremden Lehre entstanden bewußt.

Obwohl also China niemals für eine längere Zeit ein buddhistischer Staat gewesen war, verdankt es doch einige wichtige Bestandteile seiner Kultur dem Buddhismus, der – insofern er der chinesischen Kultur verwandt war und sich ihr einfügte – zum „Chinesischen Buddhismus" umgeprägt wurde. Daß es zu einer solchen fruchtbaren Vereinigung kam, ist nur durch die besonderen sozialen und politischen Verhältnisse in der Zeit des frühen chinesischen Mittelalters zu erklären, als der Buddhismus so tief in die chinesische Kultur eindrang, daß er nicht mehr daraus abgestoßen werden konnte. Die Konfuzianisierung des Buddhismus und eine Buddhisierung der chinesischen Gesellschaft zeigt sich auch daran, daß die Mönche sich zunehmend nicht mehr, wie es eigentlich Vorschrift war, nach ihrem Tode verbrennen, sondern beerdigen ließen, während bei den Laien die Feuerbestattung an Popularität gewann.

Der Buddhismus kam über China nach Japan und behielt dort lange seine chinesische Form. Auch die zentralen Schriften blieben die gleichen, so daß der Buddhismus zu Recht als eines der wichtigen Elemente angesehen wird, das beide Kulturen verbindet. Wie kein anderer Kontakt Chinas mit der Außenwelt zuvor hat die Begegnung mit dem Buddhismus bereits sehr früh das Interesse an der Frage aufgeworfen, ob denn damals der Buddhismus der chinesischen Kultur einverleibt worden sei oder ob er seinerseits diese in grundlegenden Aspekten verändert habe. Ob man nun mehr zu der Ansicht neigt, China sei „indisiert" worden, oder ob man den Prozeß der Verbreitung und Übernahme des Buddhismus eher als „Sinisierungsprozeß" bezeichnen möchte – beide Ansichten sind so richtig wie sie einseitig sind, steht doch hinter dieser Alternative letztlich ein ungeklärtes Identitätsproblem. Bei der Konfrontation mit dem Abendland seit dem 19. Jahrhundert gewann diese Frage jedoch eine neue Aktualität. Hu Shi (1891–1962), der liberale Kulturpolitiker der Republik, ging sogar so weit zu behaupten, daß die Ursache für die Rückständigkeit Chinas im Vergleich mit dem Westen in den Einflüssen aus Indien, namentlich dem Buddhismus, zu suchen sei und daß es das vornehmste Ziel sein müsse, China von diesem Makel zu befreien. Diese Befreiung sollte mit Hilfe und durch Übernahme westlicher Denkformen gelingen, so als könnte der Einfluß des Buddhismus nur durch westliche Wissenschaft überwunden und ersetzt werden. Doch auch Hu Shi hoffte, daß die moderne westliche Zivilisation in China so angeeignet werden kann, daß sie geistesverwandt mit der eigenen Zivilisation ist, dieser entspricht und sie fortführt.

* Stark überarbeitete Fassung eines im Anno Journal 8/1981 erschienenen Beitrages „Buddhismus – Impulse für Chinas Kultur".

Literaturhinweise

Kenneth K. S. Ch'en	Buddhism in China. A Historical Survey, Princeton 1964.
L. Giles	Dated Chinese Manuscripts in the Stein Collection, in: Bulletin of the School of Oriental Studies, Bd. 7 (1935) S. 809–836, Bd. 8 (1935–37) S. 1–26, Bd. 9 (1937–39) S. 1–25, 1023–1046, Bd. 10 (1940–42) S. 317–344, Bd. 11 (1943–46) S. 148–173.
H. Schmidt-Glintzer	Der Buddhismus im frühen chinesischen Mittelalter und der Wandel der Lebensführung bei der Gentry im Süden, in: Saeculum 23 (1972), S. 269–294.
H. Schmidt-Glintzer	Das Hung-ming chi und die Aufnahme des Buddhismus in China (= Münchener Ostasiatische Studien, Band 12), Wiesbaden: Franz Steiner Verlag 1976.
H. Schmidt-Glintzer	Ausdehnung der Welt und innerer Zerfall (3. bis 8. Jahrhundert), in: Wolfgang Bauer, Hg., China und die Fremden, München: C.H. Beck 1980, S. 77–113.
E. Zürcher	Han Buddhism and the Western Region, in: W. L. Idema, E. Zürcher, Hg., Thought and Law in Qin and Han China, Leiden: Brill 1990, S. 158–182.
H. Schmidt-Glintzer	Das Shih-chia fang-chih. Eine chinesische Beschreibung der buddhistischen Welt aus der T'ang-Zeit, in: Peter M. Kuhfus, Hg., China – Dimensionen der Geschichte, Tübingen: Attempto Verlag 1990, S. 257–267.
S. Weinstein	Buddhism under the T'ang, Cambridge 1987.
A. F. Wright	Buddhism in Chinese History, Stanford, Cal.: Stanford U. P. 1959.
E. Zürcher	The Buddhist Conquest of China, 2 Bde, Leiden 1959.
E. Zürcher	Zum Verhältnis von Kirche und Staat während der Frühzeit des Buddhismus, in: Saeculum 10 (1959/60) S. 73–81.

Auf einem reich ornamentierten Podest mit darübergebreiteter Decke sitzender Löwe, dessen rechte Pranke auf einem Brokat- oder Zierball (chin.: xiuqiu, „bestickter Ball") ruht. Um den Hals trägt er ein Band mit einer Schelle auf der Brust und je einer Quaste an den Seiten. Die Schnüre des Bandes hängen auf den Rücken herab und bilden dort einen Zierknoten. Das Maul ist aufgerissen, um das „donnernde Gebrüll" auszustoßen. Derartige Löwen, bisweilen auch als „Fo-Hunde" (Buddha-Hunde) bezeichnet, sitzen paarweise an den Eingängen chinesischer Tempel, Klöster oder Amtsgebäude. Im Gegensatz zum männlichen Tier stützt das Weibchen seine linke Pranke auf ein auf dem Rücken liegendes Jungtier.

Löwen waren in China nicht heimisch; ihr Bild gelangte wahrscheinlich im Gefolge des Buddhismus nach China. Gelegentlich befanden sich Löwen, ein altes asiatisches Herrschersymbol, auch unter den Geschenken westasiatischer Gesandter für den chinesischen Kaiser. Den Thron des Buddha Śakyamuni stützen oder flankieren zwei Löwen (chin: shizizuo, „Löwenthron") und weisen somit den Buddha als kosmischen Weltenherrscher aus. Buddha wird in den Schriften mit einem Löwen verglichen, seine Stimme soll so mächtig sein wie das Gebrüll des Löwen.

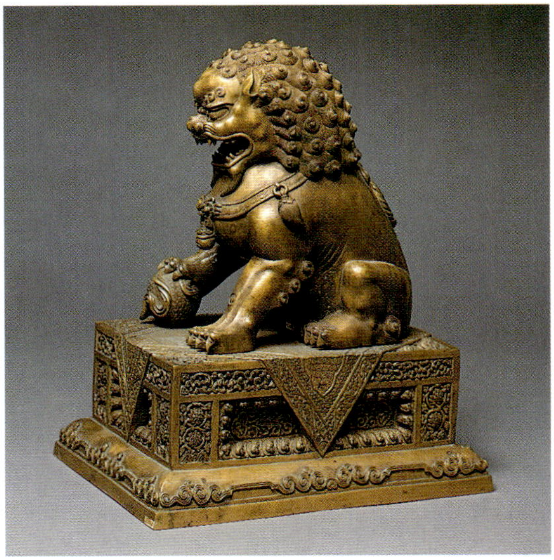

Kat.-Nr. 77
Löwe

China, Peking; ca. 18. Jh.
Bronze
Höhe 37 cm
SMV,
Mus.-Nr. B 3881
(Slg. M. Buchner)

Die Figur des Dvārapāla war vermutlich Teil eines Altares. Trotz ihrer geringen Größe vermittelt sie die charakteristischen Merkmale und die Dynamik der Dvārapālagestalt: Das zu der „Grimasse des heiligen Zorns“ (Skt.: krodha; chin.: fennu) verzerrte Gesicht, die gespannte, geschwungene Haltung, die schwellenden Muskeln des nackten Oberkörpers sowie der Arme und Beine, die weit ausholenden Gesten wie auch der bewegte Faltenwurf des Hüfttuches und des Schales weisen darauf hin, daß der Dvārapāla jederzeit bereit ist, sich auf die Feinde der Lehre des Buddha zu stürzen.

Die Dvārapāla (chin.: erwang, die „zwei Könige“, auch lishi, „kraftvolle Krieger“, oder mesnhen, „Türgötter, Türhüter“, genannt) sind die Beschützer des Buddha, seiner Lehre sowie der der Lehre geweihten Stätten. Im Gegensatz zu den Lokapāla, die in Rüstung dargestellt sind, tragen die Dvārapāla nur ein Hüfttuch und einen Schal.

Kat.-Nr. 78
Dvārapāla

China; ca. 6. Jh.
Vergoldete Bronze
Höhe 6,5 cm
SMV,
Mus.-Nr. 24-36-4 a

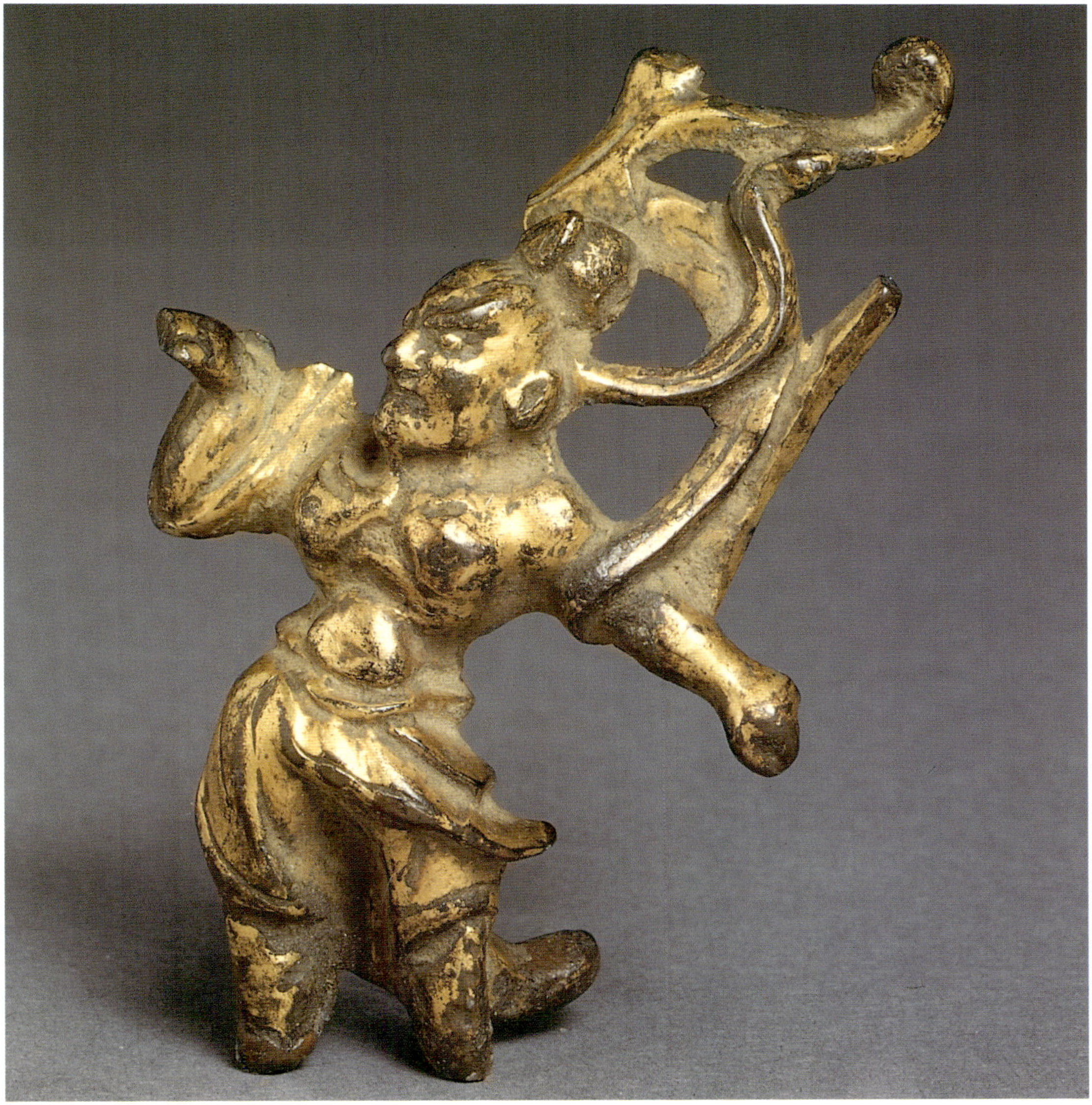

Dvārapāla mit grimmigem Gesicht, stark betonter Brustmuskulatur und kräftigen Beinen. Der Mund des „Türschützers“ ist grimmig aufgeworfen, die Nasenflügel gebläht, die Augen mit den hervorquellenden Augäpfeln sind weit aufgerissen und die Brauen zur sogenannten „Löwennase“ (chin.: shibi) zusammengezogen. Der linke Arm liegt vor der Brust, während der rechte fehlende Arm weit ausholte. Die Figur ist detailfreudig gearbeitet, es fehlen ihr jedoch Dynamik und Ausdruckskraft früherer Dvārapālagestalten.

Kat.-Nr. 79
Dvārapāla

China,
ca. 13./14. Jh.
Marmorartiger
Stein
Höhe 43 cm
SMV,
Mus.-Nr. 55-18-4
(Slg. O. Burchard)

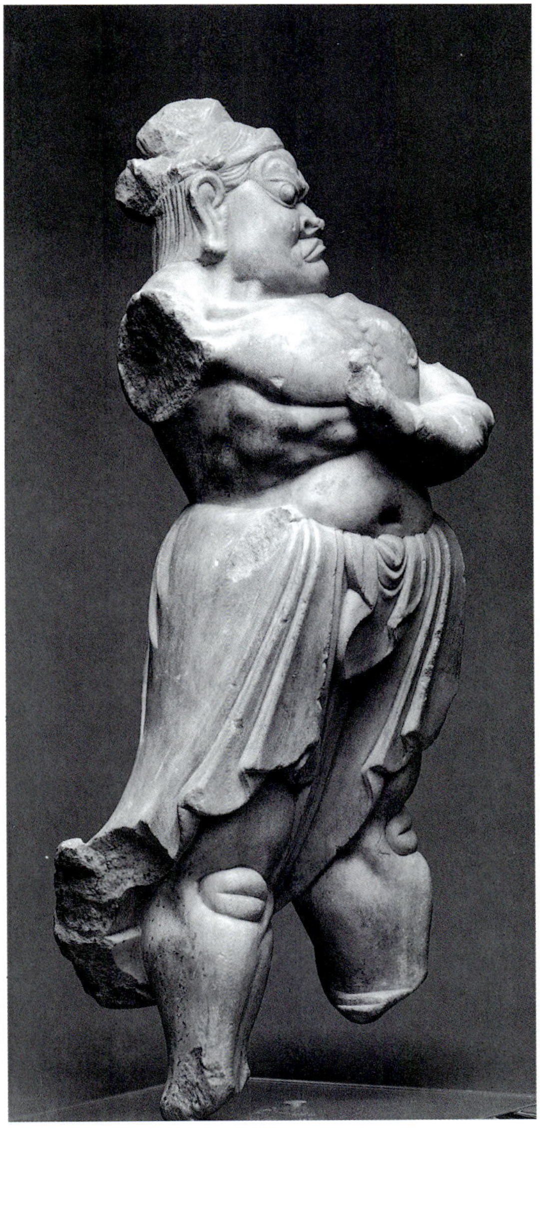

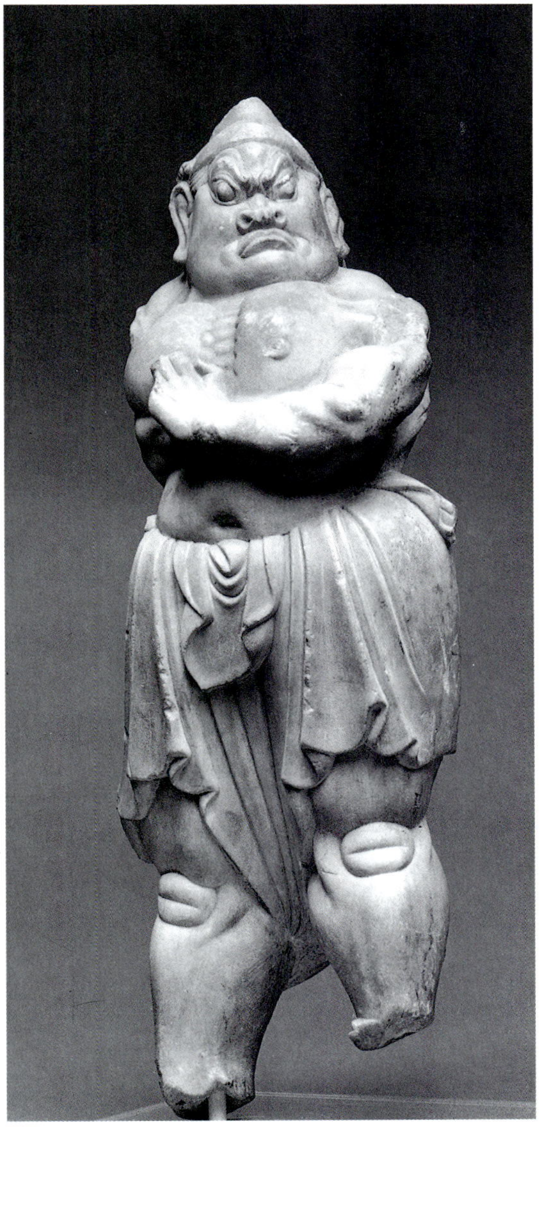

Die vier Beschützer der Haupthimmelsrichtungen (Skt.: Lokapāla; chin.: Hushizhe) schützen die Lehre des Buddha und alle mit ihr in Verbindung stehenden Bauten vor schädlichen Einflüssen; in China repräsentieren sie zusätzlich die vier Jahreszeiten. Sie werden als Krieger mit Rüstung dargestellt, ihre Attribute haben jedoch – mit Ausnahme des Schwertes – einen friedvollen Aspekt. Bei den abgebildeten Weltenwächtern handelt es sich um Vaiśravaṇa, auch Kubera genannt (chin.: Duowen), mit einem Siegesbanner in der rechten Hand und dem juwelenspeienden Mungo in der linken

Kat.-Nr. 80
Zwei Weltenwächter

China, Peking;
lamaistischer Stil,
17./18. Jh.
Trockenlack
Höhe 23 cm
SMV, Mus.-Nr.
B 3178, I. 1133
(Slg. M. Buchner)

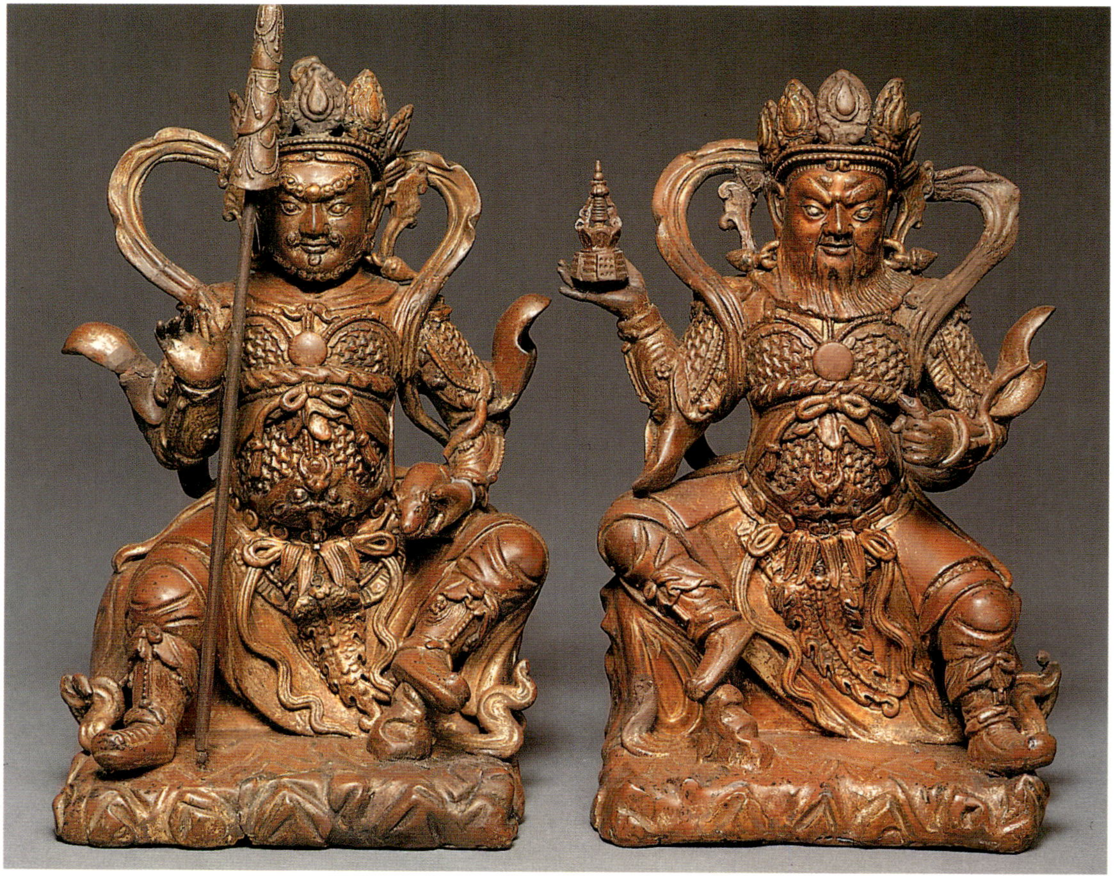

Hand, sowie um Virūpākṣa (chin.: Guangmu) mit einer Pagode und einer Schlange in den Händen. Ersterer ist der Beschützer des Nordens und Repräsentant des Herbstes, letzterer der Beschützer des Westens und Repräsentant des Winters.

Virūḍhaka (chin.: Zengzhang), der Beschützer des Südens und Repräsentant des Frühlings, mit seinem Attribut, dem Schwert, auf den Knien, und Dhṛtarāṣṭra (chin.: Chiguo), der Beschützer des Ostens und Repräsentant des Sommers, mit seiner Laute.

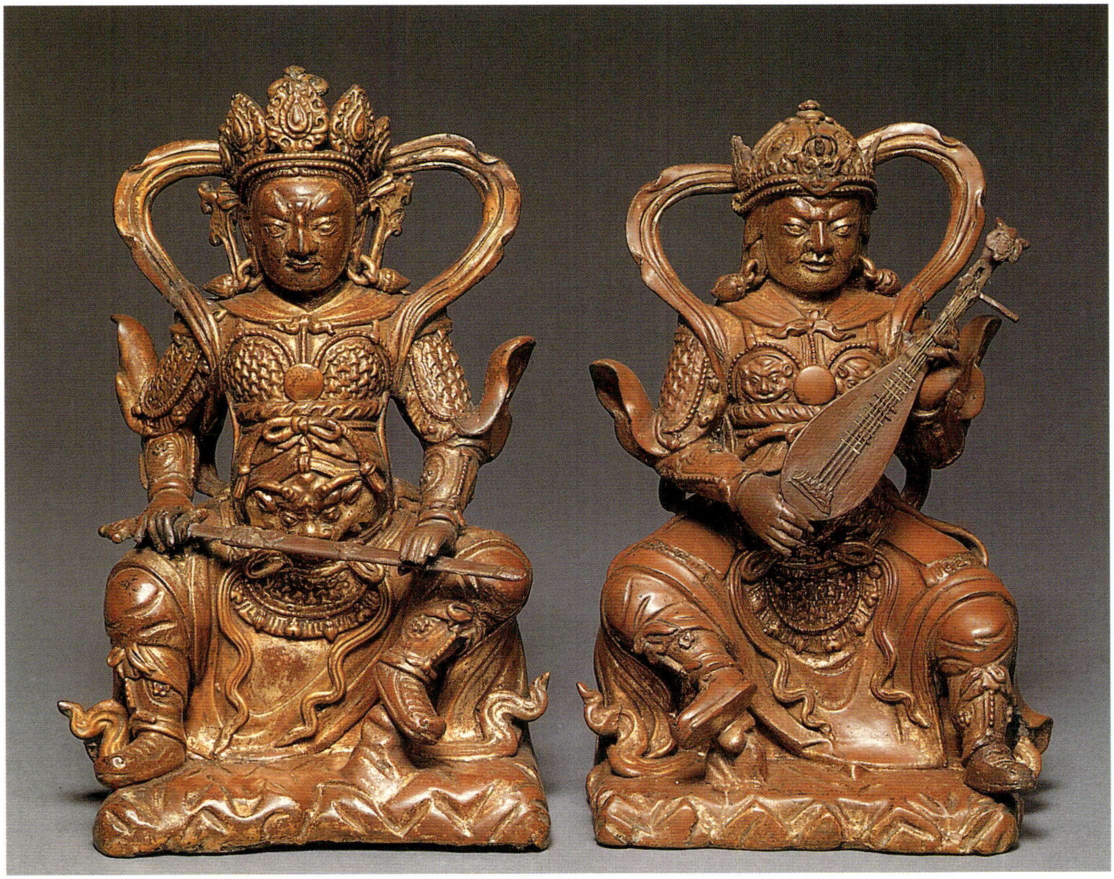

Kat.-Nr. 81
Zwei Weltenwächter

China, Peking; lamaistischer Stil, 17./18. Jh.
Trockenlack
Höhe 23 cm, 22,5 cm
SMV, Mus.-Nr. B 2645, B. 2646
(Slg. M. Buchner)

Weituo, auch Weituotian oder Hufa Weituo („die Lehre beschützender Weituo“) genannt, soll auf den indischen Gott Skanda, den Sohn des Śiva, zurückgehen. Als oberster Anführer der 32 Heere der vier Lokapālas wird er stets in Rüstung und mit einem Vajra oder einer Streitkeule abgebildet, die hier allerdings verloren gegangen ist (sie lag quer vor der Brust in den Armbeugen). Mit diesen Waffen vernichtet er die Feinde der Lehre. Die Statue dieses jugendlich dargestellten Schutzgottes wird in den buddhistischen Tempeln in der Halle der vier Himmelskönige aufgestellt; in China ist seine Gestalt seit dem 7. Jahrhundert bekannt. Neben seiner martialischen Funktion wird er auch als Tutor beim Studium heiliger Schriften verehrt.

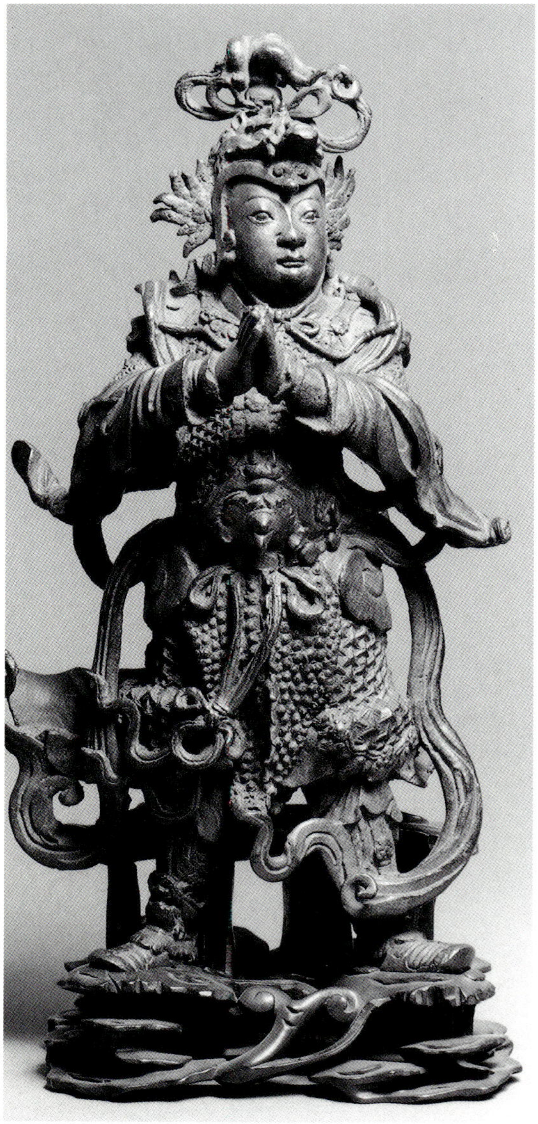

Kat.-Nr. 82
Weituo

China; ca. 18. Jh.
Bronze
Höhe 38 cm
(ohne Holzbasis)
SMV,
Mus.-Nr. Hg. 155

Der Schutzgott Mahākāla (tib.: mGon po; chin.: da shenwang bzw. da heiwang) in seiner sechsarmigen Gestalt als Weisheitshüter (Skt.: Ṣaḍbhuja-Mahākāla; tib.: mGon po phyag drug pa), in der er als Schutzgott der Meditierenden und der Weisheit verehrt wird. Er steht im Ausfallschritt nach rechts auf dem elefantenköpfigen Hindugott Gaṇeśa, der einen nicht zu identifizierenden Gegenstand – den ikonographischen Beschreibungen nach einen Rettich – in seiner rechten und eine Schädelschale in der linken Hand hält; diese Pose des Mahākāla soll die Überlegenheit des buddhistischen Weisheitshüters zum Ausdruck bringen. Mahākāla ist mit einem Tigerfellschurz bekleidet und mit Schlangen, Schmuck und einem Kranz von abgeschlagenen Köpfen behängt. Sein oberstes Händepaar hält neben den Attributen – Gebetsschnur aus Schädeln und ein hier nicht mehr vorhandener tantrischer Stab mit Dreizackspitze – die Beinhäute einer auf seinen Rücken herabhängenden Elefantenhaut. Das zweite Händepaar hält vor der Brust ein Hackmesser – hier gleichfalls nicht mehr vorhanden – sowie eine Schädelschale, im dritten Händepaar hielt er ursprünglich Sanduhrtrommel und Fangschlinge. Hinter seiner fünffachen Schädelkrone sträubt sich sein Flammenhaar, durch das sich eine Schlange windet.

Mahākāla gehört zu den „Acht Schrecklichen", den Dharmapāla, die als Schutzgötter der Religion auftreten.

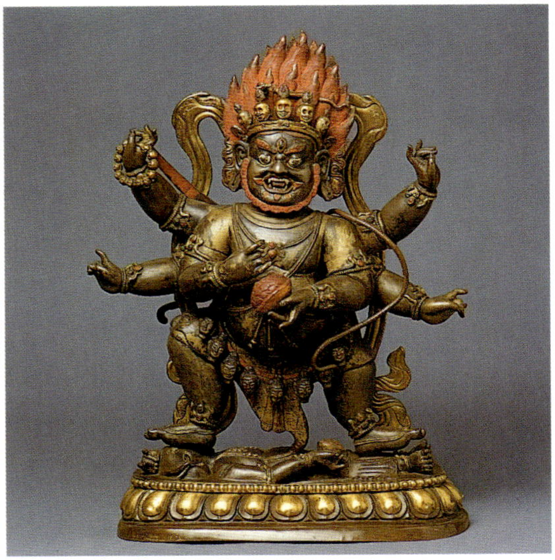

Kat.-Nr. 83
Ṣaḍbhuja-Mahākāla

China, vermutl. Peking, lamaistischer Stil; ca. 18 Jh.
Kupfer, Messing, Bronze; teilweise farbige Fassung und Feuervergoldung
Höhe 60 cm
SMV, Mus.-Nr. 80-301351 (Slg. Th. Fischer)

In der Nische der Stele sitzen zwei Buddhas im Lotossitz auf einem bankähnlichen Thron. Beide zeigen die Ermutigungs- und die Wunschgewährungsgeste. In dem von zwei Säulen getragenen Nischenbogen erkennt man sieben Wesen in Lotosblüten. Zwei Bodhisatvas flankieren die Nische; es kann sich sowohl um die Bodhisatva Avalokiteśvara und Maitreya als auch um Avalokiteśvara und Mahāsthāmaprāta (chin.: Tashizhi) handeln. Über der Spitze des Nischenbogens sitzt auf einem Lotos der Bodhisatva Maitreya mit herabhängenden, überkreuzten Beinen. Über ihm trägt ein Wesen mit Raubtiergesicht einen Stupa mit drei Spitzen, in dem ein Buddha im Lotossitz zu erkennen ist. Diese Szene über dem Nischenbogen wird auf beiden Seiten von je vier himmlischen Wesen (Skt.: apsara; chin.: feitian, tiannü) eingerahmt. In der Mitte des Sockels der Stele tragen zwei Yaksha (Naturgötter) einen Weihrauchbrenner, das Symbol der dem Buddha entgegengebrachten kultischen Verehrung (chin.: gongyang). Ihn flankieren je ein Mönch, ein Löwe sowie ein weiterer Mönch.

Die Darstellung entspricht einer Schilderung des Lotossutra (Skt.: Saddharmapuṇḍarika; chin.: Miao fa lianhua jing), der für den chinesischen und japanischen Buddhismus zentralen Schrift, nach der während einer Predigt des Buddha Śakyamuni am Himmel der Vorzeitbuddha Prabhūtaratna (chin.: Duobaofo) in seinem Stupa erscheint und die Lehre bestätigt. Śakyamuni ruft daraufhin eine unendliche Zahl von Buddhas aus den „10 Weltgegenden" herbei, die sich unter einem Juwelenbaum niederlassen. Buddha Śakyamuni nimmt neben Prabhūtaratna in dessen Stupa Platz, und beide führen gemeinsam die Predigt fort.

Die beiden Buddha in der Nische stellen Śakyamuni und Prabhūtaratna dar. Die sieben Wesen im Nischenbogen entsprechen der Form nach Darstellungen des Buddha Śakyamuni mit den sechs Vorzeitbuddhas, gegen eine derartige Interpretation spricht jedoch, daß die Wesen die für Buddhas unübliche Geste der Verehrung bzw. des Grußes zeigen. Möglicherweise stehen sie jedoch für die von Śakyamuni herbeigerufenen Buddhas, wodurch die Geste erklärt werden könnte.

Die Rückseite der Stele ist mit zwei Inschriften versehen, von denen die längere besagt, daß der General Cui Deming die Stele im Jahre 588 stiftete, um Glück für eine bevorstehende Truppenverlegung sowie eine glückliche Heimkehr zu erbitten; aus dem zweiten Text, der stellenweise beschädigt ist, geht hervor, daß sich weitere hochrangige Mitglieder der Truppe an der Stiftung beteiligten.

Kat.-Nr. 84
Stele

China; Ende 6. Jh.
Stein
Höhe 70 cm,
Breite 40 cm
SMV,
Mus.-Nr. 69-12-99
(Slg. Bezold)

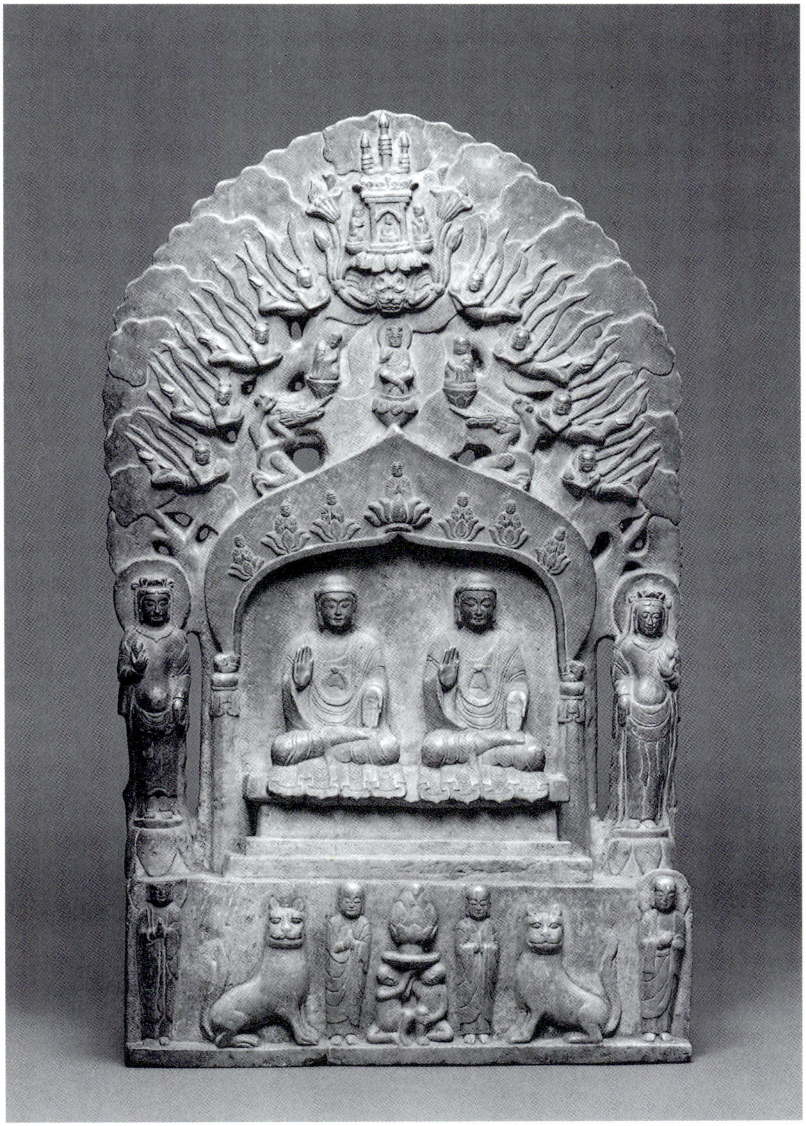

Stele mit Darstellungen des Buddha Śakyamuni und des zukünftigen Buddha Maitreya auf den Breitseiten. Buddha Śakyamuni sitzt im Lotossitz auf dem Lotosthron (Skt.: siṃhāsana; chin.: lianhuazuo), seine Rechte zeigt die Geste der Schutzgewährung, die Linke die Geste der Wunscherfüllung. An seinen Seiten stehen zwei Bodhisatva, Avalokiteśvara und Maitreya oder Avalokiteśvara und Mahāsthāmaprāta, neben dem Thronsockel knien zwei den Buddha verehrende Mönche, möglicherweise Ānanda (chin.: Anantuo) und Kāśyapa (chin.: Jiayebo). Vor dem Thron steht auf einem Tablett ein Weihrauchbrenner.

Maitreya (chin.: Mile) ist als Bodhisatva mit Kopfputz und Halsschmuck dargestellt; er zeigt dieselben Gesten wie Buddha Śakyamuni. An seinen Seiten stehen zwei Mönche, vor ihm knien zwei weitere Gestalten, die entweder als Mönche, als Einsiedler oder als Pratyeka-Buddhas identifiziert werden; Pratyeka-Buddhas sind „Erwachte", die allein für sich die Erleuchtung erreicht haben, nicht aber auf der Stufe eines Buddha stehen.

An den Schmalseiten der Stele finden sich, ebenfalls in Nischen, kleinere Darstellungen von Buddhas und Bodhisatvas.

In den Ecken und im oberen Teil der Stele sind Architekturelemente angedeutet: Vier Säulen in den Ecken der Stele tragen ein Gebälk, in das an den Breitseiten der in Form eines Eselrückenbogens geschwungene Baldachin hineinragt, der wiederum von zwei Säulen getragen wird. Die kleineren Nischen an den Seiten der Stele werden in gleicher Weise von je einem Baldachin überspannt.

Schmalseiten

1 In der oberen Nische sitzt ein Bodhisatva in einer Variante des „Spielsitzes" und stützt seinen Kopf in die rechte Hand; diese Meditationsgeste ist in Ostasien sowohl für den Bodhisatva Maitreya als auch für Avalokiteśvara typisch. Darunter ist ein Buddha im Lotossitz und mit vor der Brust zusammengelegten Händen dargestellt; eine Identifikation war nicht möglich.

2 In der oberen Nische sitzt ein Buddha mit herabhängenden Beinen auf dem Thron, eine Haltung, die für den kommenden Buddha Maitreya typisch ist.
In der unteren Nische sitzt ein Buddha im Lotossitz mit im Schoß zusammengelegten Händen, deren Handflächen nach innen weisen; diese Geste ist eine Variante der Meditationsgeste. Möglicherweise handelt es sich um Buddha Śakyamuni oder Buddha Amitabha.

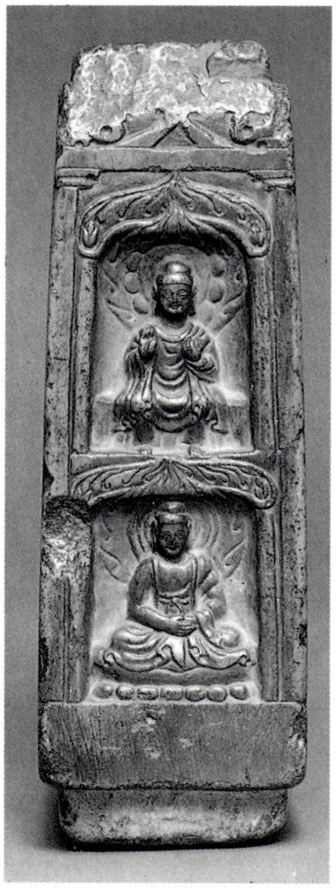
1

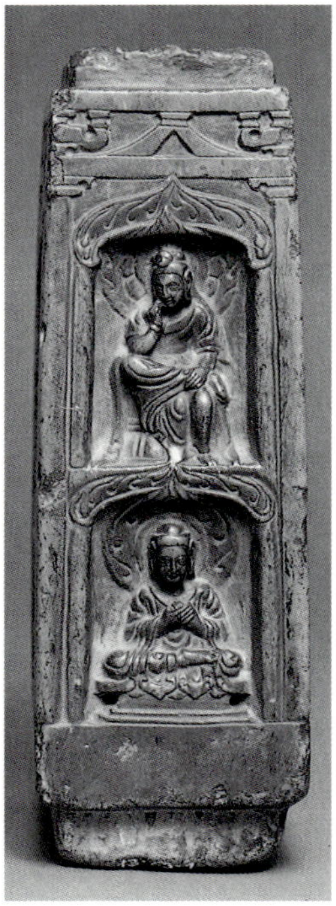
2

Kat.-Nr. 85
Stele

China; ca. 6. Jh.
Gelblich verfärbter Marmor
Höhe 27,5 cm
SMV,
Mus.-Nr. 13-63-1

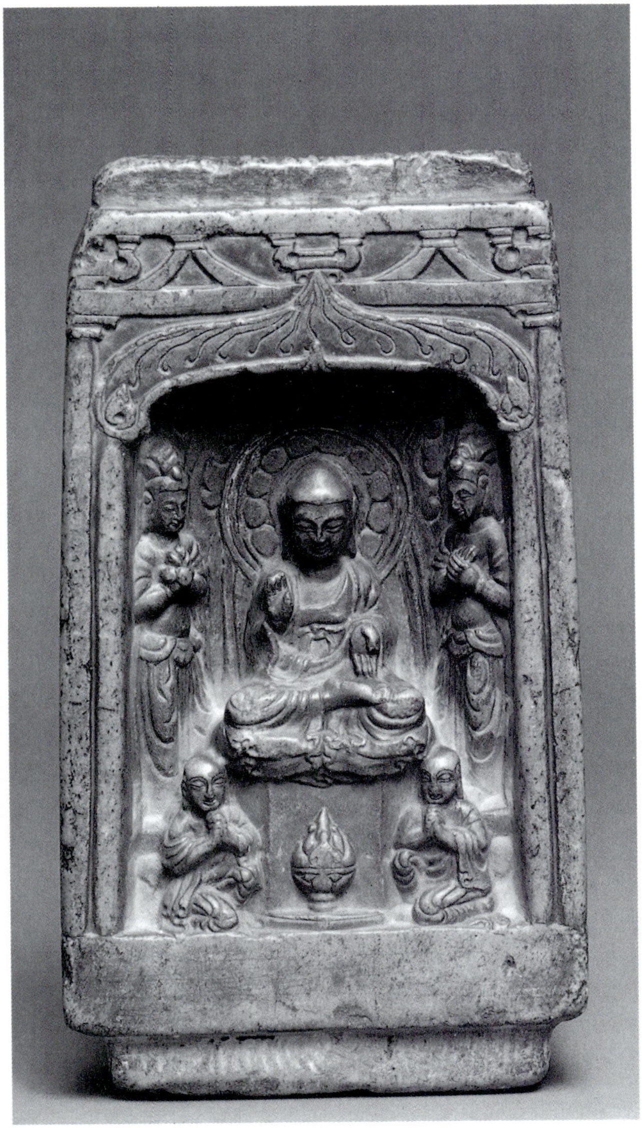

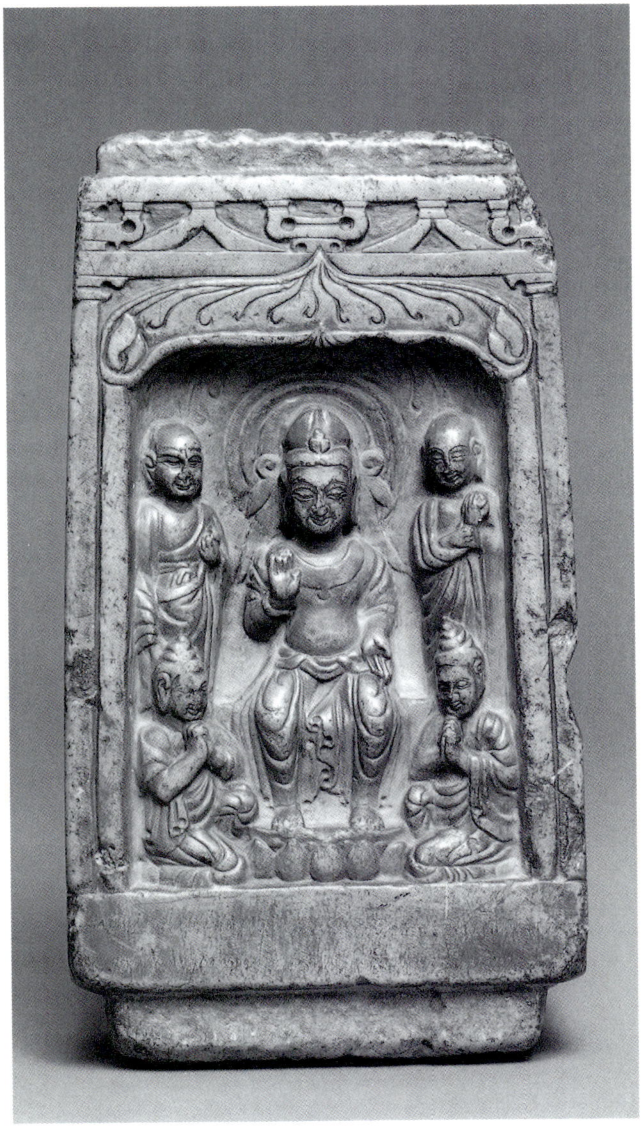

Stehende Buddhafigur, deren rechte Hand zur Geste der Ermutigung erhoben ist, während die linke die Geste der Wunschgewährung zeigt. Das am Körper anliegende Gewand läßt dessen Konturen erkennen; es bedeckt beide Schultern und läßt die Brust frei. Die Rückseite der Figur ist offen. Die Figur war ursprünglich mittels der beiden Zapfen unter den Füßen in den separat gegossenen Lotossockel eingelassen.

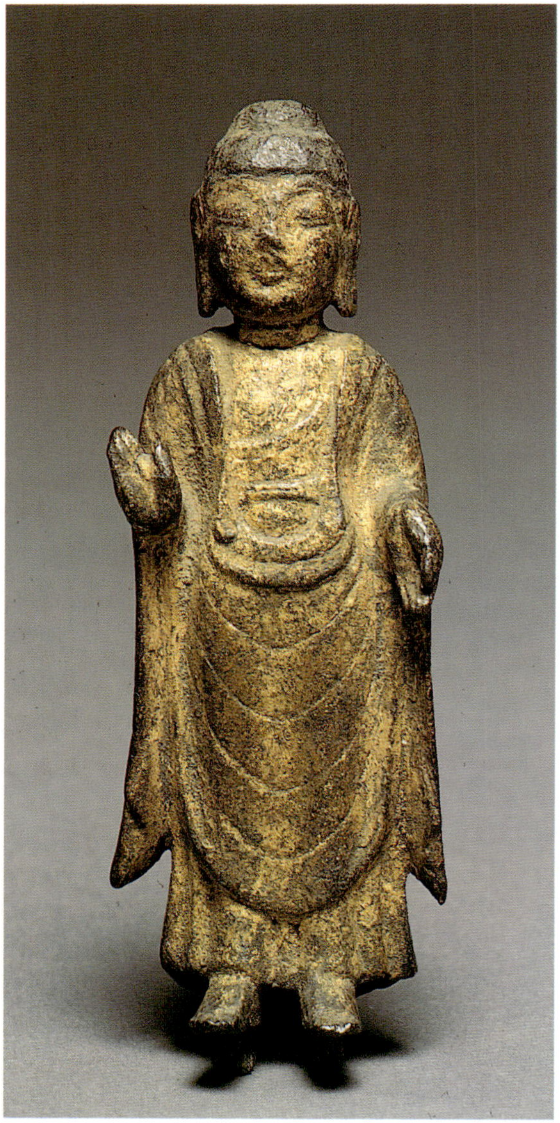

Kat.-Nr. 86
Buddha

Korea; ca. 8./9. Jh.
Vergoldete Bronze
Höhe 10 cm
SMV,
Mus.-Nr. 26-51-4
(Slg. Th. Stöpel)

Der zukünftige Buddha Maitreya (chin.: Mile) in der für ihn typischen Sitzhaltung mit herabhängenden Beinen und der Meditationsgeste unter einem schwebenden Baldachin. Zu seinen Seiten zwei Begleitfiguren, die auf Lotosblüten stehen und die Geste der Verehrung zeigen. Über ihnen schweben zwei himmlische Wesen.

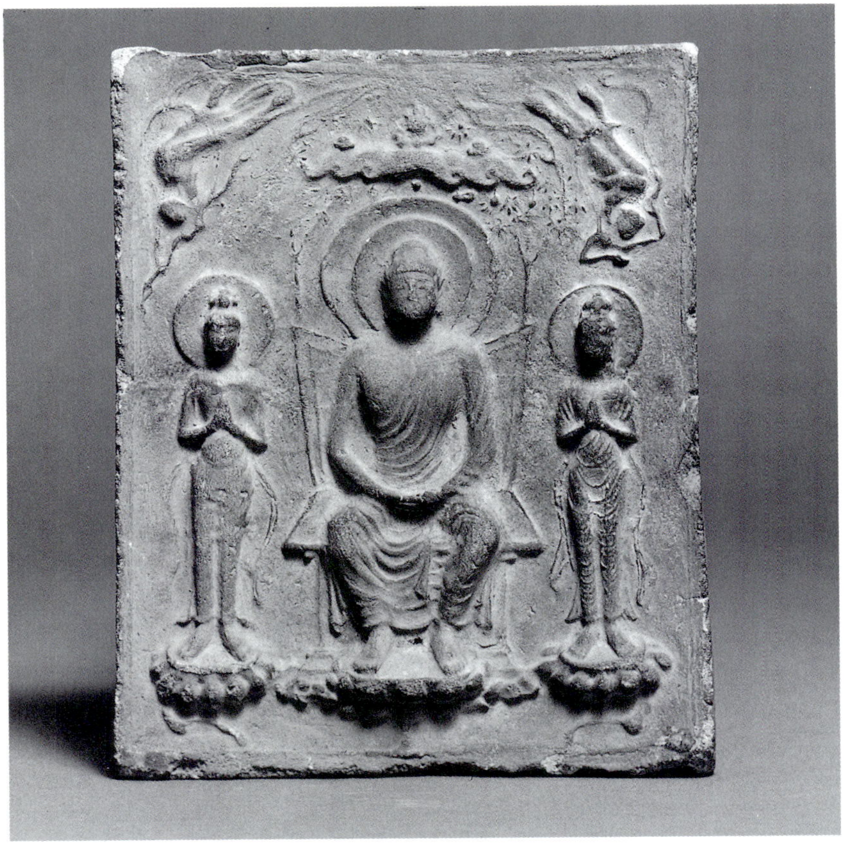

Kat.-Nr. 87
Votivtafel

China; vermutl. Tangzeit (618–907)
Ton
20,5 x 16,5 cm
SMV,
Mus.-Nr. 26-4-5

Der Buddha (möglicherweise der transzendente Buddha Ratnasambhava [chin.: Baosheng]) sitzt im Lotossitz auf einem doppelten Lotossockel. Die rechte Hand zeigt die Geste der Wunschgewährung, die linke die Mußegeste. Die Figur weist lamaistische Stilelemente auf, in ihrem Innern befanden sich zusammengerollte Papierstreifen mit Gebetstexten in tibetischer Schrift.

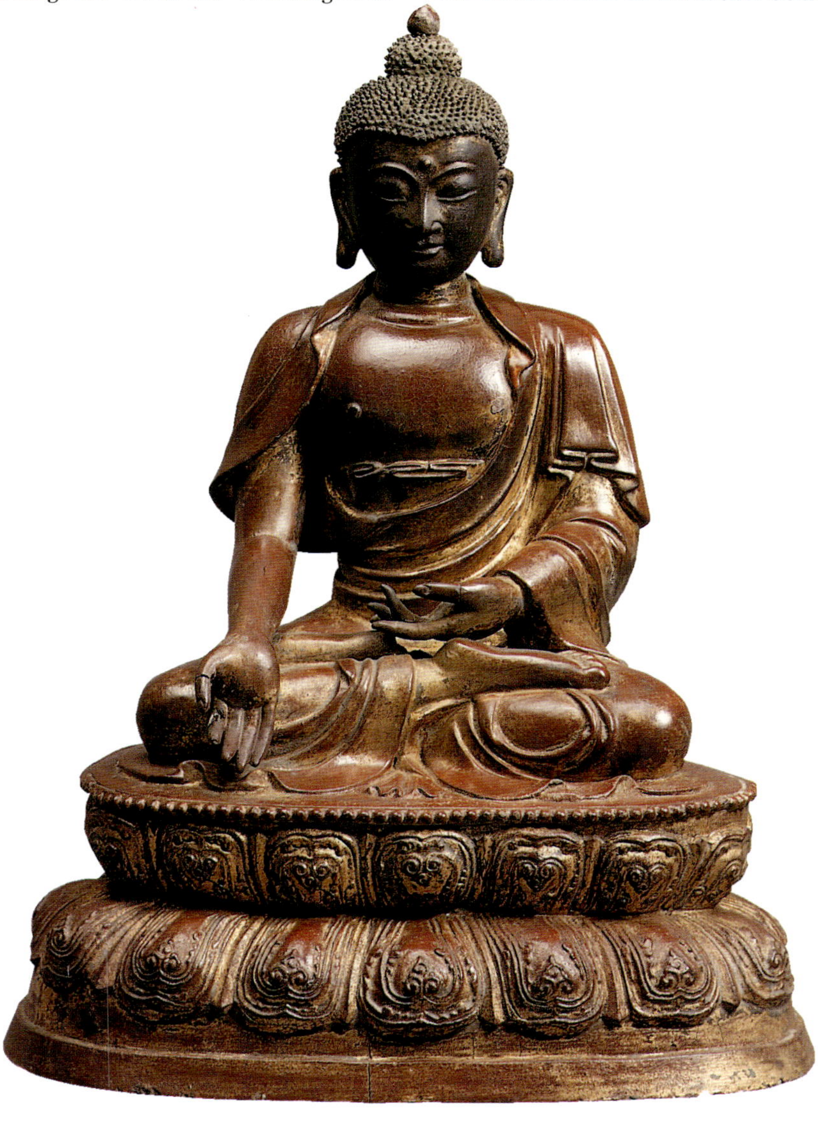

Kat.-Nr. 88
Buddha

China, Peking,
lamaistischer Stil;
ca. 17./18. Jh.
Trockenlack
Höhe 33,5 cm
SMV,
Mus.-Nr. B. 2656
(Slg. M. Buchner)

Im Haar des Buddha sind noch blaue, auf der Erleuchtungserhöhung (Skt.: usnisa; chin.: foding) rote Farbreste zu erkennen. Möglicherweise wurde ein älterer Buddhakopf aus grauem Stein mit Stuck überzogen, da auf der Rückseite, an Stellen, an denen der Stuck abgeplatzt ist, deutlich zu sehen ist, daß der Stein bearbeitet wurde und die gedrehten Locken der Buddhafrisur aufweist.

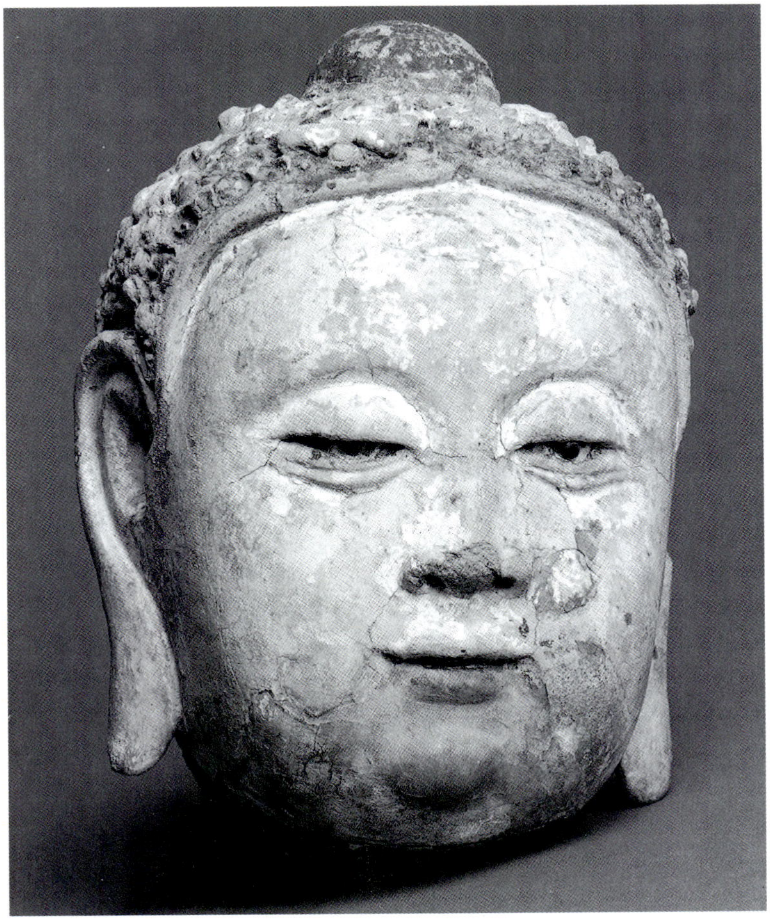

Kat.-Nr. 89
Kopf eines Buddha

China; ca. 14. Jh.
Bemalter Stuck auf Stein
Höhe 25 cm
SMV,
Mus.-Nr. 21-19-2
(Slg. E. Gutman)

Die Meditationsgeste und der Lotossitz weisen darauf hin, daß es sich bei dieser Figur um eine Darstellung des Buddha Amitābha (chin.: Amituo) handeln könnte. Amitābha, in Ostasien auch als „Buddha des grenzenlosen Lichtes" (chin.: wuliang guang fo) verehrt, ist die beliebteste Buddhagestalt des Fernen Ostens. Seine Anhänger glauben, daß sie auf Grund eines unerschütterlichen Glaubens und der ständigen Wiederholung der Anrufungsformel für den Buddha Amitabha durch dessen Gnade in seinem „Westlichen Paradies" (Skt.: Sukhāvatī; chin.: xifang jingtu) wiedergeboren werden. Während bis etwa in die Zeit der Sui-Dynastie (589–618) die Hoffnung auf das Erscheinen des zukünftigen Buddha Maitreya und auf eine Wiedergeburt in dessen Paradies Tuṣita (chin.: doushuaitian, dushiduotian) vorherrschend war, gewann zu dieser Zeit der Glaube an die Gnade des Buddha Amitābha zunehmend die Oberhand. Die Verbreitung dieses Glaubens förderte insbesondere die zu Beginn des 6. Jahrhunderts gegründete Schule des Reinen Landes (chin.: Jingtuzong). Sie führt sich auf die im Jahre 381 von dem Mönch Hui Yuan (334–416) und 123 seiner Anhänger ins Lebengerufene Gesellschaft vom Weißen Lotos (chin.: Bailianshe) zurück, die den Amitābhakult in China begründet haben soll.

Kat.-Nr. 90
Buddha

China;
ca. 17./18. Jh.
Dunkle Bronze,
lackartiger, rotbrauner Überzug
Höhe 29,5 cm
SMV,
Mus.-Nr. B. 2567
(Slg. M. Buchner)

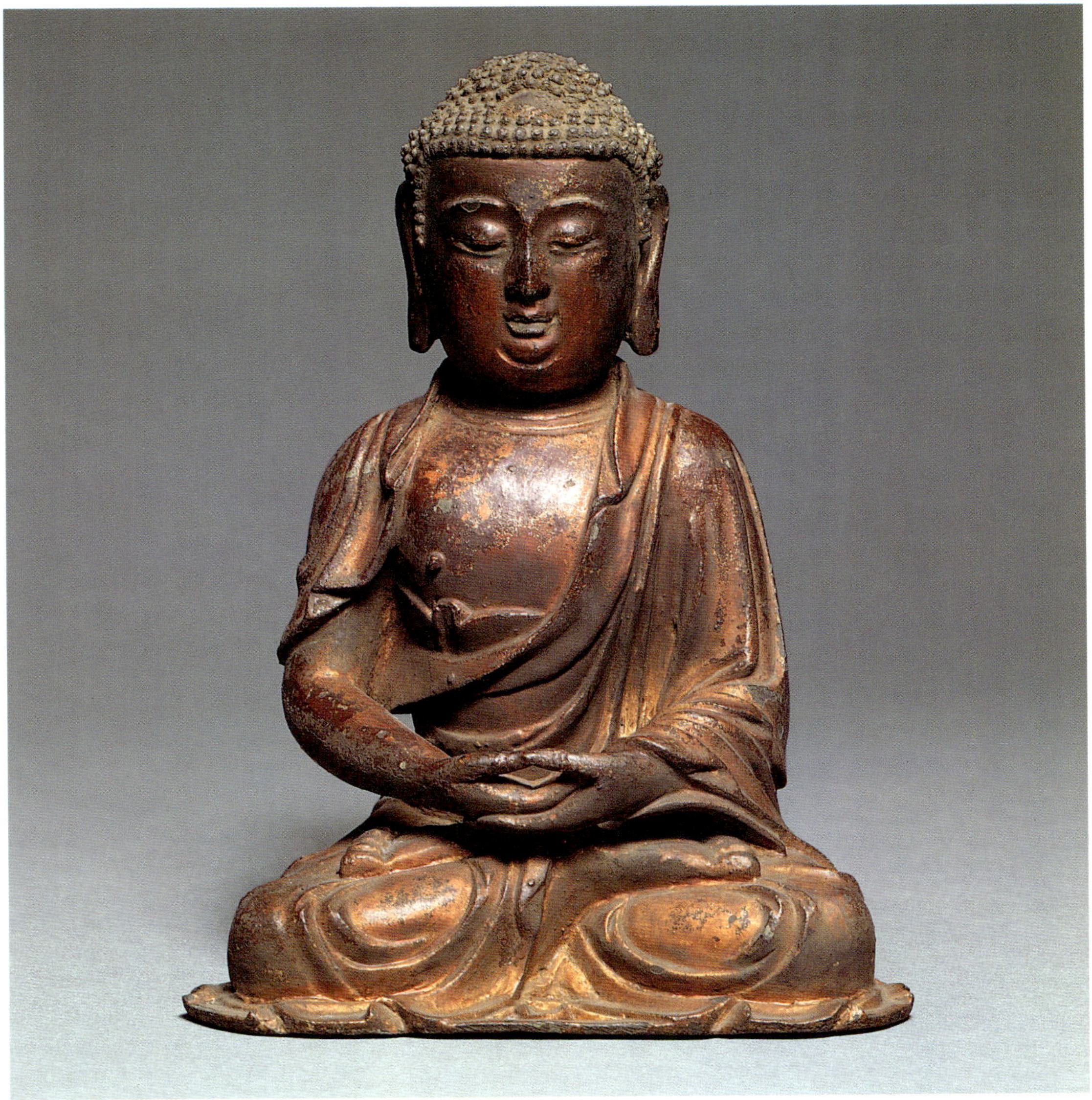

Kopf der Statue eines Bodhisatva; vermutlich handelt es sich um eine Darstellung des Bodhisatva Guanyin (Avalokiteśvara).

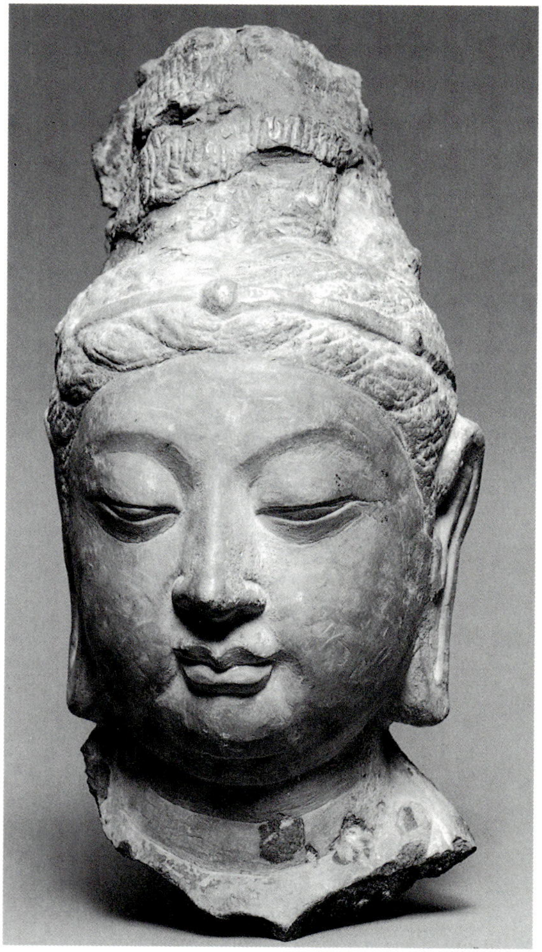

Kat.-Nr. 91
Kopf eines Bodhisatva

China; ca. 9. Jh.
Stein
Höhe 40 cm
SMV,
Mus.-Nr. 13-88-51
(Slg. H. Schoede)

Kopf einer weiblichen Gottheit mit straff zurückgekämmtem Haar und hohem Haarknoten, an dessen Spitze noch der Rest eines Kopftuchs erkennbar ist. Der Kopf gehörte vermutlich zu der Statue einer daoistischen Gottheit oder einer Guanyin. Ein nahezu identischer Kopf wird im Ostasiatischen Museum in Stockholm aufbewahrt, was darauf hinzuweisen scheint, daß derartige Köpfe serienmäßig in Formen angefertigt wurden.

Kat.-Nr. 92
Kopf einer weiblichen Gottheit

China; Typus der Songzeit (960–1279)
Bemalter Stuck
Höhe 35 cm
SMV,
Mus.-Nr. 59-6-1
(Slg. O. Fischer)

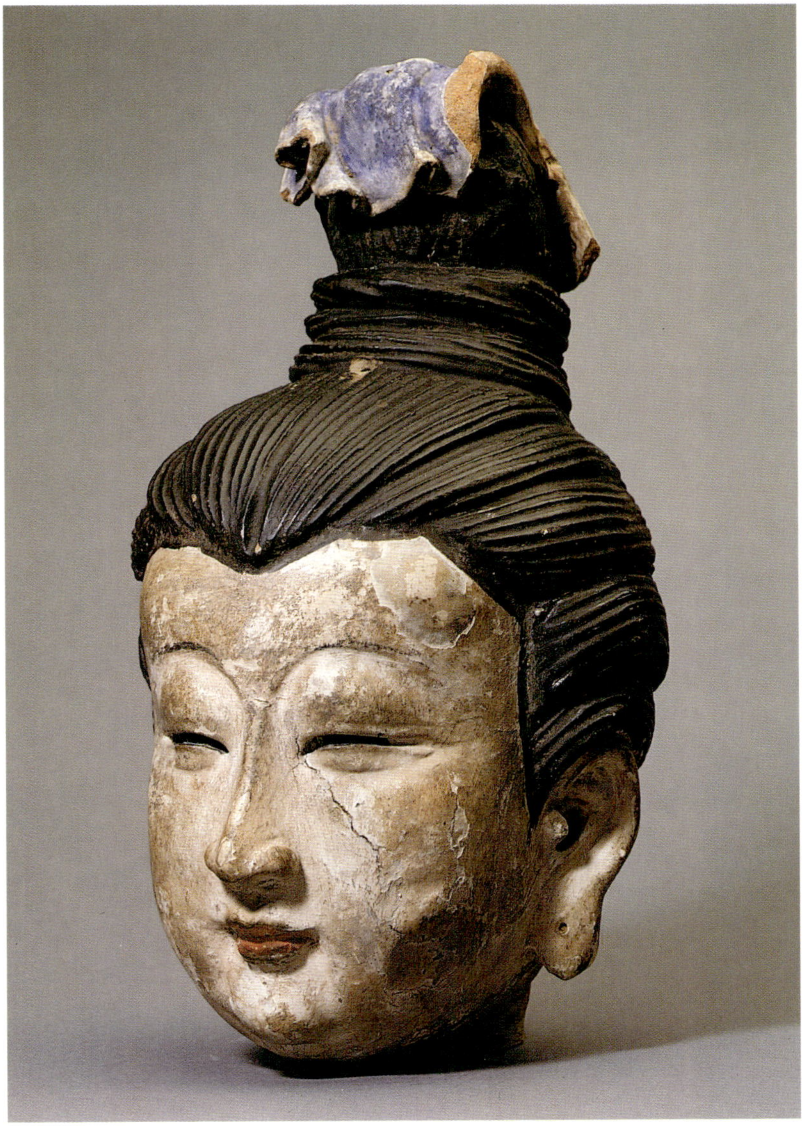

Stehende, leicht nach vorne geneigte Figur des Bodhisatva Guanyin. Er trägt einen von einem Stoffband gehaltenen Dhotī („Hüfttuch"), von seinen Schultern hängt ein Schal, die Körpermitte wird durch einen langen, von einer Halskette herabhängenden Anhänger betont. In der Krone ist das Bild des Buddha Amitābha zu erkennen. Hinter den Ohren fallen lange, in der Mitte geknotete Haarstränge auf die Schultern herab. Die verkürzte Perspektive der Beine sowie die leicht vorgeneigte Haltung der Figur zeigen an, daß sie an einer erhöhten Stelle angebracht war und auf den Betrachter herabblickte.

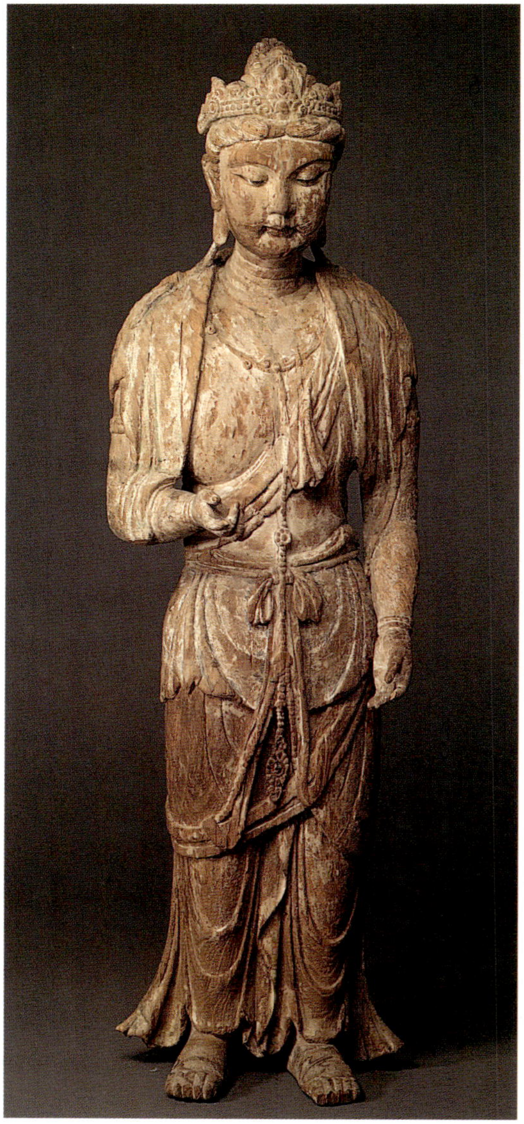

Kat.-Nr. 93
Bodhisatva
Guanyin

China;
ca. 11./12. Jh.
Holz, Reste
farbiger Fassung
Höhe 154 cm
SMV,
Mus.-Nr. 33-29-4
(Slg. H. Meyl)

In sich ruhender, in līlāsana-Haltung („Spielsitz") dargestellter Bodhisatva Guanyin mit hohem, geschmücktem Haarknoten und auf die Schultern herabfallenden, geknoteten Haaren. Der Oberkörper ist bis auf ein um die Schultern gelegtes Tuch und eine Schärpe frei, um den Hals trägt der Bodhisatva ein langes Schmuckband mit Anhängern. Die Beine und den Unterleib bedeckt ein leichtes, weites Hüfttuch. Im Kopfschmuck sind noch Reste einer Amitābhafigur erkennbar.

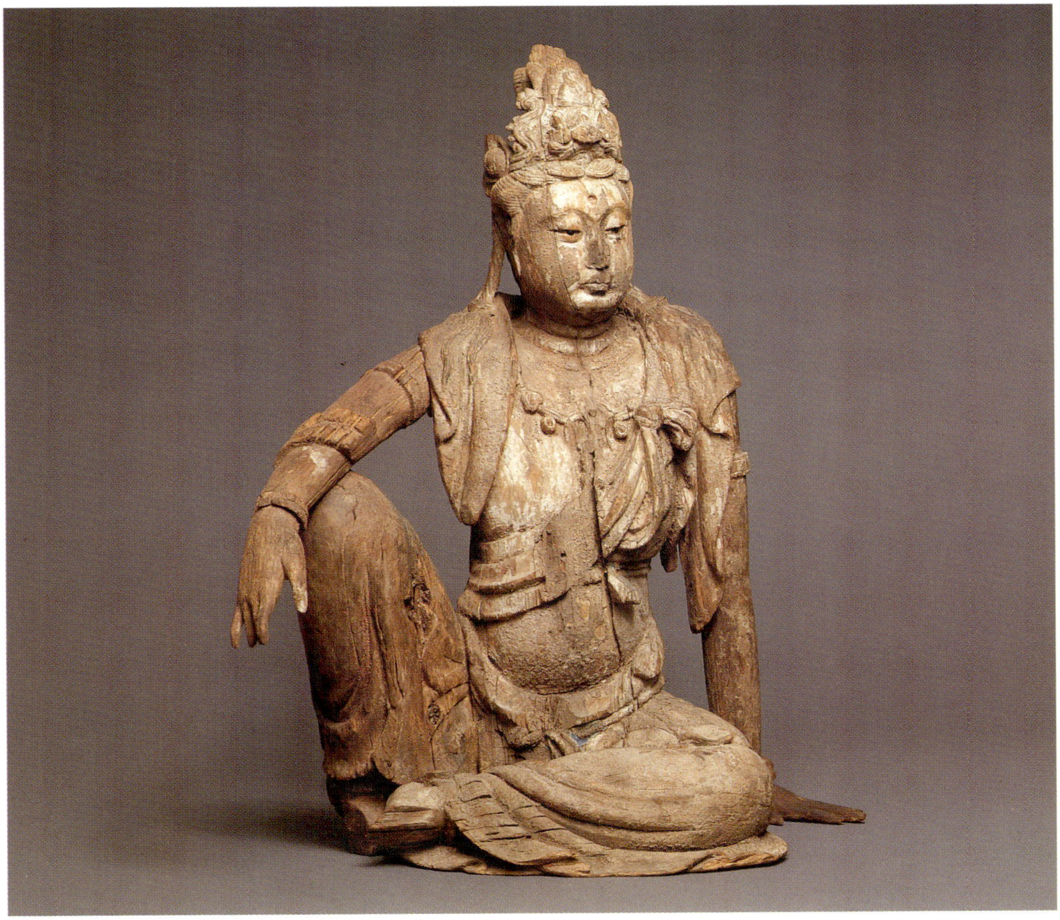

Kat.-Nr. 94
Bodhisatva
Guanyin

China; 11./12. Jh.
Holz mit Resten farbiger Fassung
Höhe 61 cm
SMV,
Mus.-Nr. 24-9-1
(Slg. W. Gutman)

Figur eines Bodhisatva im Lotossitz. Der separat angefertigte Kopfschmuck ist nicht mehr erhalten. Den Oberkörper bedeckt ein faltenreiches, hemdartiges Gewand, um die Hüfte trägt er das von einem Stoffband gehaltene Hüftgewand (dhoti). Hals und Brust ziert eine Kette mit Anhängern, von der linken Schulter hängt quer über den Oberkörper eine Schärpe herab.

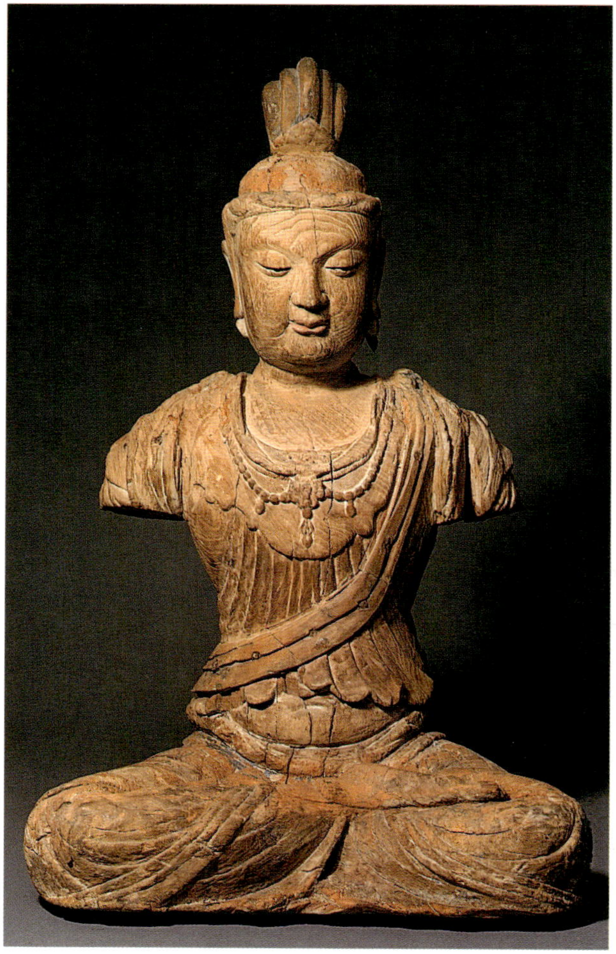

Kat.-Nr. 95
Bodhisatva

China; Typus der Songzeit (960–1279)
Holz, Reste farbiger Fassung
Höhe 115 cm
SMV,
Mus.-Nr. 69-12-140
(Slg. Bezold)

Kopf einer Statue des Bodhisatva Ajaya-Avalokiteśvara (chin.: Acuoye Guanyin). In dem, über einem auf der Stirn getragenen Diadem aufragenden, von Schmuckbändern zusammengehaltenen hohen Haarknoten ist das Bild des Buddha Amitābha zu erkennen, als dessen Emanation der Bodhisatva Guanyin gilt.

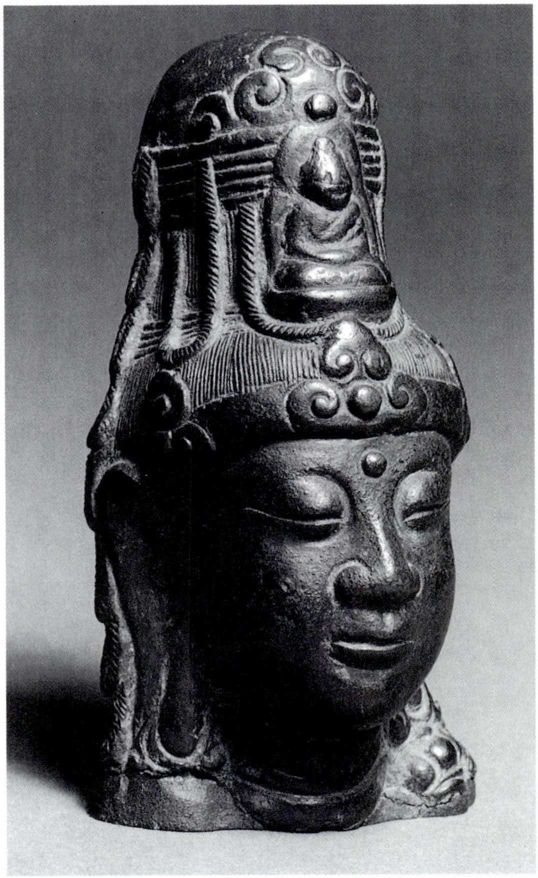

Kat.-Nr. 96
Ajaya-Avalokiteśvara

China, vermutlich Yunnan; ca. 12. Jh.
Bronze
Höhe 5,5 cm
SMV,
Mus.-Nr. 36-37-1

Felsformation mit einer stehenden und einer sitzenden Guanyin auf je einer Seite. Die stehende Guanyin ist ohne Begleiter oder Attribute dargestellt, das faltenreiche Gewand läßt den Brustteil frei. Der Bodhisatva steht auf einer Blüte oder Wolke. Die zweite Figur sitzt in rājalīlāsanā-Haltung („Königsspielsitz") über einem Gewässer; ihr linkes Bein wird von einer Lotosblüte gestützt. Zu ihren Füßen steht Shancai, einer der Begleiter des Bodhisatva. In Kopfhöhe der Guanyin sind Vase und Papagei, zwei ihrer Attribute, zu erkennen.

Die Felsformation verweist auf den Potalaka-Berg, den Sitz des Bodhisatva Avalokiteśvara (chin.: Guanyin).

Seite 237

Kopf eines Bodhisatva mit hoher Krone, in der ein Buddha im Lotossitz und mit Meditationsgeste zu erkennen ist; vermutlich handelt es sich dabei um eine Darstellung des Buddha Amitābha. Da dessen Bild im Kopfschmuck von Guanyin-Darstellungen auftaucht, darf angenommen werden, daß dieser Kopf zu einer Guanyin-Statue gehörte. Die Gußnaht entlang der Ohren zeigt, daß der Kopf in zwei Modelteilen gegossen wurde.

Kat.-Nr. 98
Kopf eines
Bodhisatva

China; Typus der Yuan-Zeit (1279–1368)
Eisenguß
Höhe 31 cm
SMV,
Mus.-Nr. 69-12-103
(Slg. Bezold)

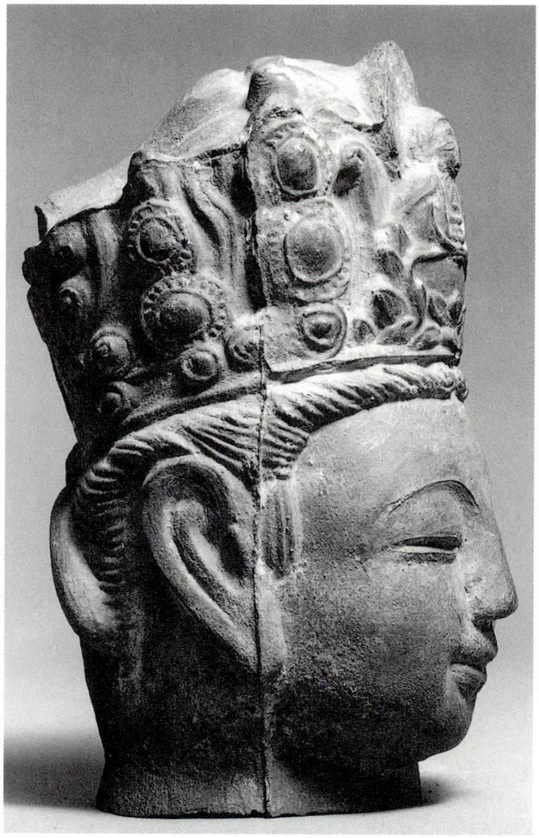

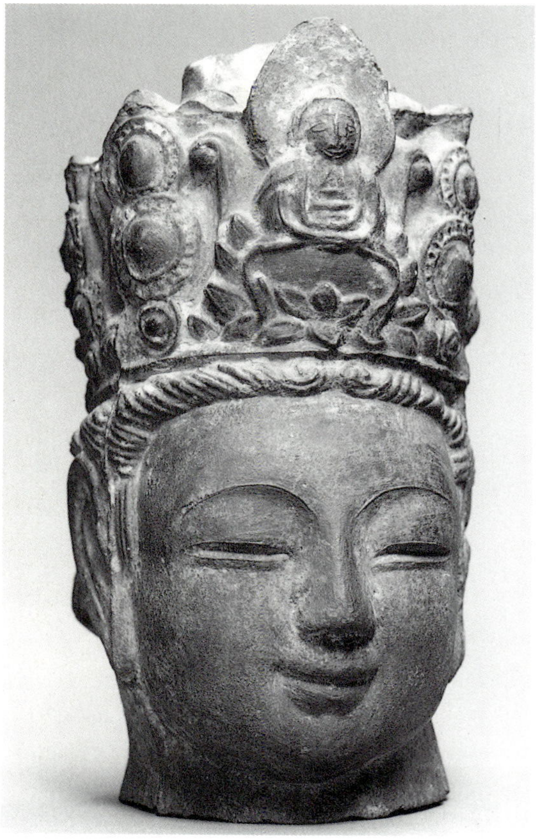

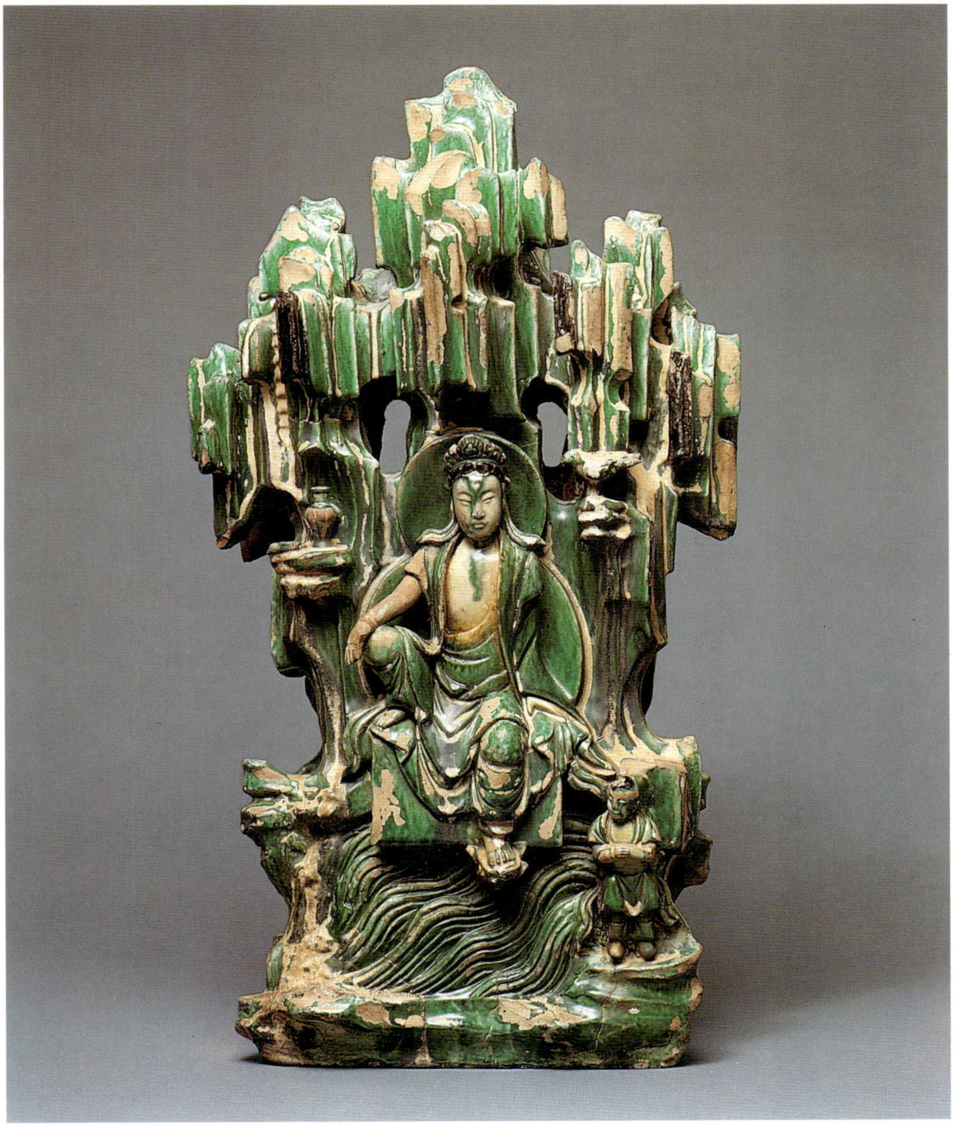

Kat.-Nr. 97
Felsformation mit Bodhisatva Guanyin

China, Shansi;
ca. 14. Jh.
Keramik, grüne Glasur
Höhe 55 cm
SMV,
Mus.-Nr. 13-71-5
(Slg. Freiherr Ludwig von Schacky auf Schönfeld)

Text Seite 235

Fragment einer Statue. Breiter, rundlicher Kopf mit flächig wiedergegebenen Gesichtszügen. Auf der als Plattform gearbeiteten Schädeldecke saß der gesondert angefertigte Kopfschmuck, der nicht mehr vorhanden ist. Die vier kreuzförmig angeordneten Löcher im Haarknoten dienten vermutlich beim Guß der Fixierung von Kern und Mantel und nicht zur Befestigung der Krone. Die Haarsträhnen über der Stirn bilden zwei symmetrisch angeordnete Spiralen.

Vermutlich handelte es sich bei dem Bodhisatva um Guanyin oder Wenshu.

Kat.-Nr. 99
Kopf eines
Bodhisatva

China; 15./16. Jh.
Eisen
Höhe 53 cm
SMV,
Mus.-Nr. 26-1-7

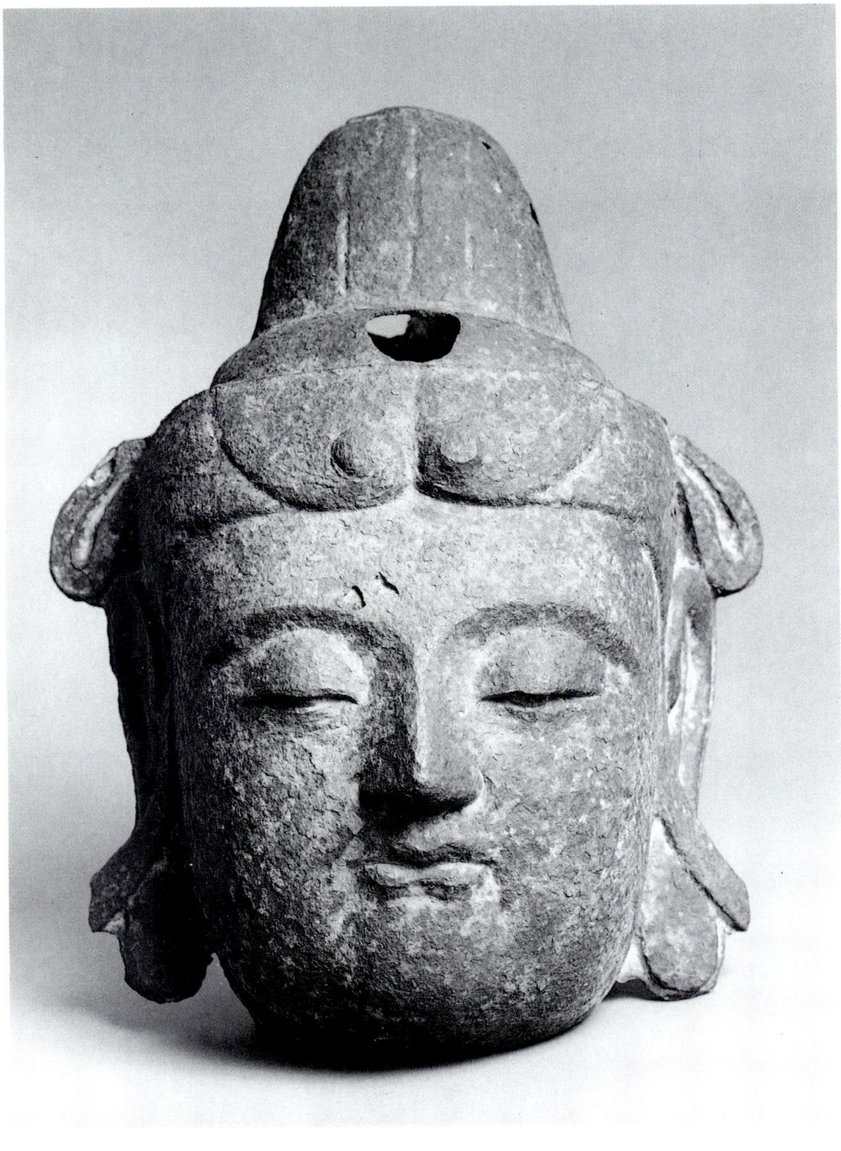

Kat.-Nr. 100
Bodhisatva
Guanyin

China;
ca. 16.–18. Jh.
Holz, bräunlich
lasiert
Höhe 25,5 cm
SMV,
Mus.-Nr. 92-316152
(Slg. Tiedemann)

Stehende Guanyin mit feinen, ruhigen Gesichtszügen und sorgfältig ausgearbeiteter Frisur. Das lange, faltenreiche Gewand läßt die Brustpartie frei; es wird von einer Borte mit Rankenmuster in Reliefarbeit eingefaßt. In der linken Hand hält Guanyin ein Ruyi-Zepter (wunscherfüllendes Zepter), während sie mit der linken Hand ihr Gewand rafft.

Guanyin, die chinesische Form des Bodhisatva Avalokiteśvara, des Bodhisatvas des Mitleids, gehört zu den am meisten verehrten Gestalten des chinesisch-buddhistischen Pantheons. Von ihm sind 32 Erscheinungsformen bekannt. Das Heiligtum des Bodhisatva ist in China die kleine Insel Putuoshan, die zu der Zhoushan-Inselgruppe vor der Provinz Zhejiang gehört. Hier soll in der Regierungsperiode Dazhong (847–860) der Tang-Dynastie (618–905) der Bodhisatva einem indischen Mönch erschienen sein, ihm die Lehre erklärt und siebenfarbige Edelsteine überreicht haben, worauf die Insel zu einer Kultstätte für Guanyin wurde. Da in den Sutren ein in Südindien lokalisierter Potalaka-Berg (chin.: Putuoluogashan) als Sitz des Avalokiteśvara genannt wird, erhielt die Insel den Namen Putuoshan. Noch heute werden nach dem traditionellen chinesischen Mondkalender am 19. Tag des 2. Monats, am 19. des 6. Monats und am 19. des 9. Monats Feiern zu Ehren von Guanyin in den Tempeln auf dem Putuoshan abgehalten.

Guanyin sitzt auf einer sich aus einem Teich erhebenden Lotosblume über Lotosknospen und -blättern. Sie hält ein Kind auf ihrem rechten Knie, ist also in ihrer Funktion als „kinderbringende Guanyin" (Songzi Guanyin) dargestellt. Als weitere Attribute befinden sich ein Papagei und eine Lebenswasserflasche (Skt.: kuṇḍikā; chin.: zaoping) an ihren Seiten.

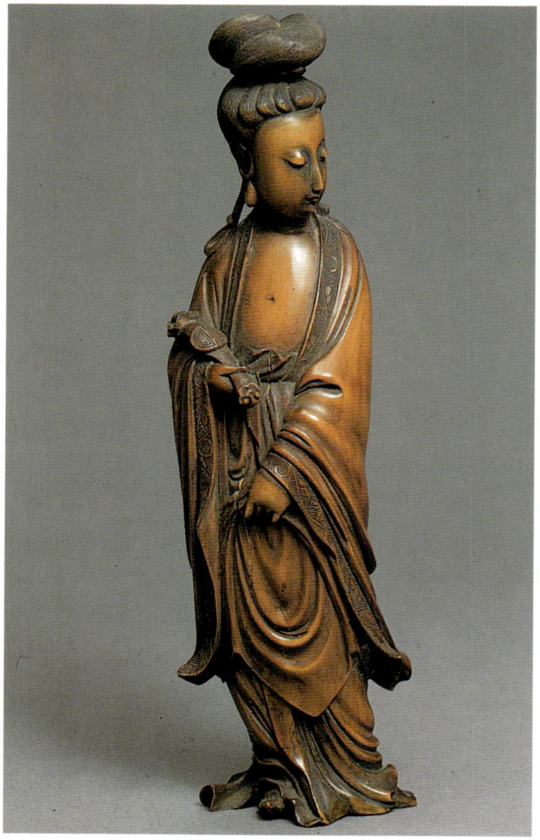

Kat.-Nr. 101
Bodhisatva
Guanyin

China, Dehua;
18./19. Jh.
Porzellan
Höhe 23,5 cm
SMV,
Mus.-Nr. 09.146

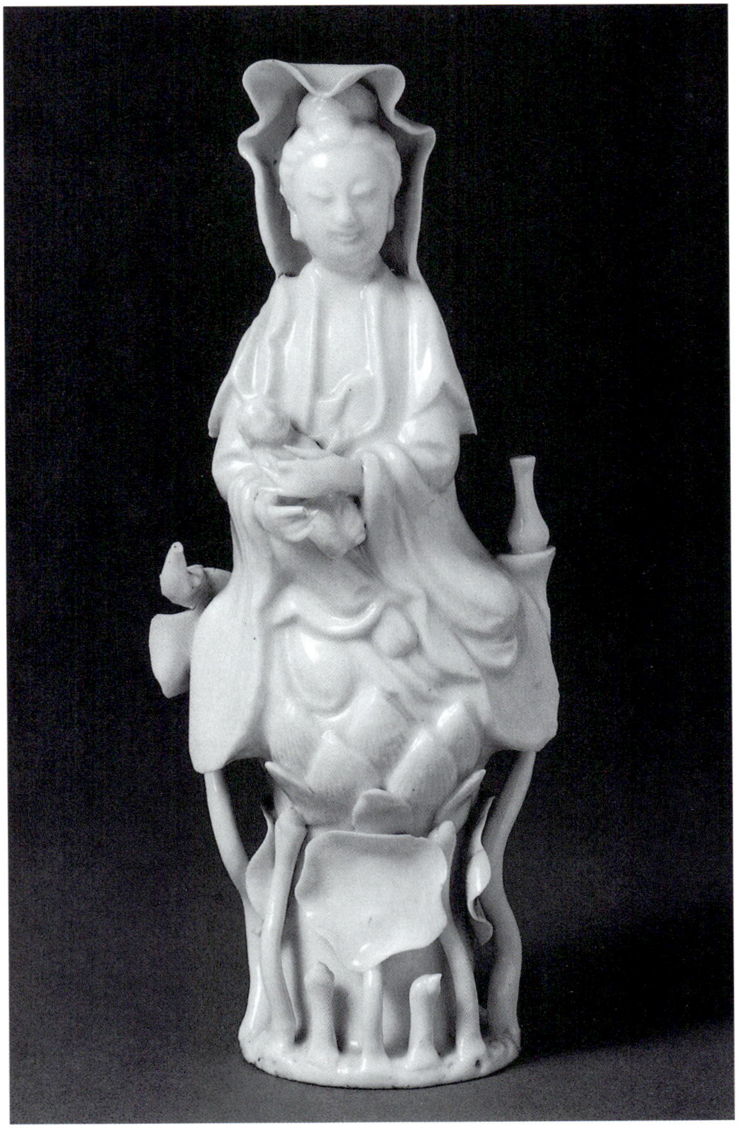

Der Dachreiter zeigt den Bodhisatva Samantabhadra (chin.: Puxian) auf dem die alle Hindernisse überwindende Kraft der Weisheit repräsentierenden Elefanten sitzend.

Samantabhadra („der vollständig Glückliche") gehörte im indischen Buddhismus zu den „acht großen Bodhisatva" und war dem Tathāgata (Meditationsbuddha) Vairocana zugeordnet. In Indien scheint ihm jedoch keine größere Bedeutung zugekommen zu sein, die er erst in Tibet erhielt, wo ihn die Nyingmapa-Schule als Adibuddha (Ur- Buddha; seit Uranfang bestehender und über allen übrigen Buddhas und Bodhisatvas stehender Buddha) verehrt. In China wird er in der Gestalt des Mahăcine Samantabhadra verehrt, der mit grüner Körperfarbe und auf einem Elefanten reitend dargestellt wird. Neben Avalokiteśvara (chin.: Guanyin), Kśitigarbha (chin.: Dicang) und Mañjuśri (chin.: Wenshu bzw. Wenshu shili) zählt er im chinesischen Buddhismus zu den vier großen Bodhisatvas. Sein Heiligtum ist der Berg Emei in Sichuan, wo er seit Beginn der Jin-Dynastie (265–420) verehrt wird.

Kat.-Nr. 102
Bodhisatva
Puxian

China; 16. Jh.
Keramik, farbige Glasur
Höhe 39 cm
SMV,
Mus.-Nr. 13-69-2
(Slg. E. Gutmann)

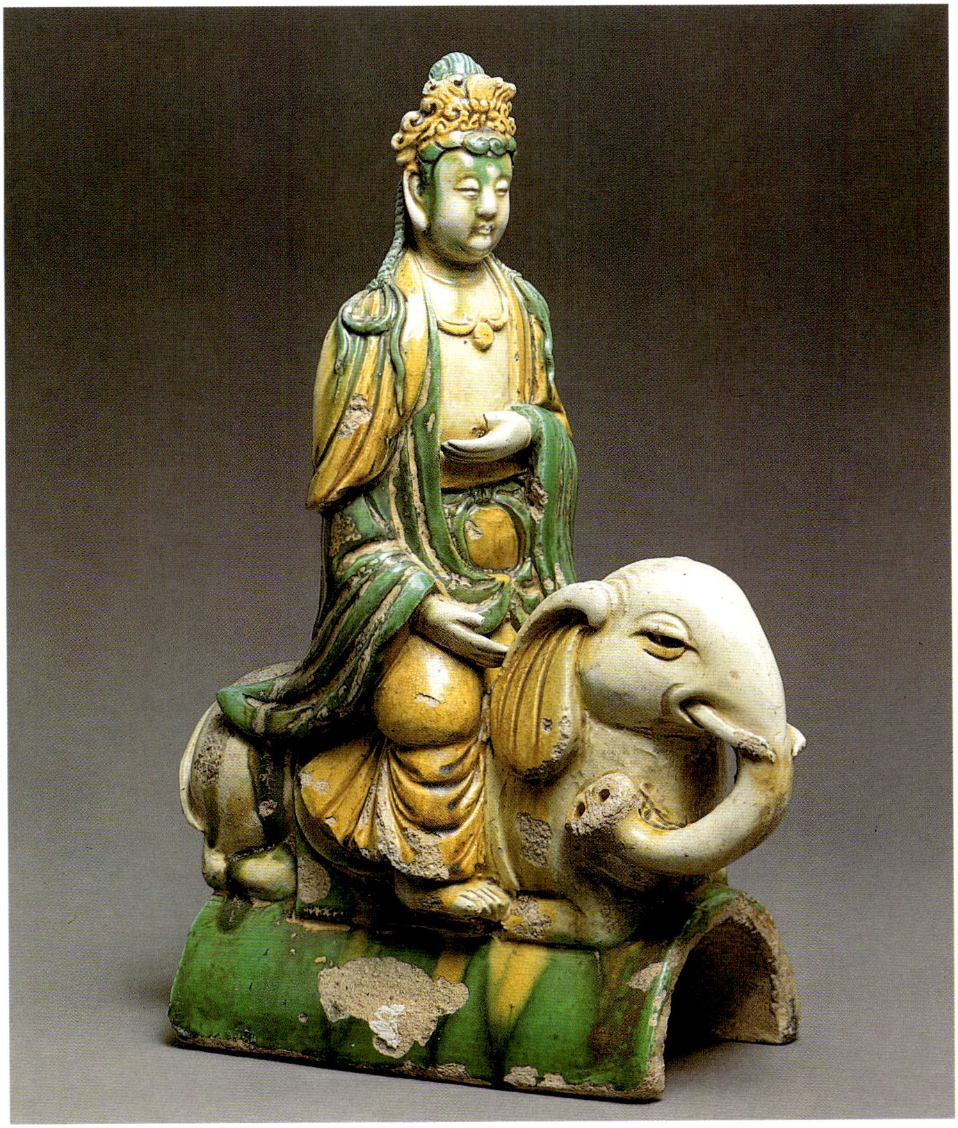

Der chinesische Ausdruck Luohan ist eine Lautübertragung des Paliwortes arahan (Skt.: arhat). Ursprünglich bezeichnete das Wort eine Person, die die höchste Erleuchtungsstufe erreicht hat. Später übertrug man es auf die bedeutenden Schüler des Buddha sowie auf berühmte buddhistische Persönlichkeiten. In China kannte man ursprünglich 16 Luohan – sie werden bereits im 5. Jahrhundert n. Chr. erwähnt –, denen die Aufgabe übertragen wurde, die Lehre des Buddha in alle Weltgegenden zu tragen und über sie im Verborgenen zu wachen; in späterer Zeit kannte man 18 und sogar 500 Luohan, deren Namen jedoch häufig variieren. In der Volkstradition wandelten sie sich zu daoistischen „Unsterblichen" vergleichbaren Gestalten, denen man übernatürliche Fähigkeiten zuschrieb und die als Nothelfer galten. Sie wurden bisweilen auch in nichtbuddhistischen Tempeln verehrt.

In Ostasien kennt man zwei Formen der Luohandarstellung: Eine Form zeigt sie mit normalen menschlichen Zügen, die andere gibt ihnen ein skurriles, fast dämonenhaftes Aussehen.

Kat.-Nr. 103
Luohan

China, Shansi;
Typus der Song- (960–1279) oder Yuanzeit (1279–1368)
Kalkstein
Höhe 28 cm
SMV,
Mus.-Nr. 23-14-18
(Slg. J. Rabe;
Slg. J. Schedel)

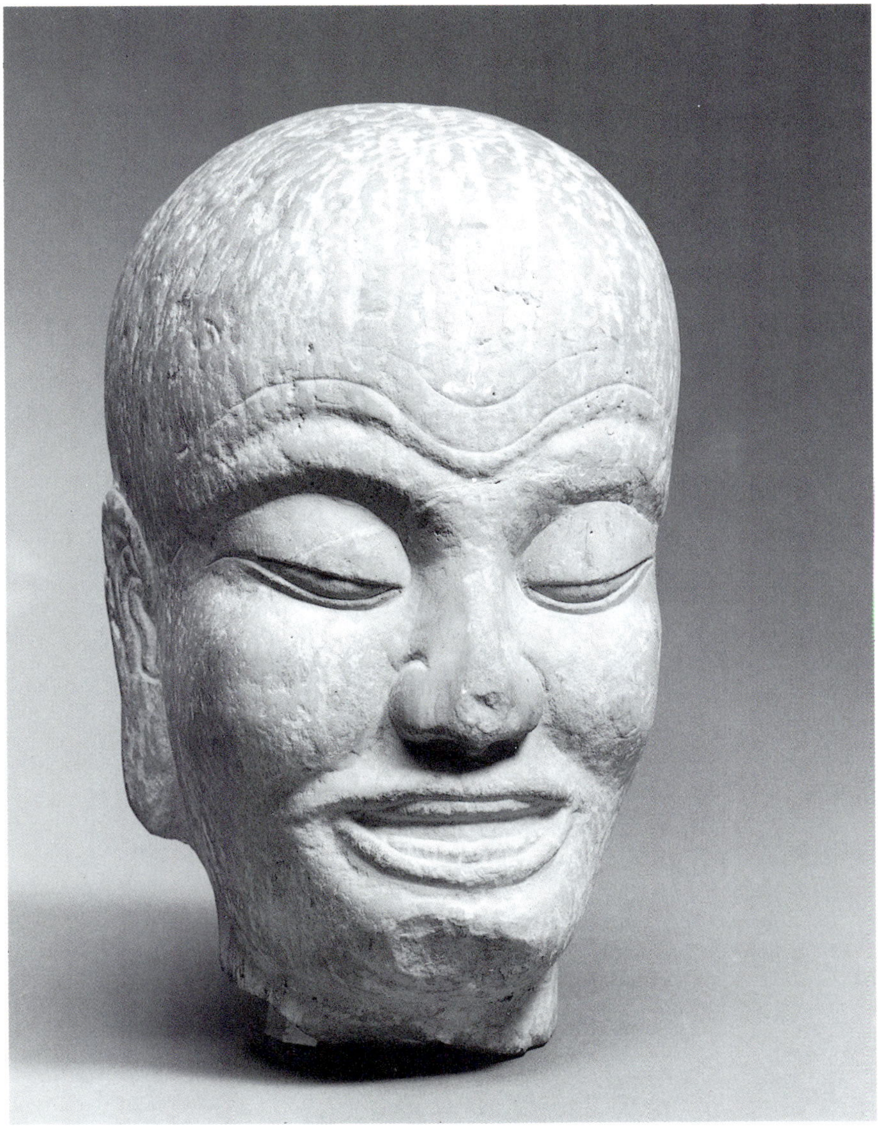

Der Arhat Serbe'u, „Goldkälbchen" (Skt.: Kanakavatsa; tib.: gSer be'u; chin.: Jianuojiafacuo) erhielt einer tibetischen Überlieferung zufolge seinen Namen nach einem gleichzeitig mit ihm geborenen Elefantenkälbchen, dessen Kot aus Gold bestand. Dies erweckte die Habgier des Herrschers; um dessen Nachstellungen zu entgehen, trat Serbe'u in den Mönchsorden des Buddha ein. Die Unruhe und die Begehrlichkeit, die Serbe'u und sein Elefant unter den Menschen auslösten, störte die Mönchsgemeinde, weshalb Serbe'u das Tier mit einem ihm von Buddha gelehrten Spruch verschwinden ließ.

Die Ruhe ausstrahlende Figur des Arhat sitzt in līlāsana-Haltung („Spielsitz") auf einer über einen hohen Sockel gebreiteten Decke, die von dem in weiten Falten drappierten Gewand des Arhat teilweise verdeckt wird. Das Attribut des Serbe'u, die ihm von den Naga als Dank für die Unterweisung in der Buddhalehre überreichte Juwelenschlinge, ist nicht mehr vorhanden. Die Sockelbasis trägt auf der Vorderseite die tibetische Inschrift „Anbetung dem Serbe'u". Auf der Rückseite des Sockels befindet sich eine weitere tibetische Inschrift: „Verehrung dem erhabenen Schüler des Buddha, dem Serbe'u im heiligen Kaschmir, der inmitten der 500 großen Arhat die kostbare Schnur hält, zum Segen für die Ausbreitung der Lehre" (nach Siegbert Hummel).

Nach verschiedenen Überlieferungen gibt es 16, 18 oder 500 Arhat, deren Statuen häufig in chinesischen Tempeln an der Ost- und Westseite der Haupthalle aufgestellt sind. Eine chinesische Angabe auf der Sockelrückseite weist darauf hin, daß die Statue des Völkerkundemuseums München „Nummer 7 der Westseite" war. Zu derselben Reihe von Arhatdarstellungen gehörte vermutlich die im Victoria-and-Albert-Museum in London aufbewahrte Arhatfigur, die als Nummer 7 der Ostseite das Gegenüber der Münchner Bronze bildete (vgl. J. Auboyer 1977: Abb. 69; R. Kerr 1990: Abb. 70).

Lit.:

J. Auboyer 1977 Dieux et démons de l'Himalaya, Paris.
R. Kerr 1990 Later Chinese Bronzes, London.

Kat.-Nr. 104
Arhat Serbe'u

Nordchina, lamaistischer Stil;
ca. 15. Jh.
Bronze, Feuervergoldung
Höhe 50,5 cm
SMV,
Mus.-Nr. 77-7-32
(Slg. Gedon)

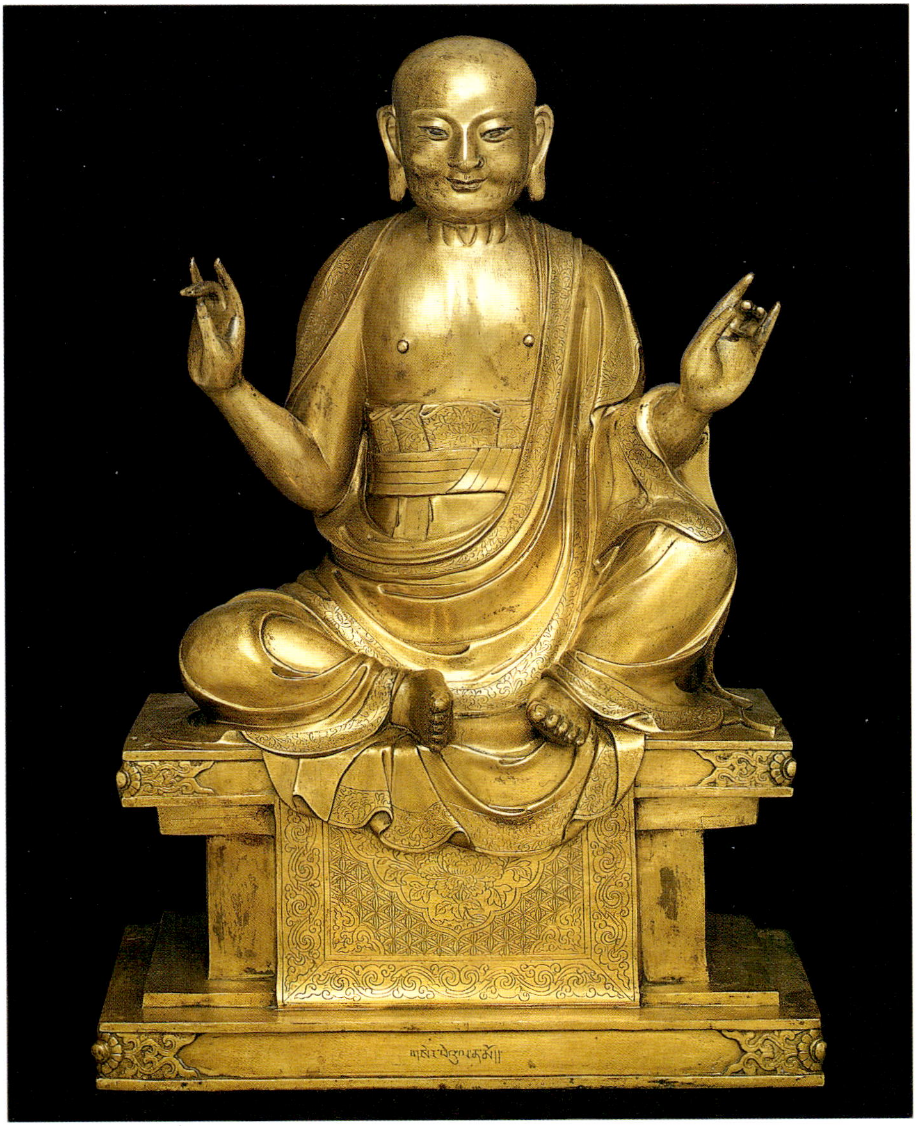

Zweistöckiger Pagodenbau mit nach vorne offenen Nischen, die von je zwei Drachen flankiert werden; sie haschen nach einer im Gebälk der jeweiligen Nische erkennbaren Perle. Die Figuren im Inneren der Nischen sind unglasiert und durch den Brand rötlich verfärbt. Sie weisen auf den buddhistisch-daoistischen Mischcharakter des Altars hin.

Im unteren Teil der Pagode sitzt auf einem Thron eine männliche Gestalt mit ursprünglich zwei Begleitfiguren zu ihren Seiten, die zur linken Seite ist nicht mehr vorhanden. Vor der Hauptfigur erkennt man auf einem kleinen Podest eine von einer Schlange umwundene Schildkröte, das Symbol des Nordens; die Hauptfigur stellt also Xuantian shangdi, „den Herrn des dunklen Himmels" dar, der auch als Zhen wu, „der wahre Krieger", bekannt ist. Er ist der Wächter des nördlichen Himmelstores und wird als Herr des Polarsterns verehrt. Er ist eine Emanation des daoistischen Himmelsherrn Yuanshi tianzun und ging als Lichtstrahl in seine Mutter ein. Auf dem Berg Taihe übte er sich 42 Jahre lang in den magischen Künsten und erlangte übernatürliche Kräfte. Er kann böse Geister bannen und Krankheiten heilen sowie Banditen und Räuber in die Flucht schlagen. Sein Kult wurde in der Songzeit (950–1279) zum Staatskult erhoben.

In der oberen Nische sitzt der Bodhisatva Guanyin mit seinen Begleitern Longnü („Drachenmädchen") und Shancai („berggleiches Talent"). Der Name dieser chinesischen Form des Bodhisatva Avalokiteśvara, Guanyin oder Guanshiyin, weist darauf hin, daß der Bodhisatva gleichfalls als Nothelfer angerufen wurde: Er berücksichtigt (guan) die Stimmen (yin) aus allen Weltgegenden (shi). Die Verehrung des Bodhisatva Guanyin, des Bodhisatva des Mitleids, ist in China nicht auf die Buddhisten beschränkt, sondern hat sich auf alle religiösen Gruppierungen ausgedehnt.

Kat.-Nr. 105
Buddhistisch-daoistischer Altar

China, Zhejiang-yao; ca. 15. Jh.
Steinzeug, hellgrauer Scherben, grüne Seladonglasur
Höhe 52,5 cm
SMV,
Mus.-Nr. I.1

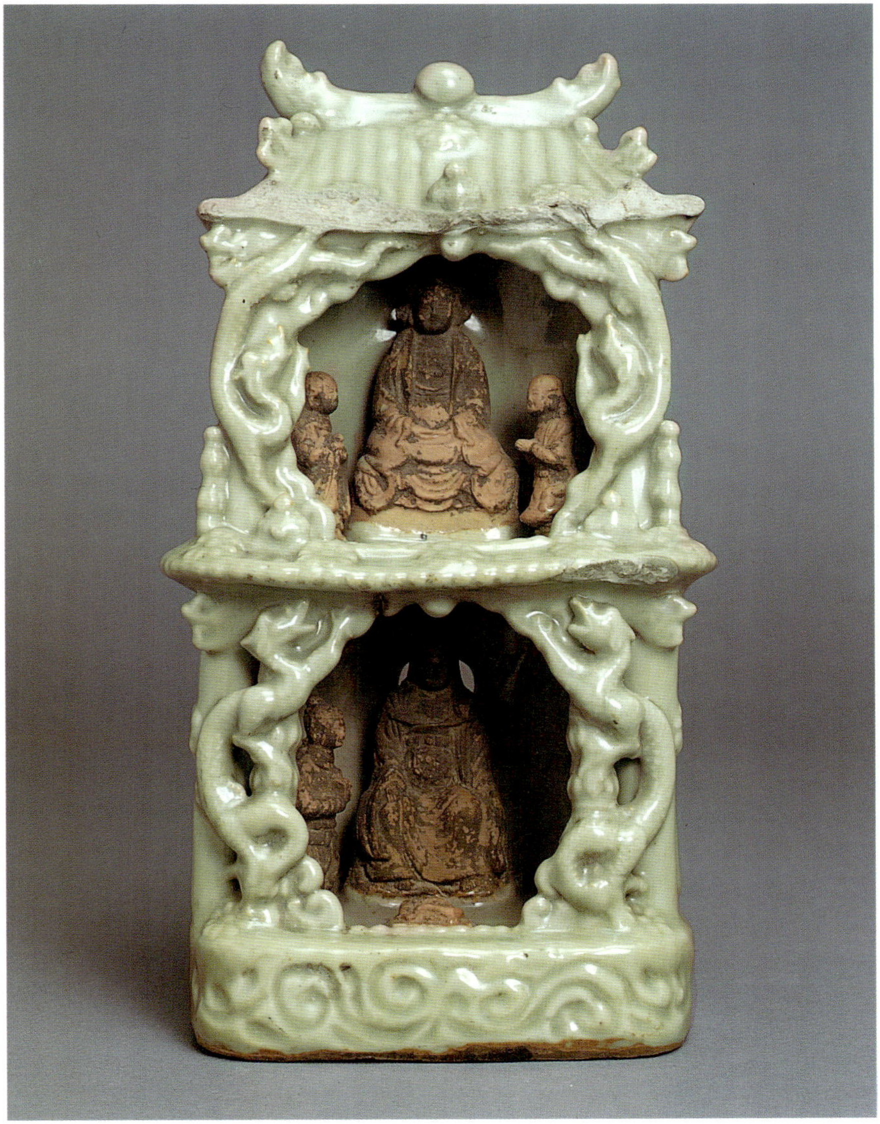

Zwei „famille-rose“ Altarembleme mit den buddhistischen Symbolen Fischpaar und Schnecke in einem Ring, der sich über einer Lotosblüte mit Samenkörnern an der Oberfläche erhebt. Schnekke und Fischpaar gehören zu den „acht glückverheißenden Symbolen“, die an die Gaben erinnern, die dem Buddha Śakyamuni von himmlischen Wesen dargebracht wurden, als er unter dem Pipalbaum die Erleuchtung erlangte: Das Schneckenhorn mit seiner nach rechts gedrehten Windung verkündet den Ruf des Buddha, die Fische sind ein Symbol jener Wesen, die aus dem Ozean des Leidens gerettet wurden.

Im Inneren des Standfußes sind bei beiden Emblemen Porzellanmarken der Regierungsperiode Qianlong (1736–1795) angebracht; Vergleichsstücke erlauben jedoch die Vermutung, daß diese Embleme erst in der Periode Jiaqing (1796–1820) angefertigt und vordatiert wurden.

Kat.-Nr. 106
Altar-
Embleme

China;
um 1800 (?)
Porzellan
Höhe 38 cm
SMV,
Mus.-Nr.
93.293, 93.294

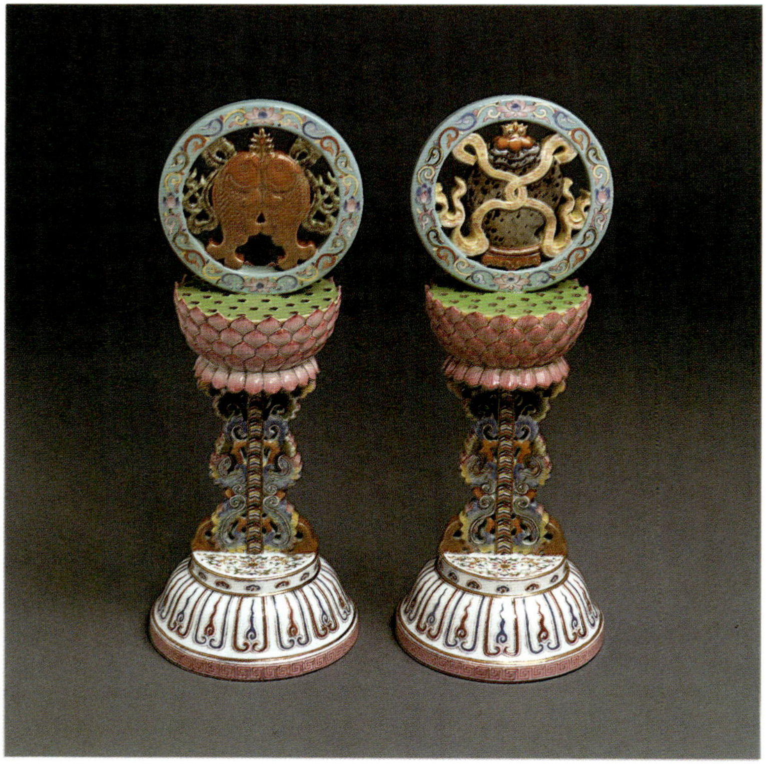

Räuchergefäß in Form einer vollplastischen Buddhahandfrucht mit drei Rankenfüßen auf einem Holzsockel in Form von Blattzweigen. Der halbkugelige Deckel wird von Blattranken mit einer kleinen Buddhahandfrucht als Knauf gebildet.

Die Buddhahandfrucht (chin.: fo shou), eine Zitrusfrucht, besitzt in China eine vielfältige Symbolik. Ihren Namen erhielt sie auf Grund ihrer charakteristischen Form, die an die Mußegeste, eine häufige Geste der linken Hand eines Buddha, erinnert. Wegen ihres starken Duftes verwendet man sie als Duftspender in den Häusern und opfert sie in Porzellanschalen am Neujahrsfest vor dem Schrein der Hausgötter. Gleichzeitig ist sie ein Symbol des Reichtums, da sie an die Form einer mit Münzen gefüllten Hand erinnert. In der chinesischen Wortsymbolik wird fo, „Buddha", mit fu, „Glück", und shou, „Hand", mit shou, „Langlebigkeit", gleichgesetzt, so daß Darstellungen der Buddhahandfrucht dem Wunsch nach einem glücklichen und langen Leben Ausdruck verleihen.

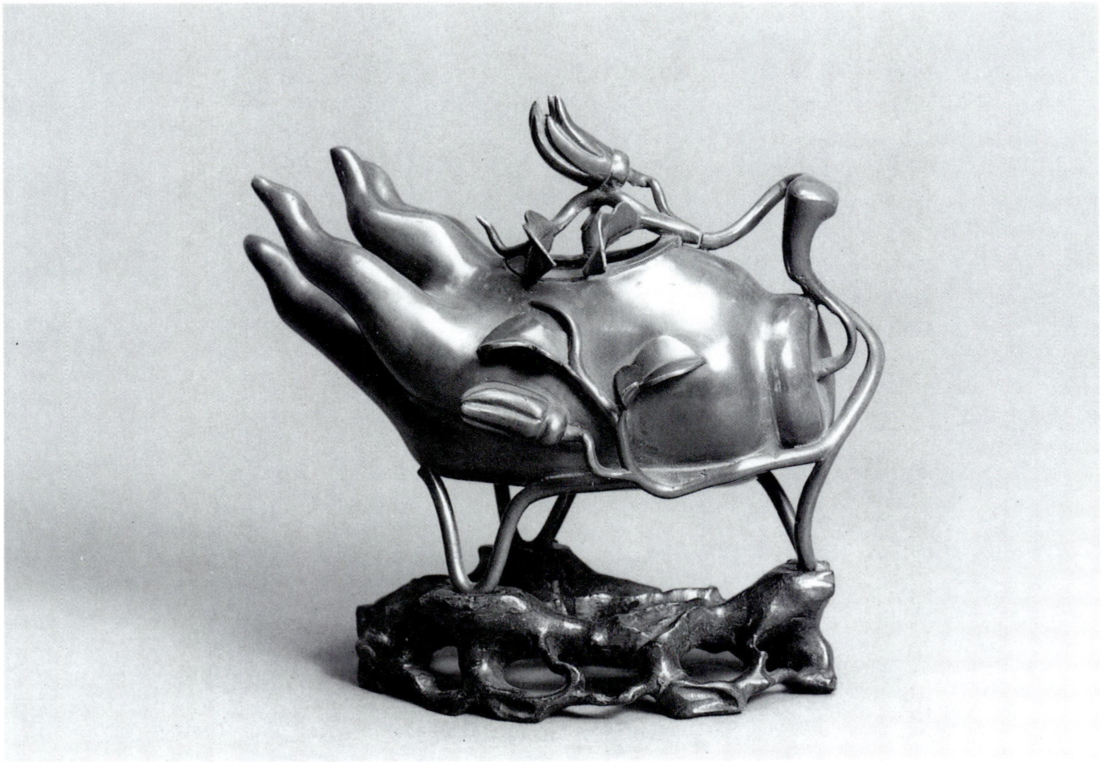

Kat.-Nr. 107
Räuchergefäß

China; Qingzeit (1644–1911)
Bronze, Holzsockel
Höhe 15,5 cm (ohne Sockel), Breite 20,5 cm
SMV, Mus.-Nr. L. 718
(Slg. Lamarepiquot)

Der kugelige Körper mit kurzem zylindrischen Hals steht auf drei Drachenkopffüßen. Die zwei geschweiften Henkel sind mit dem Gefäßkörper an der Lippe durch zwei Zylinder verbunden, deren Enden Lochmünzendekor zeigen. Der gewölbte Deckel mit großem Knauf ist teilweise durchbrochen gearbeitet. Der Gefäßdekor zeigt polychrome Lotosranken mit großen Blüten auf türkisblauem Fond. Die Schulter ist von einer Lotosblattbordüre in Gelb, Rot und Grün umgeben. Die Durchbruchsarbeit des Deckels zeigt Wolken- und Fledermausdekor, um den Knauf windet sich ein Drache.

Räuchergefäße sind in China Teil eines fünfteiligen Altarsets, bestehend aus einem Räuchergefäß, zwei Kerzen und zwei Vasen.

Kat.-Nr. 108
Räuchergefäß

China; um 1800
Cloisonne auf Kupfer mit Vergoldung
Höhe 41 cm (ohne Holzbasis)
SMV,
Mus.-Nr. 94.278

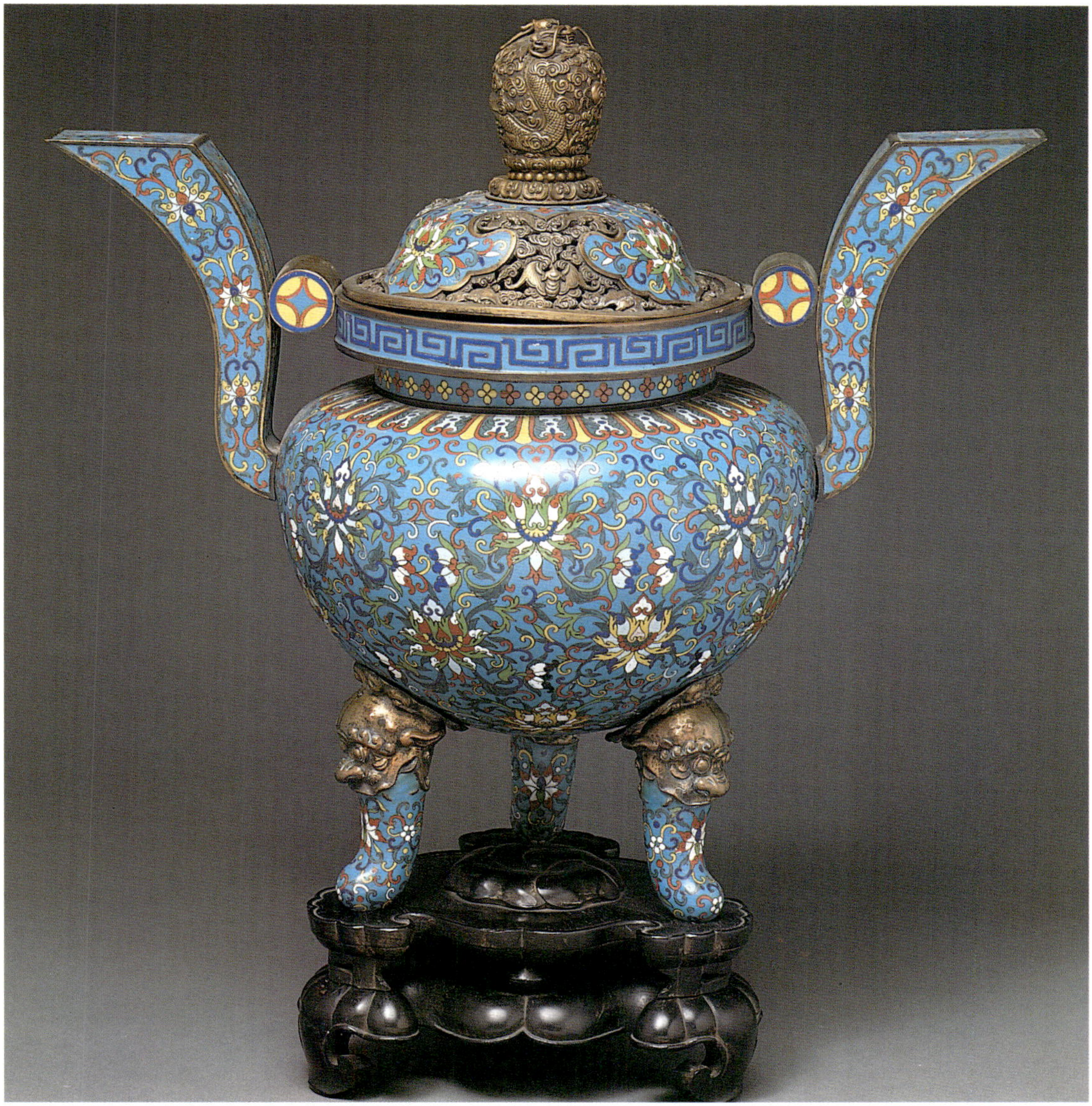

Zeittafel
Japan

300-645	Kofun-Zeit
538/552-645	Asuka-Zeit
645-794	Nara-Zeit
794-1185/1192	Heian-Zeit
1185/1192-1333	Kamakura-Zeit
1333-1573 1467-1568	Muromachi-Zeit Sengoku-Zeit
1573-1615	Azuchi-Momo-yamaZeit
1615-1868	Edo-Zeit
1868-1912	Meiji-Zeit

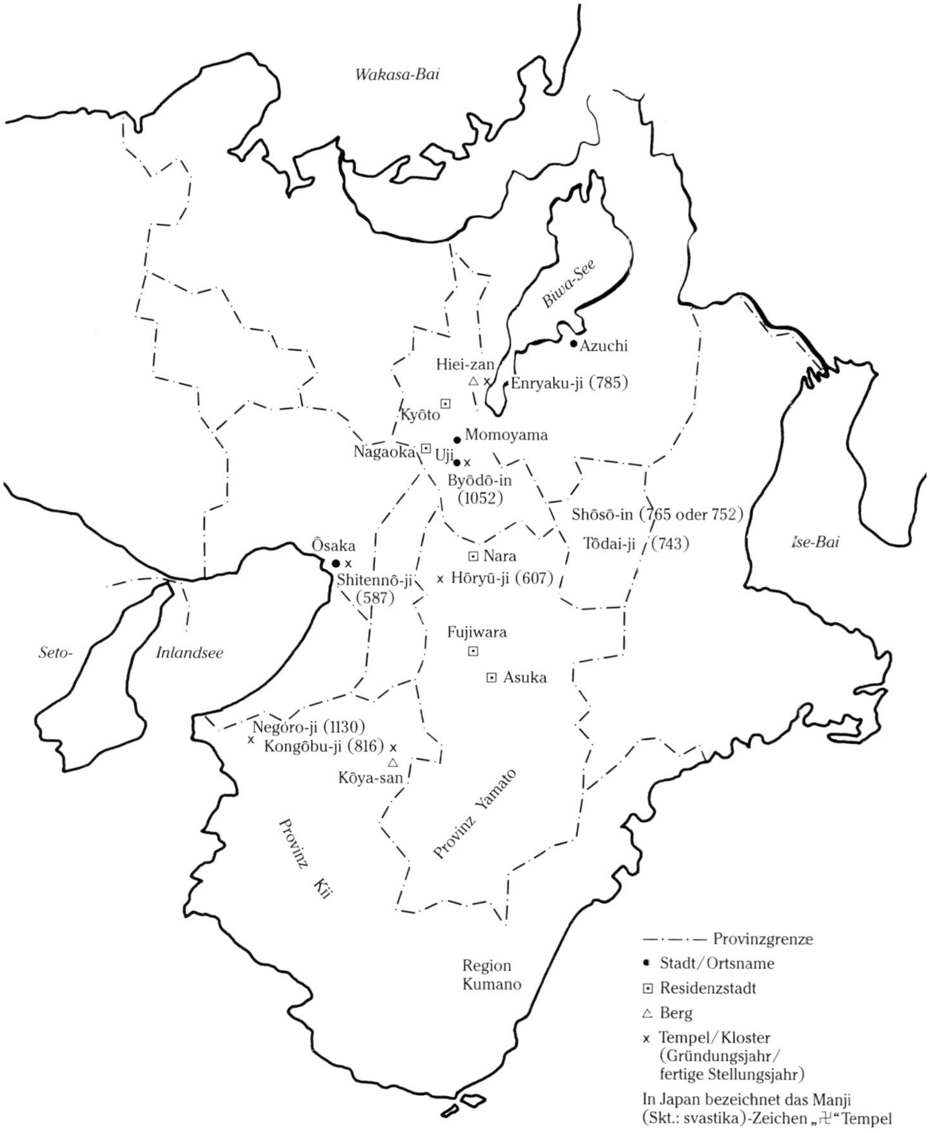

JAPAN

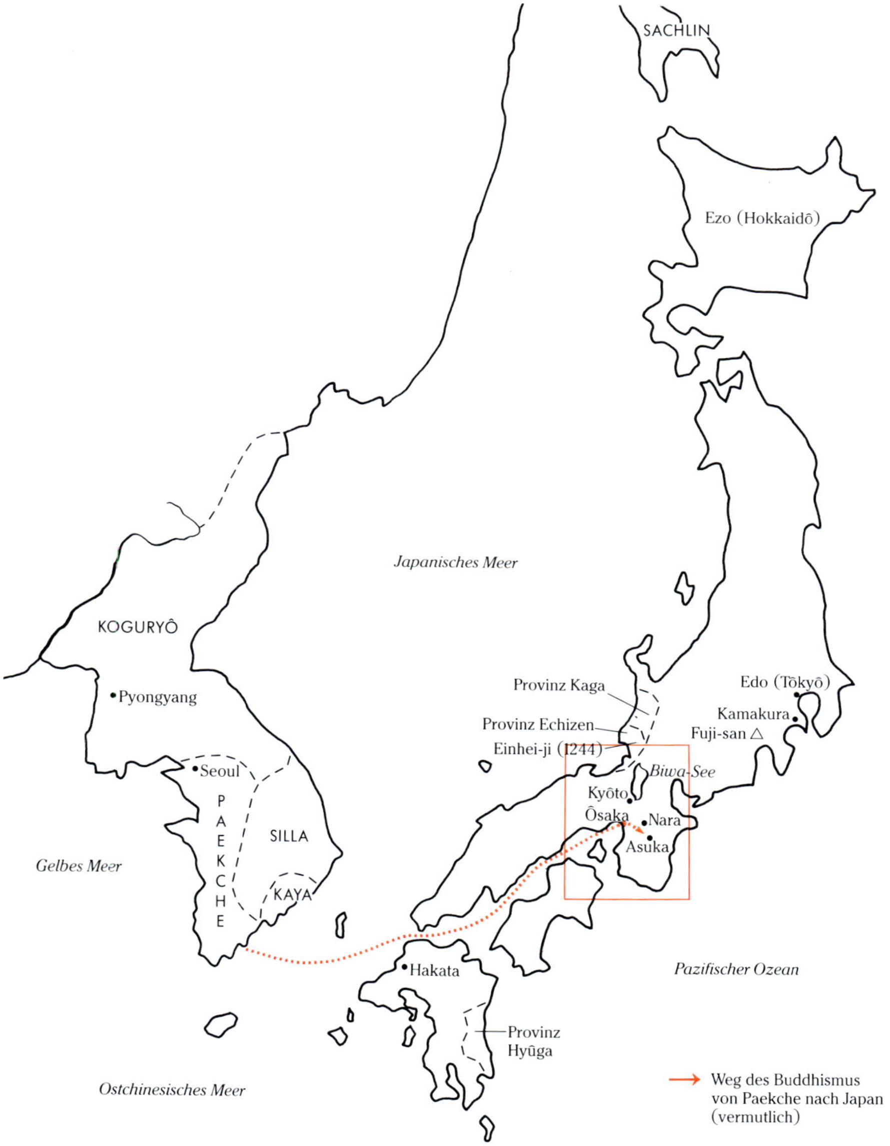
SACHLIN
Ezo (Hokkaidō)
Japanisches Meer
KOGURYÔ
Pyongyang
Seoul
PAEKCHE
SILLA
KAYA
Gelbes Meer
Provinz Kaga
Provinz Echizen
Einhei-ji (1244)
Biwa-See
Kyōto
Ōsaka
Nara
Asuka
Edo (Tōkyō)
Kamakura
Fuji-san △
Hakata
Provinz Hyūga
Pazifischer Ozean
Ostchinesisches Meer
Weg des Buddhismus von Paekche nach Japan (vermutlich)

Buddhistische Lehre und Kultur in Japan

Kazuko Ono

I. Die Übernahme des Buddhismus in Japan während der Asuka-Zeit (538/552–645)

Offiziell wurde der Buddhismus im Jahr 538 n. Chr. – anderen Traditionen zufolge im Jahr 552 – über Korea nach Japan eingeführt, als König Syong-Oang von Paekche (einem Staat im heutigen Korea; 346–663) dem Yamato-Herrscher, Tennō Kimmei (R. 531/539-571), eine Gesandtschaft mit buddhistischen Geschenken sandte, um sich in seinen Kämpfen gegen Silla (57 v. Chr.–935) und Koguryŏ (37 v. Chr.–668) in Korea der japanischen Hilfe zu versichern. Zu den Geschenken zählten eine vergoldete Bronzestatue des Buddha Śākyamuni, mehrere für das buddhistische Ritual verwendete Banner mit buddhistischen Lehrsprüchen und seidene Schirme sowie einige Sutraschriften[1]. Obwohl dieses Ereignis offiziell als das erste Auftreten des Buddhismus in Japan angesehen wird, ist es dennoch möglich, daß bereits vorher Buddhastatuen von Einwanderern aus China und Korea (jap.: *kikajin*) mitgebracht und verehrt worden sind.[2]

Der japanische Kaiserhof reagierte unterschiedlich auf die neue Religion. Der Kaiser selbst blieb ablehnend. Die machtvollen Uji-Verbände[3] des Landes gerieten in einen Streit, der sich über mehrere Jahrzehnte hinzog, so warnten z. B. die Familien, die am Kaiserhof mit dem einheimischen, animistischen Kult, dem Shintō („Weg der Götter"), betraut waren, Befürworter des Buddhismus vor einem Streit der beiden Parteien sowie vor dem Zorn der heimischen Shintō-Götter. Erst später konnte der Buddhismus neben der einheimischen Religion zur zumindest ebenbürtigen Staatsreligion werden, nachdem im Jahr 587 ein von der Familie Soga angeführter militärischer Putsch der Buddhismus-Partei gelungen war.

Im Jahr 577 sandte der König von Paekche drei Mönche – Spezialisten für die Bereiche Ordnungsregeln, Meditation und Beschwörung –, eine Nonne sowie einen Statuenschnitzer und einen Tempelarchitekten zusammen mit einigen Schriftrollen über die Lehre der Ritsu- und Zen-shū[4] nach Japan. Aber auch buddhistische Bildwerke wurden weiter von Korea herübergebracht. 588 überbrachte eine Gesandtschaft aus Paekche Buddha-Reliquen. In ihrer Begleitung waren nicht nur mehrere Mönche, sondern auch Zimmerleute für den Tempelbau, Experten für Ziegelbrennerei und Maler. Es waren wohl diese Fachleute, die 588 bis 596 den Bau des ersten großen buddhistischen Tempels, des Hōkōji (oder *Asuka-dera*), in der damaligen Residenz Asuka leiteten; dieser Bau wurde von Soga no Umako (?–629), dem Chef der buddhistischen Partei gestiftet. Der Stil dieses Tempels ist von der Architektur in China und Korea beeinflußt, weist jedoch auch zahlreiche eigenständige japanische Merkmale auf. Bei seinem Bau wurden die neuesten, auf dem Festland entwickelten Techniken und Fachkenntnisse angewandt, wie z. B. Vermessungskunde, mathematische und physikalische Kenntnisse. Die meisten der Reliquen in der Pagode sind indessen immer noch identisch mit den in der Kofun-Zeit (Hügelgräber-Zeit, 300–645) gebräuchlichen Opfergaben in Grabstätten. Das einzige buddhistische Stück ist ein kleines Reliquiengefäß aus vergoldeter Bronze.[5] Die festländischen Architekturelemente und

[1] Nach der Angabe einer der ältesten Chroniken, „Nihon shoki" (Japanische Chronik; 720). Vgl.: Kodansha Encyclopedia of Japan. 1. Bd. 1983, S. 178; Gundert 1935, S. 28.

[2] Nach der Angabe des „*Shoku Nihongi*" (der Fortsetzung der „Japanischen Chronik"); s.: Hammitzsch 1981, S. 1551.

[3] Das japanische Wort „*uji*" bedeutet eine politisch verbundene, blutsverwandte Körperschaft.

[4] Das japanische Wort „*shû*" (oder jap.: *shû-ha*) ist mit den Worten „Schule" oder „Sekte" zu übersetzen. Die Unterschiede zwischen den Schulen waren zunächst philosophischer Art (s.: Gundert 1935, S. 41).

[5] Ishida u. a. (Hrsg.) 1987, S. 1010.

[6] ebd.

die herkömmlichen Reliquien zeigen den Berührungspunkt zwischen den neuen buddhistischen Einflüssen und der traditionellen Kofun-Kultur.

Während des politischen Aufstiegs der probuddhistischen Familie Soga führte der Kronprinz Umayado mit dem postumen Namen Shôtoku Taishi (574–622; R. 593–621) die Regentschaft für Kaiserin Suiko (R. 592–628). Durch seine Unterstützung gewann der Buddhismus in Japan zunehmend an Einfluß.

Shôtoku Taishi drang in die Gedankenwelt des Buddhismus ein und nutzte ihn für seine Politik. Er erließ 604 die „Verfassung der 17 Artikel", eine Sammlung von Moralvorschriften, die auf konfuzianischen und buddhistischen Grundsätzen beruhten. Im Artikel II verordnete er die Verehrung der „Drei Kleinodien des Buddhismus" – „Man verehre die ‚Drei Schätze' (Skt.: ratnatraya oder triratna; jap.: *sanpô*): Buddha, das Gesetz (Skt.: dharma) und die Mönchsgemeinde (Skt.: samgha) zutiefst".[6]

Er ließ 587 den Tempel Shitennô-ji in Ôsaka, den ersten Tempelbau auf Veranlassung der Regierung, erbauen. 607 gründete er das berühmte Kloster Hôryû-ji in der Nähe von Nara, dessen Goldene Halle, „*Kondô*", als das älteste erhaltene Holzbauwerk der Welt gilt und als einzige vollständig erhaltene Anlage der Asuka-Periode eine besondere Stellung in der Kunstgeschichte einnimmt. Er errichtete Schulen zur buddhistischen Unterweisung der Beamten, und richtete Spitäler und eine „*Seyaku-in*" genannte Apotheke sowie ein Armenhaus, „*Hiden-in*", ein.

Um Freundschaftsbeziehungen anzubahnen und die neue Kultur aufzunehmen, schickte er 607 eine erste Gesandtschaft an den Sui-Kaiser in China. Japan übernahm in den nächsten Jahrzehnten die chinesische Kultur. Japaner studierten in China, und Mönche ließen sich in China in der buddhistischen Lehre unterweisen.

Shôtoku Taishi wird daher als der wirkliche Begründer des japanischen Buddhismus betrachtet. Er wurde nach seinem Tod als eine Inkarnation des Buddha verehrt. Diese Verehrung wurde im 14. Jahrhundert zu einem eigenen Kult ausgebaut.

Die in jener Zeit errichteten buddhistischen Gebäude und deren Kunst- und Kultgegenstände, wie Statuen und Gemälde, sind durch chinesische Vorbilder oder durch koreanische Kopien chinesischer Arbeiten inspiriert worden. Sie zeigen in der Behandlung des Faltenwurfs, in der Formung der Gesichter und im Gebrauch bestimmter ornamentaler Motive eine starke Ähnlichkeit mit den Skulpturen aus den Höhlentempeln von Yungang und Longmen, die aus der Zeit der Wei-Dynastie (386–534) stammen.[7] Die Kunst der Malerei scheint in Japan bis zum Jahre 610, als der Herrscher von Koguryŏ in Korea den Mönch Donchô, der Kenntnisse in der Herstellung von Papier, Tusche und Malerfarben besaß, nach Japan entsandte, auf die Ausschmückung von Tempeln und die Illustration von Schriftrollen beschränkt gewesen zu sein.

[7] Nach: Sansom 1967, S. 195 f.

II. Nara-Zeit (645–794)

Die Nara-Zeit begann mit der Taika-Reform vom Jahr 645. Im Jahr 710 wurde die neue Hauptstadt Heijôkyô in der heutigen Präfektur Nara nach dem Vorbild der chinesischen Hauptstadt Chang'an fertig gestellt, wobei die Tempelinstitutionen von der bisherigen Hauptstadt Fujiwara nach Heijôkyô verlegt wurden.

In der Nara-Zeit wurde unter der Herrschaft des Kaisers Shômu (R. 724/749) der Buddhismus zur Staatsreligion erhoben. 743 rief der Kaiser den neuen, Tôdai-ji genannten Hoftempel in Nara als Kultstätte für (Bi)rushana butsu (Skt.: Vairocana-Buddha) nach der Lehre der Kegon-shû ins Leben. Er ließ dort die ca. 16 m hohe vergoldete Bronzestatue des Rushana butsu, des sogenannten „Daibutsu von Nara", anfertigen, die 752 eingeweiht wurde.

Bereits im Jahr 741 hatte er in jeder Provinz sowohl einen vom Staat unterhaltenen Mönchstempel (jap.: *kokubun-ji*) als auch einen Nonnentempel (jap.: *kokubun-niji*) einrichten lassen, in denen für den Schutz des Landes gebetet wurde. Der Hoftempel Tôdai-ji galt diesen Mönchstempeln als Zentrum (jap.: *sô kokubun-ji*).

Das Schatzhaus des Tôdai-ji, das Shôsô-in (752 oder 756), enthält unter anderem die persönliche Hinterlassenschaft des Kaiser Shômu (R. 724–748), die die Grundlage des Shôsôin bildet. Dort befinden sich ca. 10 000 Objekte wie Möbel, Musikinstrumente, Schriften, Waffen, buddhistische Kultgeräte und vieles andere aus den verschiedenartigsten Materialien, von Gold und Lack bis Elfenbein und Keramik. Diese Gegenstände wurden einerseits in Japan zur Nara-Zeit und in China zur Blütezeit der Tang-Dynastie (618–975) angefertigt, andererseits wurden sie aus Indien, Zentralasien, Persien, Arabien, Ägypten, Griechenland und Italien (Rom) auf der Seidenstraße und anschließend auf dem Seeweg nach Japan gebracht.[8]

Während der Nara-Zeit existierten bereits sechs buddhistische Schulen in Japan, die aus China übernommen und im 9. Jahrhundert offiziell anerkannt wurden. Sie werden als die „Sechs-Nara-Schulen" bezeichnet[9]: die Sanron-, Jôjitsu-, Hossô-, Kusha-, Kegon- und Ritsu-shû.

Die älteste buddhistische Schulrichtung in Japan ist die Sanron-shû, die von der Mādhyamika-Schule in Indien abgeleitet ist und von dem koreanischen Mönch Hye-koan von Koguryô im Jahr 625 nach Japan gebracht wurde. Die Sanron-Schule vertritt die Lehre des „Mitteren Wegs" (zwischen Sein und Nichts). Sie beruht, wie ihr Name, „die Drei Traktate/die Drei Lehrtexte", besagt, auf drei buddhistischen Schriften: 1. dem Mādhyamika-śāstra (jap.: *Chûron*) von Nāgārjuna (wohl zwischen 150 und 250 n. Chr.); 2. dem Dvadaśamukha-śāstra (jap.: *Jûnimon ron*) von demselben Autor; 3. dem Śata-śāstra (jap.: *Hyakuron*) des Aryadeva (gegen 3. Jh.). Alle drei wurden um 400 von Kumārajīva (344–413) aus dem Sanskrit ins Chinesische übersetzt (10).

Kurz nach der Sanron-shû kam auch die Jôjitsu-shû (Skt.: Satyasiddhi-śāstra), deren Text als Einführung in die Sanron-Lehre galt, aus Paekche nach Japan.

Die Hossô (Skt.: Dharma-lakṣaṇa)-Schule, die

[8] Weitere Informationen über das Shôsô-in und seine Sammlung, s. Ishida [u. a.] [Hrsg.] 1987, S. 436 f.

[9] Dieser Sammelname taucht erstmals 751 auf (Eder 1978. S. 7).

[10] Gundert 1935, S. 45.

sich von der indischen Yogâcâra-Schule herleitet, wurde im Jahr 653 von dem japanischen Mönch Dôshô (629–700) aus China eingeführt. Sie vertritt eine idealistische Nur-Bewußtseins-Lehre.

Die Kusha-shû wurde 653 zusammen mit der Hossô-shû von Dôshô aus China nach Japan gebracht. Diese Schule beruht auf dem Kusha-ron (Skt.: Abhidharmakośabhāṣya), einer enzyklopädischen Abhandlung des Vasubandhu.

Die Kegon-shû, die 736 von dem nach Japan gekommenen chinesischen Priester Daoxuan (jap.: *Dôsen*; 702–760) begründet wurde, beruht auf der Kegon kyô (Skt.: Buddhāvataṃsaka-nāma-mahāvaipulya-sūtra). Die Lehre vertritt den Rushana-Kult, der das Interesse des Kaiserhofs gewann.

Die Risshû oder Ritsu-shû regelte das Leben der Mönche und die orthodoxe geistige Nachfolge – „ritsu" (Skt.: vinaya) bedeutet (Mönchs-)Disziplin. Der Gründer der Schule in Japan war der chinesische Mönch Jianzhen (jap.: *Ganjin*, 688–763), der 754 nach Japan kam und 759 den Tempel Tôshôdai-ji in Nara gründete.

In jener Zeit tolerierten die buddhistischen Schulen einander. So gab es z.B. Mönche verschiedener Schulenzugehörigkeit, die in ein und demselben Tempel tätig waren.

Von den Sechs-Nara-Schulen haben nur Ritsu-, Hossô- und Kegon-shû bis in die Gegenwart überlebt.

Der Buddhismus hatte noch keine allgemeine Verbreitung gefunden. Die Lehren der einzelnen Schulen waren so kompliziert und philosophisch ausgerichtet, daß sie nur wenigen zugänglich waren. Der Buddhismus blieb als eine Religion der herrschenden Schicht dem Volk fremd, obwohl sich der offiziell geförderte Buddhismus in Heijô-kyô, der Hauptstadt der Nara-Zeit, entfaltete. Der Buddhismus diente der Regierung als Mittel der Politik und galt den Aristokraten als Ausdruck verfeinerter Kultur, was aber für das Volk große Lasten in Form von Steuern und Frondienst zwecks Erstellung von Tempeln und Buddhastatuen bedeutete.[11]

In der Nara-Zeit lebten Buddhismus und Shintô friedlich nebeneinander. Die Shintô-Götter wurden in buddhistischen Tempeln unter anderem als Schutzgötter (jap.: *jiin chinju*) verehrt. Shintô-Schreine und buddhistische Tempel standen in demselben Kloster nebeneinander (jap.: *Jingû-ji*; Schreintempel).[12]

Im Jahr 618 stürzte in China die Sui-Dynastie. Es begann die Zeit der Tang-Dynastie, mit der die Japaner in direkten Kontakt traten. Sie übernahmen sowohl im religiösen als auch profanen Bereich eifrig alle chinesischen Vorbilder, weshalb sich nun in der Kunst ein starker und direkter chinesischer Einfluß zeigt. In der buddhistischen Skulptur ist nicht nur die Anregung durch die Tang-Vorbilder sichtbar, sondern man erkennt auch die hellenistischen, zentralasiatischen und indischen Einflüsse, die von der Kunst der Tang-Zeit verarbeitet wurden.

Die ältesten japanischen Bildrollen (jap.: *emakimono*) zeigen Episoden aus den Jataka-Erzählungen, die von den früheren Leben des Buddha berichteten: sie werden „E-ingakyô" (Illustriertes Sutra von Ursache und Folge) genannt und sind im späten 8. Jahrhundert entstanden.

[11] Ladstätter und Linhart 1983, S. 288; Eder 1978, S. 16.

[12] Gundert 1935, S. 52 f; Eder 1978, S. 18 ff.

III. Heian-Zeit (794–1185/1192)

In der Nara-Zeit wuchsen Macht und Reichtum des Buddhismus. Mönche versuchten sogar, sich in die Politik einzumischen. Um sich aus dem Einflußbereich des Nara-Buddhismus zu lösen, verlegte Kaiser Kammu (R. 781–806) die Residenz von Nara erst nach Nagaoka in der heutigen Präfektur Kyôto, dann nach Heiankyô, der heutigen Stadt Kyôto.

Zu Beginn der Heian-Zeit gewannen dann jedoch zwei neue Schulen, die Tendai- und Shingon-shû, an Einfluß und wurden die beherrschende Form des Buddhismus im damaligen Japan. Nachdem der Mönch Saichô (postumer Ehrenname *Dengyô Daishi*; 762–822)[13] 804/805 in China die Lehren der Tiantai (jap.: *Tendai*), der Chan-(Meditations-) und der esoterischen Zhenyan-Schule studiert hatte, gründete er 806 die japanische Tendai-shû. Der Name ist abgeleitet vom Namen des Berges Tiantai, dem Sitz der chinesischen Schule. Auch Saichô gründete den Tempel seiner neuen Schule, den Enryaku-ji, auf einem Berg, dem Hieizan, im Nordosten von Kyôto. Seine Schule beruhte, wie ihr chinesisches Vorbild, auf einer in China erarbeiteten scholastischen Synthese aus indischen Elementen, im wesentlichen auf dem Lotos-Sutra (Skt.: Saddharma-puṇḍarika-sūtra; jap.: *Hoke kyô*), und lehrt, daß jeder ein Buddha werden kann, wenn er die jedem Lebewesen eingeborene „Buddha-Natur" pflegt und fördert. Die Lehre der Tendai-Geheimschule vereinigt Elemente des Zen-Buddhismus, der Ritsu-Schule und der esoterischen Tradition.

[13] Der Titel „daishi" heißt Großer Lehrer.

Kûkai (postumer Ehrenname *Kôbô Daishi*; 774–835), Saichôs Zeitgenosse, brachte 806 den Shingon-Buddhismus nach Japan, nachdem er von 804 bis 806 in der chinesischen Hauptstadt Chang-'an bei Huiguo[14] die Lehre und das Ritual des esoterischen Buddhismus studiert hatte. Huiguo war ein Meister der chinesischen Tantra- oder Geheimschule (chin.: Mizong), in Japan meistens „mikkyô" (Geheimlehre) oder Shingon-shû (Skt.: mantra; Lehre des Wahren Worts) genannt. Die Shingon-Schule verehrt den Dainichi nyorai[15], den Lichtbuddha, um den herum sich zehn Buddhas und Bodhisatvas gruppieren.

Diese Schule hat aufgrund ihrer Vorliebe für Magie und Symbole sowie durch ihren Gebrauch von Beschwörungen, Zauberpraktiken und rituellen Gesten tantrischen Charakter. Ihre kanonische Schrift ist das Dainichi kyô (Skt.: Mahāvairocana-sūtra). Kûkai erbaute 816 den Haupttempel Kongôbu-ji auf dem Berg Kôya außerhalb Kyôto.

Die Shingon-shû betrachtet das Universum als die Manifestation der einen Wahrheit unter zwei Aspekten (jap.: *ryôbu*), dem „noumenalen" (gedachten) und phänomenalen Aspekt, und versuchte, Buddhismus und Shintoismus zu vereinen[16]; nach ihrer Interpretation sollen z. B. Dainichi nyorai und die Shintô-Sonnengöttin Amaterasu Ômikami identisch sein. Dieser Synkretismus von Shintô und Buddhismus wird ebenfalls von der Tendai-shû gefördert. Hatte man in der Nara-Zeit gelehrt, daß es dem Menschen von Geburt an bestimmt sei, ob er die Erleuchtung erreichen könne oder nicht, so verkündeten nun Kûkai und Saichô, daß das Wesen und die Erleuchtung des Buddha allen Menschen innewohne.

[14] Huiguo setzte Kûkai zum 8. Patriarchen des esoterischen Buddhismus ein.

[15] Dainichi nyorai; Skt.: Mahā-Vairocana-Tathagata.

[16] Nach: Sonsom 1967, S. 262. Diese Bewegung wird „Doppelshintô" (jap.: *ryôbu-shintô*) genannt.

Ritual und Anrufung, z. B. die Initationszeremonie des *„kanjô“* (Skt.: abhiseka), d. h. Taufe und Aufnahme[17], sind zwei zentrale Aspekte des esoterischen Buddhismus. Der Shintō wurde seit der Nara-Zeit vom Buddhismus beeinflußt. Bis zum Ende der Heian-Zeit hatte sich unter der Anregung seitens des Mikkyō ein einzigartiges System des Synkretismus von Shintō und Buddhismus entwikkelt, das sich bis zum 19. Jahrhundert halten sollte: eine Mischung aus beiden Religionen, wobei die buddhistischen Elemente vorherrschend waren. In den theoretischen Grundlagen der Shintō-Tradition kennt man diese synkretistische Form als *„Honji suijaku setsu“* („Theorie der ursprünglichen Formmanifestation“) und beim esoterischen Buddhismus unter der Bezeichnung *„Ryôbu shintô“* („Shintō der zwei Seiten“). Nach dieser Lehrrichtung wurden Shintō-Gottheiten (jap.: *kami*) als Manifestationen der Buddhas und Bodhisatvas interpretiert und dargestellt, während Buddhas bzw. Bodhisatvas als Shintō-Götter auftraten.

In der Mitte der Heian-Zeit kam ein prophetischer Gedanke – *„mappô“* genannt – auf. Mappô bedeutet „das Ende oder den Untergang des buddhistischen Gesetzes“. Einer Prophezeiung nach würde 1933 Jahre nach dem Tod Buddhas seine Lehre an Macht verlieren und aufgrund der Ruchlosigkeit der Menschen schlechten Zeiten entgegensehen; dieses Ereignis fiel nach japanischer Zeitrechnung auf das Jahr 1052. Gerade in der Zeit des 11. Jahrhunderts breiteten sich Epidemien und anderes Unheil aus. Der Glaube an das Ende der Welt ergriff von allen Schichten der Gesellschaft Besitz. Man kopierte eifrig Sutren, die in der Erde vergraben wurden, und versuchte, in der Religion seine Zuflucht zu suchen. Besonders die Anhänger der Glaubenslehre des „Reinen Landes“ (jap.: *Jôdo-kyô*), auch Amida-Glaubenslehre genannt, wirkten in diese Richtung.

[17] Eder 1978, S. 25.

Diese Lehrrichtung war um die Mitte des 10. Jahrhunderts von den Mönchen Kūya (903–972) und Genshin (942–1017), auch Eshin genannt, verbreitet worden; die Organisation und Systematisierung dieser Lehre in Jōdo-shū und Jōdo shin-shū fällt jedoch erst in die Kamakura-Zeit (1185–1333).

Die Lehre besagt, daß man sein Vertrauen in die Gnade des Amida Buddha (Skt.: Amitābha-Tathāgata; jap.: *Amida nyorai;* Buddha des unbegrenzten Lichts) legen und den Namen Amida mit den Worten *„Namu Amida-butsu“* (Verehrung dem Amida Buddha) als Mittel zur Erlangung der Erlösung rezitieren solle.

Der Mönch Ryōnin (1072–1132) entwickelte die Anrufung des Amida weiter und gründete 1117 (oder 1124) die Yūzū (allseitige Durchdringung)-nembutsu-shū. Er behauptete, „daß die Anrufung des Amida (jap.: *nembutsu*) alle empfindenden Wesen durchdringt“ und „daß das nembutsu eines einzigen Gläubigen auch allen anderen zugute kommt“.[18]

In der Heian-Zeit folgten die Künste einem neuen Trend, der parallel mit der Entwicklung der neuen Schulen verlief. Viele Priester malten weltliche und religiöse Bilder. So benutzte z. B. der Nembutsu-Mönch Genshin Bilder, um seine Lehre zu verbreiten. Ihm werden viele Amida-Darstellungen zugeschrieben.

Die religiöse Malerei näherte sich immer mehr der weltlichen. Der Mönch Toba Sōjō (1053–1114)

[18] Zitat: Sansom 1967, S. 277

malte mit satirischem Witz Tiere in Mönchsgestalt. Eine Verkörperung der zeitgenössischen Ästhetik ist das Kloster Byôdô-in (1052) in Uji, südlich von Kyôto. Seine Phönix-Halle (jap.: *Hôô-dô*; 1053) ist eine Mischung von Tempel- und Palastarchitektur von weltlichem und profanem Geschmack.

IV. Kamakura-Zeit (1185/1192-1333) [19]

In der Kamakura-Zeit entstanden neue buddhistische Schulen, von denen alle noch bis heute aktiv geblieben sind: 1. die Jôdo-, Jôdo shin- und Nichiren- sowie Ji-shû, die sich von den Schulen der Heian-Zeit lösten; 2. die Rinzai- und Sôtô-shû des Zen entstanden zu der Zeit, als die Beziehungen zu China wieder enger wurden.

Die erste der neuen Schule, die Jôdô-shû (Schule des „Reinen Landes"), wurde von Hônen (1133–1212), auch Genkû genannt, gegründet. Diese Lehre entstand im 1. oder 2. Jahrhundert in Indien und beruht u.a. auf dem Sukhāvati-vyūha und dem Amitāyurddhārusmrtisūtra. Schon im 6. Jahrhundert wurde der Amida-Glaube nach Japan übertragen, wenn auch noch nicht als eine eigene Schule.

Hônens Theorie beruhte auf dem Werk *„Ôjô yôshû"* („Vom Wesen der Erlösung"; 985) des Genshin (s.o.). Durch eine Wiederholung des Namens Amidha Buddha (jap.: *nembutsu*) kann man nach dem Tod in dem Westlichen Paradies, dem „Land der vollkommenen Seligkeit", geboren werden, von wo aus der Eingang ins endgültige Nirvana leichter sein würde. Damit wurde die Erlösung auch für das gemeine Volk möglich, denn einzig notwendig dazu sollte der Glaube sein. Die damit mögliche breite Basis in der Bevölkerung sollte die Existenz dieser Lehre garantieren.

Die Jôdo shin-shû (oder kurz *Shin-shû*, die wahre *Jôdo*-Schule) wurde 1224 von Hônens Nachfolger Shinran (1173–1262) gegründet.

Er trieb die Theorie des *Nembutsu* bis an ihr logisches Ende, indem er argumentierte, daß eine einzige aufrichtige Anrufung des Amida genüge, um die Erlösung zu sichern, und daß alle folgenden Wiederholungen der Formel nur Lob des Buddha seien.

Shinran nannte sich selbst *„hisô hizoku"*, (weder Mönch noch Laie), d.h. jemand, der ein religiöses Leben lebt, ohne jedoch eine Ordensregel in ihrer Gesamtheit einzuhalten. Er war sogar verheiratet und hatte sechs Kinder.

Shinran vesuchte, die Religion auf das Einfachste zu reduzieren und drückte deshalb auch die religiösen Gedanken in der Sprache des Alltags aus.

Die einheimische Hokke-shû (oder jap.: *Nichiren-shû*) wurde von Nichiren (1222–1282)[20] gegründet. Er kam zu der Überzeugung, daß nur eine Schrift – der „Lotos des Guten Gesetztes" (Skt.: *Saddharma-puṇḍarīka-sūtra*), kurz „Lotos-Sutra" (jap.: *Hoke kyô*) – die ewige Wahrheit beinhalte und den Weg zur Erlösung weise. Die Leiden würden aufgrund der Verehrung des Lotos-Sutras und des Śākyamuni Buddha von selbst erlöschen.

Das Wesen der Religion wurde in dieser volkstümlichen Lehre auf das einfache Aussprechen der

[19] Im Jahre 1192 – unter anderen Aspekten im Jahr 1185 – gründete der Militärbefehlshaber Minamoto Yoritomo in Kamakura, nicht weit vom heutigen Tôkyô entfernt, ein feudales Militärregime (jap.: *bakufu*). Das war der Anfang der Kamakura-Zeit, die bis 1333 dauerte. Seit der Kamakura-Zeit wurde Japan bis zur Meiji-Restauration im Jahre 1868 von Militärdiktatoren regiert. Der Kaiserhof blieb in Kyôto.

[20] Nichiren war ursprünglich Anhänger der Lehre der Tendai- und Shingon-Schule.

Formel *„namu myôhô renge kyô“* (Verehrung dem Sutra vom Lotos des wundervollen Gesetzes) reduziert.

Im Jahr 1274 gründete der Wandermönch Ippen (1239–1289) die Roku-ji-ōjō-shū (Sechs-Zeiten-Wiedergeburt-Schule), kurz Ji-shū (Zeiten-Schule). Ippen Shōnin hatte 1274 während einer Wallfahrt zu den Schreinen von Kumano einen Traum, in dem der Shintō-Gott Kumano Gongen als Verkörperung Amidas ihm offenbarte, daß das *„Namu Amida-butsu“* allen das Heil garantiere. Er zog daraufhin mit etlichen Mönchen und Nonnen durchs Land und übte mit ihnen Tag und Nacht das Nembutsu nach der buddhistischen Zeiteinteilung in 6 Horen. Auch durch Tanz und Gesang (jap.: *odori nembutsu*; Tanz-*Nembutsu*) machte Ippen 1279 den Kult des Amida populär. Die Verschmelzung des Shintō-Kultes mit dem Buddhismus wurde auf eine neue Weise verwirklicht.

Der Zen-Buddhismus

Das japanische Wort *„zen“* (Skt.: dhyāna; chin.: chan) bedeutet Meditation. Durch körperliche Anstrengungen und Kontemplation kann man in der Meditation den Buddha-Rang, d.h. die Erleuchtung (jap.: *satori*), erreichen. Dazu sollen die *„Kôan“* (Meditationsaufgaben; von den Meistern vorgebrachte Feststellungen oder Fragen) sowie der *„Zazen“* beitragen; Zazen bedeutet Sitzen mit gekreuzten Beinen in Ruhe und tiefem „Sich-in-sich-selbst-Versenken“.

Als der indische Mönch Bodhidharma (jap.: *Daruma*; ?–528) eine mahāyānistische Form der Versenkungspraxis nach China brachte, begann das Zen sich unter chinesischem, besonders daoistischem Einfluß zu entwickeln.

Eisai (1141–1215) brachte 1191 aus China kommend das Zen nach Japan. Er hatte die Lehre der Rinzai-shū vier Jahre lang in China geübt und gründete die ersten japanischen Zen-Klöster in Hakata (auf der Insel Kyūshu), Kyōto und Kamakura. In Kyōto und Kamakura wurden jeweils „Fünf Haupttempel“ (jap.: *go-zan*)[21] errichtet.

Dôgen (1200–1253) stand in der Tradition von Eisai und lernte die Sōtō-shū vier Jahre lang in dem Kloster auf dem Berg Tiantongshan (jap.: *Tendô-san*) der Caodong-Schule in Ningpo. Nach seiner Rückkehr 1227 entfaltete er eine äußerst fruchtbare Tätigkeit als Lehrer und Verfasser von Lehrschriften; 1244 gründete er fernab von den politischen Zentren in der Provinz Echizen das Kloster Eihei-ji als Hauptsitz der japanischen Sōtō-shū.

Die praktische und direkte Lehre des Zen

[21] Das Wort „go-zan“ heißt wörtlich fünf Tempel und bezieht sich auf die Tempel Tenryū-ji, Shōkoku-ji, Kennin-ji, Tōfuku-ji und Manju-ji in Kyōto (jap.: *Kyôto go-zan*) sowie auf die Tempel Kenchō-ji, Ankaku-ji, Jufuku-ji, Jochi-ji und Iken-ji in Kamakura (jap.: *Kamakura go-zan*).

besagt, daß der Mensch in sich selber suchen und seine eigene Buddha-Natur erkennen solle, und die Erleuchtung, vorbereitet durch harte Selbstdisziplin und Meditationspraxis, nicht allmählich, sondern plötzlich erfolge. Diese Zen-Lehre fand große Anhängerschaft unter den Kriegsherren der Feudalgesellschaft und wurde zur geistigen Grundlage der Ritter und Krieger (jap.: *samurai* oder *bushi*).[22]

Anfang der Kamakura-Zeit begründete der Nembutsu-Mönch Chôgen (1120–1206) einen neuen architektonischen Stil, „*tenjiku-yô*" (oder *daibutsu-yô*), bei dem der chinesische Stil der Song-Dynastie (960–1279) und der japanische Stil kombiniert wurden. Diese Kombination fand beim Wiederaufbau des Klosters Tôdai-ji in Nara Anwendung. Im 13. Jahrhundert führten dann die Zen-Schulen einen weiteren buddhistischen Architekturstil aus dem südlichen Zentralchina nach Japan ein, den „*kara-yô*".[23]

Seit Eisai sind viele Zen-Mönche nach China gereist, um dort Zen zu studieren. Umgekehrt kamen viele chinesische Zen-Mönche nach Japan. In der Blütezeit der Zen-Schulen, während der zweiten Hälfte der Kamakura-Zeit (13.–14. Jh.), entwickelten sich so auch andere auf den Zen-Buddhismus bezogene Kunstzweige, in erster Linie die von chinesischen Vorbildern der Song-, Yuan- (1279–1368) und Ming-Zeit (1368–1644) tete Tuschemalerei und die Porträtmalerei (jap.: *chinsô*; Porträts von berühmten Zen-Meistern).

Außer dem Zen hatte Eisai auch den Tee aus China mitgebracht, der zunächst als Medizin wie auch als Stimulans verwendet wurde, um die Mönche während ihrer Meditation wach zu halten. So wurde das Teetrinken bei den Anhängern des Zen als Meditationshilfe üblich. Eisai schuf dafür eine Art Ritual; es war der Anfang der späteren Teezeremonie (jap.: *cha no yu*).

V. Muromachi-Zeit (1333–1573)[24]

Der Zen-Buddhismus profitierte von der Vorherrschaft der Kriegerklasse und gewann unter der Schutzherrschaft der Shogune und großen Feudalherren ein hohes Ansehen. Der Zen-Mönch der Rinzai-shû Musô Kokushi (1275–1351)[25] beeinflußte Shogun Ashikaga Takauji (1305–1358), seinen Bruder Tadayoshi (1306–1352) sowie viele Krieger und ließ sie in jeder Provinz einen Tempel und eine Pagode nach dem Vorbild der „*kokubun-ji*" (Provinzhauptstadttempel) der Nara-Zeit errichten.[26] In dieser an politischen Konflikten und militärischen Auseinandersetzungen reichen Zeit erlebte die von den Zen-Klöstern ausgehende buddhistische Kultur ihre Blütezeit. Eine große Zahl von Kloster- und Tempelschulen (jap.: *terakoya*) entstanden, die meistens von Zen-Mönchen geleitet wurden.[27]

Die Jôdo-Lehren blühten unter den Führern der Jôdo shin-shû, insbesondere unter Rennyo (1415–1499), weiter auf. Diese Jôdo shin-shû wurde auch „*ikkô*", „die Ausschließlichen"[28], genannt, da sie auf Grund ihres fanatischen, militanten Glaubens an das Nembutsu und die Gnade des Amida gegen fast alle anderen Schulen, vor allem gegen die Tendai-shû, kämpften und die Auto-

[22] Die vom Zen geförderten Eigenschaften sind: Männlichkeit, Zucht, schlichte Lebenskunst, Todesverachtung und Vornehmheit sowie Ritterlichkeit.

[23] Die Strukturen des „*kara-yô*" sind kleiner und feiner als die im „*wayô*" (japanischen Stil) und viel komplexer im Detail.

[24] Shogun Ashikaga Takauji (1305–1358) errichtet ein neues Feudalregime, das bis 1573 dauerte. Die Ashikaga-Regierung residierte wieder in Kyôto, und man nennt die Zeit ihrer Herrschaft Muromachi-Zeit. Der Name geht darauf zurück, daß die meisten Ashikaga-Shogune ihr Hauptquartier in einem Bezirk Kyôtos eingerichtet hatten, der Muromachi genannt wurde.

[25] Das Wort „*kokushi*" heißt wörtlich Landeslehrer; es bezeichnet einen Staatslehrer oder einen verdienten Lehrer (nach: Sansom 1967, S. 358).

[26] Diese Klöster wurden Ankoku („friedliches Land")-ji genannt, und diese Pagoden Rishô-tô.

[27] Jungen und Mädchen im Alter von 10 bis 15 Jahren lernten dort Lesen und Schreiben sowie Ethik.

[28] Sansom 1967, S. 363.

rität der Feudalherren herausforderten. Im Jahre 1487 entfesselte diese Schule einen Bürgerkrieg (jap.: *ikkô ikki*; „fanatischer Aufruhr")[29] in der Provinz Kaga und erkämpfte sich für das folgende Jahrhundert (1488–1580) ihre Autorität. Ebenso terrorisierten militante Mönche (jap.: *sôhei*) der Tendai-shû die Hauptstadt, bis ihre Macht im 16. Jahrhundert vom Heerführer Oda Nobunaga (1534–1582) gebrochen wurde.

In der Muromachi-Zeit beeinflußte das Zen die Künste und die Literatur, wobei der Kult des Verhaltenen, die Neigung zu Schlichtheit und Zurückhaltung gepflegt wurde.

Die Tuschmalerei wurde von den Prinzipien der Zen-Ästhetik und der Weltbetrachtung des Zen-Buddhismus inspiriert (jap.: *zenga*, Zen-Malerei): Nur das Wesentliche wird stark vereinfacht oder abstrahiert dargestellt. Dieser Stil wurde von Zen-Malermönchen[30], wie Minchô (1352–1431), Josetsu (zwischen 1394 und 1428 tätig), Shûbun (1414–1465) sowie Sesshû (1420–1506), entwickelt.[31]

Die Gartenkunst entwickelte in dieser Zeit eine symbolhafte Darstellungform des idealen Zen-Landes, wobei die harmonische Anordnung von Pflanzen, Felsen, Steine, Sand und Wasser eine überragende Rolle spielte.[32]

Ebenfalls unter dem Einfluß des Zen entstand eine neue Theaterform, das Nô, die in ihrem hohen Abstraktionsgrad die ästhetischen Normen des Zen verwirklichte.[33] Das Nô-Theater spiegelt in seinem ästhetischen Konzept – seiner kunstvollen Einfachheit und seiner Verwendung des Schweigens – wie auch in verschiedenen Ideen, die in den Stükken zum Ausdruck kommen, die Lehren des Zen wieder. Die Literatur der vorgenannten Go-zan („Fünf Klöster", jap.: *Go-zan bungaku*) wurde von Zen-Mönchen verfaßt, die in China studiert hatten[34] und somit an die Gedanken der chinesischen Gelehrten anknüpften.

VI. Sengoku- (1467–1568) und Azuchi-Momoyama-Zeit (1573–1615)[35]

In der Sengoku-Zeit, einer Zeit der Wirren und der Kämpfe zwischen den Daimyôs (Fürsten), wurden die meisten Zen-Klöster in Kyôto niedergebrannt oder beschädigt.

Auch in Nara ging 1567 ein großer Teil des Klosters Tôdaiji einschließlich der großen Buddha-Halle durch militärische Aktionen in Flammen auf.

Kriegsherr Oda Nobunaga bekämpfte die reichen und mächtigen buddhistischen Institutionen. 1571 ließ er sämtliche Bauten des Hauptsitzes der Tendai-Schule, den Enryaku-ji auf dem Berg Hiei, niederbrennen und mehrere tausend Mönche und Nonnen ermorden. Im Jahr 1581 richtete er 1383 Volksmönche (Laienmönche, jap.: *hijiri*) auf dem Berg Kôya-san hin. Er griff auch die Ikkô-shû an, brannte 400 Tempelhallen nieder und tötete ca. 1500 Mönche. Oda Nobunaga begünstigte das Christentum und schützte es vor seinen buddhistischen Widersachern der Tendai-, Shingon- und Jôdo shin-shû.

Unter dem Nachfolger von Oda Nobunaga, dem Feldherrn Toyotomi Hideyoshi (1536–1598),

[29] ebd.

[30] S. Sansom 1967, S. 373.

[31] Die ersten wichtigen Zen-Malermönche in Japan waren u. a. Mokuan (?–1345) und Kaô (aktiv 1. Hälfte des 14. Jhs.). Sie ließen sich von Werken chinesischer Zen-Maler, z. B. Mu Chi (jap.: *Mokkei*), Ma Yuan oder Liang Kai, die alle während der Süd-Song-Dynastie (1127–1280) tätig waren, inspirieren.

[32] Z. B. die Tempel Ryôan-ji und Saihô-ji-Tempel in Kyôto.

[33] Der Ursprung des Nô-Theaters geht auf Volkstänze bei Shintô-Festen zurück.

[34] Die Führer der Schule waren Zen-Mönche – vermutlich der Rinzai-shû – u. a. Yûbai, dann Zekkai (1336–1405) und Gidô sowie Keian (1427–1508).

[35] Das Zeitalter von Oda Nobunaga (1534–1582) und Toyotomi Hideyoshi (1536–1598) wird nach deren zwei Schlössern Azuchi-Momoyama-Zeit genannt.

wurde 1585 das Hauptkloster des jüngeren Zweigs der Shingon-Schule, der Negoro-ji in der Provinz Kii, niedergebrannt, wobei einige tausend Mönchssoldaten ums Leben kamen.

Während die Sôtô-shû sich in dieser Zeit neuen Richtungen gegenüber verschloß und danach strebte, ihre Macht zu festigen, verband die Jôdo-shû den Amida-Glauben und das Nembutsu (Anrufung des Namens Amida Buddha) mit dem Monastizismus.

Unter dem Einfluß von Sen no Rikyû (1522–1591) fand die strenge und schlichte Schönheit der Zen-Ästhetik in den Künsten wieder Anerkennung, so wurden z.B. einfache und bescheidene Teepavillions (jap.: *chashitsu*) nach dem „*wabi*"-Stil[36] von Sen no Rikyû[37] erbaut.

[36] Das Wort „*wabi*" ist eine japanische Konzeption der Schönheit und ein Begriff zur Charakterisierung des Zen-Geistes in der Teezeremonie; es verweist auf Asymmetrie, Schlichtheit, Ländlichkeit, Gelassenheit usw. Dieses Wort wird gewöhnlich zusammen mit dem Wort „*sabi*" verwendet, das Verfeinerung sowie sinnliche Begierde bedeutet.

[37] Der Teepavillion Taian im Rinzai-Shû-Tempelkloster Myôkian in Kyôto wurde nach dem Entwurf von Sen no Rikyû gebaut.

VII. Edo-Zeit (1615–1868)[38]

Das Tokugawa-Shogunat förderte die Shushi-gaku (Chu-Hsi-Philosophie), eine Schule des Konfuzianismus, dessen ethisches System – in seinem Mittelpunkt steht die Loyalität – ihm sehr gelegen kam.

Dem Tokugawa-Shogunat waren der Buddhismus und dessen Tempel nützlich, um das Christentum zu kontrollieren und seinen Einfluß zu brechen. Der Buddhismus geriet unter die strenge Kontrolle des Shogunats. Alle Schulen standen unter der Aufsicht der Regierung. Die verschiedenen buddhistischen Schulrichtungen wurden festgelegt und ihre Lehren dogmatisiert, ihre Lehrmeinungen und Publikationen zensiert, während Propaganda und Übertritt von einer Schule zur anderen verboten waren. Alle Leute mußten in die Gläubigenliste irgendeines Tempels eingetragen sein, ein System, das offiziell gegen die Christen gerichtet war, in Wahrheit aber der – nicht nur religiösen – Kontrolle der gesamten Bevölkerung diente. Dem Buddhismus bekam die verordnete Gefolgschaft indessen nicht gut. Die Tempel vermehrten sich und mit ihnen die Anzahl der Mönche, die es mit den Gelübden nicht mehr sehr ernst nahmen und ein Leben auf Kosten der Gläubigen führten, so daß in wirtschaftlicher Hinsicht das System zu einer immer schwereren Last für die Gesellschaft, besonders für die Bauern wurde. Einige Reformen wurden angestrebt, sogar der Wunsch nach einer neuen Religion kam auf. Die Gebildeten, zunächst die Konfuzianer, lehnten den Buddhismus ab und schürten die antibuddhistische Stimmung gleichzeitig konstituierte sich ein neues Interesse an

[38] Die Zeit des von Tokugawa Ieyasu (1542–1616) errichteten dritten und letzten Feudalregimes mit seinem Zentrum in Edo, dem heutigen Tôkyô, wird Tokugawa- oder Edo-Zeit genannt.

der einheimischen religiösen Tradition des Shintô.

1654 führte der chinesische Mönch Yinyuan (jap.: *Ingen,* 1592–1673) einen neuen Zweig des Zen-Buddhismus aus China nach Japan ein und gründete die Ôbaku-shû. Ihre Doktrinen basieren auf den Lehren des Chan-Meisters Huang Bo aus dem 9. Jahrhundert, ihre Praxis war zwar meistens identisch mit der der Rinzai-shû, schloß aber auch Elemente des Amida- und des esoterischen Buddhismus ein.

Die Ôbaku-shû brachte Japan viele Kulturgüter der späten chinesischen Ming-Zeit, die auch die verschiedenen Kunstbereiche Japans – Architektur, Malerei, Skulptur, Kalligraphie, Kunstgewerbe – beeinflußten. Ingen errichtete 1661 das Kloster Manpuku-ji in Uji, im Stil der Ming- und frühen Qing-Dynastie (1644–1911). Durch chinesische Ôbaku-Meister, zugleich Maler und Kalligraphen, gelangten des weiteren Elemente eines realistischen, von Europa beeinflußten Malstils, z. B. eine Art von Schattierung in den Porträtbildern der Ôbaku-Priester, nach Japan.

Ein großer Reformator der Rinzai-Schule war der Zen-Meister und zugleich Zen-Maler Hakuin (1685–1768). Er verhalf dem Zen-Buddhismus zu neuer Volkstümlichkeit und Lebenskraft.

VIII. Meiji-Restauration (1868)

Im Jahr 1867 machte der letzte Tokugawa-Shogun offiziell dem Feudalregime ein Ende, und der Kaiser wurde wieder in die Regierungsgewalt eingesetzt. Zu Beginn der Meiji-Zeit (1868–1912) lehnte man den Buddhismus zugunsten des Shintô ab. Im Jahr 1868 erließ die Meiji-Regierung ein Edikt, das Buddhismus und Shintô streng voneinander trennte; 1870 wurde ein Erlaß über die Einheit von Kult und Regierung bekanntgegeben, durch das der Shintô zur Staatsreligion erhoben wurde. Die buddhistischen Mönche wurden aus dem Dienst an den Schreinen entlassen; die buddhistischen Statuen, die zugleich Shintô-Götter darstellten, wurden entfernt; Adlige durften nicht mehr Mönche werden. 1871 kam es zu einer antibuddhistischen Bewegung mit Bilderstürmerei, wobei buddhistische Malereien, Skulpturen, Gebäude, Kultgeräte usw. vernichtet, weggeworfen oder spottbillig verkauft wurden. Dadurch gelangten zahlreiche kostbare buddhistische Kunstgegenstände in die Hände von ausländischen Sammlern und wurden nach Europa und Amerika gebracht. Diese religiöse Unsicherheit dauerte bis 1875. In diesem Jahr besann man sich auf die Möglichkeit, den Buddhismus politisch zu nutzen, sei es als patriotische Kraft oder als geistliche Vorhut für imperialistische Ambitionen auf dem asiatischen Festland.

Bis 1945 behielt jedoch ein von militärischen Kreisen meist in ihrem Sinne uminterpretierter Shintô seine Vormachtsstellung als Staatskult. Heute existieren die verschiedenen buddhistischen Schulen und der Shintô friedlich nebeneinander.[39]

[39] Schwalbe 1979, S. 142 f.

Die Kultur Japans wurde schon bald nach Einführung des Buddhismus von Grund auf neu gestaltet und hätte ohne seinen Einfluß wohl nicht seine Vielfalt erreicht.

Benutzte Literatur

Diener, Michael S. u. a. (Hrsg.), 1986	Lexikon der östlichen Weisheitslehren: Buddhismus, Hinduismus, Taoismus und Zen. Bern (2. Aufl.).
Eder, Matthias, 1978	Geschichte der japanischen Religion. Nagoya, 2. Bd.: Japan mit und unter dem Buddhismus.
Goepper, Roger 1988	Shingon: Die Kunst des Geheimen Buddhismus in Japan. Köln.
Gundert, W. 1935	Japanische Religionsgeschichte: Die Religionen der Japaner und Koreaner in geschichtlichem Abriß dargestellt. Tōkyō, Stuttgart.
Kôdasha Encyclopedia of Japan, 1983	Tōkyō, 1. Bd., S. 176–204.
Hammitzsch, Horst (Hrsg.), 1981	Japan-Handbuch. Wiesbaden, S. 1552–1570.
Hempel, Rose, 1960	Zenga: Malerei des Zen-Buddhismus. München.
Herrigel, Gusty L., 1979	Zen in der Kunst der Blumenzeremonie: Der Blumenweg – das Glück des Blumenstellens. Bern ([u. a.] Neuausgabe).
Ishida, Naotoyo u. a. (Hrsg.), 1987	Nihon bijutsushi jiten (= Lexikon der japanischen Kunstgeschichte). Tōkyō.
Ladstätter, Otto; Linhart, Sepp, 1983	China und Japan: Die Kulturen Ostasiens. Wien, Heidelberg.
Munsterberg, Hugo 1978	Zen-Kunst. Köln.
Okakura, Kakuzō, 1981	Das Buch vom Tee. Frankfurt am Main (2. Aufl.)
Sansom, George B., 1967	Japan: von der Frühgeschichte bis zum Ende des Feudalsystems. München.
Schwalbe, Hans, 1979	Japan. München (2. veränderte Aufl.)
Suzuki, Daisetsu T., 1980	Die große Befreiung. Einführung in den Zen-Buddhismus. Bern (9. Aufl.).

Kat.-Nr. 109
Taima-Mandala

Japan, später als 1774
Hängerolle, Tusche und Farben auf Papier
44 cm x 54 cm
SMV, Mus.-Nr. S. 852
(Slg. Ph. H. v. Siebold)

Das Mandala stellt im Zentrum das Paradies des „Reinen Landes" des Buddha Amitābha (Skt.: Amitābha-tathāgata; jap.: *Amida nyorai*) dar. Um diese Darstellung, auf der linken, der rechten und der unteren Seite des Bildes, ist der Inhalt der Lehrschrift „*Kanmuryôju kyô*" (Skt.: Amitāyur-dhyāna-sūtra) dargestellt: Szenen aus dem Leben des Prinzen Ajatasatru von Magadha in Altindien auf dem rechten Rand des Bildes, eine Serie von dreizehn Szenen aus dem Paradies des „Reinen Landes" auf dem linken Rand sowie die neun Wiedergeburtsmöglichkeiten (jap.: *kubon*) im Paradies des „Reinen Landes" auf dem unteren Rand des Bildes.

Die Motive werden auf das Mandala im Tempel Taima bei Shimoda zurückgeführt, das einer Legende zufolge die Prinzessin Chūjō hime hōjo als Tapestrie mit Lotosfäden in der späten Nara-Zeit (710–794) gewebt hat. Folglich wurden Mandalas dieses Typs in allgemeinen „*Taima mandara*" genannt.

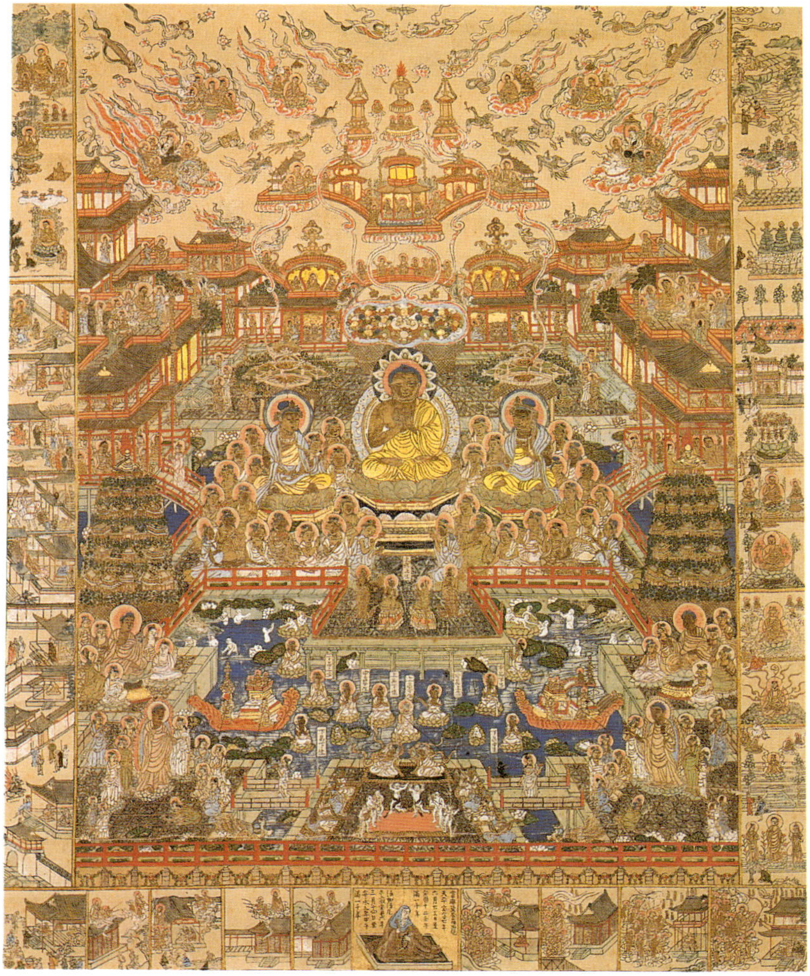

Das Bild zeigt den Tod des Buddha Shaka (Skt.: Śākyamuni): Buddha Shaka geht ins Nirvana (jap.: *nehan*) ein, das als Zustand völliger Ruhe und als der Höchste Zustand der Erleuchtung das Endziel des Lebens im Buddhismus ist. Buddha Shaka liegt mit gerade zusammengelegten Beinen auf seiner rechten Seite auf einem sockelartigen Juwelpodest (jap.: *hôdai*), das in einem Hain blühender Sala-Bäume steht. Er ist umgeben von seinen „Zehn bedeutenden Schülern" (jap.: *jû dai deshi*), von Bodhisatvas (jap.: *bosatsu*), Arhats (jap.: *rakan*), „Acht Wächtern von Shaka" (jap.: *tenryû*), Geistern (jap.: *kijin*), Tieren und anderen Wesen, die alle um ihn trauern. Oben im Bild schwebt Maya, die Mutter von Shaka, die sieben Tage nach seiner Geburt gestorben war, mit ihrem Gefolge vom TrāyastrimsaHimmel (jap.: *Tōri-ten*) herab.

Signatur unten rechts: *Chô Shinkei ga* (gemalt von Chō Shinkei). Möglicherweise handelt es sich um eine Kopie des Gemäldes von Chō Densu im Tōfukuji in Kyōto.

Kat.-Nr. 110
Nirvana

Japan, 18. Jh.
Hängerolle,
Tusche und Farben auf Papier
79 x 131,5 cm
SMV,
Mus.-Nr. 43-11-7

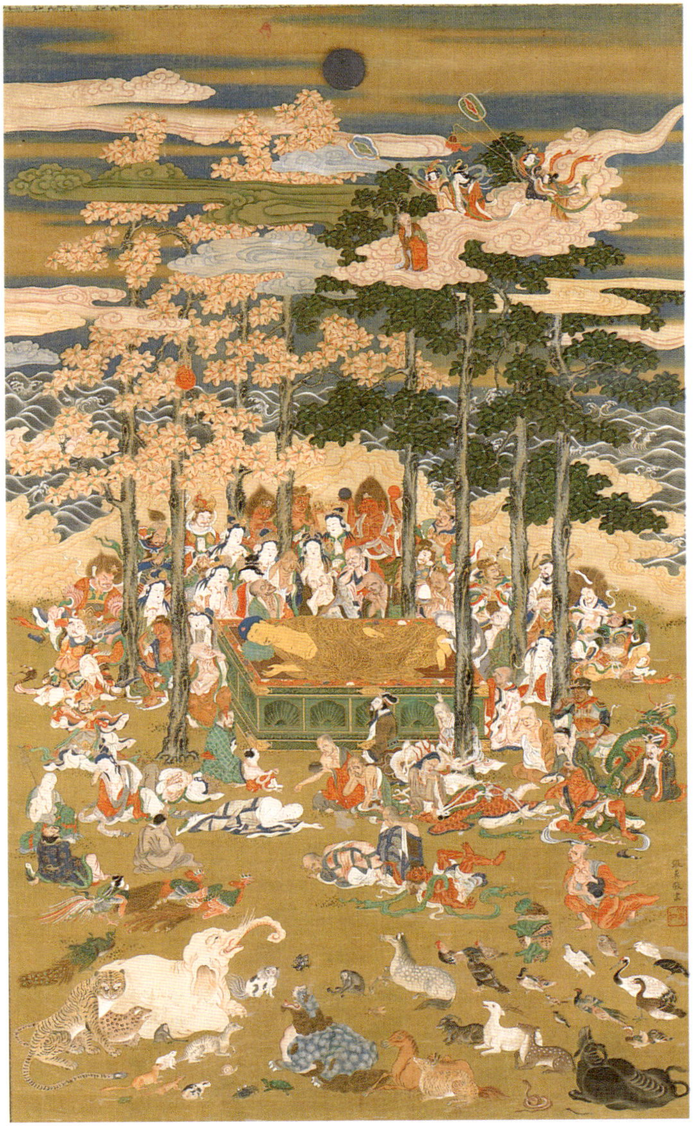

Die Haupt- und Mittelfigur unter einem schwebenden Baldachin ist der Medizin-Buddha, Buddha Yakushi (Skt.: Bhaiṣajyaguru; jap.: *Yakushi nyorai*), der auf beiden Seiten von symmetrisch angeordneten Begleitfiguren flankiert wird. In seiner linken Hand hält er die typische Medizindose, während er mit der rechten Hand die Mudra der Schutzgewährung zeigt. Das japanische Wort „*yakushi*" bedeutet „Mutter der Heilmittel"; einem Volksglauben zufolge heilt der Buddha vor allem Augenkrankheiten.

Rechts und links des Medizin-Buddha stehen zwei Bodhisatvas, die den Tag (Skt.: Suryaprabha; jap.: *Nikkô bosatsu*), und die Nacht (Skt.: Candraprabha; jap.: *Gakkô bosatsu*) verwalten. Dieses Trio (jap.: *Yakushi sanzon*) wird an den Seiten von jeweils sechs der „Zwölf Yakushi Generäle" (jap.: *Yakushi jûni shinsohô*) umgeben, welche die Zeit und die Himmelsrichtungen beherrschen.

Kat.-Nr. 111
Buddha-Yakushi-Triade mit „Zwölf Yakushi Generälen"

Japan, ca. 19. Jh.
Hängerolle,
Tusche und Farben sowie Goldstaub mit Leim (jap.: *kindei*) auf Papier
57 x 109 cm
SMV,
Mus.-Nr. 21-33-16

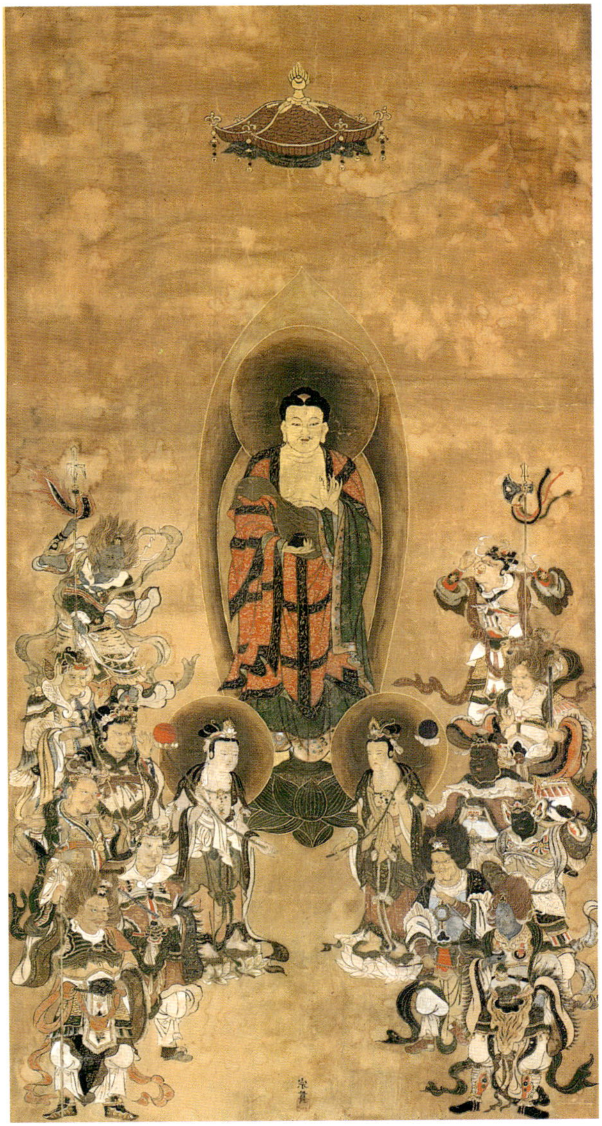

Der tausendarmige Bodhisatva Kannon (Skt.: Sahasrabhujāvalokiteśvara; jap.: *Senju kannon*), steht auf einem Lotossockel, der aus dem Wasser ragt, und wird von seinen Begleitern flankiert. Auf dem Kopf und hinter den Schultern sind mehr als 27 Gesichter zu sehen. Gewöhnlich befinden sich über seinem Kopf 11 oder 27 Gesichter; es sind jedoch auch Darstellungen mit nur einem Kopf bekannt. Senju kannon ist eine der sechs Formen des Bodhisatva Kannon (jap.: *roku kannon*). Ein Senju kannon hat tausend Arme (jap.: *senju*) mit jeweils einem Auge auf der Handfläche. (In dem hier gezeigten Bild sind allerdings keine Augen, die die Weisheit des Senju kannon symbolisieren, auf den Handflächen sichtbar.) Es gibt auch Abbildungen, auf denen die symbolische Vielzahl der Arme auf nur zweiundvierzig reduziert worden ist. Die Zahl Tausend bedeutet symbolisch eine unendliche Menge. Die Hände repräsentieren Tätigkeiten: Sie halten die verschiedenen kanonischen Attribute, z. B. Lotos, Wunschjuwelen (jap.: *hôju*), Vajra, Glocken mit Vajra-Griff (jap.: *gokorei*), Wedel (jap.: *hossu*), Gebetsschnüre (jap.: *juzu*), Beile, Radjuwelen (jap.: *rinbô*) und zeigen Gesten (Mudras).

Dem Volksglauben nach rettet der tausendarmige Bodhisatva Kannon leidende Menschen durch seine vielen Hände.

Kat.-Nr. 112
Tausendarmiger Bodhisatva Kannon

Japan, späte Edo-Zeit (1615–1868)
Hängerolle,
Tusche und Farbe auf Papier
45 x 83 cm
SMV,
Mus.-Nr. 28-39-1

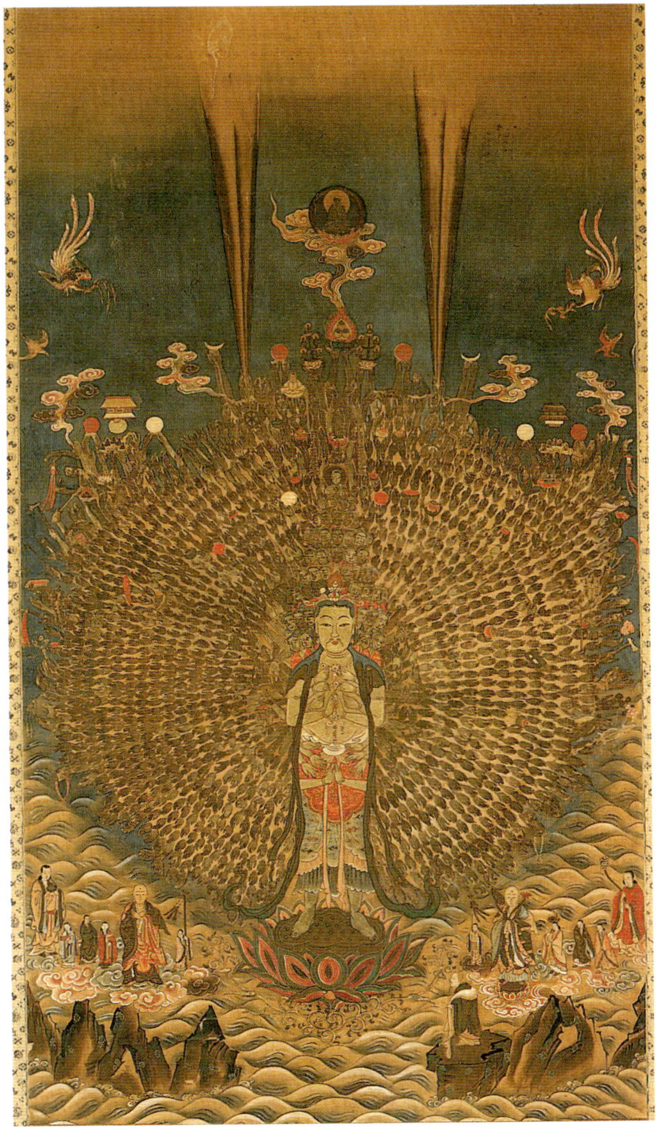

Dieses Bild zeigt den Bodhisatva Kannon in weiblicher Gestalt mit weißem Gewand. Es handelt sich um die sogenannte Weiden-Kannon (jap.: *Yôryû kannon* oder *Yaku-ô kannon*), eine der 33 verschiedenen Verwandlungsformen des Bodhisatva Kannon (jap.: *Sanjûsan tai kannon*). Als Attribut trägt die Weiden-Kannon einen Weidenzweig in der rechten Hand, während die linke Hand eine Vase (jap.: *jôbyô*) hält. In dieser Gestalt heilt Kannon die verschiedenen Krankheiten.

Das Bild wurde von Tanomura Chokunyû (1814–1907) gemalt, der auf diesem Bild seitlich neben der Bildinschrift (jap.: *san*) mit seinem Künstlernamen „*Shôko Sanjin*“ signiert hatte.

Kat.-Nr. 113
Weiden-Kannon

Japan, 19. Jh.
Hängerolle,
Tusche und Farbe auf Seide
24 x 74 cm
SMV,
Mus.-Nr. 32-43-1

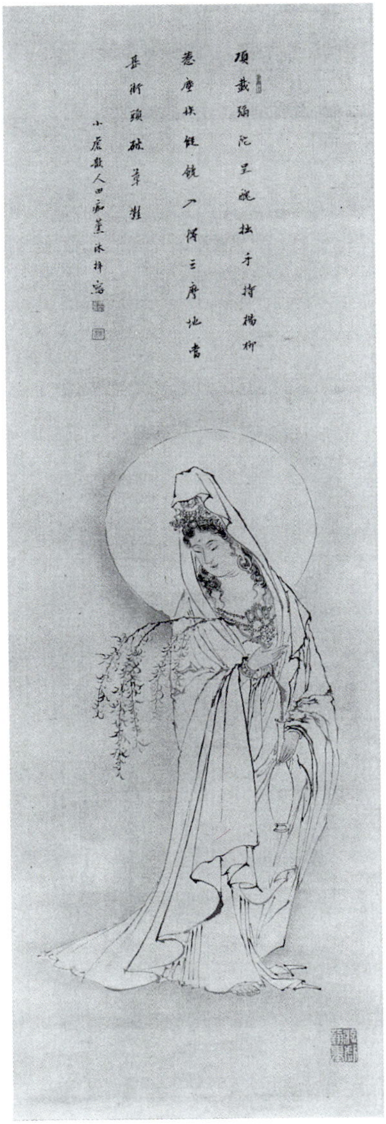

Dargestellt sind drei der sieben Glücksgötter (jap.: *Shichi fukujin*). Sie entstanden aus einer Verschmelzung von japanischen Shintô-Gottheiten mit buddhistischen Mönchen, chinesischen daoistischen Unsterblichen sowie altindischen Gottheiten.

In der Mitte ist der Reichtumsgott Daikoku-ten (Skt.: Mahākāla) zu sehen. Er trägt ein für die Heian-Zeit (795–1185/1192) typisches Hofkleid (jap.: *kariginu*) und steht auf Reissäcken aus Stroh (jap.: *kome dawara*). Das Glückshorn (jap.: *uchide no kozuchi*), die Mütze (jap.: *zukin*), Reis- und große Tragsäcke (jap.: *ôbukuro*) sind typische Embleme dieses Gottes. Der Daikoku-ten ist nach einer Überlieferung ursprünglich die Verkörperung (Inkarnation) des indischen Gottes Mahesvara (jap.: *Daijizai-ten*). In Japan ist er identisch mit dem Shintô-Gott des Ackerbodens und der Landwirtschaft, Ôkuninushi no Mikoto.

Links steht der Gott Bishamon-ten (Skt.: Vaiśravaṇa) für Glück, rechtes Verhalten und Vermögen, in einer chinesischen Rüstung aus der Tang-Zeit (618–906). Er trägt eine Juwelenpagode (jap.: *hôtô*) auf der linken und einen dreispitzigen Speer (jap.: *sansa deki*) in der rechten Hand. Dem Volksglauben zufolge gewährt er den Menschen, die Gutes tun, Vermögen und Glück. Bishamon-ten ist gleichzeitig einer der „Vier Himmelswächter" (Skt.: catur-devaraja/lokapāla; jap.: *shi-tennô*). In dieser Funktion nennt man ihn Tamon-ten. Seinen Ursprung hat er in dem altindischen Gott Kuvera.

Rechts sieht man auf einem Fels sitzend die Göttin Benzai-ten (Skt.: Sarasvatī), ein Saiteninstrument (jap.: *biwa*) spielend. Sie ist die Göttin für Musik, Redefertigkeit, Kunstfertigkeit, Weisheit, Glück, Tugend, Vermögen, kurz für alle schönen Dinge des Lebens. Sie geht zurück auf eine altindische Flußgöttin.

Signatur oben auf der linken und rechten Seite des Bildes: „*Fujiwara Yoshimitsu ga*" (von Fujiwara Yoshimitsu gemalt).

Kat.-Nr. 114
Drei Glücksgötter (jap.: *San Fukujin*)

Japan, Stil der Edo-Zeit (1615–1868)
Hängerolle, Tusche und Farben auf Papier
45,5 x 44 cm
SMV,
Mus.-Nr. 21-4-203

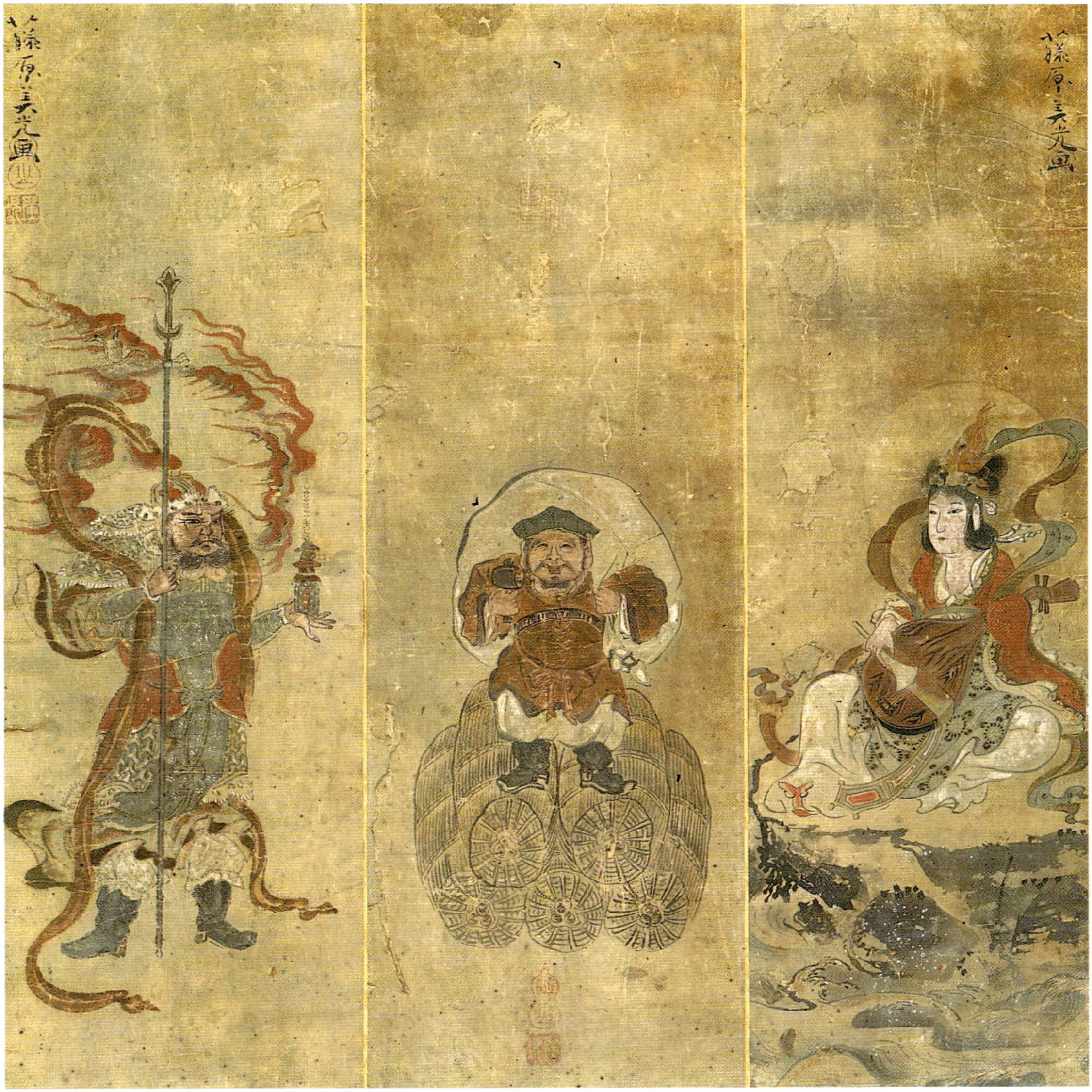

Die junge, auf einem Fels in strenger Frontalität stehende Figur im Hofkleid ist der Regengott, in dem die Verschmelzung (Synkretismus) des Shintō und des Buddhismus (jap.: *shinbutsu shûgô*) verkörpert ist. Seine Gestalt wird einerseits als Shintō-Sonnengöttin Amaterasu Ômikami interpretiert, die vom Himmel herab auf den Vulkan Takachiho no mine kam, der auf der Insel Kyūshū in der Provinz Hyūga lag. Andererseits soll er auch die Inkarnation des Sonnenbuddha des esoterischen Buddhismus, Dainichi nyorai (Skt.: Mahāvairocana), sein.

Seine linke Hand ist in der Mitte des Körpers in Brusthöhe erhoben und hält das Wunschjuwel (jap.: *hôju*). In seiner Rechten hält er einen kostbaren Stab (jap.: *hôbô*), der mit dem Wunschjuwel optisch eine durchgehende Linie bildet. Sein Kopf ist mit dem auf einer Lotosblüte stehenden „Stūpa der Fünf Elementarkreise“ (jap.: *gorin-tô*) als Symbol für Dainichi nyorai gekrönt. Der *gorin-tô* verweist auf philosophische Spekulationen des esoterischen Buddhismus. Auf der linken Seite steht eine rote, sich auf einen Stab stützende Figur in Gestalt eines buddhistischen Knaben (jap.: *aka dôji*), der vermutlich der Bote der Sonne auf dem Vulkan Takachiho no mine in Hyūga ist. Rechts steht ein Mönch, der mit beiden Händen einen Rasselstab (Skt.: khakkhara; jap.: *shakujô*) hochhält.

Kat.-Nr. 115
Regengott
Uhō dōji

Japan, Anfang der Edo-Zeit (1618–1816)
Hängerolle, Tusche und Farben auf Papier
48,8 x 85 cm
SMV, Mus.-Nr. 84-303936 (Slg. Weidenbacher)

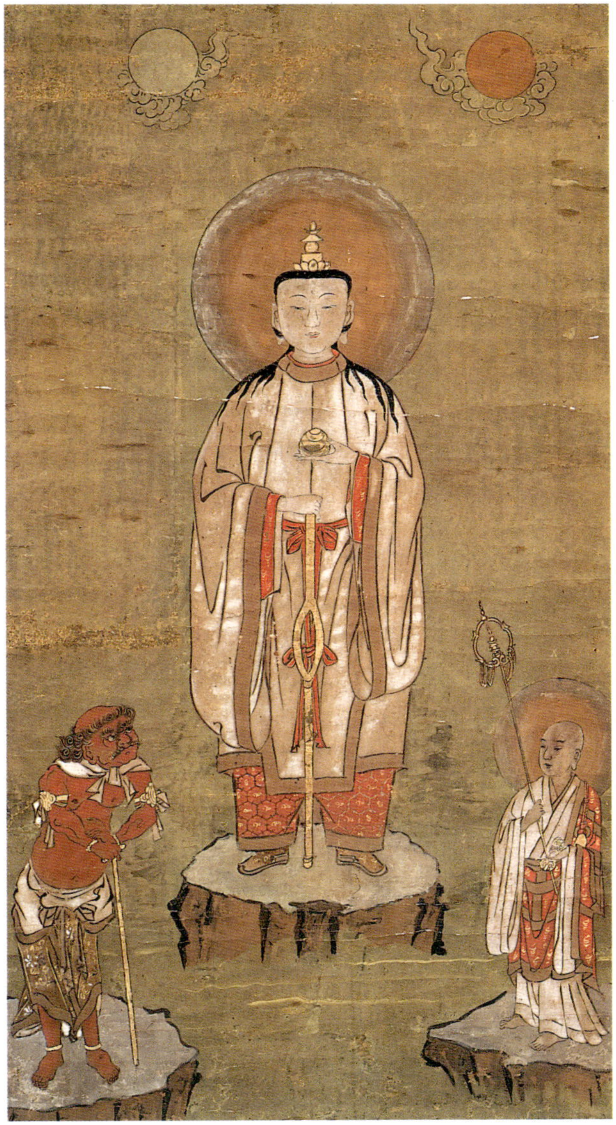

Das japanische Wort „Rakan" ist eine Abkürzung von „Arakan" (Skt.: arhan). Bei den „Sechzehn Arhat" (jap.: *jûroku rakan*) handelt es sich um die 16 buddhistischen Heiligen. Im 4. Jahrhundert lehrte man in China, daß diese 16 Heiligen die Lehre des Buddhismus in alle Himmelsrichtungen tragen würden. Sie werden in dem Sutra „Hōjū-ki" (Skt.: Nandimitrāvadāna) erwähnt, das von dem chinesischen Mönch Xuan Zang (jap.: *Genjô*; 600/602-664) ins Chinesische übertragen wurde; somit waren die 16 Arhat (chin.: Luohan) in Ostasien nicht vor dem 7. Jahrhundert bekannt. Die „Sechzehn Arhat" sollen Schüler des Buddha Śākyamuni gewesen sein, die allerdings für sich selbst die Erleuchtung fanden. Sie sollen die übernatürliche Kraft gehabt haben, ihre eigene Lebenszeit zu verlängern, um Laien zu erleuchten. Sie werden in Japan besonders von der Tendai- und Zen-Schule verehrt.

Kat.-Nr. 116
Die „Sechzehn Arhat"

Japan, 19. Jh.
Hängerolle,
Tusche und
Farben auf Seide
87 x 142,5 cm
SMV, Mus.-Nr.
84-303958 (Slg.
Weidenbacher)

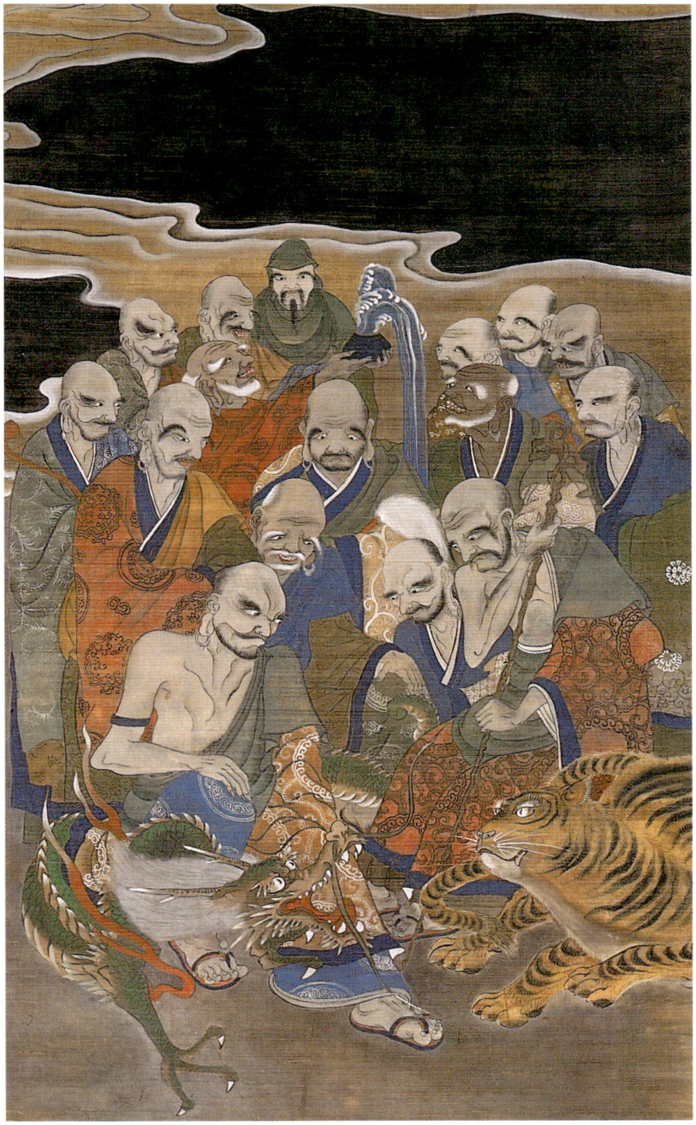

Prinz Shôtoku Taishi (574–622) mit seiner „*mizura*“genannten Frisur steht auf einem „raiban-za“ -Sockel und trägt ein zinnoberrotes Hofgewand (jap.: *aka hô*) mit der grünen Schärpe des buddhistischen Priesters (Skt.: kaṣāya; jap.: *kessa*). Das Bild ist oben mit einem Gedicht versehen. Die Verehrung des Shôtoku Taishi, der sich dem Buddhismus zugewandt und ihn gefördert hatte, begann in der Nara-Zeit. Seit der Heian-Zeit wurde er als ein Patriarch verschiedener buddhistischer Schulen z.B. der Tendai-Schule und der Jôdo-Shin-Schule (Amida-Schule), verehrt, Szenen aus seinem Leben wurden in Malerei und Skulptur dargestellt: Typische Darstellungen von Shôtoku taishi zeigen ihn vor allem im Alter von zwei, 16 und 32 Jahren.

Das „Kôyô Taishi zô“ genannte Bild zeigt Shôtoku Taishi mit 16 Jahren, der dem Vater gegenüber seine Kindespflichten erfüllt: Als sein Vater, Kaiser Yômei (R. 585–587), krank wurde, betete der Prinz Shôtoku Taishi Tag und Nacht für die schnelle Genesung seines Vaters. Dabei hielt er ein Räuchergefäß mit Handgriff (jap.: *e-gôro*) und trug stets das offizielle Gewand. Der Kaiser soll durch das Gebet und die Bemühungen des Prinzen geheilt worden sein und sich daher bemüht haben, den buddhistischen Glauben zu fördern. Der Prototyp für die Darstellungen des „Kôyô Taishi zô“ kam in der Muromachi-Zeit (1392–1573) auf.

Kat.-Nr. 117
Prinz Shôtoku Taishi

Japan, Stil der späten Edo-Zeit (1615–1868)
Hängerolle, Tusche, Farben und Blattgoldschnittornamente (jap.: *kirikane*) auf Seide
45,5 x 105 cm
SMV, Mus.-Nr. S. 1468 (Slg. Ph. H. v. Siebold)

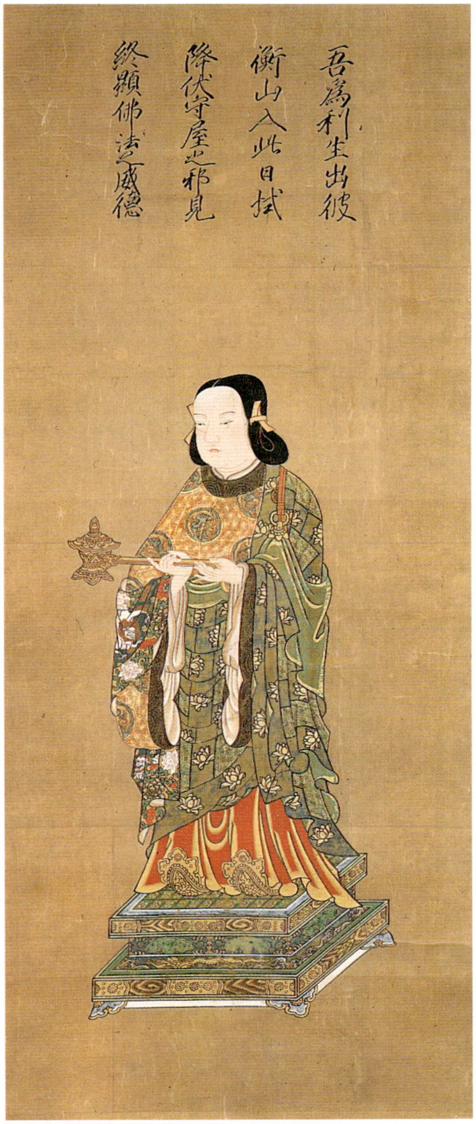
吾爲利生出彼
衡山入此日域
降伏守屋之邪見
終顯佛法之威德

Ein Kreis, von Wolken gestützt, umschließt den Gründer der Jôdo-Schule, Hônen (1133–1212), der eine Stola (jap.: *kesa*) über dem Gewand trägt und eine Gebetsschnur in beiden Händen hält.

Wahrscheinlich stellt der Kreis den Vollmond dar und symbolisiert die Reinheit der Erleuchtung (jap.: *gachirin*). Die Wolken symbolisieren die „Erscheinung von Buddha Amitābha am Sterbelager" (jap.: *Amida raigô*); somit weist das Bild auf die Vereinigung von Hônen und Buddha Amitābha hin.

Die Rückseite des Bildes trägt die Aufschrift: *Gachirin Enkô Daishi shôzô* (Porträt des großen Meisters *Enkô* [d.h. Hônen] im Mondkreis).

Kat.-Nr. 118
Porträt des Priesters Hônen

Japan, Stil der späten Edo-Zeit (1615–1868)
Hängerolle, Tusche und Farben auf Papier
133,5 x 54 cm
SMV, Mus.-Nr. 84-304709 (Slg. Weidenbacher)

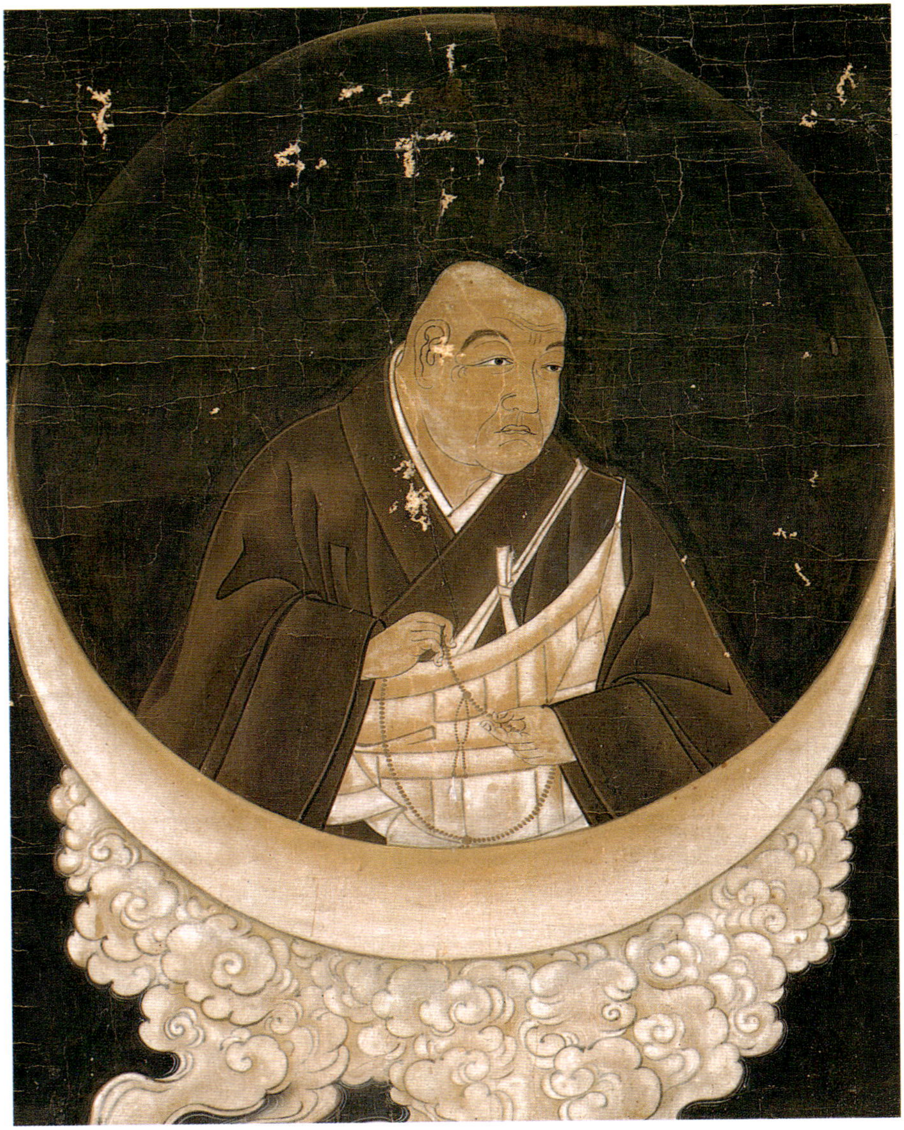

Vor einem großen, blattförmigen Nimbus, an dem kleine Buddhafiguren – Manifestationen des Buddha (jap.: *kebutsu*) – und Wolken angesetzt sind, stehen auf je einem Lotossockel (jap.: *renge-za*) drei Figuren nebeneinander. Sie sind nach den Bildnissen des Tempels Zenkō-ji in Nagano gestaltet.

Die Haupt- und Mittelfigur dieser Buddha-AmitābhaTriade (jap.: *Amida san zon*), Buddha Amitābha (jap.: *Amida nyorai*), zeigt mit der rechten Hand die Mudra der Furchtlosigkeit und Schutzgewährung. Die Mudra seiner linken Hand bedeutet „Segens- und Gabengewährung" sowie Wunscherfüllung.

Seine Begleitfiguren, Kannon bosatsu (Skt.: Avalōkiteśvara-Bodhisatva) und Seishi bosatsu (Skt.: Mahāsthāmaprāpta), von nahezu identischem Aussehen, tragen als Attribut eine fünfeckige, röhrenförmige Krone. Ihre beiden Hände sind übereinandergeschlagen – eine Geste, die sowohl die Mudra *„bonkyô-in"* bzw. das Halten des Wunschjuwels (Skt.: cintāmani; jap. *hôju*) zwischen den Händen anzeigt.

Kat.-Nr. 119 Buddha-Amitābha-Triade

Japan, Stil der Edo-Zeit (1615–1869)
Holz mit Lackfassung und Resten von Goldfassung
Höhe 74 cm: Höhe der Sockelfigur 40 cm;
Breite 39,5 cm (Hauptfigur)
SMV,
Mus.-Nr. 13-40-10

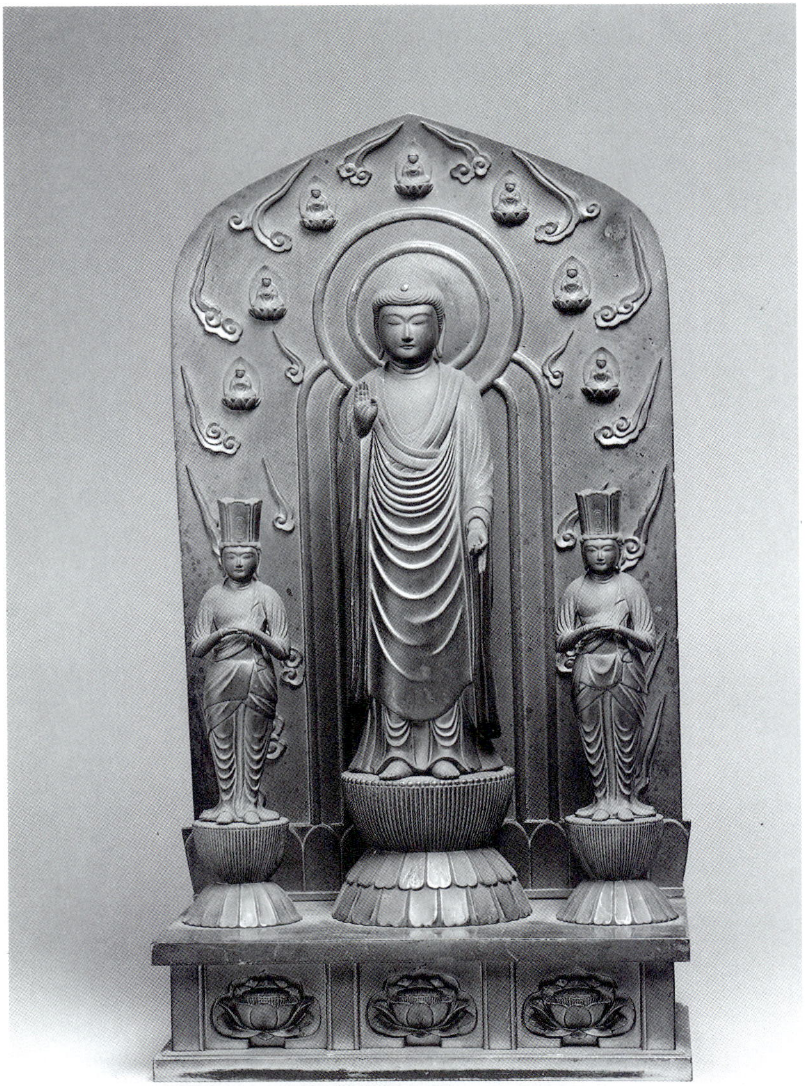

Der Buddha Amitābha sitzt im Lotussitz auf einem mehrstufigen Lotussockel. Der unterste Teil des Podestes (jap.: *daiza*), genannt „*shita kamachi*", zeigt ein Wolkenmuster, das in der Edo-Zeit (1615–1868) häufig als Sockelmuster verwendet wurde.

Das Gewandmuster ist im Stil der Lackmalerei mit Goldpulverfarbe (jap.: *kindei*) auf Rotlack gemalt. Sein Mudra ist „*raigô-in*", was „Willkommen im Paradies, im Reinen Land" bedeutet: Die Rechte ist erhoben, die Linke ist dagegen gesenkt, wobei mit Daumen und Zeigefinger jeweils ein Kreis gebildet wird.

Kat.-Nr. 120
Buddha
Amitābha

Japan, 19. Jh. (?)
Holz mit Lack- und Goldfassung
Höhe 61 cm,
Höhe der Sockelfigur 22 cm
SMV,
Mus.-Nr. S. 1700
(Slg. Siebold)

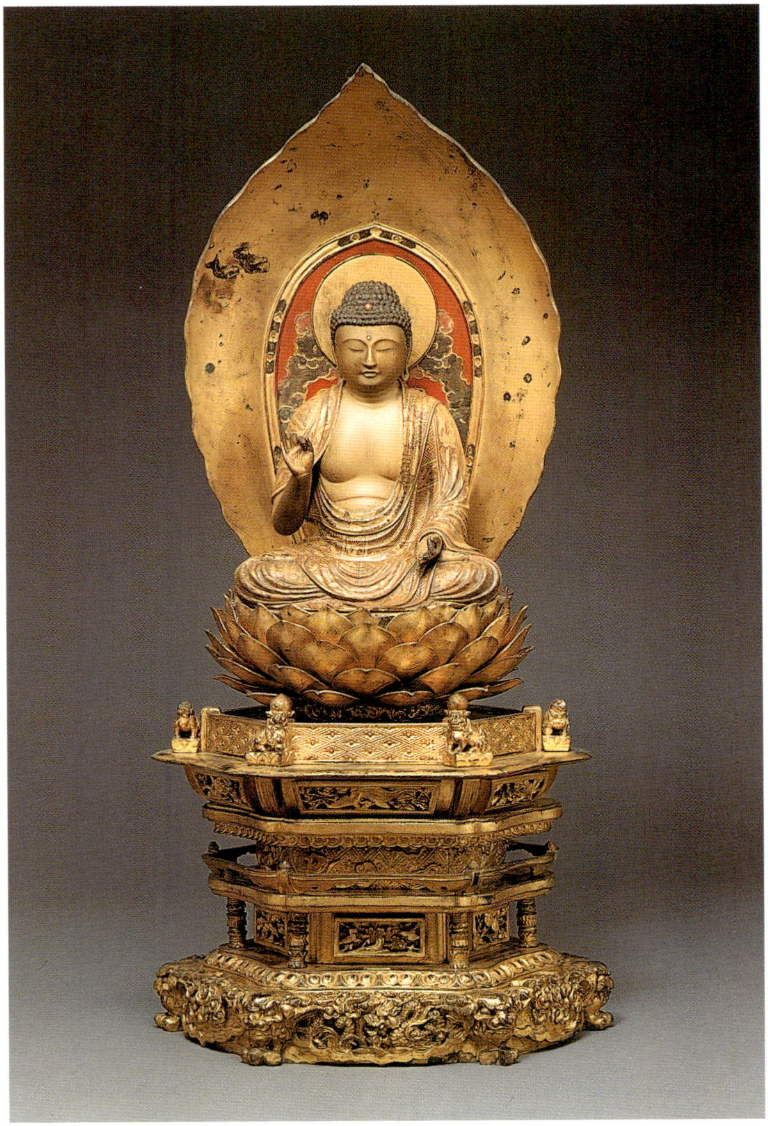

Der blattförmige Nimbus (jap.: *funagata kôhai*) ist an den beiden oberen Seiten mit zwei fliegenden Apsaras (jap.: *hiten*) sowie in der Mitte mit einem Feuer-Wunschjuwel (jap.: *kaen hôju*) versehen; unten stehen zwei geflügelte Wesen mit menschlichen Körpern und Vogelfüßen (jap.: *karyô binga*). Der Kopfnimbus (jap.: *zukô*) hat innen die Form einer achtblättrigen Blume (jap.: *hachi yô*).

Buddha zeigt die Mudra *„raigô-in"* (Willkommen im Paradies), die die verschiedenen Stufen der Wiedergeburt im westlichen Paradies symbolisiert.

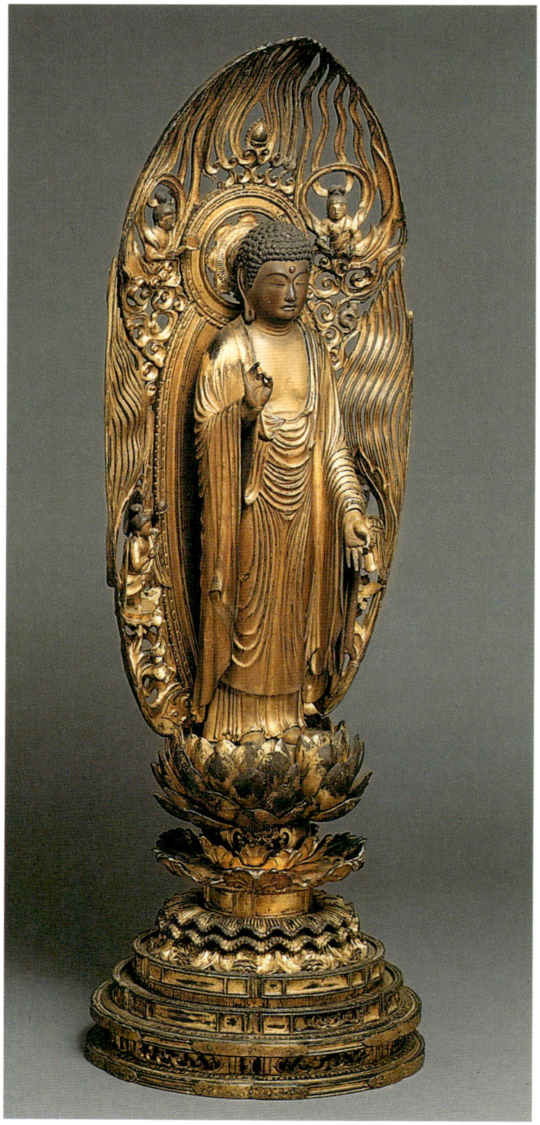

Kat.-Nr. 121
Buddha
Amitâbha

Japan, 18. Jh. (?)
Holz mit Lack- und Goldfassung sowie farbiger Fassung
Höhe 75,5 cm,
Höhe der Sockelfigur 39 cm
SMV,
Mus.-Nr. 17-10-1

Der sechsarmige Bodhisatva, Nyoirin kannon, (Skt.: Cintāmaṇicakrāvalokiteśvara) sitzt in „königlicher Lässigkeit“ mit untergeschlagenem linken und aufgestelltem rechten Bein auf einem mehrschichtigen Lotossockel. Der Nyoirin Kannon ist eine der Verwandlungsformen des Kannon (jap.: *henge kannon*) und eine der Sechs Manifestationen des Kannon (jap.: *roku kannon*). Man glaubt, daß er durch das „wunscherfüllende Juwel (Skt.: cintāmani; jap.: *nyoi hôju*)“ die Leiden aller Wesen in den sechs verschiedenen Daseinswelten (jap.: *rokudô*) – Höllen-, Hunger-, Tier-, Asuras-, Menschen- und Himmelswelt –, beseitige und alle Wesen zur Erlösung führe.

Die Wange der Nyoirin kannon ruht auf der rechten Haupthand, eine Geste, die das Nachdenken symbolisiert. Mit der linken Haupthand stützt er den Berg Kōmyō-zan, auf dem er sitzt. Die rechte erste Nebenhand hält das Wunschjuwel. Die Hand des anderen Nebenarmes hält ursprünglich eine Gebetsschnur (Skt.: aksa-mālā; jap.: *juzu*). Den beiden linken Nebenhänden fehlen Attribute: ein Radjuwel (Skt.: cakra; jap.: *rinbô*) und ein Lotos.

Die Spitze des blattförmigen Nimbus ist nach vorne gebogen, und die beiden Ränder wölben sich nach innen, was charakteristisch für die Edo-Zeit ist. Der untere Teil des Sockels ist mit Wolkenmustern beschnitzt, die häufig in der Edo-Zeit für das Podest bzw. den Sockel verwendet werden.

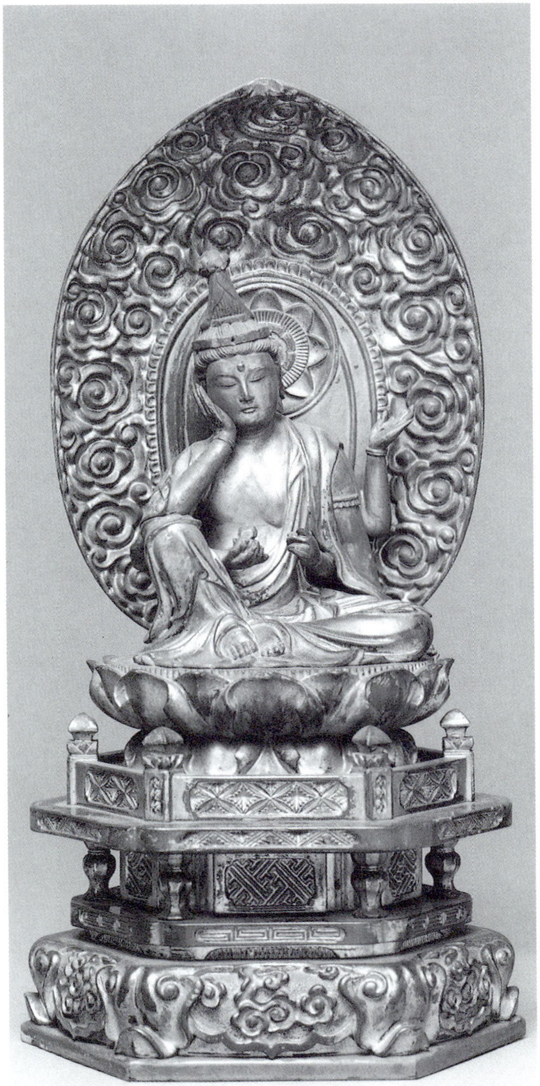

Kat.-Nr. 122
Nyoirin kannon

Japan, Stil der Edo-Zeit (1615–1868)
Holz mit Lack- und Goldfassung
Höhe 38,5 cm, Höhe der Sockelfigur 16,5 cm
SMV, Mus.-Nr. 26-17-7

Der nicht identifizierte Bodhisatva (jap.: *bosatsu*) hat außer den beiden Hauptarmen 16 Nebenarme, die jeweils ein Attribut halten oder eine Mudra zeigen. Er trägt eine kostbare, mit einer Scheibe versehene Krone (Skt.: ratna-kūṭa; jap.: *hôkan*) und sitzt im Lotossitz auf einem Lotos-Fels-Sockel (jap.: *renge iwa-za*). Die Spitze seines mit Wolkenmustern beschnitzten blattförmigen Nimbus ist nach vorne gebogen, und beide Ränder krümmen sich nach innen, ein Charakteristikum der Edo-Zeit.

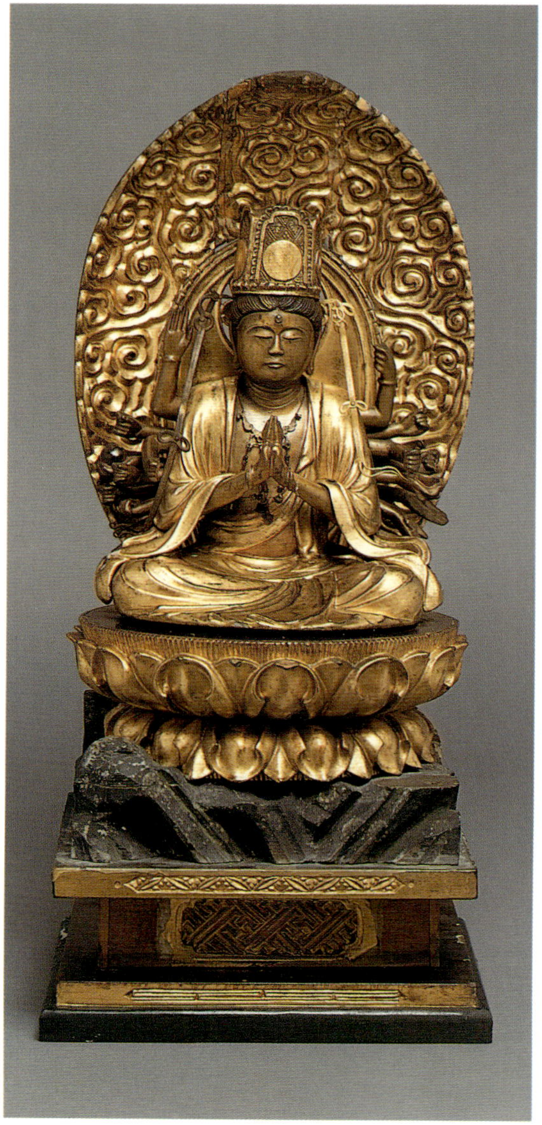

Kat.-Nr. 123
Bodhisatva

Japan, Stil der Edo-Zeit (1615–1868)
Holz mit Lack- und Goldfassung
Höhe 47 cm; Höhe der Sockelfigur 22 cm
SMV,
Mus.-Nr. S. 2229
(Slg. Siebold)

Jizô bosatsu (Skt.: Kṣitigarbha), der Name bedeutet „Erdmutterschoß", wird als Mönch mit Tonsur dargestellt, und steht auf einem Lotos-Fels-Sockel. In der linken Hand hält er ein tropfenförmiges Wunschjuwel (Skt.: cintāmani; jap.: *hôju*). Sein Kreisnimbus (jap.: *rinkôhai*) ist mit drei Wunschjuwelen auf je einer Lotosblüte verziert. Ein Rasselstab (Skt.: khakkhara; jap.: *shakujô*) in der rechten Hand ist mit sechs Ringen an seinem oberen Ende versehen, die die sechs Vollkommenheiten und die sechs Wiedergeburten – Gott, Mensch, Dämon, Tier, Totengeist und Bewohner der Hölle – repräsentieren.

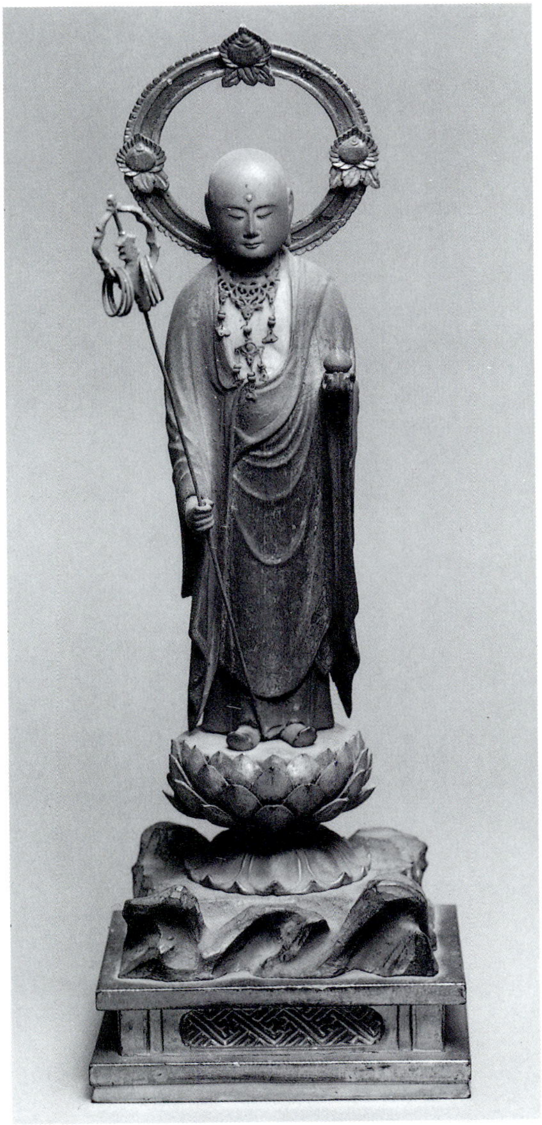

Kat.-Nr. 124
Jizô bosatsu

Japan, Edo-Zeit (1615–1868) (?)
Holz mit Lack- und Goldfassung sowie Resten farbiger Fassung
Höhe 45,5 cm, Höhe der Sockelfigur 26,5 cm
SMV, Mus.-Nr. 92-316302
(Slg. Tiedemann)

Vor einem roten Kreisnimbus in Gestalt der Sonne thront ein König esoterischen Wissens mit roter Körperfarbe, Aizen myôô (Skt.: Rāga-rāja), im Lotossitz auf einem roten Lotossockel über einer kostbaren Vase (jap.: *hôbyô*). Es heißt, daß er die Inkarnation von Dainichi nyorai (Skt.: Mahāvairocana) oder Kongô satta bosatsu (Skt.: Vajrasatva) ist. Der dreiäugige und sechsarmige Myôô verkörpert die personifizierte Sinnenlust: „*Aizen*" bedeutet wörtlich „gefärbt von Liebe". Als Herr über die sinnliche Liebe und die Habgier reinigt Aizen myôô die Seele von der alles beherrschenden sinnlichen Liebe, die als eine ihrer „negativen Trübungen" gilt und die Menschen von der Erleuchtung abhält.

Der rote Körper, die sechs Arme und die drei Augen sowie die Krone in der Form eines Löwenkopfes charakterisieren diesen Myôô. Seine Attribute sind der fünfzackige Vajra (jap.: *goko-sho*), die Glocke mit fünfzackigem Vajra-Griff (jap.: *goko-rei*), Lotos, Wunschjuwel (jap.: *hôju*) sowie Bogen und Pfeil.

Kat.-Nr. 125
König esoterischen Wissens
Aizen myôô

Japan, 19. Jh.
Holz mit Lack- und Goldfassung sowie farbiger Fassung
Höhe 43 cm, Höhe der Sockelfigur 17 cm
SMV,
Mus.-Nr. B. 2282
(Slg. M. Buchner)

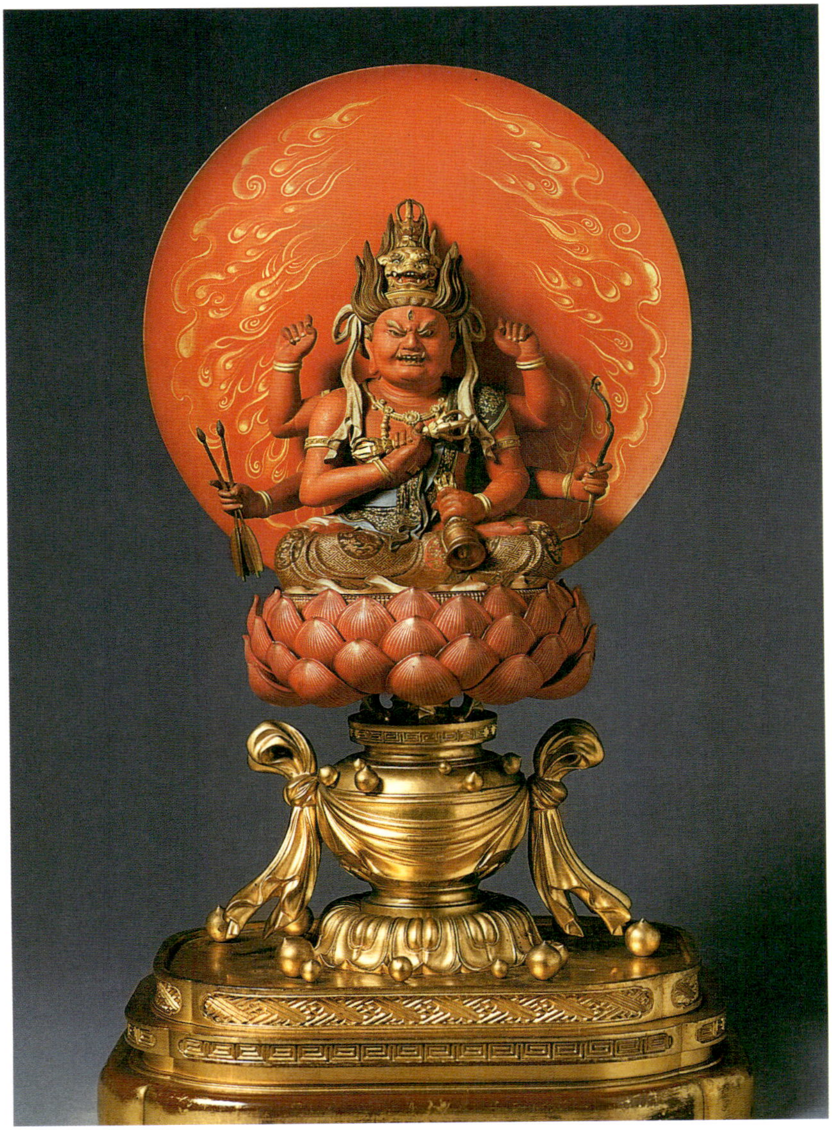

Die auf einem weißen Fuchs (jap.: *byakko*) über einem Felssockel reitende Göttin (Inari-) Dakiniten (Skt.: *Ḍākinī*) mit kostbarer Krone (jap.: *hôkan*), hält ein goldfarbiges Wunschjuwel in der rechten Hand und ein Schwert in der linken Hand. Diese drei Objekte – weißer Fuchs, Wunschjuwel und Schwert – sind typische Attribute dieser Göttin. Sie ist eine der wichtigsten Göttinnen, die für die Fruchtbarkeit des Getreides zuständig sind. Man glaubt auch, daß sie ihre Anhänger vor Diebstahl behütet und sie vor dem Tod durch das Schwert bewahrt. Zusätzlich soll sie Glück und rechtes Verhalten gewähren. Ursprünglich ist sie eine Begleitfigur des Höllenkönigs (Skt.: *Yama-rāja*; jap.: *Enma-ô*) sowie ein Schutzgott (Skt.: Yakṣiṇīs; jap.: *yasha*), der Menschenherzen verzehrt. Der Kreisnimbus ist mit drei Wunschjuwelen auf je einer Lotosblüte verziert.

Der Fuchs hält je ein goldfarbiges Juwel (jap.: *tama*) im Maul und auf der Schwanzspitze. Seit dem Altertum ist dies im Shintô ein Hinweis auf mystische Wunderkraft. Die Juwelen sind mit dem buddhistischen Wunschjuwel vergleichbar.

Kat.-Nr. 126
Inari
Dakini-ten

Japan, späte Edo-Zeit (1615–1868)
Holz mit polychromer Fassung und Vergoldung sowie Metall
Höhe 54 cm, Höhe der Sockelfigur 38 cm
SMV,
Mus.-Nr. 03.112

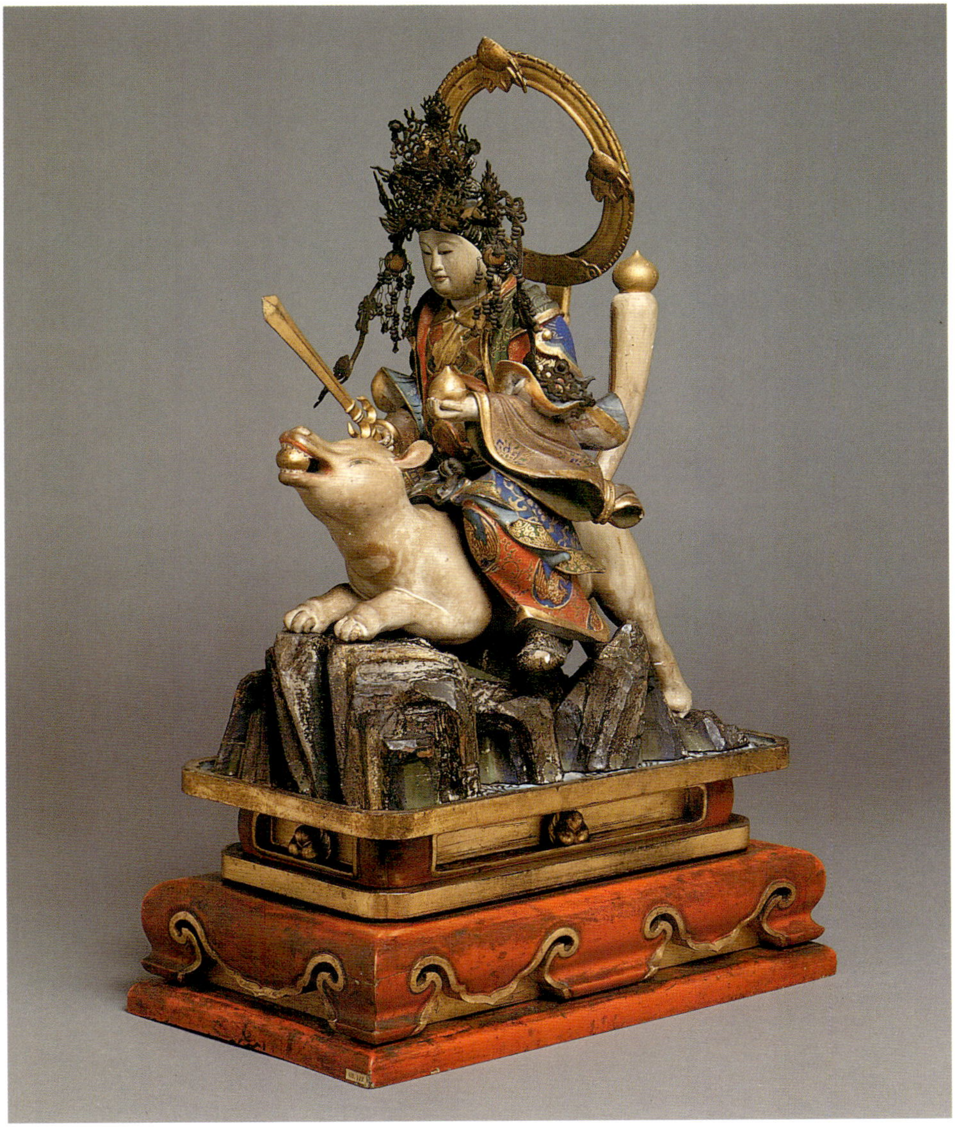

Der Sanskrit-Name des Daruma Daishi, Bodhidharma (?–528) bedeutet „Gesetz“ oder „Essenz des Erwachens“. Dieser berühmte indische Mönch soll im 6. Jahrhundert den Chan-(jap.: *Zen*-)Buddhismus von Indien nach China gebracht haben und wird seither von der gesamten Lehrrichtung des Zen als Gründerpatriarch verehrt. Historisch betrachtet ist diese Person aber kaum greifbar.

Der Bodhidharma sitzt ernst und konzentriert in Meditation, seine im Schoß zusammengelegten Hände werden von dem Gewand verdeckt, eine Darstellungsform, die in Japan für Daruma sehr verbreitet ist.

In der volkstümlichen japanischen Tradition wird er meist ohne Beine dargestellt; dies geht auf die Überlieferung zurück, daß er neun Jahre ununterbrochen im Meditationssitz verharrte und dabei seine Beine einbüßte. Eine volkstümliche, allgemein verbreitete Form ist die aus Pappmaché gefertigte, farbenfroh bemalte Figur des Daruma, die man verschenkt, um Glück und rechtes Verhalten zu wünschen.

Kat.-Nr. 127
Zen-Patriarch
Daruma Daishi

Japan, Typus der Edo-Zeit (1615–1868)
Holz mit Lackfassung
Höhe 56 cm
SMV,
Mus.-Nr. 69-12-133

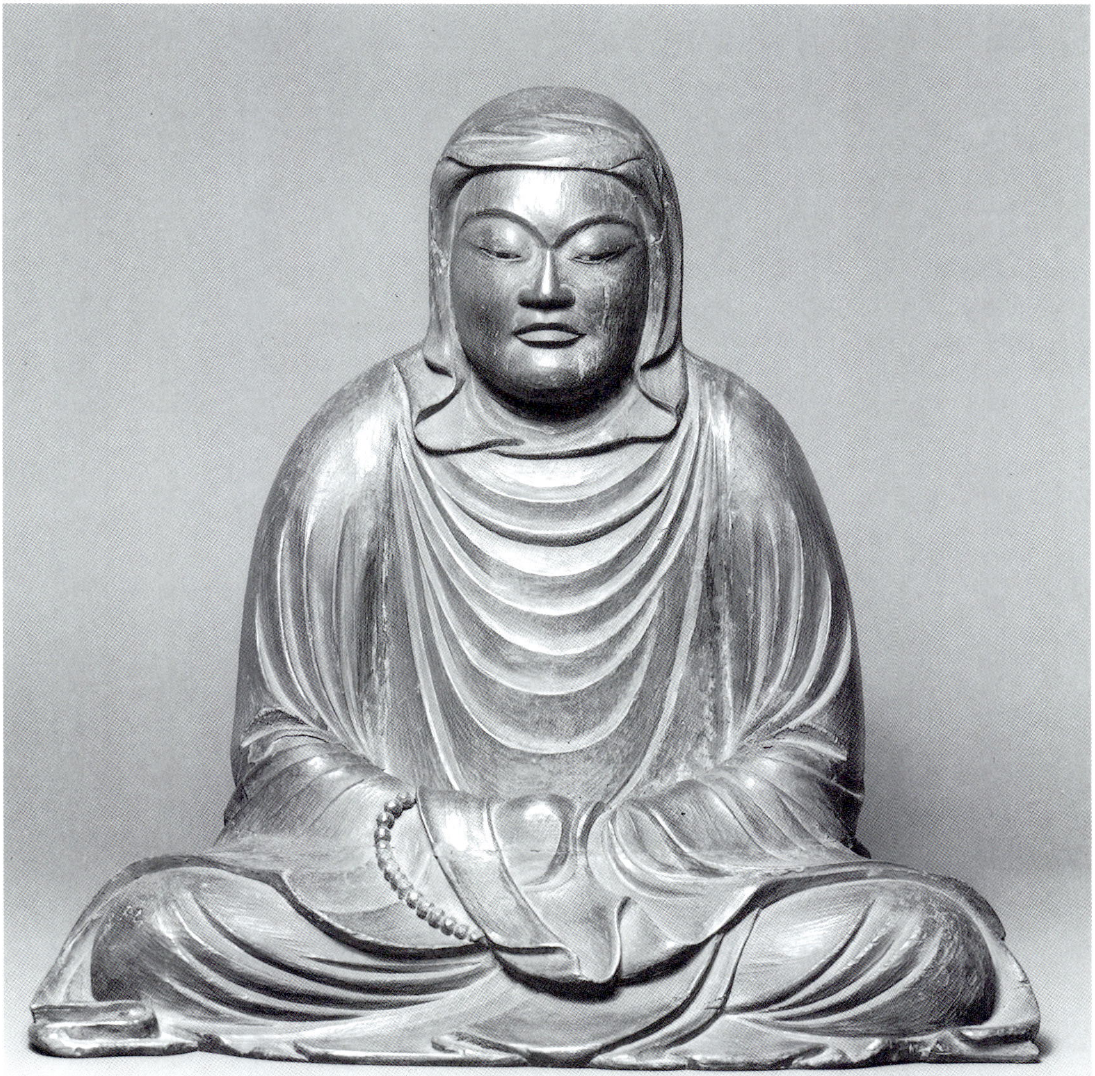

Die auf einem später angefertigten Podest sitzende Figur stellt einen Zen-Priester (jap.: *chinsô*) als Gründer eines Tempels (jap.: *go-kaizan*) dar. Auf seiner Kopfbedeckung sind noch drei kleine Figuren von ursprünglich sieben vorhanden: Wahrscheinlich stellen die beiden an der vorderen Kante sitzenden Personen seine Eltern dar. Hinter ihnen sitzt ein mit dem Hofkleid (jap.: *ikan sokutai*) bekleideter Mann, der sein Ahn sein könnte.

Die rechte der kleinen Hände hielt ursprünglich einen Gegenstand, wahrscheinlich einen Wedel (jap.: *hossu*), der den Priester auszeichnet und die priesterliche Würde symbolisiert. Die linke Hand ist zur Faust geballt.

Auf der linken Brustseite fehlt eine Ringspange der Priester-Stola (jap.: *kesa*).

Kat.-Nr. 128
Porträt eines
Zen-Priesters

Japan,
18.–19. Jh. (?)
Holz mit Lack-
und Goldfassung
sowie farbiger
Fassung
Höhe 167 cm,
Höhe der Sockel-
figur 134 cm
SMV,
Mus.-Nr. 91.412

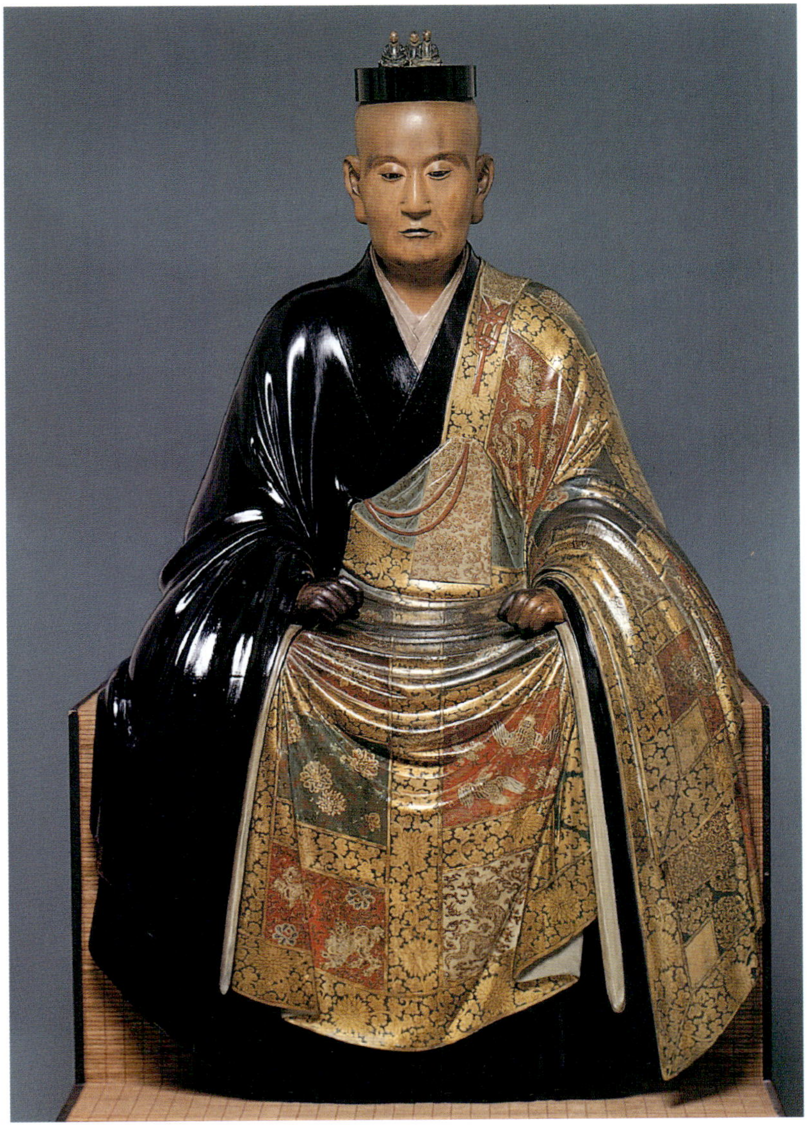

Die Gebetsschnur (Skt.: aksa-mālā; jap.: *juzu*) besteht aus insgesamt 108 Perlen in verschiedenen Größen, die die 108 bösen Passionen der Menschheit (jap.: *bonnô*), die 108 Gottheiten der Diamant-Welt (jap.: *Kongôkai*) des esoterischen Buddhismus oder die 108 Kenntnisse symbolisieren. Es gibt auch Gebetsschnüre, die 27, 54 oder 1080 Perlen zählen. Je nach den Schulen des Buddhismus sind Form der Gebetschnur sowie Anzahl der Perlen verschieden. Den Typ mit 108 Perlen brachte Kūkai (774–835) von China nach Japan.

Der „*juzu*" ist ein Symbol für den buddhistischen Gläubigen, besonders für den Anhänger der Schule des „Reinen Landes" (jap.: *Jôdo-shû*). Er dient u. a. als Gebetshilfe, mit der man zählt, wie oft man den Namen des Buddha Amida rezitiert hat, während man ihn in der Hand hält oder um den Hals hängt.

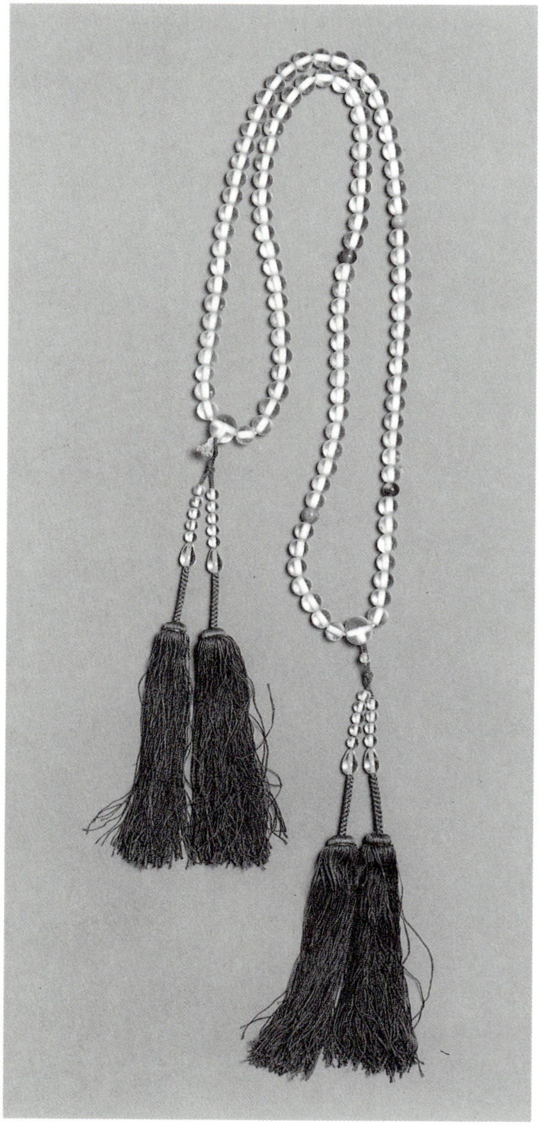

Kat.-Nr. 129
Gebetsschnur

Japan, späte Edo-Zeit (1615–1868)
Glas und Quasten
Ø 48,5 cm
SMV,
Mus.-Nr. S. 708 a
(Slg. Siebold)

Der Rasselstab (Skt.: khakkhara; jap.: *shakujô*) mit kurzem Griff wird in Japan „*te-shakujô*" genannt. Er besteht aus einer mit sechs oder 12 Metallringen versehenen Metallspitze, die auf einem sechseckigen Holzgriff steckt. Der „*te-shakujô*" wird als Altargerät für den Ritus der esoterischen buddhistischen Schulen, vor allem der Tendai-Schule, verwendet.

Dieser Priesterstab dient auch als Spitze für Pilgerstöcke. Buddhistische Mönche sollen den Stab immer bei sich haben. Verschiedenen Überlieferungen zufolge benutzten sie den Pilgerstock ursprünglich bei Reisen und Wanderungen für mehrere Zwecke: z. B. schrecken sie Schlangen und andere Tiere durch den Lärm auf, zeigen gewöhnlichen Bettlern ihr Näherkommen an und helfen alten Leuten, die sich darauf stützen können.

Darüberhinaus ist der Rasselstab mit den sechs Metallringen, deren Zahl die „Sechs Vollkommenheiten" repräsentiert, ein Attribut des Jizô Bosatsu (Skt.: Kṣitigarbha) und des elfköpfigen Kannon (Skt.: Ekādaśmukhāvalokiteśvara; jap.: *Jûichimen kannon*).

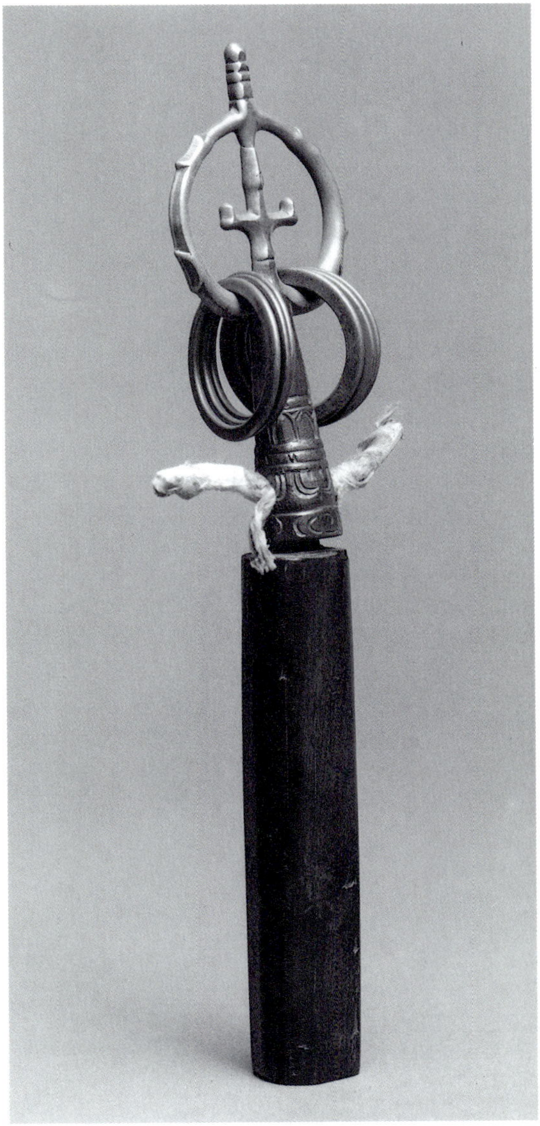

Kat.-Nr. 130
Rasselstab

Japan, 19. Jh.
Legierung aus
Eisen und Kupfer
Länge 24,5 cm
SMV,
Mus.-Nr. B. 2257
(Slg. M. Buchner)

Ursprünglich wurde das Radjuwel oder Rad des Gesetzes (Skt.: cakra; jap.: *rinbô*) in Indien als Waffe benutzt.

Im Buddhismus symbolisiert das sich ständig bewegende Rad Buddha Śākyamuni und die nicht endende Kraft der buddhistischen Lehren.

Im esoterischen Buddhismus, „*mikkyô*", wird das Rad auf einem eigenen Untersatz (jap.: *rindai*) als ein rituelles Kultgerät verwendet, wobei das Radsymbol meist acht Speichen hat. Bei dem vorliegenden Stück durchstoßen die acht Speichen den Radkranz und bilden an der Außenseite fünfeckige Spitzen. In den Radkranz sind Sanskrit-Wörter geritzt. Die Nabe des Rades bildet eine chrysanthemenartige Blüte mit acht Blütenblättern.

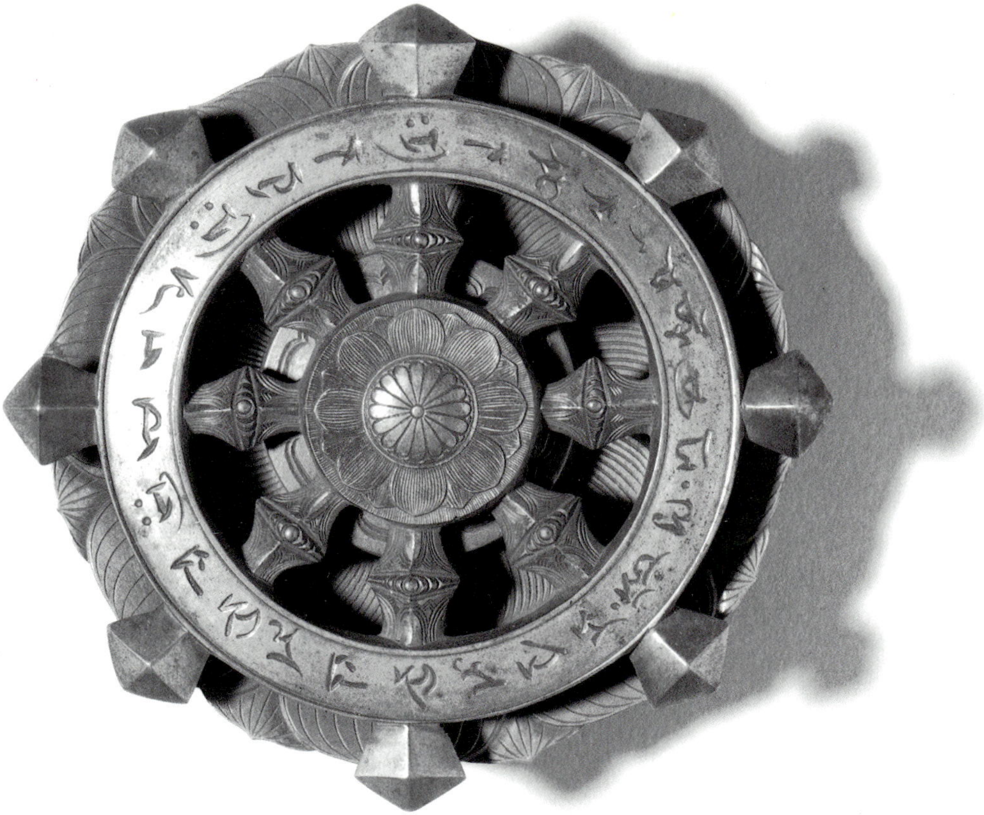

Kat.-Nr. 131
Radjuwel mit acht Spitzen (jap.: *happô rinbô*)

Japan, ca. 19. Jh.
Messing
Ø 10,6 cm; Ø Untersatz 10 cm
SMV,
Mus.-Nr. B. 2090
(Slg. M. Buchner)

Der kreuzförmige Vajra (Skt.: *karma-vajra;* jap.: *katsuma kongô*) besteht aus sich kreuzenden Armen mit jeweils drei Enden. Die Vajra-Spitzen kommen aus eigenen kleineren Lotosblüten mit einem Kranz von Staubgefäßen heraus. Das Zentrum bilden acht Blütenblätter und ein Fruchtboden mit neun kreisförmigen Kernen. Der *„katsuma kongô"* wird im Ritus der Shingon-Schule verwendet.

Das japanische Wort *„katsuma"* ist eine Abkürzung des Sanskritwortes „karma-vajra". Das Wort „karma" bedeutet richtiges Handeln oder religiöse Aktivität und symbolisiert daher die Weisheit, die im Buddha weilt.

Zwei sich kreuzende dreiendige Vajra repräsentieren die beiden Welten in der Shingon-Schule, die Diamant-Sphäre (Skt.: Vajradhātu; jap.: *Kongôkai*) und die Mutterschoß-Sphäre (Skt.: Garbhadhātu; jap.: *Taizôkai*). Der jeweils dreispitzige Vajra bezeichnet drei Abteilungen (jap.: *sanbu*) im Mutterschoß-Mandala (Skt.: Ganbhadhātu-mandala; jap.: *Taizôkai mandara*), Buddha-, Diamant- und Lotosabteilung, die die drei Tugenden (jap.: *santoku*) des Buddha repräsentieren.

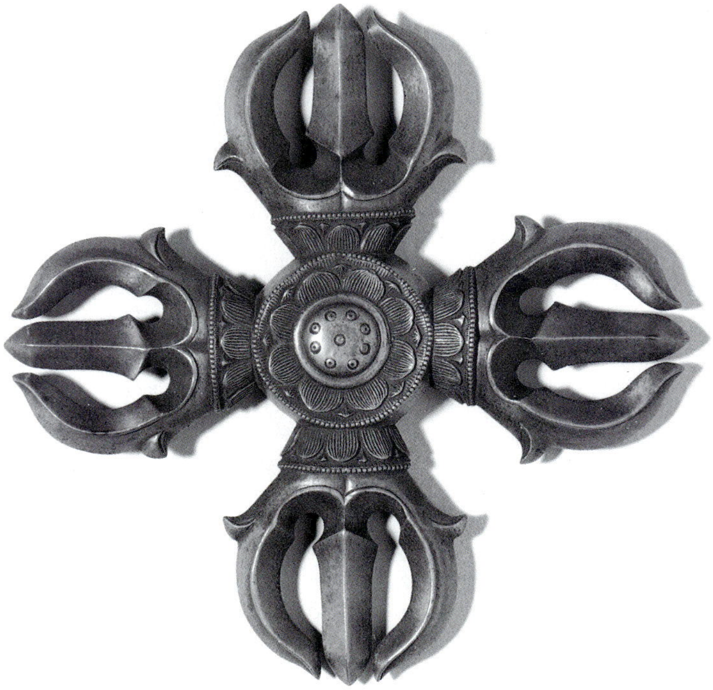

Kat.-Nr. 132
Kreuzförmiger
Vajra

Japan, 15.–16. Jh.
Bronze (?)
Diagonale
12 x 12 cm
SMV,
Mus.-Nr. 10.995

Die Form dieser vierblättrigen Platte, auf deren Unterseite drei niedrige Füßchen angebracht sind, soll der Lotosblüte nachgeahmt sein und daher die buddhistische Erleuchtung (Skt.: bodhi; jap.: *bodai*) symbolisieren.

Sie dient als Untersatz für Vajra und Glocke mit Vajra-Griff und wird für den Ritus des esoterischen Buddhismus gebraucht.

Eine Vajra-Glocke mit fünf Griffenden (jap.: *goko-rei*) steht hinten in der Mitte der Platte, und vor ihr liegt quer ein Vajra mit ebensoviel Enden (Skt.: pañca-sūcika-vajra; jap.: *goko-sho*). Ein Vajra mit drei Enden (Skt.: Triśūcika-vajra/tri-sanku; jap.: *sanko-sho*) liegt rechts schräg nach hinten gerichtet, während ein Vajra mit je einer Spitze (Skt.: akasūcika-vajra; jap.: *tokko-sho*) links in der gleichen Position liegt. Die Anordnung der letzten beiden Vajra kann je nach Schule umgekehrt sein.

Kat.-Nr. 133
Vajra-Platte (jap.: *kongô ban*) mit verschiedenen Vajra-Formen

Japan, Stil der Edo-Zeit (1615–1868)
Messing
Ø 23 x 16,5 cm
SMV, Mus.-Nr. B. 2089 und B. 2089 a, c, d (Slg. M. Buchner) sowie S. 894 a (Slg. Siebold)

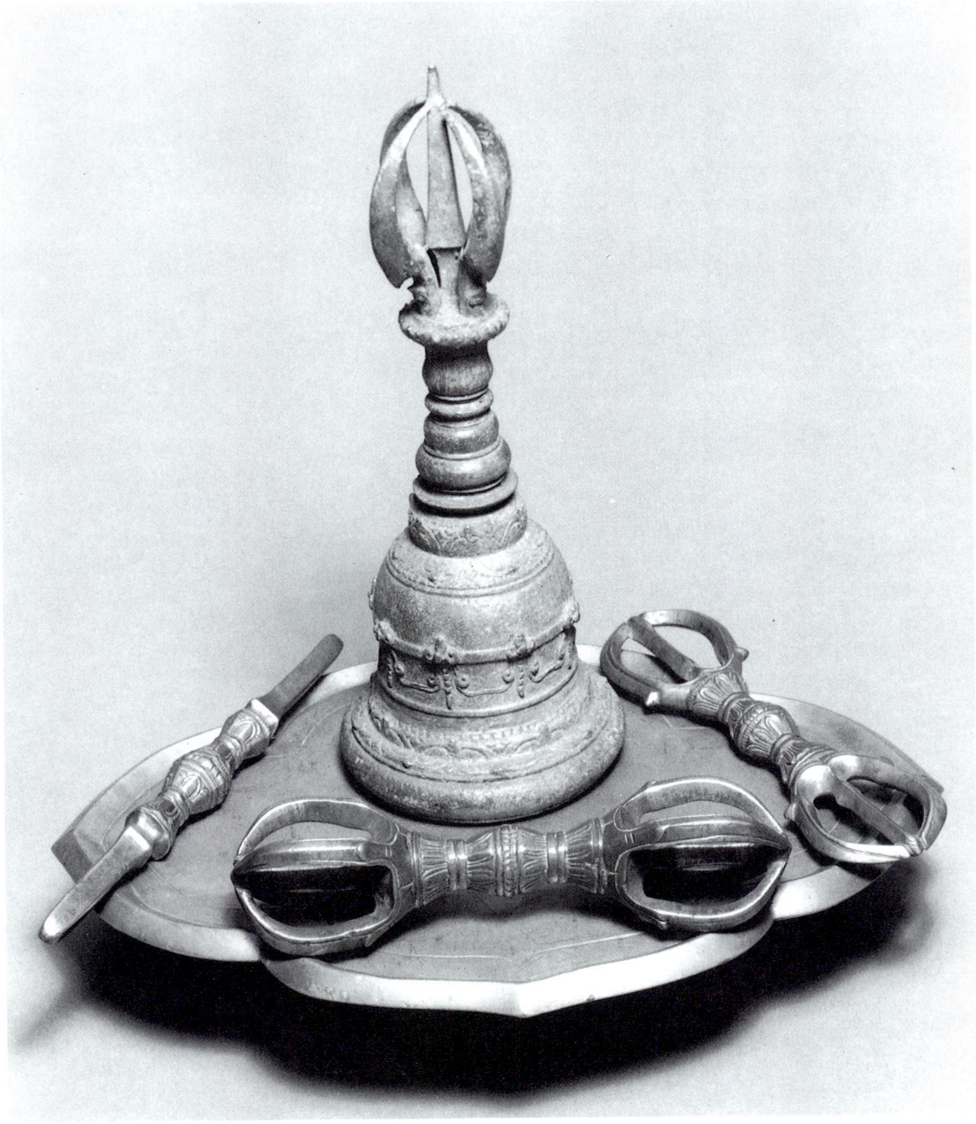

Kat.-Nr. 134
Buddhistisches Sutra

Japan, 1685
Sutra in einem Brokatumschlag
8,2 x 26,8 cm
SMV,
Mus.-Nr. S. 1196
(Slg. Siebold)

Das Sutra *„Hannya rishubun"* (Skt.: Adhyardhasatika) ist der 578. Band des Sammelwerkes *„Dai hannya haramitsu kyô"* (Skt.: Mahāprajñāpâramitā-sūtra). Dieses Werk umfaßt 600 verschiedene Prajñā-Sutren über Weisheit und Nirvana. Der chinesische Mönch Xuan Zang (jap.: *Genjô;* 600/602–664) übersetzte es zwischen 660 und 663 zum ersten Mal aus dem Sanskrit ins Chinesische. In Japan wurde dieses Sutra-Sammelwerk im Jahr 703 bekannt.

Das *„Hannya rishubun"*, das 1685 von einem Mönch der Tendai-Schule, Jikai Sōjun (?–1696), revidiert und herausgegeben wurde, ist in chinesischer Sprache mit beigefügten japanischen Lesehilfen verfaßt.

Auf den ersten Seiten dieses Sutra in Leporello-Form sind verschiedene, mit dem *„Dai hannya haramitsu kyô"* in Verbindung stehende Gottheiten dargestellt: Śâkyamuni als Hauptfigur und zwei Bodhisatva, vermutlich Hôyô kannon und Jôtei kannon, als seine Begleitfiguren; Genjô, der aus Indien die Sutras mitbrachte und Jinja daishō, der sie schützte; 16 *„Hannya"*-Schutzgottheiten sowie Jūroku zenjin und andere himmlische Wesen.

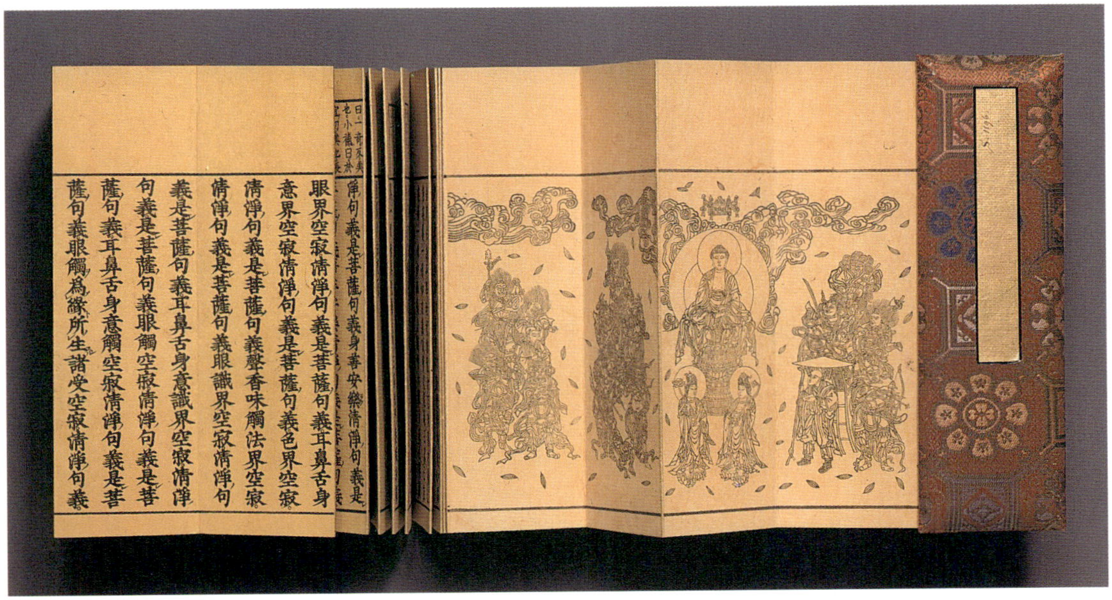

Die Sammlung von Darstellungen der für den Buddhismus wichtigen Personen, Gegenstände und Symbole, die Shigetsuken Gizan 1690 verfaßt hatte, ergänzte, vermehrte und verbesserte der Maler Tosa Shôsôkino Hidenobu 1783 und gab dieses fünfbändige Werk mit dem Titel *„Zôho shoshû Butsuzô zui“* heraus.

Diese Bände stellen das vollständige „Pantheon“ des japanischen Buddhismus dar. Die Abbildungen wurden seither als Muster für die Herstellung buddhistischer Statuen verwendet.

Im fünften Band des von Philipp Franz von Siebold (1796–1866) verfaßten Werkes „Nippon, Archiv zur Beschreibung von Japan“ (1851) wurden viele Darstellungen aus dem *„Zôho shoshû Butsuzô zui“* unter dem Titel „Pantheon von Nippon“ aufgenommen.

Kat.-Nr. 135
Illustriertes buddhistisches Lexikon „Butsuzô zui“

Japan, 1783
5 Bände
17,7 x 22,2 cm
SMV, Mus.-Nr. S. 1195 a-e
(Slg. Siebold)

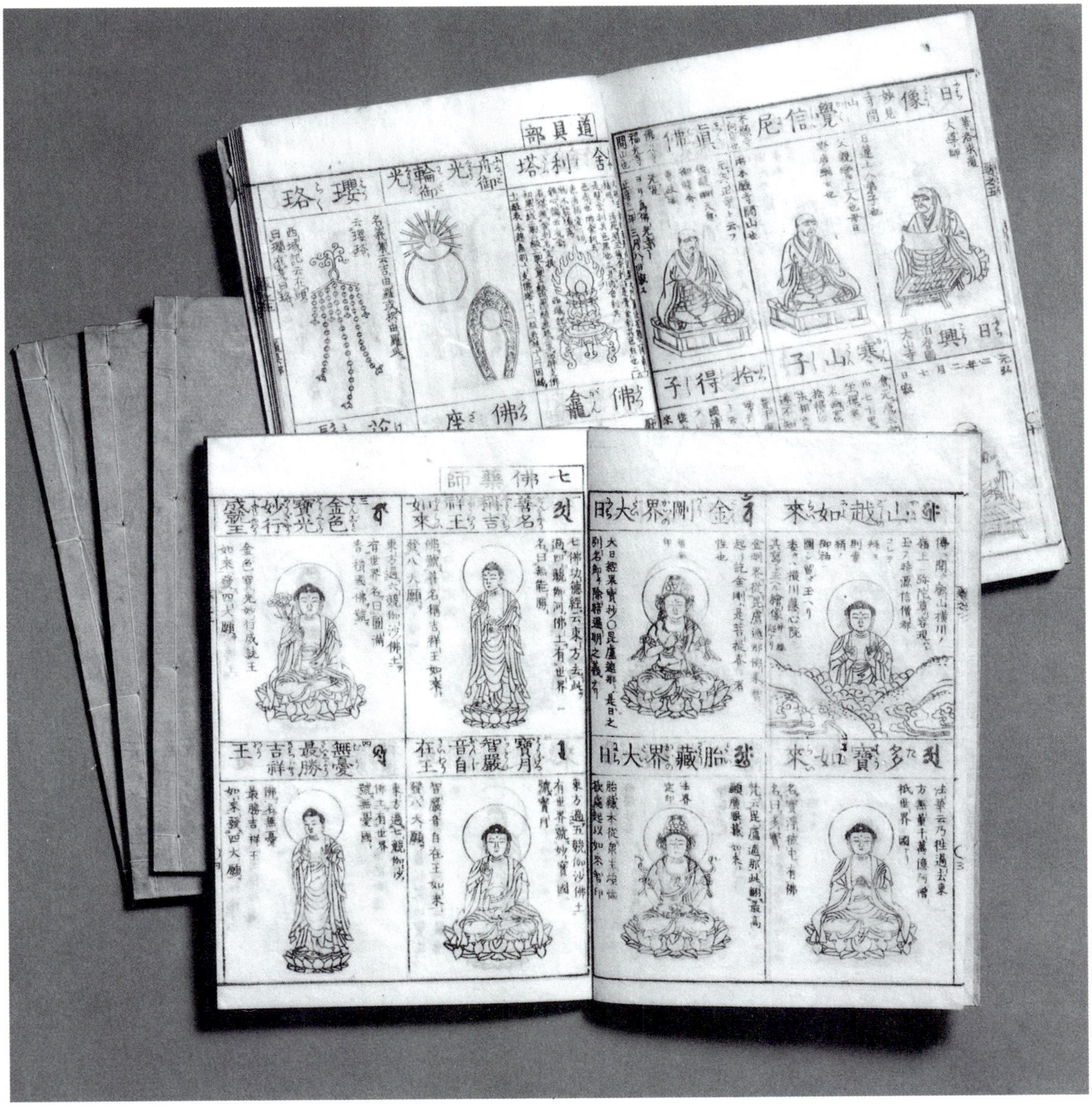
道具部
七佛藥師

Gesten (Skt.: mudrā; chin.: yiu; jap.: inzo)

Standposen

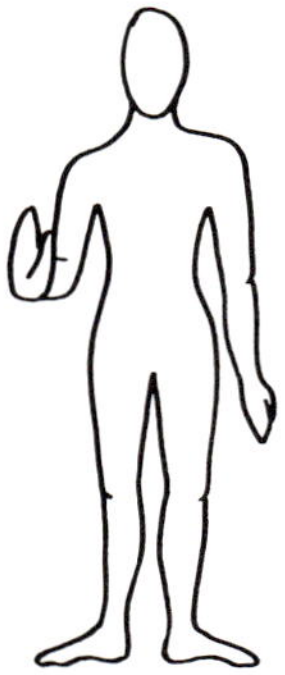

Stand „auf gleichen Beinen“
Skt.: samāpada; chin.: zheng li, jap.: shōritsu zō
Die Figur steht gerade und aufrecht mit gleichmäßig belasteten Beinen.

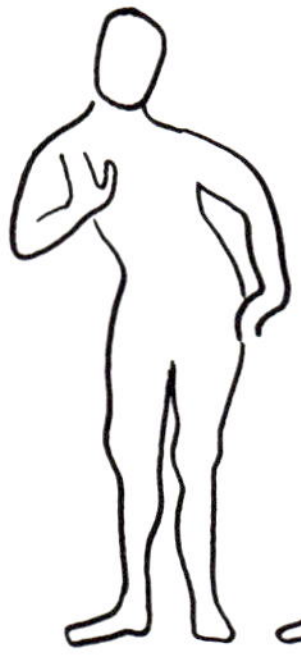

„Dreibruch“
Skt.: tribhaṅga
Die Figur steht in der Hüfte eingeknickt, während der Hals in die Gegenrichtung abgewinkelt wird; das Spielbein ist seitlich oder nach vorn versetzt.

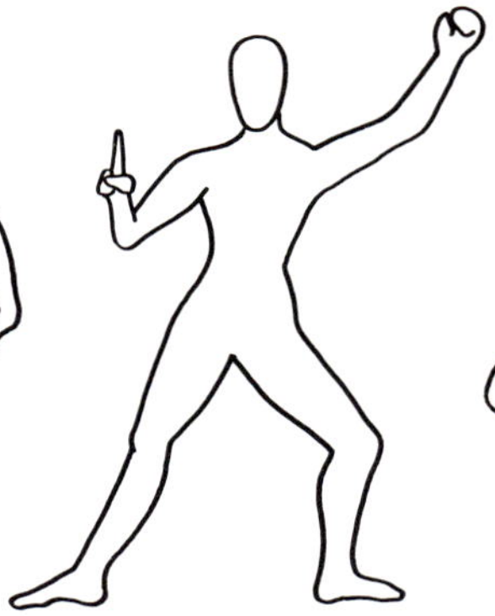

Ausfallschritt
Nach rechts:
Skt.: pratyāliḍha
Nach links:
Skt.: āliḍha

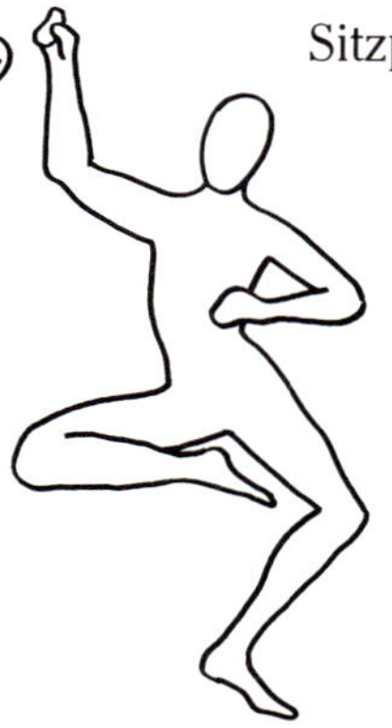

Pfeil- und Bogenstellung
Skt.: cāpasthāna

Sitzposen

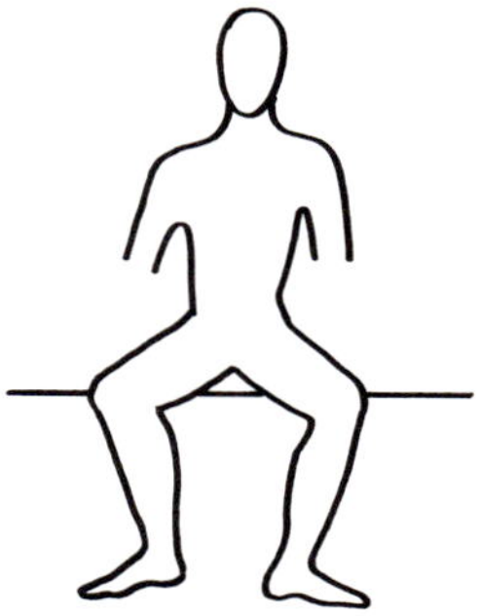

Glückssitz
Skt.: bhadrāsana, chin.: shanjiafuzuo; jap.: zenkafuza „Europäische Sitzweise“. In Ostasien kennt man eine Sonderform mit gekreuzten Unterschenkeln (chin.: jiaojue; jap.: kōkyaku-i za)

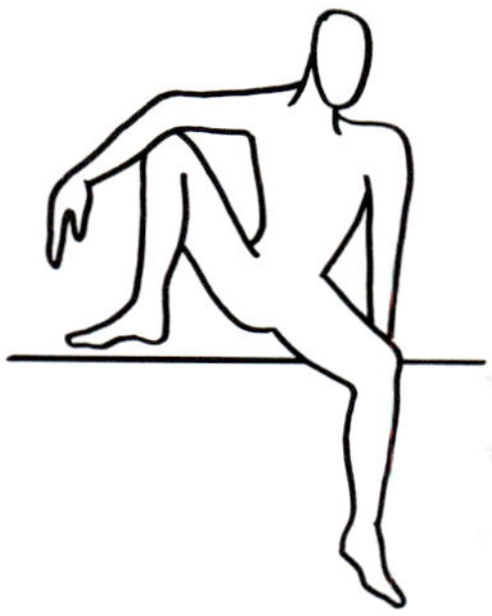

Königsspielsitz
Skt.: rājalilāsana

Gesten mit der rechten Hand

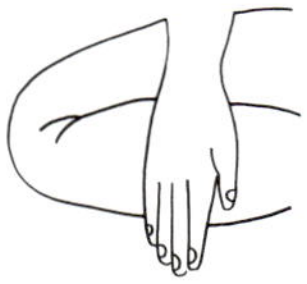

Erdberührungsgeste
Skt.: bhūmisparśamudrā; chin.: zhudi yin; jap.: sokuchi-in
Buddha berührt mit den Fingerspitzen die Erde, um sie als Zeugin für die Wahrheit seiner Worte anzurufen.

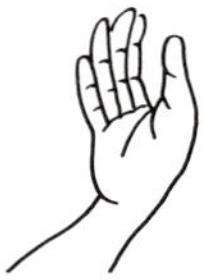

Ermutigungsgeste
Skt.: abhayamudrā; chin.: shiwuwei yin; jap.: semui-in
Auch als Geste der Furchtlosigkeit und Schutzgewährung bekannt.

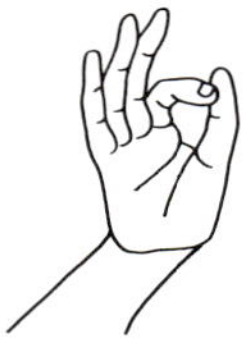

Geste der Lehrdarlegung bzw. der Diskussion
Skt.: vitarkamudrā; chin.: anwei yin; jap.: an-i-in

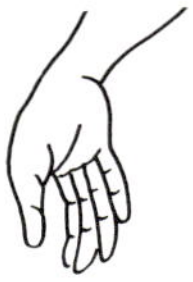

Geste der Wunschgewährung
Skt.: varadamudrā; chin.: shiyuan-yin oder yuyuan yin; jap.: segan-in oder yogan-in

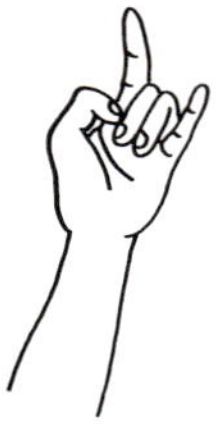

Bannungsgeste
Skt.: karanamudrā
Die Geste richtet sich gegen die Gegner der Lehre.

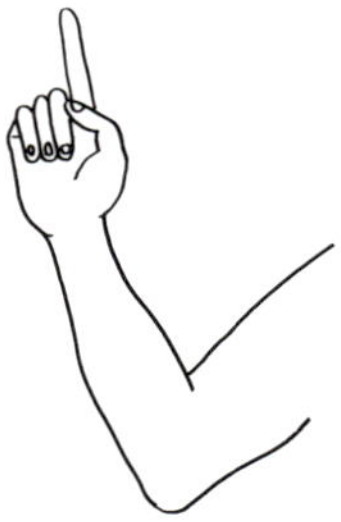

Drohgeste
Skt.: tarjanamudrā

Gesten der linken Hand

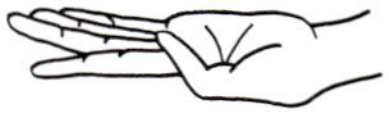

Mußegeste
Skt.: avakāśamudrā
Die Hand liegt mit der Handfläche nach oben im Schoß.

Gesten mit beiden Händen

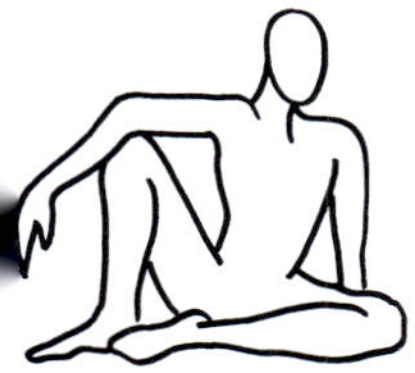

Spielsitz
Skt.: lilāsana;
chin.:
lunwangzuo;
jap.: rinnô-za

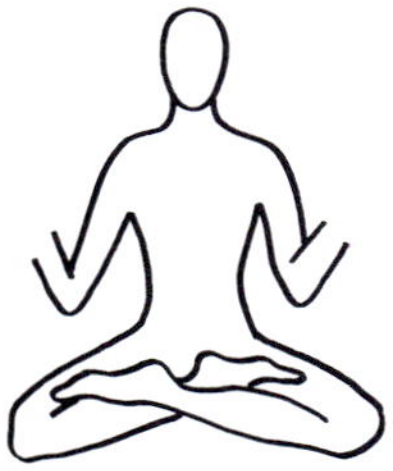

Lotos- bzw.
Vajrasitz
Skt.: padmāsana,
vajrāsana; chin.:
lianhuazuo, jap.:
kekka-fuza

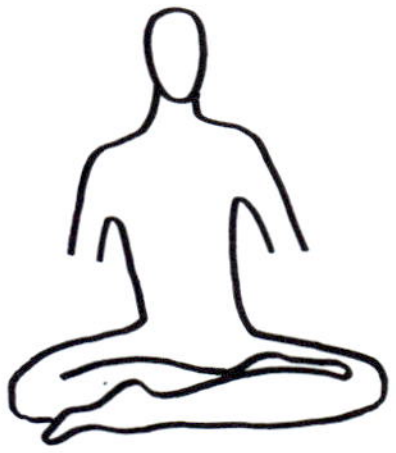

„Um den Schoß
herum"
(paryaṅka)

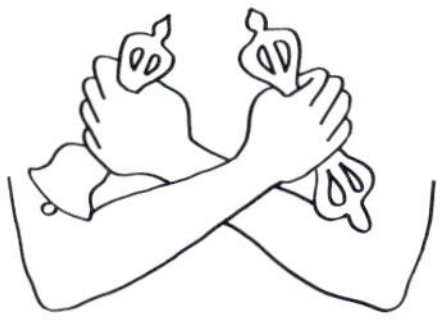

Geste des Hūm-Machens der Vajra-Schule
Skt.: vajrahūmkāramudrā; chin.: zhuanyue luohong jingang yin; jap.: basara-un kongô-in
Die Arme sind vor der Brust gekreuzt, die Hände halten Vajra (männliches Symbol) und Glocke (weibliches Symbol); die Geste symbolisiert das Erlöschen der Polaritäten in der Unio mystica. In Ostasien findet man die Geste bisweilen auch ohne die Symbole Vajra und Glocke.

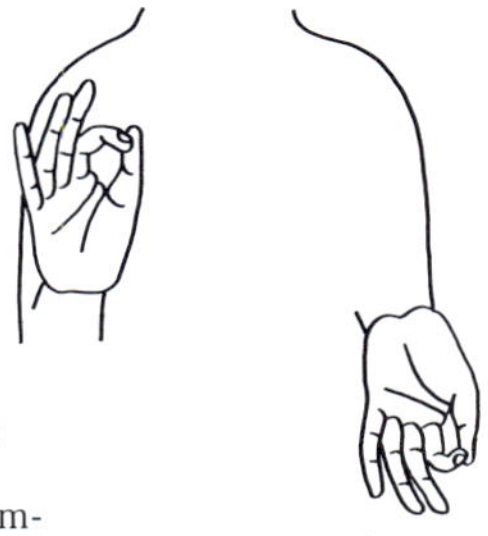

„Willkommen im Paradies"
Jap.: raigo-in
Typische Geste japanischer Amitabha-Darstellungen. Buddha Amitabha heißt die Seelen in seinem Paradies willkommen.

Gesten mit beiden Händen

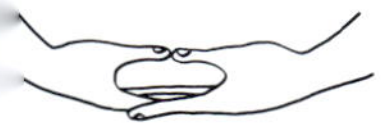

Meditationsgeste
Skt.: Dhyānamudrā; chin.: ding yin; jap.: hokkai join oder zenjo-in
Japanische Varianten (midâ-no-join):

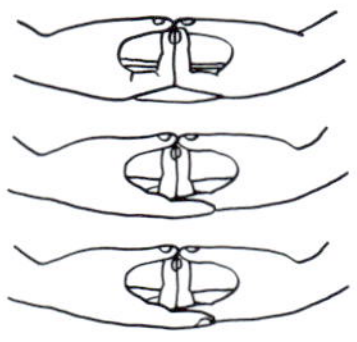

angewinkelte Zeigefinger, jôbon jôshô
angewinkelte Mittelfinger, jôbon chūshô
angewinkelte Ringfinger, jôbon geshô

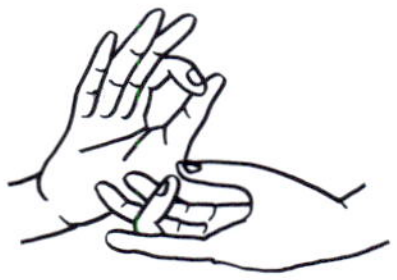

Geste des Ingangsetzens des Rades der Lehre
Skt.: dharmacakramudrā; chin.: zhuanfalum yin; jap.: tembôrin-in oder seppô-in
Die rechte Hand formt das Rad der Lehre, der Mittelfinger der linken Hand versetzt es in Gang.

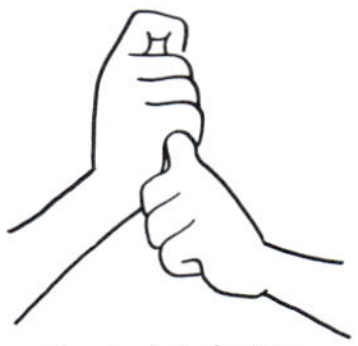

Geste höchster Erleuchtung
Skt.: bodhyagrimudrā; chin.: zhiquan yin; jap.: chiken-in
Der das „eine Absolute" symbolisierende Zeigefinger ist von „der Vielheit der Finger" („Welt der Phänomene") umschlossen.

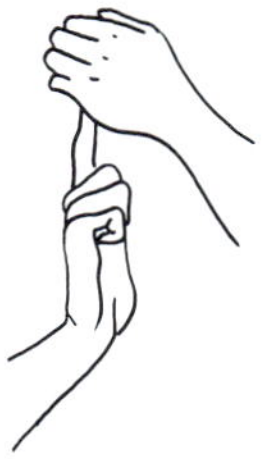

Ostasiatische
Variante

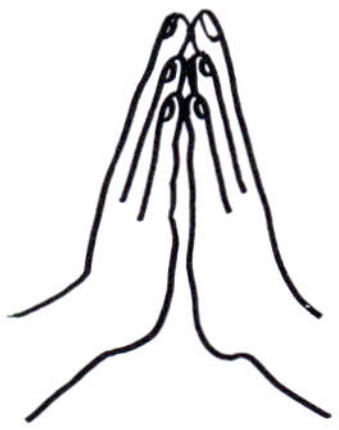

Gruß- oder Verehrungsgeste
Skt.: anjalimudrā; chin.: hezhang yin; jap.: gasshô-in

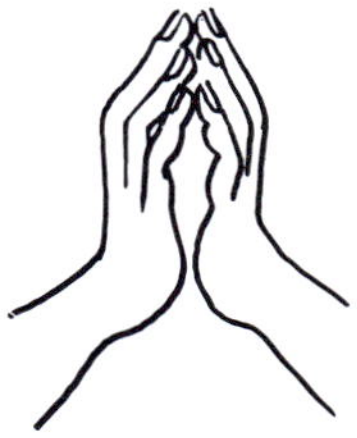

Geste des Haltens des Juwels
Skt.: maṇidharamudrā
Die Hände sind ausgewölbt und bergen das unsichtbare Wunschjuwel Cintāmaṇi.

W